RÉPERTOIRE

UNIVERSEL ET RAISONNÉ

DE JURISPRUDENCE

CIVILE, CRIMINELLE,

CANONIQUE ET BÉNÉFICIALE.

OUVRAGE DE PLUSIEURS JURISCONSULTES :

Mis en ordre & publié par M. GUYOT, Écuyer, ancien Magistrat.

TOME CINQUIÈME.

A PARIS,

Chez PANCKOUCKE, Hôtel de Thou, rue des Poitevins.

Et se trouve chez les principaux Libraires de France.

M. DCC. LXXVI.

Avec Approbation & Privilége du Roi.

RÉPERTOIRE
UNIVERSEL ET RAISONNÉ
DE JURISPRUDENCE
CIVILE, CRIMINELLE, CANONIQUE ET BÉNÉFICIALE;

B

ANALITÉ. C'eſt le droit en vertu duquel un ſeigneur aſſujetit ſes vaſſaux à moudre à ſon moulin, à cuire à ſon four, &c.

Faute de bien approfondir l'origine de ce droit, on l'a ſouvent regardé comme odieux; mais depuis qu'on ſait qu'il ne s'eſt introduit que pour la commodité des cenſitaires qui n'étoient pas en état de faire la dépenſe de la conſtruction & de l'entretien d'un moulin, d'un four, d'un preſſoir, &c. pour leur ſervice particulier, on penſe différemment & l'on met ce même droit au rang des droits ſeigneuriaux ordinaires.

Pour trairer cet article avec une certaine méthode, nous parlerons d'abord du droit de Banalité en lui-même ; nous verrons enſuite combien il y a d'eſpèces de Banalités, & nous diſcuterons en même temps les différentes queſtions qui pourront ſe préſenter ſur la matière dont il s'agit.

Du droit de Banalité. Dans le pays de droit écrit, le ſeigneur de fief peut bien acquérir la Banalité par convention avec ſes vaſſaux, mais ce droit n'y eſt point un attribut eſſentiel de ſa ſeigneurie. Il y a plus, quelque ancienne que fût ſa poſſeſſion à cet égard, elle ne ſeroit point ſuffiſante. La Banalité ne s'y acquiert point par la preſcription, ſi ce n'eſt du jour que le ſeigneur a fait des défenſes publiques à ſes vaſſaux de l'enfreindre, & que ces vaſſaux y ont acquieſcé pendant trente ans, parce qu'en ce cas les défenſes de la part du ſeigneur font préſumer en ſa faveur un titre conſtitutif de ſon droit, & l'acquieſcement des vaſſaux forme contr'eux une reconnoiſſance tacite de la légitimité des défenſes qui leur ont été faites.

Pour parvenir à cette prohibition, le ſeigneur fait requérir par ſon procureur-fiſcal devant le juge du lieu qu'il ſoit enjoint à tous les habitans de la ſeigneurie de rentrer dans les devoirs de la Banalité dont on indique l'établiſſement par les différens titres qui peuvent ſervir à la conſtater, avec défenſes à eux de s'en écarter ſous les peines portées par les titres, &c. Le juge rend ſon ordonnance portant injonction & défenſes, & cette ordonnance ſe publie & s'affiche par un ſergent qui en dreſſe procès verbal (*).

(*) *Formule pour parvenir à une prohibition.* Sur ce qui a été judiciairement remontré à notre audience par le procureur-fiſcal de cette juſtice que quoique le ſeigneur de cette même juſtice ait droit de Banalité (*de moulin*) dans toute l'étendue de ſa juridiction ſuivant qu'elle eſt établie par différens titres, notamment par (*telles & telles pièces*) nombre de ſes ſujets domiciliés dans la banlieue ne laiſſent pas depuis un certain temps d'enfreindre cette Banalité, en portant ou envoyant moudre leurs grains à d'autres moulins qu'à celui du ſeigneur ſitué au lieu de.... que quoique ce ſeigneur fût bien dans le cas de le ſaiſir en contravention, il vouloit pourtant pour les mettre plus particulièrement dans leur tort, qu'il leur fût fait auparavant de notre autorité une prohibition générale d'aller moudre ailleurs qu'audit moulin, ſauf enſuite à exercer ſon droit dans toute ſa rigueur contre ceux qui contreviendroient à cette prohibition, qu'à cet effet il requéroit qu'il nous plût d'ordonner que tous les ſujets domiciliés dans la banlieue du moulin dont il s'agit fuſſent tenus d'y aller ou envoyer moudre leurs grains, avec défenſes à eux de contrevenir à la Banalité ſous les peines en pareil cas accoutumées, & de permettre de faire lire, publier & afficher notre ordonnance par-tout où beſoin ſeroit & de la rendre exécutoire nonobſtant oppoſition ou appellation quelconque.

Nous faiſant droit ſur le requiſitoire du procureur-fiſcal & vu les titres y énoncés, enjoignons à tous les habitans de cette ſeigneurie qui ſont dans la banlieue du moulin ſitué à.... d'y aller ou envoyer moudre leurs grains: leur faiſons défenſes d'aller à d'autres moulins & de contrevenir à la préſente prohibition ſous les peines attachées à l'infraction de la Banalité. Permettons de faire lire, publier & afficher notre préſente ordonnance par-tout où beſoin ſera, & de l'exécuter nonobſtant oppoſition ou appel. Fait & donné à l'audience de cette juſtice tenue par nous.... le....

Modèle de publication. L'an.... le.... à.... midi, à la requête de M. le procureur-fiſcal de la juſtice de.... demeurant à.... je.... ſergent reçu & immatriculé en ladite

Dans le pays coutumier, il y a des provinces où la Banalité n'est pas plus un attribut essentiel de la seigneurie que dans le pays de droit écrit : les principes sont dès-lors les mêmes dans l'un & dans l'autre pays.

Dans d'autres provinces la Banalité appartient de plein droit au seigneur haut-justicier à l'exclusion du seigneur féodal. Dans d'autres le seigneur féodal l'emporte sur le seigneur haut-justicier ; dans d'autres enfin, la Banalité ne peut s'exercer par celui-ci qu'autant que le premier ne veut point en faire usage. Ainsi c'est la coutume de chaque province qu'il faut consulter pour savoir si la Banalité y existe de plein droit, & à qui elle appartient.

Lorsque la Banalité n'est point un attribut de la juridiction ou de la directe, il faut dès-lors un titre, ou du moins, comme nous l'avons dit, une possession de trente ans à la suite d'une pro-

---

justice, demeurant à.... soussigné, assisté de Jacques.... tambour ordinaire de la même justice, me suis transporté sur la place publique de.... auprès des pilliers de la halle qui y est établie, où étant & après avoir fait convoquer les habitans au son du tambour, j'ai lu, publié & affiché au pilier le plus apparent de ladite halle, l'ordonnance rendue par M. le juge de ladite justice, le.... portant prohibition à tous les habitans qui sont dans la banlieue du moulin de.... d'aller ou envoyer moudre leurs grains ailleurs qu'audit moulin. Delà je me suis transporté à la place du marché où j'ai trouvé nombre de personnes assemblées, & où après avoir fait pareille convocation, lecture & publication, j'ai affiché un autre exemplaire de la susdite ordonnance, le tout en papier timbré afin que personne n'en ignore. Fait & passé en présence de....

Cette formule peut servir pour d'autres espèces de Banalité.

hibition pour pouvoir forcer les habitans à reconnoître le droit.

Pour que le titre ſoit valable, il faut que le droit qui en eſt l'objet, y ſoit accordé par les deux tiers des habitans au moins. On préſume alors que la convention a paſſé à la pluralité des voix ; & en fait d'affaires de communauté d'habitans, on ſait que le plus grand nombre oblige le plus petit. Cependant Lacombe obſerve que s'il n'avoit plu qu'à un petit nombre d'accorder la Banalité, ce petit nombre y dèmeureroit aſſujéti ſans nuire à la liberté des autres habitans.

Il faut encore pour la validité du titre qu'il ſoit authentique, c'eſt-à-dire, dans la forme preſcrite par les ordonnances. S'il étoit ſous ſignature privée, il ſeroit trop facile de le ſouſtraire & de rendre la convention illuſoire. Ce titre doit être en même temps ſynallagmatique entre le ſeigneur & les habitans : ſi ceux-ci ſe ſoumettent à la Banalité, il faut que les motifs de cette ſoumiſſion puiſſent s'appercevoir, & que le ſeigneur de ſon côté s'oblige aux conſtructions & réparations néceſſaires pour l'entretien de cette Banalité ; en un mot qu'il paroiſſe que les habitans ont eu autant d'avantage à l'accorder, que le ſeigneur à l'accepter ; car ſi la Banalité ſe trouvoit entiérement à la charge des habitans, le titre du ſeigneur ſeroit regardé comme un titre extorqué, & dès-lors incapable de lui aſſurer un droit conſtant & inataquable.

Lorſque le titre conſtitutif de la Banalité eſt fort ancien & qu'il n'eſt pas poſſible de le retrouver, on peut y ſuppléer par des actes qui indiquent cette Banalité comme bien établie.

Un aveu & dénombrement exact & régulier où il est fait mention de ce droit, ainsi que des titres, des sentences, des arrêts ou des reconnoissances qui l'ont confirmé, paroît devoir suffire, sur-tout si ce dénombrement a été publié & revêtu de toutes les formalités qu'exige un acte de cette nature. Il est vrai que Guyot, dans son traité des fiefs, pense qu'un dénombrement ne doit pas opérer un pareil effet; mais la coutume de Paris & celle d'Orléans mettent cet acte au nombre des titres capables de soutenir une Banalité, & nous pensons avec la plupart des autres auteurs qu'il n'en faut pas davantage, sur-tout quand ce même acte est suivi de la possession.

Guyot prétend encore que des baux à ferme de la Banalité, qu'un décret même forcé où ce droit seroit énoncé n'équivaudroient point à la représentation du titre constitutif; mais son opinion ne doit point être suivie. On ne passe pas plusieurs baux à la suite les uns des autres sans que le droit qui en fait l'objet ne soit établi; on ne souffre pas non plus qu'on insere dans une saisie réelle un droit nouveau, sans y former opposition; au moyen de quoi nous ne saurions douter que des énonciations dans des actes pareils suivis d'une possession de trente ans, ne fussent suffisantes pour faire adopter le droit énoncé comme un droit suffisamment établi.

Pour ce qui est des préambules des terriers où il est fait un détail de tous les droits de la seigneurie, Guyot pense de même que ce détail n'est point obligatoire pour les censitaires: nous conviendrons à la vérité qu'une pareille description ne seroit pas suffisante si elle n'étoit ſuivie de poſſeſſion : mais avec la poſſeſſion de trente ans, nous penſons qu'il n'en faut pas davantage puiſque une ſimple prohibition d'enfreindre la Banalité ſuffit, de l'aveu de tous les auteurs, pour autoriſer cette Banalité, dès que la prohibition a été ſuivie d'un acquieſcement pendant trente années.

Nous ne diſſimulerons pourtant pas que l'article 71 de la coutume de Paris exige un titre précis & même antérieur de 25 ans à ſa rédaction faite en 1580. Le Grand ſur la coutume de Troyes s'élève auſſi fortement contre ceux qui penſent qu'une ſimple prohibition ſuffit pour former un droit de Banalité : il obſerve même que l'ordonnance de 1629 défend expreſſément aux ſeigneurs d'aſſujettir leurs vaſſaux à aucune Banalité *s'ils ne ſont fondés en titre*, à peine de confiſcation, &c. Il eſt vrai que cette ordonnance ainſi que la coutume de Paris exige un titre ; mais cette loi ni cette coutume ne rejettent pas tout ce qui peut ſuppléer à la repréſentation du titre ; autrement il faudroit dire que le ſeigneur qui auroit eu le malheur de perdre ſon titre ou de l'adirer ſeroit privé de ſon droit, ce qui ſeroit contre l'équité, ſur-tout lorſqu'il pourroit faire voir par des documens poſtérieurs ſuivis d'une poſſeſſion conſtante, que ce droit étoit des mieux établis.

Lorſqu'on ne peut abſolument juſtifier d'aucun titre, il faut convenir que la plus longue poſſeſſion eſt inſuffiſante. La Banalité eſt regardée comme une ſervitude qui ne peut s'acquérir ſans titre. Une longue poſſeſſion ne donneroit même pas ouverture à l'action en complainte. Il en ſeroit différemment ſi à cette possession on joignoit quelque titre ; ce seroit alors le cas d'y maintenir par provision celui qui s'en trouveroit tout-à-coup dépouillé, parce que dans le doute jusqu'à des éclaircissemens ultérieurs, la cause de celui qui possede avec un titre quelconque paroît toujours la plus favorable.

Comme en fait de Banalité il faut un titre, on se soumettroit vainement à la preuve testimoniale la plus claire ; elle seroit seule incapable d'établir un droit qui ne sauroit l'être que par un écrit authentique ; d'ailleurs un droit de cette importance est toujours au dessus d'une somme de cent livres, dont l'ordonnance de 1667 défend la preuve par témoins ; mais s'il y avoit déja un titre quelconque, & qu'il ne fût question que de le fortifier par des preuves vocales, ces preuves seroient admissibles, parce qu'alors il y auroit commencement de preuve par écrit.

Dans le pays de droit écrit & dans les coutumes où la Banalité n'est pas un attribut essentiellement attaché à la directe, tous les auteurs conviennent que les vassaux peuvent prescrire contre les titres du seigneur lorsqu'ils ont fait usage d'une maniere publique ouverte & non-interrompue de leur liberté pendant l'intervalle de temps nécessaire pour acquérir la prescription ; car s'ils ne s'étoient soustraits à la Banalité que clandestinement ou de temps à autre, un fait pareil ne seroit pas suffisant pour les en affranchir.

La plupart des auteurs veulent pareillement que les deux tiers des habitans au moins aient cessé de reconnoître la Banalité ; s'il n'y en avoit qu'un petit nombre, ils ne seroient point recevables à alléguer la prescription ; la chose a été ainsi jugée au parlement de Paris par arrêt du 2 mars 1758 en faveur du duc de la Tremoille contre la veuve Beudin dans la coutume du Maine. Quand un seul particulier réclame, on présume avec fondement qu'il n'y a eu que du dol & de la clandestinité dans sa conduite, & on le contraint au même devoir que les autres habitans. Le Grand sur la coutume de Troyes observe que lorsqu'un petit nombre de particuliers contestent la Banalité, on doit mettre en cause le corps commun des habitans pour savoir s'ils entendent approuver ou non la contestation ; le parlement de Paris ordonna cette mise en cause par un arrêt du 21 juillet 1584 sur l'appel d'une sentence du Châtelet ; & depuis on a toujours jugé que le droit de Banalité ne pouvoit se discuter avec un seul particulier, & qu'il falloit que le général des habitans fût appelé à cette discussion.

Freminville prétend que les vassaux ne pourroient point compter pour un temps utile de prescription celui pendant lequel le moulin, le four ou le pressoir du seigneur auroit demeuré en ruine ; mais il se trompe : il confond les coutumes où la Banalité est un attribut naturel de la directe avec celles où ce droit exige un titre particulier. Dans les coutumes où la Banalité est attachée à la directe, il est certain que le seigneur peut la reprendre après avoir cessé d'en jouir, parce qu'il suffit que la directe ne soit point prescrite, pour que le droit qui en est inséparable ne le soit pas non plus ; mais dans les coutumes où il faut un titre, & où l'on peut s'affranchir par la prescription, la négligence du ſeigneur à rétablir les choſes dans leur premier état, peut occaſionner la perte de ſon droit.

Lorſqu'une fois la Banalité eſt établie ſoit par la coutume, ſoit par un titre particulier, tous ceux qui demeurent dans la banlieue y ſont également ſujets. Le Preſtre eſt même d'avis que le roturier qui poſſède un fief dans l'étendue d'une ſeigneurie où il y a Banalité n'en eſt pas exempt. On a ſouvent agité la queſtion de ſavoir s'il n'y avoit pas d'exception pour les eccléſiaſtiques & pour les gentilshommes? Ceux qui veulent les en exempter obſervent qu'il y auroit de l'indécence d'aſſujétir à une ſervitude pareille des perſonnes de cette diſtinction, & que comme ils ſont exempts des corvées, ils doivent l'être pareillement de la Banalité. Mais cette raiſon eſt purement ſpécieuſe.

D'abord la Banalité n'eſt pas tout-à-fait une ſervitude comme on voudroit le dire; elle peut être l'effet d'une convention auſſi avantageuſe pour le cenſitaire que pour le ſeigneur. Elle n'eſt pas non plus à proprement parler une corvée qui exige un ſervice perſonnel. Il y a encore cette différence qu'il n'eſt pas néceſſaire qu'il y ait des corvées, au lieu qu'il eſt néceſſaire pour l'eccléſiaſtique & pour le gentilhomme comme pour tout autre particulier que ſon grain ſoit moulu à tel ou tel moulin : toute la différence eſt donc de ſavoir s'il le ſera au moulin banal ou à un moulin libre : or comme dans cette différence la qualité des perſonnes ne fait rien, il paroît tout naturel que l'eccléſiaſtique & le gentilhomme ne ſoient pas plus diſpenſés de la Banalité que les autres habitans de la ſeigneurie.

Aussi trouvons-nous une foule d'arrêts qui y ont assujéti les ecclésiastiques. Brodeau nous en fournit deux, l'un du 8 avril 1618 rendu dans la coutume de Paris contre le prieur de saint Nicolas de la Ferté-au-Col, & l'autre du 27 août 1632 dans la coutume du grand Perche contre le curé de Montisant.

Taisant sur la coutume du duché de Bourgogne en rapporte un du 26 janvier 1686 rendu au profit du prieur de Vauclaire contre le curé de Giey sur Anjou. Dunod dans son traité des prescriptions en cite un autre du parlement de Besançon rendu le 13 août 1697 contre le curé de Villessures.

Le duc de Lorraine avoit publié en 1733 une ordonnance qui affranchissoit de la Banalité les curés & les vicaires du duché de Bar : un des curés de ce pays fut malgré cette ordonnance condamné à la Banalité par le siège des justices de Renesson & Tremon. Il interjeta appel de la condamnation au bailliage de Bar, & la sentence du premier siége y fut infirmée. Sur l'appel qui fut porté au parlement de Paris de la décision du bailliage de Bar, la cour sans s'arrêter à l'ordonnance du duc de Lorraine qui n'y avoit point été enregistrée, ordonna par arrêt du 30 janvier 1762 l'exécution provisoire de la sentence du siége de Renesson & Tremon qui assujétissoit le curé à la Banalité, & cette sentence fut ensuite sur le fond de l'appel définitivement confirmée.

Ainsi il faut conclure de ces préjugés que si les ecclésiastiques ne sont pas exempts de la Banalité, les gentilshommes ne le sont pas non plus, à moins qu'ils n'en soient nommément dispensés par la coutume de l'endroit comme ils le sont par l'article 36 de celle du Maine. C'est aussi l'avis de la Lande sur la coutume d'Orléans & de Ricard sur celle de Paris.

A l'égard des maisons religieuses, des collèges & des hôpitaux, on dispense de la Banalité les établissemens qui sont de la fondation du seigneur sans réserve de Banalité. Dunod en son traité de la prescription dit que la chose a été ainsi jugée en faveur des religieux Carmes de Marnai, en Franche-Comté. Lorsque ces établissemens ne sont pas de la fondation du seigneur on les tient pour sujets à la Banalité, mais on les admet à payer une certaine redevance pour les affranchir & pour tenir lieu d'indemnité au seigneur. Cela a été ainsi jugé par arrêt du 9 février 1739 entre les chanoines de la ville de Gray & les religieuses Tiercelines du même endroit.

Une question est de savoir si un seigneur ne peut point par convention assujétir à sa Banalité d'autres particuliers que ses censitaires. La raison de douter est que ces particuliers ne dépendant de personne pour la Banalité, devroient avoir la liberté de faire à cet égard telle convention qu'il leur plairoit ; mais on doit penser différemment d'après un arrêt du parlement de Paris du 30 mars 1609. Il paroît par cet arrêt cité par le Grand sur la coutume de Troyes, qu'un seigeur ayant Banalité avoit donné une somme d'argent à des habitans de Clery pour se soumettre à sa Banalité & qu'ils s'y étoient soumis. Les seigneurs de Clery prétendirent que leurs vassaux n'avoient pu s'asservir envers un autre seigneur sans leur consentement, & par l'arrêt dont il s'agit le contrat passé entre ce seigneur & les habitans de Clery fut déclaré nul & comme non-avenu.

Une autre question est de savoir si le seigneur ne pourroit pas s'abonner avec ses sujets à une certaine redevance pour lui tenir lieu de ses droits de Banalité. Malgré tout ce qu'on pourroit dire pour faire sentir que rien ne devroit être plus libre qu'une faculté pareille ; cependant en remontant à l'origine des Banalités on voit que si les censitaires y sont astreints, les seigneurs de leur côté sont obligés à bien des dépenses pour l'entretien des bâtimens relatifs à ces mêmes Banalités, & que s'ils pouvoient s'abonner avec leurs sujets ils tireroient tout l'avantage de la chose sans en supporter les inconvéniens : cette considération a fait penser à plusieurs qu'un tel abonnement ne pouvoit se soutenir, & qu'il devoit en être de même à cet égard que des corvées pour lesquelles il est défendu aux seigneurs par les arrêts & réglemens & notamment par celui des grands jours de Clermont du 9 janvier 1666, de composer chaque année à prix d'argent avec leurs censitaires.

Il n'en seroit pas de même si cet abonnement ne se faisoit qu'avec quelques-uns des vassaux : comme le seigneur n'en seroit pas moins obligé aux réparations & aux dépenses d'entretien pour les autres habitans, le prix de l'affranchissement pour quelques-uns d'entr'eux n'auroit rien d'illicite : c'est ce qui résulte d'un arrêt du 12 août 1606 rapporté par Corbin, & cité par Guyot dans ses observations sur les Banalités : par cet arrêt le nommé Turlin fut condamné à payer au président de Lammeville, seigneur d'Autheuil, une poule de cens au jour de Noël, pour la permiſſion qu'il avoit obtenue d'uſer d'un four particulier au lieu du four banal. Le même ſeigneur fut encore maintenu dans la poſſeſſion de ſe faire payer le même droit par chaque ménage de ſa ſeigneurie ; mais il y a apparence que les abônnemens ne s'étoient faits que ſucceſſivement, & dans ce cas la redevance pouvoit être tolérée ; autrement cette dernière diſpoſition de l'arrêt ne nous paroîtroit conforme ni aux principes ni à l'équité ; cependant ceci n'empêche pas que le fermier ne puiſſe abonner pour la durée de ſon bail. C'eſt ce qui réſulte d'un arrêt du parlement de Paris rendu le 9 décembre 1757 entre les chanoines réguliers de ſaint Jean-des-Vignes de Soiſſons & le prieur de ſaint Vulgis. Le fermier du four banal de la Ferté-Milon avoit permis à des particuliers pendant ſon bail de conſtruire chez eux des fours, & cette permiſſion donnée moyennant une certaine ſomme pour abonnement fut tolérée.

Cette queſtion nous conduit à examiner ſi le ſeigneur trouvant la Banalité trop à charge peut y renoncer malgré ſes ſujets ? Pour décider cette queſtion, on diſtingue entre la Banalité conventionnelle & la Banalité coutumière. Lorſque la Banalité eſt de convention, on prétend que le ſeigneur n'y peut pas renoncer ſans le conſentement des habitans, qu'il faut même des lettres-patentes ſuivies d'une information pour ſavoir ſi la choſe convient ou non à leurs véritables intérêts. On cite à ce ſujet un arrêt du 16 juin 1705 rapporté au journal des audiences. Il eſt vrai que dans l'eſpèce de cet arrêt il y avoit un traité pour l'extinction de la Banalité d'un

four

four moyennant une redevance annuelle, & que ce traité fut annullé. Mais il s'agissoit de savoir si cette redevance étoit contraire ou non aux intérêts des particuliers; & ce fut un fait à vérifier par une enquête; de sorte que cet arrêt ne décide pas exactement la question que nous examinons ici. Cependant lorsqu'il paroît que le prix originaire de la Banalité étoit en argent, & que par l'augmentation des especes ce prix ne se trouve plus proportionné aux dépenses qu'exige l'entretien de la Banalité, le seigneur peut renoncer à son droit, à moins que les vassaux ne veuillent augmenter le prix à dire d'experts. C'est ce qui a été jugé par un arrêt du parlement de Grenoble du 2 mars 1634 en faveur du propriétaire d'un four banal.

Il en seroit différemment si le droit se payoit en nature. Comme les choses conservent toujours entr'elles une certaine proportion, le seigneur est censé recevoir en tout temps la même indemnité.

Lorsque le seigneur exerce la Banalité comme un droit attaché à sa seigneurie, les auteurs conviennent qu'il peut librement y renoncer sans entrer dans aucune discussion à cet égard avec ses sujets. Mais lorsqu'une fois il y a renoncé, nous ne croyons pas qu'il puisse la reprendre pour la quitter encore à son gré : une faculté pareille entraîneroit les plus grands inconvéniens. Supposons qu'il lui ait pris l'envie de détruire son moulin banal ou de le laisser tomber en ruine, les vassaux dès ce moment doivent avoir la liberté de construire des moulins pour leur usage particulier, car il faut qu'ils puissent faire moudre leurs grains : si ces moulins étant construits le seigneur jugeoit à propos de rétablir le sien & de faire abattre ceux de ses censitaires pour jouir de son droit de Banalité, il est certain qu'il leur causeroit un préjudice considérable. Tout ce qu'on pourroit tolérer en pareil cas de plus favorable pour le seigneur, seroit de lui permettre de reprendre son droit en indemnisant ses vassaux de ce qu'il auroit pu leur en coûter pour la construction d'un moulin particulier. Avec une indemnité raisonnable, il n'y auroit aucune difficulté à le laisser rentrer dans un droit inhérent à sa qualité de seigneur. Mais pour obtenir cette indemnité dans le temps, nous croyons qu'avant aucune construction les vassaux seroient obligés de mettre le seigneur en demeure par une sommation, ou de leur construire un moulin, ou de réparer celui qui existoit (*)

(*) *Formule d'une sommation au seigneur pour l'obliger à construire un moulin ou à réparer celui qui existoit.*

L'an.... à la requête de.... demeurant à.... où il fait élection de domicile, je.... huissier, &c.... me suis transporté à.... au domicile (*ou du seigneur ou de son procureur-fiscal*) où étant & parlant à.... je lui ai déclaré que le moulin de.... situé à.... appartenant audit seigneur à cause de son droit de Banalité dans sa seigneurie de.... étant en ruine depuis quelques années sans qu'on se soit mis en devoir de le réparer, ce qui cause un préjudice notable aux habitans & sur-tout au requérant qui est obligé de recourir à des moulins étrangers fort éloignés de son domicile, j'étois chargé de lui faire comme je lui ai fait par ces présentes sommation de faire réparer incessamment ledit moulin de façon qu'il soit en état de moudre les grains que le requérant pourra y apporter ou envoyer, & lui ai déclaré que si dans le délai de trois mois (*plus ou moins suivant que les réparations à faire sont considérables*) il ne

Dans les coutumes où la Banalité est attachée au fief ou à la justice, peut-on aliéner cette Banalité sans aliéner en même temps la seigneurie ? On dit que pour exercer une Banalité, il faut avoir droit de commander, & que ce droit ne peut appartenir qu'au seigneur sur ses sujets. Cette raison est bien foible, mais il est pourtant vrai de dire qu'il est de maxime reçue que la Banalité ne peut se séparer de la seigneurie. L'article 48 de la coutume de Poitou contient à ce sujet

---

s'est pas mis en devoir de faire faire lesdites réparations, le requérant prendra son inaction pour un refus, & qu'en conséquence il se donnera la liberté d'en faire construire un (*à tel endroit*) pour son usage particulier, protestant d'employer la présente sommation & tous moyens de droit contre les empêchemens qu'on pourroit apporter à ladite construction, & afin qu'il n'en ignore, &c.

S'il s'agissoit de faire construire un moulin en entier, voici le changement qu'il faudroit faire à la sommation.

Je lui ai déclaré qu'en sa qualité de seigneur de.... il a droit d'y avoir un moulin banal pour le service de ses censitaires, que cependant comme il ne paroît pas avoir envie de faire usage de ce droit puisqu'il n'y a fait construire aucun moulin, il est de l'intérêt des habitans & notamment du requérant qui est fort éloigné des moulins étrangers de savoir à quoi s'en tenir, parce que dans le cas où il ne plairoit point audit seigneur d'en faire construire dans sa seigneurie, le requérant y en feroit construire un pour son usage particulier : à ces causes je lui ai fait sommation de s'expliquer à ce sujet, & lui ai déclaré que si dans l'espace de trois mois il ne s'est point expliqué, ou qu'il ne se soit pas mis en diligence de commencer cette construction, le requérant prendra son silence ou son inaction pour une renonciation à son droit, & qu'en conséquence il se donnera la liberté d'en, &c.

Si plusieurs habitans ont le même intérêt, ils peuvent se réunir dans la sommation.

une diſpoſition particulière. M. l'évêque de Poitiers avoit arrenté la Banalité d'une ſeigneurie moyennant dix ſetiers de blé. Une ſentence du juge des lieux avoit adopté cet arrentement, mais la ſentence fut infirmée en 1636 par arrêt du parlement de Paris.

De Richebourg obſerve dans ſes notes ſur l'article 311 de la coutume de la Marche où la Banalité eſt un attribut du fief, que ce droit ne peut être vendu ſéparément de la directe : il cite à ce ſujet une ſentence de la ſénéchauſſée de Guéret du premier mars 1624 qui annulle la vente d'un droit pareil faite ſans aliénation du fief; à la ſuite de ſa note eſt une mention de l'arrêt du parlement de Paris qui a confirmé cette ſentence le 6 ſeptembre de l'année ſuivante.

Lorſque la vente de la Banalité s'eſt faite ſans l'aliénation de la ſeigneurie, les habitans ſont-ils tellement déchargés du droit que le ſeigneur ne puiſſe plus l'exercer ? On diſtingue : ſi la Banalité étoit un attribut inhérent au fief par la force de la coutume le ſeigneur reprendroit ſon droit ſans la moindre difficulté, ou pour mieux dire il ſuffiroit qu'il fût toujours ſeigneur pour qu'il ne pût le perdre. Mais ſi la Banalité n'étoit qu'un droit conventionnel, Guyot dans ſon traité des fiefs prétend qu'il en ſeroit autrement, parce que *le ſeigneur auroit fait plus qu'il ne pouvoit faire.* Cette raiſon ne ſauroit nous décider pour ſon ſentiment. Une fauſſe aliénation en pareil cas ne peut qu'intéreſſer le vendeur & l'acquéreur & non les habitans auxquels le contrat ne peut nuire ni profiter. Si un ſeigneur perdoit la Banalité pour avoir voulu faire plus qu'il ne pouvoit en l'aliénant ſéparément de ſa directe, il faudroit dire qu'il la perdroit également dans les coutumes où elle est un attribut essentiel de la seigneurie ; c'est cependant ce qu'on n'oseroit soutenir.

Quoique la Banalité ne puisse s'aliéner sans la directe, on convient pourtant que lorsqu'il s'agit du partage d'un fief entre co-héritiers, on peut mettre le moulin dans un lot & les vassaux sujets à la Banalité dans un autre lot. Celui qui a le moulin peut s'en servir pour son usage particulier ; & celui qui a pour lui les vassaux peut faire construire un moulin & les y assujettir. Dans la coutume de Paris, le droit de Banalité qui dépend d'un fief appartient à l'aîné des enfans en récompensant les autres.

Fréminville prétend que la Banalité seule n'est même pas susceptible d'un bail emphitéotique à longues années, attendu qu'un bail de cette nature emporte une espece d'aliénation, mais son opinion ne nous paroît soutenue d'aucun moyen solide. Un bail emphitéotique est à la vérité regardé comme un contrat emportant aliénation : mais cette aliénation n'est pas incommutable ; elle ne porte d'ailleurs que sur la propriété utile & non sur la propriété directe. Le seigneur reste toujours seigneur comme auparavant ; toute la différence d'un bail emphitéotique à un bail ordinaire, est que l'un est pour un temps plus considérable que l'autre. D'ailleurs il est à propos qu'un seigneur qui ne se trouve pas en faculté de faire rétablir un moulin ait la facilité d'y parvenir par un bail à longues années ; parce qu'ordinairement par un bail pareil le preneur est chargé des constructions & réparations nécessaires pour rendre les choses en bon état à fin de bail.

Lorsque le droit de Banalité est en commun entre deux seigneurs, & qu'il survient des réparations à faire, l'un peut faire faire sommation à l'autre d'y contribuer pour sa portion, & sur le refus de celui-ci, le premier peut ordonner ces réparations, & recevoir à son profit les revenus de la Banalité, jusqu'à ce qu'il soit entièrement remboursé de ses avances, sans être tenu d'aucune restitution de ce que l'autre auroit pu gagner en contribuant plutôt à ces mêmes réparations. C'est ce qui est clairement décidé par une ordonnance des établissemens de Saint Louis (*). L'article 20 de la nouvelle coutume

(*). » Si aucun avoit moulin commun auquel il faudroit » des meubles, pourquoi il ne pourroit moudre, il doit » avertir son personnier devant la justice, de contribuer » à cette réparation, & s'il ne le fait & que l'autre mette » en état le moulin, il aura toute la mouture jusqu'à ce » que l'autre lui ait rendu sa part des coûts & dépens ; & » s'il n'a pas averti & sommé son personnier, il lui rendra » compte des moutures en payement de sa portion, & s'il » a plus reçu il lui rendra le surplus «. (Établissement de saint Louis, chapitre 108).

Formule d'une sommation en pareil cas.

L'an.... le.... du mois de.... à.... midi à la requête de.... demeurant à.... où il fait élection de domicile en sa maison, je.... huissier, reçu & immatriculé à.... demeurant à.... soussigné, me suis transporté à.... au domicile de.... où étant & parlant à.... je lui ai déclaré que le moulin de.... situé à.... dont il est propriétaire pour une moitié avec le requérant, a besoin de *telles & telles réparations qu'on détaillera*, & qu'à défaut de ces réparations ceux qui sont dans le cas d'aller moudre à ce moulin se dispensent d'y envoyer ou apporter leurs

d'Anjou paroît tiré de cette ordonnance : il renferme à ce sujet les mêmes dispositions.

Comme on met toutes les actions qui ont trait à des droits seigneuriaux dans la classe des actions réelles, on tient pour maxime qu'elles ne peuvent point être portées devant des juges de privilèges, sur-tout depuis le fameux arrêt rendu le 25 avril 1746 au rapport de M. Gilbert de Voisins maître des requêtes, contre MM. les ducs de Luynes & de Chevreuse qui vouloient faire usage de *committimus* du grand sceau contre différens possesseurs de fiefs qu'ils prétendoient dépendre d'eux à cause de leur comté de Noyers

grains, ce qui cause un préjudice au requérant qui offre de contribuer à ces réparations pour la moitié qui le concerne; mais comme ces réparations ne peuvent point se faire en partie sans se faire en même-tems pour le tout, j'ai fait sommation audit sieur.... d'y contribuer pour l'autre moitié qui le regarde, & de convenir de marché & d'ouvriers avec le requérant, & à cet effet je lui ai donné assignation à comparoir par devant M. le juge de la justice de.... à heure d'audience dans les délais de l'ordonnance (*ou même à plus court délai s'il y a péril dans la demeure*) pour voir dire que faute par lui de convenir d'ouvriers & de marché, le requérant sera autorisé à faire seul les avances desdites réparations qui lui seront allouées sur les simples quittances qu'il retirera desdits ouvriers, & que jusqu'à ce qu'il soit pleinement remboursé de tout ce qu'il aura pu lui en couter pour la moitié qui est à la charge dudit sieur.... il fera les fruits siens des revenus dudit moulin sans aucune restitution aux termes des ordonnances, le tout avec dépens. Et afin que l'assigné n'en ignore, je lui ai laissé copie du présent exploit en parlant comme dessus & lui déclarant que me.... procureur en ladite justice occupera pour le requérant.

Cette formule peut servir pour les autres espèces de Banalités.

en Bourgogne. Cependant quelques-uns des Auteurs qui ont parlé des Banalités, peuvent induire en erreur pour avoir dit qu'elles ſont perſonnelles ſans s'expliquer davantage. Mais pour faire mieux ſaiſir ce qu'ils ont voulu dire à ce ſujet, nous obſerverons que les Banalités ne ſont perſonnelles que dans ce ſens que ceux qui ont leur domicile dans le diſtrict de la Banalité ſont les ſeuls qui y ſoient ſujets ; & que conſidérées comme faiſant partie des droits ſeigneuriaux d'une directe, l'action à laquelle elles peuvent donner lieu eſt de la même nature que celles qui peuvent avoir pour objet toutes ſortes de droits ſeigneuriaux en général. Auſſi trouve-t-on dans Brillon un arrêt de la chambre de l'édit de Rouen du 10 juin 1665, qui a jugé qu'une inſtance de Banalité de moulin étoit réelle, & qu'elle ne pouvoit être évoquée aux requêtes du palais par le ſeigneur privilégié. Fréminville ajoute que cette déciſion eſt de droit commun.

Différentes eſpèces de Banalités. On remarque pluſieurs ſortes de Banalités : Banalité de moulin, de four, de preſſoir, de taureau, de verrat & de boucheries.

Nous allons parcourir ces différens genres de Banalités : mais nous obſerverons auparavant que toutes ces Banalités ne dépendent pas les unes des autres; que celle du four par exemple ne dépend pas de celle du moulin, ni celle du moulin d'aucune autre, &c. le ſeigneur n'a droit d'exercer que celles qui lui ſont attribuées par ſes titres ou par la coutume.

Banalité de moulin. Anciennement le roi ſeul étoit en droit d'avoir des moulins banaux, mais les ſeigneurs par la ſuite ſe ſont arrogé le même privilége. Le roi conserve cependant cette ancienne prérogative dans la Flandre, dans l'Artois & le Hainault; les moulins y sont domaniaux, & il n'y est permis à personne d'en construire sans une permission expresse & sans payer à sa majesté une certaine redevance à titre de cens.

Dans la Normandie les personnes nobles ont seules le droit de posséder des moulins sans rien payer au roi: les roturiers qui en possèdent sont assujettis au droit de franc-fief conformément à deux arrêts du conseil, l'un du 22 juillet 1673, & l'autre du 24 juin 1721. Dans la plupart des autres coutumes il est permis aux roturiers d'avoir des moulins sans payer aucune rétribution.

Pour être assujetti à un moulin banal, il faut que ce moulin ne soit pas à la distance de plus d'une lieue du domicile du censitaire; c'est-à-dire qu'il n'y a que ceux qui demeurent dans la banlieue qui puissent être obligés d'y aller moudre. Les coutumes ne sont pas uniformes pour la fixation de cette banlieue; les unes comme celles de Tours, de Poitou & de Lodunois, la règlent à deux mille pas, chacun de cinq pieds, à prendre de la huche du moulin à la porte de la maison du sujet, ce qui fait 1666 toises quatre pieds. Les coutumes d'Anjou & du Maine la règlent à mille tours de roue de quinze pieds de circonférence; la coutume de Btetagne à 120 cordes de 120 pieds chacune; le plus grand nombre des autres coutumes ne la déterminent pas, au moyen de quoi nous pensons que dans les coutumes muettes à ce sujet, la banlieue doit se mesurer suivant la lieue commune de la province où est située la Banalité; en observant avec Boulay sur l'article 13 de la coutume de Tourraine, que cette mesure doit se faire par le chemin le plus fréquenté quoiqu'il ne soit pas en droite ligne.

Le seigneur est obligé d'avoir son moulin en bon état, sans quoi les sujets peuvent aller ailleurs jusqu'à ce qu'il soit rétabli : il est pareillement obligé de faire ensorte que les chemins pour y aborder soient pratiquables & sans danger pour ceux qui sont obligés d'y porter leurs grains. Il faut aussi que dans les vingt-quatre heures, à compter du moment que le sujet arrive au moulin, on commence à moudre ses grains ; autrement il lui est libre de les conduire ailleurs. C'est l'usage général, si l'on en excepte quelques coutumes, en très-petit nombre, qui exigent un délai plus considérable : telle est la coutume de Bourbonnois, qui veut que le sujet attende trente-six heures au lieu de vingt-quatre.

Une grande question qui ne paroît nulle part clairement décidée, est de savoir si le meûnier est obligé d'aller chercher les grains des sujets pour les faire moudre, lorsque les titres & la coutume ne déterminent rien à cet égard. Guyot en son traité des fiefs, pense que ceux qui sont sujets à la Banalité sont obligés de porter ou d'envoyer leurs grains au moulin, & il appuie son opinion sur un arrêt du premier août 1730 rendu au parlement de Paris en faveur du seigneur de Juchy en Artois, contre le sieur Bidaut curé de l'endroit. Mais cet arrêt ne paroît pas avoir décidé nettement la question : le sieur Bidaut se croyoit dispensé en sa qualité de curé de faire porter ses grains au moulin comme les autres habitans ; il regardoit cette espèce de servitude comme injurieuſe à ſon état, & l'arrêt a jugé ſimplement qu'il n'y avoit aucune différence à faire à cet égard entre lui & les autres vaſſaux.

Si nous conſultons la plupart des coutumes, nous voyons ou qu'il eſt dit que les meûniers ſont obligés d'aller chercher les grains des ſujets, ou que ſi ces meûniers vont quêter dans d'autres Banalités, leurs chevaux & leurs voitures ſont ſujets à confiſcation; ce qui ſemble indiquer qu'ils n'ont des bêtes de ſomme ou des voitures que pour le ſervice des vaſſaux.

D'un autre côté l'on voit que ce ſont les meûniers qui vont par-tout chercher les grains & qui les rapportent en farine. On conçoit en même-temps que ſi de ſimples particuliers étoient obligés d'avoir des bêtes de ſomme pour conduire leurs grains au moulin banal, l'aſſujétiſſement leur ſeroit trop onéreux par la dépenſe que le ſoin & la nourriture de ces bêtes leur occaſionnaroit.

Dans l'incertitude, nous penſons avec Fréminville qu'on doit ſe déterminer par l'uſage qui ſe pratique dans chaque Banalité, & qu'on doit ſur-tout avoir égard au droit de mouture qui ſe paie au meûnier : s'il eſt modique il paroît que le ſujet eſt obligé de porter ſes grains; ſi au contraire il eſt proportionné à la peine de les aller chercher, le meûnier doit prendre cette charge ſur ſon compte conformément à l'eſprit d'une ordonnance du 19 ſeptembre 1439 qui fixe ce droit de mouture à ſeize deniers pariſis lorſque le grain eſt porté au moulin, & à deux ſous pariſis lorſqu'on va le chercher.

Le moulin, c'eſt-à-dire l'endroit où le grain ſe réduit en farine, doit être fermé en rond, de crainte que s'il étoit en quarré la farine ne restât dans les angles. Le meûnier doit prendre garde que le grain ou la farine ne reçoivent aucun dommage ; le seigneur seroit lui-même tenu de le réparer suivant une ancienne ordonnance des établissemens de Saint Louis (*) & le sujet seroit dispensé de retourner au moulin banal avant qu'il eût été indemnisé.

Ceux qui arrivent les premiers au moulin sont en droit de faire moudre avant ceux qui ne sont venus qu'après eux : il n'y a que le seigneur qui puisse avoir une préférence.

Le droit de mouture est différent dans chaque coutume & dans chaque Banalité : il se perçoit suivant l'usage où suivant les titres du seigneur. Dans le Nivernois, le Bourbonnois & la Marche le meûnier doit rendre d'un boisseau ras de bled, un boisseau comble de farine, & le reste est pour son droit de mouture. Dans d'autres coutumes il n'est rien dit du droit du meûnier. Dans quelques seigneuries ce même droit est fixé à une certaine quotité comme au seizième, vingtième, vingt-cinquième du grain qu'on fait moudre. Quelquefois le droit se paie en argent : une ordonnance de Jean I roi de France, du mois de février 1350, le fixe par setier à douze deniers parisis, ou à un boisseau ras du grain en nature.

Lorsque les meûniers prennent leur droit en

(*) Voici ce que porte cette ordonnance : » Et où le » seigneur ne fait payer le dommage fait au sujet, le » sujet est dispensé d'aller moudre ou cuire au moulin & » four du seigneur, jusqu'à ce qu'il ait fait payer ce dom- » mage «. (*Ordonnances du Louvre premier volume, page 197.*)

argent, ils ſont tenus ſuivant une ordonnance du 19 ſeptembre 1439, de rendre en farine le même poids que celui qu'ils ont reçu en grain, ſans autre diminution que de deux livres par ſetier de froment meſure de Paris pour le déchet. C'eſt pourquoi un arrêt du parlement de Grenoble du 5 mars 1529 permet à chaque communauté d'habitans de la province de Dauphiné, de faire mettre un poids à chaque moulin afin de pouvoir vérifier ſi le meûnier n'a point commis d'infidélité. Ce réglement a été renouvelé par un autre arrêt du 12 juin 1709 qu'on trouve dans le recueil du parlement de Dauphiné.

Comme le droit de mouture n'eſt point déterminé par-tout d'une manière uniforme, on n'a d'autres règles à ſuivre à ce ſujet que celles qui ſont indiquées ou par la coutume ou par les titres, ou par l'uſage & la poſſeſſion.

Les meſures dont les meûniers ſont dans le cas de ſe ſervir doivent être étalonnées. Quand la rétribution de ces meûniers conſiſte dans le ſurplus de ce qui reſte après avoir rendu le boiſſeau comble de farine pour le boiſſeau ras de grains, le boiſſeau dont ils peuvent ſe ſervir à cet effet ne doit être en profondeur que du tiers de la ſurface, autrement moins la circonférence ſeroit vaſte, plus il leur ſeroit facile de faire le comble qu'ils doivent fournir : c'eſt une choſe à laquelle la coutume de Poitou a fait une attention particulière.

On pourroit agir criminellement contre les meûniers qui ſe rendroient coupables d'infidélités ou en humectant les farines, ou en y mêlant des matières étrangères : ceci leur eſt défendu à peine de punition corporelle. Il leur eſt pareillement défendu de rien exiger au delà de ce qui leur revient suivant leur droit ancien & accoutumé ; autrement ce qu'ils exigeroient de plus seroit regardé comme une espèce de concussion de leur part. On verra plus particuliérement à l'article MEÛNIER la police à laquelle ils sont assujétis.

Pour qu'un moulin soit banal, faut-il qu'il soit situé dans la seigneurie même d'où dépend la Banalité? La question ne laisse pas de présenter des difficultés : cependant on se résume à penser qu'il suffit d'être seigneur dans l'endroit où est situé le moulin pour qu'on puisse y assujettir ceux qui ne sont pas hors de la banlieue, quand même ceux-ci ne seroient pas domiciliés dans la même seigneurie. Un seigneur a deux fiefs voisins où il peut exercer la Banalité : il n'a qu'un moulin situé dans l'un de ces fiefs; il est raisonnable qu'il puisse assujettir à ce moulin les vassaux de l'un & de l'autre fief qui ne sont point hors de la banlieue. Le refus que feroient les vassaux d'y aller ne seroit nullement fondé, parce qu'il doit leur être indifférent que le moulin soit dans un fief ou dans l'autre dès qu'ils sont sujets à la Banalité & qu'ils dépendent du même seigneur. C'est ce qui est prévu par l'article 16 de la coutume du Maine qui en pareil cas assujettit d'aller moudre dans l'une ou dans l'autre seigneurie. On remarque cependant que si ces fiefs étoient situés chacun dans une province particulière, les sujets de l'un ne seroient pas obligés d'aller moudre dans l'autre, par la raison qu'en cas de contestation ceux qui sont du ressort d'un bailliage ne peuvent pas être obligés d'aller plaider dans le ressort d'une autre juridiction. C'est ce qu'a jugé une sentence de la sénéchaussée du Maine, confirmée par un arrêt du parlement de Paris du 7 septembre 1758, cité dans la collection de jurisprudence.

A l'égard des grains sujets à la Banalité, il est de maxime reçue que tous ceux qui ont été recueillis dans l'étendue de la Banalité ou qui y ont séjourné 24 heures, sont dans le cas d'être moulus au moulin banal exclusivement à tout autre moulin, sans quoi il seroit facile d'éluder la Banalité. C'est ce qui résulte de la disposition de plusieurs coutumes, notamment de celles de Bourbonnois, du Grand-Perche, & de Nivernois. Les grains mêmes que les vassaux achètent au marché tenu dans la Banalité sont sujets au moulin banal, quoique ces grains n'aient point été recueillis dans la Banalité : il y a à ce sujet trois arrêts du parlement de Normandie rapportés par Basnage, l'un du 17 janvier 1541, l'autre du 26 janvier 1663, & le troisième du 17 juillet 1665. Cependant si les vassaux achetoient ces grains hors de la Banalité, & qu'ils les fissent moudre hors de la banlieue, ils pourroient les amener chez eux en farine, sans encourir aucune peine. C'est ce que font remarquer Brodeau sur la coutume de Paris & Pallu sur celle de Tours. La chose d'ailleurs a été ainsi jugée au parlement de Paris par deux arrêts, l'un du 28 septembre 1563 en faveur des habitans de Gonesse contre les fermiers des moulins banaux de l'endroit, & l'autre du 14 août 1659 en faveur d'un nommé la Roche contre le seigneur de la Banalité dont il dépendoit.

Les grains que les boulangers emploient pour le service du public sont pareillement sujets au moulin banal. Le parlement de Rennes par un arrêt du 17 décembre 1671, avoit confirmé des ſentences des juges de Leneven & de Landerneau, qui n'aſſujettiſſoient des boulangers aux moulins de madame la princeſſe de Rohan que pour les grains qui ſe conſommoient dans leur ménage, & qui les en affranchiſſoit pour les bleds qu'ils employoient dans leurs boulangeries; mais par un arrêt du conſeil d'état du 29 juillet 1673, celui du parlement de Bretagne fut caſſé, & il fut dit que ces boulangers ſeroient tenus de faire moudre tous leurs grains, ſoit pour leur ſubſiſtance ou pour leur commerce, aux moulins banaux de la princeſſe, & de payer le droit de mouture accoutumé. Le parlement de Bretagne a depuis jugé conformément aux diſpoſitions de cet arrêt du conſeil.

Par un arrêt du grand conſeil du 30 mars 1713, les boulangers de Briot, Bouflers & autres lieux fréquentant les foires & marchés de Grandvilliers en Picardie ont été pareillement aſſujettis à la Banalité. Brillon parle d'un arrêt dans la même eſpèce rendu au même tribunal le 25 févtier 1715 en faveur des prêrres de l'oratoire (*).

(*) Le roi informé qu'il y avoit un droit de Banalité attaché à cinq moulins appartenans à la ville de Rouen, que cette Banalité étoit nuiſible à la facilité de l'approviſionnement & aux prix modéré du pain, attendu les défenſes faites aux boulangers de la ville d'acheter ou d'employer d'autres farines que celles qui provenoient de ces moulins; que ce droit de Banalité qu'on annonçoit fixé ſeulement au treizième, augmentoit le prix du pain dans une proportion beaucoup plus forte, puiſque les boulangers des fauxbourgs qui n'étoient pas ſujets à ce même droit étoient obligés de fournir le pain dans les marchés de la ville de Rouen à

Cependant

Cependant si le moulin n'étoit pas en état de faire d'aussi belle farine qu'il la faut pour des boulangers, on pourroit aller moudre ailleurs, après toutefois en avoir prévenu le seigneur, soit pour se mettre à l'abri de la contravention, soit pour l'avertir de mettre son moulin en état de faire d'aussi belle farine qu'on peut la desirer (*). Plusieurs coutumes parlent de cette faculté

---

raison de 18 onces par livre, & au même prix que celui qui se faisoit dans l'intérieur dont le poids n'étoit que de 16 onces, ce qui faisoit que la Banalité augmentoit le prix d'un neuvième, sa majesté a jugé à propos d'abolir cette même Banalité comme contraire au bien public, surtout dans la ville de Rouen que la nature semble avoir désignée par les avantages de la plus heureuse position, pour l'entrepôt le plus commode de l'importation des grains étrangers & de la circulation des grains nationaux. Cette Banalité a été effectivement abolie par un edit du mois de juin 1775, enregistré au parlement de Rouen le 23 du même mois; en conséquence il est aujourd'hui permis à tous boulangers, pâtissiers & autres personnes de la ville, de faire moudre leurs grains ou de se pourvoir de farines d'où bon leur semble, avec défenses d'exiger d'eux aucune retribution pour le droit dont il s'agit.

(*) *Formule pour dénoncer à un seigneur le mauvais état de son moulin.*

L'an 1776, le 21 mai, à la requête de Jacques Froment, boulanger de la ville de.... où il demeure, je Pierre Pinton huissier immatriculé à.... demeurant à.... soussigné, me suis transporté en la ville de.... au domicile du procureur fiscal de la justice de.... où étant & parlant à.... je lui ai déclaré que les meules du moulin banal que posséde le seigneur de ladite justice au lieu de.... n'étant pas en état de moudre les grains du requérant de façon à lui procurer de belle farine nécessaire pour son commerce, celui-ci les ira faire moudre à un autre moulin, jusqu'à ce qu'il ait plu audit seigneur de mettre le sien en état de faire de belle farine; protestant contre toutes les

qu'ont les boulangers en pareil cas d'aller moudre ailleurs ; notamment celles du Grand-Perche, du Nivernois, du Bourbonnois, de Tours, de l'Anjou, du Maine, de Lodunois, &c.

On juge encore que les brasseurs ne sont pas exempts de la Banalité : c'est ce qui résulte d'un arrêt du 28 mai 1726 qu'on trouve au journal du parlement de Bretagne.

Lorsque celui qui est sujet à la Banalité vient de moudre à un moulin étranger, il est dans le cas de voir saisir & confisquer le sac, la farine, la bête de somme, les harnois, & même de payer une amende. C'est la peine ordinaire de la contravention à la Banalité.

Quelques coutumes fixent l'amende à 60 sous, d'autres à 6 sous, & d'autres à 7 sous 6 deniers. Les unes ne confisquent que la farine & non le sac ni la bête ni les harnois ; d'autres confisquent le tout ensemble. En cela on ne peut suivre que ce qui est prescrit par la coutume ou établi par les titres ou par l'usage.

Cette confiscation a lieu dans quelques provinces par la seule saisie de fait, sans autre formalité, sauf la réclamation de celui qui croit cette confiscation injuste & déplacée. Cela est ainsi toleré par rapport aux difficultés qu'il y auroit d'avoir sur le champ un officier public

---

entreprises qu'on voudroit faire sur ses grains au préjudice de la présente dénonciation. Et afin que ledit procureur fiscal n'en ignore & qu'il ne le laisse ignorer au seigneur & à tous autres qu'il appartiendra, je lui ai laissé copie du présent acte ès mains & en parlant comme dessus.

Cette formule peut servir pour toute autre espèce de Banalité.

pour faire cette saisie & pour en dresser procès verbal.

Une question est de savoir si le sujet qui a été assez adroit pour éluder la saisie, est à l'abri de toute recherche pour la contravention par lui commise ? L'affirmative ne paroît souffrir aucune difficulté : dès que la peine & la maniere de l'exécuter sont déterminées, on ne doit rien entreprendre au-delà. Il paroît même qu'on a eu des raisons pour borner cette peine à une saisie faite comme en flagrant délit : si sur un simple soupçon ou sur une délation quelconque on étoit fondé à faire un procès au sujet, tous les jours un fermier trouveroit des prétextes pour vexer les vassaux, & ce sont ces prétextes qu'il convenoit d'écarter.

Quand le seigneur a un moulin banal il est défendu à ses sujets d'en avoir de particuliers, soit à eau, soit à vent, soit même à bras. Le parlement de Dijon l'a ainsi jugé le 29 juillet 1653 en faveur du sieur Gaspard de Malivert seigneur de Conflans. On trouve ce préjugé dans les statuts de Bresse par Collet. Frain sur la coutume de Bretagne, rapporte aussi un arrêt du parlement de cette province, du 19 juillet 1629, qui défend aux sujets d'avoir des meules particulieres dans leurs maisons pour moudre des grains gros ou menus, à peine de 20 livres d'amende.

Mais lorsque le seigneur n'a pas de moulin, il est tout naturel, comme nous l'avons dit plus haut, que ses sujets puissent en construire. Ils n'ont pas besoin pour cela de composer avec lui pour une indemnité ; c'est ce qui a été jugé au parlement de Paris par un arrêt du 9 mai 1759,

Un particulier avoit cru ne pouvoir faire construire un moulin sans le consentement du seigneur qui n'en avoit pas à lui, en conséquence il étoit convenu avec ce seigneur d'une redevance de soixante livres chaque année, & même de lui abandonner le moulin au bout de soixante ans ; mais ayant été reconnu dans la suite que cette obligation étoit sans sujet, le particulier en a été déchargé par l'arrêt dont il s'agit, & dont fait mention l'auteur de la collection de jurisprudence.

Comme il y a quelque différence entre un moulin à eau & un moulin à vent, il est de droit commun qu'un moulin à vent ne sauroit être banal à moins qu'il n'y ait titre exprès à ce sujet. C'est ce qui résulte de l'article 72 de la coutume de Paris, & d'un arrêt du 28 juin 1597 rapporté sur cet article par Brodeau. Ainsi quoiqu'un seigneur ait titre pour un moulin banal, il ne peut sans un titre précis attacher à un moulin à vent la Banalité qui étoit attachée à un moulin à eau. On a remarqué qu'un moulin à eau étoit beaucoup plus propre à faire de belle farine qu'un moulin à vent. D'ailleurs, il faut qu'un moulin pour être banal puisse être d'un service habituel, & ce service habituel ne peut pas se trouver avec le vent qui ne règne pas toujours.

Ainsi dans les coutumes où la Banalité est attachée de plein droit & sans titre à la directe, si tous les moulins banaux de l'endroit sont à eau, le seigneur ne peut point rendre banal un moulin à vent qu'il lui a plû de construire. Il y a cependant des provinces où la coutume admet des moulins à vent à cause de la rareté des eaux:

dans ces provinces la Banalité peut ſubſiſter avec ces moulins à vent, ainſi que dans celles où l'uſage les a généralement introduits ſans que la coutume ſe ſoit expliquée à cet égard.

Nous obſerverons encore que dans les coutumes où la Banalité eſt attachée de plein droit à la ſeigneurie, le moulin doit être placé de façon que l'eau puiſſe le faire mouvoir habituellement, parce qu'il eſt de l'intérêt des habitans qu'on veut aſſujettir à la Banalité, de n'y pas porter vainement leurs grains & de n'être pas obligés de recourir trop ſouvent à un nouveau meûnier, ſans quoi ils ſeroient expoſés à mille inconvéniens ſous prétexte de contravention.

Par une ſuite du droit de Banalité, les meûniers étrangers ne peuvent pas venir dans les marchés charger des grains qu'ils diſent avoir été achetés par des gens qui ne ſont point de la Banalité de l'endroit, parce que ſous ce prétexte il n'y a point de fraude qu'ils ne pourroient commettre : c'eſt ce qui a été jugé au parlement de Paris le 5 août 1761, contre des meûniers qui venoient charger au marché d'Aumale des grains qu'ils diſoient être pour des étrangers. Ces meûniers peuvent même être valablement ſaiſis lorſqu'ils ne font que paſſer ſur le territoire de la Banalité avec des chevaux ou des voitures chargées de grains, à moins qu'ils ne ſoient en état de prouver que ces grains appartiennent à des particuliers domiciliés hors de la Banalité. C'eſt ce qu'a décidé le même parlement le premier août 1761, ſuivant que le rapporte Deniſart.

S'il eſt défendu aux meûniers étrangers de venir charger dans des marchés hors de leur Banalité, il leur eſt encore plus particulièrement défendu de venir, comme on dit, quêter dans d'autres Banalités que celle où ils ont leur moulin : les meûniers de Câtillon & de Villers-le-vert s'avisoient d'aller quêter dans la banlieue de Ribemont où il y a des moulins banaux. L'Abbaye de Saint Nicolas, d'où ces moulins dépendoient, se pourvut contre ces meûniers, & les fit condamner au parlement de Paris par un arrêt du 17 juillet 1753, cité par l'auteur de la collection de jurisprudence.

Moulins à draps, à huile, à écorce, à chanvre, &c. Ces sortes de moulins peuvent être banaux par un titre particulier ou par les dispositions de la coutume. L'article 8 de celle de Châteauneuf porte que les gens de condition servile seront tenus d'aller moudre leurs grains, fouler leurs draps & battre leurs écorces aux moulins banaux du seigneur, à peine de soixante sous d'amende & de confiscation de chevaux & de voitures.

La coutume d'Anjou autorise le seigneur basjusticier d'avoir moulin à draps & de contraindre ses sujets demeurans dans les trois lieues du moulin d'y aller fouler, à peine d'une amende de douze deniers tournois par aune de drap, outre le droit de foulage. Celle du Maine qui renferme la même disposition, ajoute la confiscation du drap, sauf à le racheter pendant quinzaine.

La coutume de Bretagne admet pareillement la Banalité du moulin à draps pour ceux qui sont dans les cinq lieues de distance du moulin. Mais, comme nous l'avons dit, la Banalité du moulin à grains n'emporte pas celle de tous ces autres moulins particuliers, il faut qu'ils soient banaux ou par des titres ou par la coutume.

Banalité de four. Ce que nous avons établi au sujet de la Banalité d'un moulin, s'applique à bien des égards à ce qui concerne le four. Le seigneur qui a droit d'avoir un four banal, doit l'établir dans le milieu du bourg de la seigneurie afin qu'il soit également à la portée de tout le monde : c'est ce qu'exige l'article 29 de la coutume d'Angoumois qui est en cela conforme à l'usage reçu.

Le seigneur doit tenir son four en bon état, fournir le bois nécessaire, avoir des préposés pour le service du four afin que les habitans n'aient d'autre peine que de porter leur pâte & de retirer leur pain. Mais la Banalité de ce four peut-elle s'étendre aussi loin que celle du moulin, c'est-à-dire, tous ceux qui sont dans la banlieue sont-ils obligés d'aller au four comme au moulin? Taisand sur la coutume du duché de Bourgogne, dit que les sujets du seigneur de sainte-Colombe éloignés d'une lieue du four banal étoient en possession depuis 40 ans d'avoir chez eux des fours particuliers, que néanmoins par arrêt du parlement de Dijon du 5 mars 1580, ils furent condamnés à les démolir, si mieux ils n'aimoient demander permission au seigneur de les conserver & d'en user comme par le passé moyennnant une redevance modérée. Ce préjugé ne semble pas devoir faire une loi générale dans les provinces où rien n'est décidé à cet égard par la coutume ou par les titres. Il n'est pas aussi facile d'aller à une lieue de distance porter de la pâte à un four que des grains à un moulin : d'ailleurs la pâte peut souffrir considérablement dans le transport, ou par le trop grand froid ou par le trop grand chaud ; ainsi il nous paroîtroit suffisant de donner au four banal un quart de lieue d'arrondissement, si mieux n'aimoit le seigneur faire construire plusieurs fours dans l'étendue de sa seigneurie pour user plus amplement de son droit. Au surplus l'usage introduit peut être à cet égard d'une grande considération, sur-tout s'il n'entraîne point d'inconvéniens.

Ceux qui sont sujets au four banal ne peuvent point avoir de fours particuliers, ceci est généralement reçu. Ceux mêmes qui sont sur les limites dans la Banalité, ne peuvent point en avoir à leur portée hors de cette Banalité, de crainte qu'ils ne s'en servent au préjudice du four banal, & le seigneur de sa propre autorité peut faire abattre ces fours. C'est ce qui résulte des dispositions de la coutume de Nivernois qui seule paroît avoir prévu cet inconvénient.

A l'égard de ces petits fours que les bourgeois font construire chez eux pour la pâtisserie, il est sans difficulté qu'on les tolère aujourdhui, pourvu qu'on ne puisse pas en abuser & qu'ils ne soient pas assez grands pour qu'on puisse y faire cuire à la fois plus d'un boisseau de farine. Cependant il paroît d'après ce que dit Dunod en son traité des prescriptions, que dans le duché de Bourgogne on ne souffre point de ces petits fours, & qu'il l'a vu juger pour l'abesse de Baume contre des particuliers de la même ville. Taisand dans son commentaire sur la coutume de cette province, cite un premier arrêt du parlement de Dijon rendu le 2 mai 1589 au profit du seigneur de Magny sur Tilles, qui semble appuyer l'assertion de

Dunod ; mais il en cite enſuite un autre rendu au même tribunal le 6 juin 1671, d'après lequel il dit que l'uſage eſt au duché de Bourgogne que les ſujets nonobſtant la Banalité des ſeigneurs, aient de petits fours dans leurs maiſons pour y cuire des pâtes non levées. Quelle que ſoit à cet égard la juriſprudence du parlement de Bourgogne, il eſt toujours vrai de dire que les petits fours dont il s'agit ne ſauroient être condamnés quand ils ne ſont deſtinés qu'à des uſages pour leſquels on ne peut recourir à un four banal.

Quand le four eſt banal, perſonne n'en eſt exempt. Il n'y a d'exception que pour les maiſons religieuſes, les collèges & les hôpitaux, parce qu'il leur ſeroit trop incommode d'aller habituellement à un four public. Cependant le ſeigneur n'en eſt pas moins en droit d'exiger une certaine indemnité pour lui tenir lieu de ſon droit de Banalité. Les religieuſes tiercelines de Gray furent obligées à cette indemnité comme on le voit par l'arrêt du 9 février 1639 dont nous avons fait mention en parlant des Banalités en général.

A l'égard des boulangers publics, on trouve une ordonnance de Philippe-le-Bel de 1305, par laquelle il eſt permis aux *talemeliers*, c'eſt-à-dire, aux boulangers de Paris où il y avoit des fours banaux comme ailleurs, de cuire librement chez eux le pain deſtiné à être vendu. Cette ordonnance a introduit l'exception pour tous les autres boulangers du royaume : ils ſont diſpenſés aujourd'hui d'aller cuire au four banal le pain qu'ils deſtinent pour le public ſans qu'ils ſoient tenus pour cela d'aucune indemnité envers le ſeigneur. Cependant ſi ce ſeigneur avoit un titre particulier nommément contre eux, ils ſeroient obligés d'aller à ſon four. La choſe a été ainſi jugée au parlement de Paris par un arrêt du 22 juillet 1760 en faveur du ſieur Bon, propriétaire du four banal de Torcy, contre les boulangers de l'endroit, au ſujet du pain deſtiné pour la proviſion de Sedan : cet arrêt eſt rapporté dans la collection de juriſprudence.

La coutume de Poitou & celle de Touraine s'expliquent ſur l'exception introduite en faveur des boulangers, mais en général cette exception n'eſt reçue que pour les pains blancs qu'ils débitent d'un poids déterminé. A l'égard des gros pains qu'ils vendent dans leur boutique, ils ſont ſujets au four banal, ſuivant un arrêt du parlement de Paris du 9 mai 1620 rendu contre les boulangers de Vendome & cité par Leprêtre.

Il en eſt de même du pain qui concerne leur ménage ; ils ſont obligés de recourir au four banal. On trouve à ce ſujet dans Bacquet un arrêt du 28 ſeptembre 1565 qui condamne un boulanger public à y faire cuire la pâte deſtinée à la nourriture de ſa famille. Un autre arrêt rendu au rapport de Leprêtre le 15 mars 1609, a jugé la même choſe contre des boulangers, ſi mieux ils n'aimoient payer une indemnité au ſeigneur ; ſur quoi nous croyons que le ſeigneur ne peut pas ſe refuſer à accepter cette indemnité lorſqu'il y a lieu de la lui offrir, quand ce ne ſeroit que pour obvier aux conteſtations qui pourroient s'élever tous les jours à ce ſujet.

Le ſeigneur doit-il avoir ſon four habituellement prêt à cuire la pâte qu'on y porte ? On ne peut guères donner de règles certaines à cet égard; ceci dépend du nombre des habitans sujets à la Banalité. Il y a des villes & de gros bourgs où l'on cuit tous les jours & même deux fois par jour. Dans quelques endroits c'est trois fois par semaine, dans d'autres deux fois seulement à certains jours déterminés. Le seigneur ne doit pas être obligé de faire chauffer son four exprès pour le plaisir & la commodité d'un simple particulier. En cas de contestation à ce sujet, c'est au juge à faire un règlement de police.

Mais il faut observer qu'il est d'usage par-tout que le sujet prévienne le fournier dès la veille de la quantité de pâte qu'il doit faire cuire le lendemain, afin que ce fournier sache à quoi s'en tenir pour chauffer un four plus grand ou plus petit.

Le fournier de son côté, lorsque son four est au degré de chaleur convenable, est obligé de le faire savoir à cri public, afin que chaque particulier apporte sa pâte à temps. On doit sur cela se conformer à l'usage reçu.

Les fourniers doivent s'abstenir de rien exiger au-delà du droit établi & de marquer des préférences pour les uns au préjudice des autres. Le seigneur est responsable de leurs délits ou de leurs fautes; s'il étoit même certain qu'il les approuvât, il y en auroit assez pour lui faire perdre la Banalité. Lorsque le pain n'est pas bien cuit, ou qu'il l'est excessivement au point d'être brûlé, le sujet peut l'abondonner & le faire payer. Il en est cru sur les plaintes que peuvent lui occasionner l'humeur & la tracasserie des fourniers, parce que comme le remarque fort bien d'Argentré sur la coutume de Bretagne au ſujet des meûniers, la préſomption n'eſt jamais pour ces gens-là, & le juge de police ſur une ſimple citation peut terminer tous ces petits différends.

Lorſque le ſujet contrevient à la Banalité du four, il encourt la confiſcation d'après la diſpoſition de la plupart des coutumes, ſuivant que nous l'avons remarqué à l'égard de la Banalité du moulin.

Banalité de preſſoir. C'eſt un droit qu'a le ſeigneur d'obliger de venir preſſurer à ſon preſſoir toute la vendange qui ſe fait dans la banlieue de ſon territoire. Ce droit n'eſt pas ſi général que celui qui concerne les fours & les moulins ; le ſeigneur n'en peut faire uſage qu'autant qu'il lui eſt accordé par des titres valables.

L'établiſſement des preſſoirs banaux eſt ancien : on le voit par une chartre du roi Jean I de l'an 1354, portant confirmation des privilèges des habitans de la ville de Joinville. Il eſt dit dans cette chartre, que le moulin, le four & le *treuil* (preſſoir) ſont banaux, & qu'on eſt obligé d'y aller moudre, cuire & *treuiller* (preſſurer).

Dans les endroits où cette eſpèce de Banalité eſt introduite, on ne peut pas plus s'y ſouſtraire qu'à celle du moulin & du four.

En 1731, les prêtres de la miſſion de Toul, ſeigneurs de la terre de Bruley, firent aſſigner dans leur juſtice à la requête de leur procureur fiſcal, l'abbé, le prieur & les religieux de Riéval, de l'ordre des prémontrés, pour ſe voir condamner à démolir le preſſoir qu'ils avoient conſtruit dans la Banalité de la terre de Bruley, & à faire porter à l'avenir leur vendange au pressoir banal de cette même terre. Les religieux firent évoquer cette demande au grand conseil où ils prétendirent que leurs héritages étoient en franc-aleu suivant d'anciennes bulles accordées à leur abbaye, & qu'ils n'avoient jamais été assujettis aux pressoirs banaux, dont la servitude se prescrivoit d'ailleurs, disoient-ils, par trente ans; cependant ils consentirent à ne faire pressurer chez eux d'autres raisins que ceux de leurs vignes.

Les prêtres de la mission répliquèrent que les bulles dont il s'agissoit ne faisoient point un titre au préjudice du décret de la terre de Bruley où le droit en question étoit énoncé; qu'un propriétaire seul ne pouvoit contester ce droit ni s'en dire affranchi par la prescription; qu'enfin ils avoient des preuves de possession. Sur ces moyens il intervint un arrêt le 20 août 1755, par lequel les religieux furent condamnés à démolir le pressoir & à envoyer pressurer aux pressoirs banaux de la seigneurie de Bruley.

Quand il s'agit de satisfaire au droit de Banalité du pressoir, il ne suffit pas d'offrir au seigneur le droit qui peut lui revenir pour être dispensé d'aller au pressoir banal, il faut que toute la vendange y soit apportée, parce qu'il lui est libre de prendre sa rétribution en nature sur ce qui doit être pressuré, & même sur ce que la vendange a déja produit sans le secours du pressoir; ce qui seroit différent si le droit du seigneur se payoit en argent. C'est ce qui paroît avoir été jugé par un arrêt du parlement de Paris du 27 août 1743, contre les habitans de Palys; autrement celui qui auroit ainsi la faculté de pressurer chez lui, pourroit commettre bien des fraudes au préjudice du ſeigneur.

Nous obſerverons ſur l'article des preſſoirs, que ceux qui ſont banaux pour le vin, ne le ſont pas néceſſairement pour le cidre, à moins qu'il n'y ait titre particulier à cet effet: obſervation qui ſe tire de l'article 31 de la coutume du Maine. Nous obſerverons encore d'après Dupleſſis ſur la coutume de Paris, & Deſpommiers ſur celle de Bourbonnois, qu'il n'eſt pas néceſſaire d'être domicilié dans la Banalité pour être aſſujetti au preſſoir. Il ſuffit que les vignes d'où provient le raiſin que l'on veut preſſurer ſoient ſituées dans cette Banalité pour que ce raiſin ſoit ſujet au preſſoir de l'endroit.

Banalité de taureau & de verrat. C'eſt le droit qu'a un ſeigneur d'avoir des animaux de cette eſpèce excluſivement à ſes ſujets, pour ſervir à la multiplication des porcs & des bêtes à corne de ſa ſeigneurie. Ce genre de Banalité eſt ſingulier; cependant lorſqu'il ſe trouve établi avec titre & poſſeſſion, le ſeigneur eſt fondé à le conſerver.

Banalité de boucheries. C'eſt un droit par lequel il eſt défendu aux bouchers de vendre de la viande ailleurs qu'aux boucheries banales de l'endroit, afin que le ſeigneur puiſſe percevoir plus facilement ce qui lui revient à ce ſujet.

Ce genre de Banalité s'eſt introduit dans les villes de campagne par la conſtruction que les ſeigneurs y ont fait faire des halles & des étaux pour les bouchers, avec convention qu'ils y vendroient leur viande publiquement à tous ceux qui voudroient en acheter; & c'eſt cet établiſſement qui a donné l'origine aux droits que la plupart des ſeigneurs hauts-juſticiers lèvent ſur les Bouchers à raiſon de cette Banalité : ces droits ſont ordinairement de prendre la langue & les pieds des bêtes qu'on tue pour le ſervice du public. On ſera peut-être curieux d'apprendre qu'au ſujet de la langue il y a eu procès pour ſavoir ſi celles des veaux pouvoient ſe lever comme celles des autres animaux : il fut jugé par un arrêt du 21 juin 1656 rapporté par Henrys, que les langues de veaux étoient exceptées du droit du ſeigneur, par la difficulté qu'auroient les bouchers de vendre les têtes de veaux ſi les langues en étoient ſéparées.

Ce genre de Banalité ne ſe ſuppoſe pas : il faut qu'il ſoit établi par des titres ſuivis de poſſeſſion : il en eſt de même de toutes les autres Banalités d'un genre extraordinaire.

Voyez *une ordonnance de Philippe-le-Bel de l'an 1305, une chartre du roi Jean de l'an 1354; une ordonnance du 19 ſeptembre 1439; l'article 54 de l'ordonnance de Blois; l'article 26 de celle de Melun; l'ordonnance de 1629; le Gloſſaire du droit François; les droits de juſtice par Bacquet; Soëfve; Legrand ſur la coutume de Troyes; les obſervations du préſident Bouhier ſur la coutume de Bourgogne; celles du lieutenant civil le Camus ſur la coutume de Paris; Frain & d'Argentré ſur la coutume de Bretagne; Auroux ſur celle de Bourbonnois; Collet ſur les ſtatuts de Breſſe; le journal du parlement de Bretagne; le recueil du parlement de Dauphiné; Brodeau, Dupleſſis & Auzanet ſur la coutume de Paris; Dumoulin, Guyot, de la Place & Renuſſon ſur les fiefs; Brillon, dictionnaire des arrêts; Ferrières en ſon inſtitution coutumière; Lacombe en ſa juriſprudence civile; la pratique des terriers;*

la collection de jurisprudence, &c. Voyez aussi les articles Meûnier, Seigneur, Droits Seigneuriaux, Fief, Servitude, Noble, Ecclésiastique, Privilège, &c. (*Article de M. Dareau avocat au parlement, de la société littéraire de Clermont-Ferrand*).

BANC D'ÉGLISE. C'est le siège où quelqu'un a droit de se placer pour entendre le service divin.

Régulièrement c'est aux Marguilliers ou aux autres personnes chargées de l'administration des biens de la fabrique qu'appartient le droit de concéder les Bancs des églises paroissiales.

Brillon dit avoir vu à Paris en juillet 1711, un avertissement des marguilliers de l'église Saint Germain-l'Auxerrois adressé aux paroissiens, pour qu'ils eussent à représenter dans le mois les titres de concession de leurs Bancs & à payer les rentes dues, sinon qu'il seroit procédé à de nouvelles concessions en faveur d'autres paroissiens.

Ce droit des marguilliers est établi non-seulement par l'usage, mais encore par l'article 8 de la déclaration du 15 janvier 1731 : cette loi porte *que dans les abbayes ou collégiales régulières où il y a une paroisse établie, les religieux ou chanoines réguliers pourront continuer à disposer des Bancs & des sépultures s'ils en ont la possession paisible & immémoriale, quoique de droit commun ils appartiennent aux marguilliers.*

Deux arrêts du grand conseil des 28 septembre 1718 & 28 mars 1619, justifient que des ecclésiastiques auxquels on a donné ou laissé le droit de présentation ne peuvent pas pour cela concéder de Banc dans l'église.

Les

Les conceſſions dont il s'agit ſe ſont moyennant une ſomme que ceux auxquels les Bancs ſont accordés paient à l'égliſe : elles ne ſont que pour la vie des conceſſionnaires ; mais après leur mort, leurs enfans ou leurs héritiers obtiennent la préférence ſur les étrangers en offrant autant que ceux qui demandent la place. C'eſt ce qu'ont jugé différens arrêts des 9 mars 1581, 23 février 1606, 19 mars 1612, 22 février 1622, 21 avril 1635 & 29 janvier 1641, rapportés en partie par Brodeau ſur Louet. C'eſt à cette juriſprudence que le châtelet de Paris s'eſt conformé par ſa ſentence du 11 mai 1714 rendue pour la paroiſſe de ſainte Opportune, laquelle porte qu'*après le décès des maris & des femmes qui ont des conceſſions, les Bancs ſeront publiés au prône par trois fois, & enſuite concédés aux plus offrans & derniers enchériſſeurs au profit de la fabrique, en donnant la préférence aux enfans en cas d'égalité d'offres.* Le cardinal de Noailles l'avoit réglé de même dans une ordonnance homologuée au parlement en 1707 & qui concernoit l'égliſe de ſaint Jacques de la Boucherie (*).

Le droit du conceſſionnaire ſe perd lorſqu'il quitte la paroiſſe & qu'il va demeurer ailleurs.

(*) *Voici ce que porte l'article IV de cette ordonnance ;* les bancs de l'égliſe ſeront rendus uniformes autant que faire ſe pourra ; & lorſqu'ils ſeront vacans, ils ſeront concédés par les ſieurs curé & marguilliers en charge au plus offrant, à vie ſeulement après trois publications. Les enfans des anciens poſſeſſeurs ſeront préférés en faiſant la condition égale, & une même perſonne n'en pourra avoir plus d'un.

Un an après ce changement de domicile, le Banc concédé peut être mis de nouveau à l'enchère. C'est ce qui a été jugé au profit des marguilliers de la paroisse des Innocens par arrêt du parlement de Paris du 24 janvier 1710. Soefve cite à la vérité un autre arrêt du 29 janvier 1641 qui paroît opposé à ce principe : il s'agissoit d'un Banc concédé à une fille de Senlis & dont les marguilliers avoient disposé après une absence de neuf ans : cette fille étant revenue dans sa paroisse, on jugea que le Banc lui seroit rendu en remboursant au nouvel adjudicataire la somme que les marguilliers en avoient reçue ; mais il y a lieu de croire que le motif de la décision fut qu'il n'y avoit pas eu une véritable translation de domicile, parce que cette fille n'avoit quitté la ville que dans un temps de peste & n'avoit pas renoncé au dessein d'y revenir. Il n'en eut sans doute pas été de même de quelqu'un qui auroit eu signifié aux collecteurs des tailles qu'il entendoit changer de demeure.

Le curé & les marguilliers de Cormeilles concédèrent en 1729, un Banc vis-à-vis de la chaire à un particulier propriétaire d'une maison située dans la paroisse & à ses hoirs & ayans cause propriétaires de la même maison. Les conditions furent que le concessionnaire paieroit une certaine somme pour deniers d'entrée, & qu'à chaque fois que la maison viendroit à appartenir à un nouveau propriétaire, il seroit payé quinze livres par forme de reconnoissance envers la fabrique. En conséquence un vigneron qui avoit acquis la maison, voulut user du droit qu'il prétendoit avoir sur le Banc concédé,

& offrit pour cet effet les quinze livres dont on vient de parler : mais comme les marguilliers n'avoient pas destiné cette place à être occupée par un vigneron, ils refuserent les offres & se prétendirent en droit de faire une nouvelle concession du Banc au plus offrant : en première instance on jugea cette prétention bien fondée, & la sentence fut confirmée par arrêt du parlement de Paris du 31 juillet 1762.

Si l'église est en patronage, le patron a seul le droit d'avoir un Banc permanent & à queue dans le chœur de la paroisse, & il peut même en exclure le seigneur haut-justicier. Cela a été ainsi jugé par arrêt du parlement de Paris du 20 août 1766, en faveur du comte de Rochechouart contre le sieur Cadet, notaire à Las (*). Lorsqu'il n'y a point de patron, le seigneur haut-justicier peut faire mettre dans le chœur un Banc à queue & permanent, & le placer de manière qu'il n'incommode point dans le temps de la célébration du service divin. Entre plusieurs seigneurs haut-justiciers, celui à qui appartient la

(*) Observez néanmoins que cette jurisprudence fondée sur l'ordonnance de François I donnée à Villers Cotterets en 1539, ne paroît avoir lieu que dans les ressorts des parlemens de Paris, de Normandie & de Bretagne. Partout ailleurs, le seigneur haut justicier a droit de Banc dans le chœur après le patron. La Peyrère rapporte un arrêt du parlement de Bordeaux du 6 juillet 1693 qui a jugé que le seigneur haut justicier étoit en droit *d'avoir un Banc dans le chœur de l'église au côté gauche de celui du patron.* Le grand conseil a jugé de meme par un arrêt du 19 février 1705 rapporté dans les mémoires du clergé. Il y a aussi un pareil arrêt rendu par le parlement de Toulouse le 27 janvier 1756.

place la plus honorable a son Banc à droite en entrant dans l'église & l'autre à gauche. La femme & les enfans du seigneur haut-justicier ont place dans son Banc. Il y a quelques paroisses où les seigneurs moyens & bas-justiciers, & même de simples seigneurs de fief ont un Banc dans le chœur en quelqu'endroit moins distingué que celui où est placé le Banc du seigneur haut-justicier : quand leur possession est immémoriale on les maintient, autrement on les oblige de sortir du chœur pour prendre une place dans la nef. C'est ce qui résulte de plusieurs décisions, & entr'autres de l'arrêt de réglement du 4 août 1745, rendu pour le diocèse de Boulogne (*).

A la page 16 du premier volume des arrêts d'Augeard, on trouve un arrêt du 31 août 1684 par lequel le parlement de Paris maintient le sieur le Gay gentilhomme & seigneur de fief dans la paroisse de saint Sauveur de Flée, en la posses-

---

(*) *Voici les termes de cet arrêt :* » les Bancs étant dans » le sanctuaire ou enceinte des autels en seront ôtés, à » l'exception des Bancs des patrons ou fondateurs ou des » personnes qui peuvent être regardés comme fondateurs, » comme aussi à l'exception des Bancs des hauts-justiciers, » ou même des moyens & bas justiciers, si les hauts- » justiciers n'en ont point, ou de ceux des gentilshom- » mes qui ont longue possession en leur faveur.

» A l'égard des Bancs dans la nef, ils ne pourront » être adjugés qu'après trois publications à la porte de » l'église au plus offrant à la charge d'une rente au profit » de la fabrique ; & néanmoins les veuves & enfans des » possesseurs des Bancs en jouiront après la mort de leur » mari, ou de leur pere ou mere, en faisant leur sou- » mission aux curé & marguilliers de payer à la fabrique » telle rédevence annuelle qui sera arbitrée dans l'assemblée » desdits curé & marguilliers.

sion d'avoir un Banc dans l'église paroissiale sans concession des marguilliers. Le sieur le Gay prétendoit que la fabrique ne devoit rien exiger de lui à cet égard; mais il fut condamné à lui payer vingt sous par an.

Il fut rendu un autre arrêt le 12 juin 1728, par lequel le parlement de Toulouse maintint un seigneur de fief de la paroisse de saint Hilaire dans le droit d'avoir son Banc dans l'église paroissiale après celui du seigneur de saint Hilaire & avant celui de ses officiers.

Mais par arrêt du 28 août 1729 rapporté par l'Epine de Grainville, il a été jugé que la qualié de gentilhomme ne donnoit pas le droit d'avoir un Banc dans la nef d'une église de campagne au dessus de celui d'un roturier qui en avoit acquis un de la fabrique, quoique ce Banc-ci fût le premier dans la nef.

La raison que l'auteur cité donne de cette décision est tirée des principes que nous avons établis, & qui consistent en ce que la fabrique seule a le droit de disposer des places contenues dans la nef.

Il y a environ cinquante ans qu'il s'éleva une contestation au sujet de la question de savoir si un duc & pair avoit le droit de placer dans une église cathédrale un Banc & d'y faire mettre ses armes & sa livrée. Les parties litigantes étoient le duc & l'évêque d'Uzès. Voici comme l'affaire est rapportée dans la collection de jurisprudence.

Le duc d'Uzès qui étoit au droit du roi par le moyen d'un échange soutenoit que ses officiers devoient occuper le Banc que ceux du roi occupoient avant l'échange. L'évêque répondoit que les officiers du roi jouissoient du Banc dans la cathédrale comme d'un droit régalien ; que d'ailleurs le roi étoit fondateur de cette église & que ce n'étoit pas à cause de sa qualité de seigneur direct du sol de l'église que le Banc étoit accordé à ses officiers, mais parce qu'il étoit le patron & le protecteur de l'église ; que dès que l'église n'étoit pas dans l'étendue de la seigneurie donnée en échange par le roi au duc d'Uzès, il ne pouvoit pas prétendre un droit de Banc.

Le duc d'Uzès soutenoit au contraire qu'il avoit la justice du sol de l'église & qu'en cette qualité il avoit droit de Banc ; mais la cour a jugé que la justice du sol de la cathédrale appartenoit au chapitre d'Uzès qui étoit aussi partie dans cette affaire, & en conséquence a ordonné par arrêt du 7 juillet 1727, que M. le duc d'Uzès feroit ôter le Banc.

L'article 16 de l'édit du mois d'avril 1695 autorise les évêques à réduire & diminuer le nombre des Bancs des églises lorsqu'ils peuvent nuire à la célébration du service divin.

Pour procéder conformément à cette loi, il n'est pas nécessaire que l'évêque appelle les personnes auxquelles les Bancs appartiennent. En sa qualité de juge de l'incommodité que ces Bancs peuvent causer dans la célébration du service divin, il a le droit d'ordonner qu'ils seront placés différemment & même ôtés ou diminués de volume. Si les possesseurs de ces Bancs sont dans l'église lorsque l'évêque en fait la visite, ils peuvent lui représenter ce qu'ils jugent à propos ; au reste leurs représentations ni même les oppositions qu'ils peuvent former n'arrêtent pas l'exécution de ce que l'évêque juge à propos d'ordonner sur cette matière : mais ceux qui croient leurs intérêts blessés ont le droit de se pourvoir pardevant les juges auxquels la connoissance du fait peut appartenir.

Observez toutefois qu'il n'est question ici que des Bancs des simples particuliers qui n'ont aucun caractère distingué : car s'il s'agissoit du Banc du patron ou du seigneur haut-justiéier, on ne pense pas que l'évêque pourroit dans sa visite ordonner qu'on le supprimât, sur-tout si le propriétaire en étoit possesseur depuis long-temps ; parce qu'alors ce seroit troubler le patron ou le seigneur haut-justicier dans un droit inhérent à sa qualité & qui est de la compétence des juges laïques. C'est pour cela que plusieurs jurisconsultes sont d'avis que l'évêque en cas pareil doit s'en tenir à dresser un procès-verbal qui constate l'incommodité que le Banc occasionne dans la célébration du service divin, afin qu'en conséquence les officiers des lieux agissent pour faire cesser cette incommodité.

D'autres auteurs prétendent qu'à la vérité l'évêque n'a pas le droit d'ordonner la suppression du Banc d'un patron ou d'un seigneur haut-justicier ; mais qu'il peut le faire diminuer ou placer dans une autre sens ; afin qu'il n'apporte aucun obstacle à la célébration du service divin. Cette opinion se trouve fondée sur un arrêt du parlement de Paris du 3 août 1619, par lequel il a été ordonné que le Banc d'un seigneur seroit réduit à six pieds en quarré & que le reste du chœur seroit laissé libre pour le service divin.

On a agité la question de savoir si la complainte pouvoit avoir lieu relativement à un Banc d'église ? Le rédacteur de la collection de jurisprudence dit qu'en général on ne le peut ; ce qui est vrai : mais cet auteur donne pour raison de sa décision une erreur bien lourde : *c'est*, dit-il, *parce que la complainte n'a lieu qu'en matière réelle & profane, & qu'un Banc dans l'église est plutôt une chose participant du spirituel que du profane.*

Il n'y a pas d'écolier en jurisprudence qui ne sache que si la voie de complainte a lieu en matière réelle & profane lorsqu'on trouble le possesseur d'un héritage dans sa possession, cette voie est bien plus usitée encore en matière bénéficiale. Or une cure, un prieuré *participent sans doute bien autant du spirituel* qu'un Banc d'église ; cependant tout le monde sait que si l'on venoit à troubler les titulaires dans la possession de ces bénéfices, ce seroit par la voie de la complainte qu'ils s'y feroient réintégrer. Ainsi la raison employée par le rédacteur de la collection pour exclure la complainte à l'égard des Bancs d'église, est précisément celle dont il faudroit se servir pour faire admettre cette voie.

Pour revenir à la question agitée, il est certain que le patron ou le seigneur haut-justicier peut intenter complainte lorsqu'il est troublé dans la possession de son Banc : c'est ce que le parlement de Paris a jugé par arrêt du 7 mars 1570 rendu entre Etienne Valencé & Mathurin du Broc. En prononçant cet arrêt, M. le premier président dit que *la complainte pour les Bancs d'une église & pour les places & autres droits honorifiques étoit abusive, à moins qu'elle ne fût formée par le patron.*

Il paroît néanmoins que si un particulier usurpoit de son autorité privée, un Banc dans l'église, les marguilliers pourroient intenter complainte contre lui. C'est du moins l'avis de plusieurs jurisconsultes.

Le droit de Banc, dit Loiseau, ne donne pas droit de sépulture au-dessous. C'est aussi ce que portent les statuts de Bordeaux & d'Autun.

Les contestations relatives aux Bancs doivent être portées devant les juges séculiers.

Voyez Loiseau, traité des seigneuries; les lois ecclésiastiques de France; le traité des droits honorifiques; Guyot, traité des fiefs; les mémoires du clergé; les arrêts de Catelan; le traité de la jurisprudence de Provence sur les matières féodales; le dictionnaire de droit canonique; les arrêts de Brillon; la collection de jurisprudence; l'édit du mois d'avril 1695; les arrêts d'Augeard; le recueil de jurisprudence canonique; Brodeau sur Louet; le recueil de Soefve; Bacquet, traité des droits de justice; Basnage sur la coutume de Normandie; d'Argentré sur la coutume de Bretagne; les arrêts de Boniface; les plaidoyers de Corbin; le journal du palais; le traité des droits de patronage, &c. Voyez aussi les articles PATRON, SEIGNEUR, DROITS HONORIFIQUES, COMPLAINTE, POSSESSION, MARGUILLIER, LITRE, CHAPELLE, SÉPULTURE, &c.

BANDIMENT. Terme de coutume qui se dit des proclamations que le seigneur haut-justicier ou de fief fait faire en certains cas par son sergent. *Voyez les coutumes de Bayonne & de Bretagne, & de Laurière sur Ragueau.*

BANDOULIÈRE. Large bande de cuir ou d'étoffe qui passe de l'épaule gauche sous le bras droit.

Suivant l'article 19 du titre 18 de l'ordonnance du mois de mai 1680, les commis des fermes doivent porter des Bandoulières aux armes du roi : mais comme cette loi ne s'exécutoit que dans les provinces de grandes gabelles, un arrêt du conseil revêtu de lettres-patentes (*)

(*) *Nous allons rapporter cette loi pour en faire connoître les motifs.* Louis, &c. salut. Nous étant fait représenter l'ordonnance sur le fait des grandes gabelles de 1680, & notamment l'article 19 du titre 18 de ladite ordonnance, qui enjoint aux employés des fermes de porter des Bandoulieres à nos armes; & sachant que ceux des pays de nos petites gabelles qui sont régis par des réglemens particuliers rendus en notre conseil ne sont point assujettis à la même formalité, les employés étant seulement tenus par les usages desdits pays, lorsqu'ils veulent faire des perquisitions dans un village, à aller trouver le consul pour le requérir de les accompagner, & à lui représenter leurs commissions pour se faire connoître, lesquels feignent souvent de les méconnoître, ou ne les reconnoissent pas en effet, ce qui occasionne des querelles & des divisions : & voulant prévenir ces désordres, aussi préjudiciables au bien de la régie de nos fermes qu'à la tranquillité de nos sujets; & nous étant pareillement fait représenter l'arrêt que nous avons fait rendre cejourd'hui en notre conseil pour l'exécution duquel nous avons ordonné que toutes lettres nécessaires seront expédiées. A ces causes, de l'avis de notre conseil, qui a vu ledit arrêt ci-attaché sous le contre-scel de notre chancellerie, nous avons ordonné; & par ces présentes signées de notre main, ordonnons que l'article 19 du titre 18 de l'ordonnance des gabelles du mois de mai 1680, sera exécuté dans l'étendue de nos provinces des petites gabelles; ce faisant, que les employés desdites provinces seront tenus de porter des Bandoulieres à nos armes, & ne pourront faire aucunes visites dans les maisons, ni aucuns exercices, sans porter lesdites Bandoulieres; sans néanmoins que, même avec les Bandoulieres, ils puissent faire des visites & recherches chez les particuliers domiciliés, pour raison de la gabelle & du tabac, sans être assistés d'un des consuls, de témoins, ou qu'ils n'aient un capitaine général à leur tête, conformément aux réglemens précédemment rendus. Si vous mandons, &c.

du 2 octobre 1759, enregistrées à la cour des aides le 30 janvier suivant, a ordonné qu'à l'avenir elle s'exécuteroit dans les pays de petites gabelles. En conséquence, les employés des fermes ne peuvent faire aucune visite dans les maisons, ni aucun exercice sans porter des Bandoulières. D'ailleurs, lorsqu'ils font des recherches chez les particuliers domiciliés pour raison de la gabelle ou du tabac, ils doivent être assistés d'un officier ou consul du lieu ou de témoins, à moins qu'ils n'aient un capitaine-général à leur tête. *Voyez les articles* VISITE, GABELLES, COMMIS, &c.

BANLIEUE. C'est une certaine étendue de pays qui est autour d'une ville & qui en dépend.

Les endroits qui composent la Banlieue de Paris ont été déterminés dans les registres du châtelet le 10 juin 1709, & cette détermination a été ensuite enregistrée au greffe de l'hôtel-de-ville le 23 juillet suivant. Mais cette détermination n'est que pour le gouvernement civil de Paris; car pour ce qui est du spirituel, il y a des endroits même assez proches de la capitale, qui ne sont point du gouvernement ecclésiastique : les paroisses qui composent les archiprêtrés de Paris, sont les seules qui forment la banlieue ecclésiastique.

Quoique chaque juge établi dans la Banlieue de Paris ait droit d'apposer les scellés dans toute l'étendue de sa juridiction, les commissaires du châtelet ont néanmoins le droit de les apposer par prévention dans la Banlieue, ainsi que dans la ville & les fauxbourgs; & ce droit de prévention leur est attribué, soit que les justices ressortissent nuement ou non au parlement. La chose a été ainsi jugée par en arrêt du 9 décembre 1744.

Comme l'Hôtel-Dieu de Paris jouit du privilège de faire paître les bestiaux destinés à la nourriture des malades dans l'étendue de la Banlieue de Paris (*), il s'est élevé en 1742 une contestation entre les moines de saint-Denis & l'hôtel-Dieu au sujet du territoire de la cour neuve. Les moines ont prétendu que ce territoire étoit hors de la Banlieue, & qu'ils devoient être maintenus en qualité de seigneurs de ce même territoire, dans le droit exclusif d'y envoyer soit par eux, soit par leurs fermiers de la cour neuve, leurs bestiaux paître ; & par arrêt rendu en la grand'chambre le 6 août 1742, les religieux de saint-Denis ont été maintenus dans ce même droit : l'arrêt est cité par Denisart.

L'article 7 du titre 4 de l'ordonnance de 1680, fait défenses aux habitans des paroisses de la Banlieue de Paris, de vendre dans leurs maisons détachées du corps des paroisses de leur domicile aucun vin d'achat, soit en gros ou en détail ; ils ne peuvent pas non plus vendre le vin de leur crû en détail dans ces maisons, ni avoir des caves dans les fauxbourgs, à peine de confiscation du vin & de cent livres d'amende.

(*) Les bouchers de la même ville sont aussi autorisés par des règlemens de police à faire paître des troupeaux dans l'étendue de cette Banlieue, lors même qu'ils ne font valoir aucun héritage sur le territoire du lieu où sont leurs bergeries. Les bouchers des villes de province jouissent de la même faveur : l'intérêt public l'exige ainsi. Voyez l'article *Bouchers*.

Il est pareillement défendu par l'article 9 du même titre, tant à ceux qui ont des maisons aux extrêmités des entrées au-delà des barrières de Paris, qu'à ceux qui font commerce de vin dans la ville ou dans les fauxbourgs, d'en faire aucun trafic dans les paroisses de la Banlieue, par eux, leurs domestiques & autres personnes interposées. Cette défense s'étend à leurs enfans quoique majeurs, s'ils ne sont pas mariés ; le tout à peine de confiscation & de cent livres d'amende.

Un arrêt du conseil du 29 juillet 1721, suivi de lettres-patentes enregistrées en la cour des aides le 4 septembre suivant, porte que les cabaretiers ni autres particuliers demeurans dans les paroisses de la Banlieue de la ville & des fauxbourgs de Paris, ne pourront faire arriver leurs vins qu'aux heures marquées par l'ordonnance de 1680, c'est-à-dire depuis cinq heures du matin jusqu'à huit heures du soir, pour les mois d'avril, mai, juin, juillet, août & septembre ; & depuis sept heures du matin jusqu'à cinq heures du soir pour les autres mois de l'année. Cet arrêt fait en même-temps défenses aux voituriers & à tous autres conduisant des vins, de les faire arriver par d'autres routes que par les chemins ordinaires, à peine de confiscation des vins, des chevaux, harnois, charrettes & de cent livres d'amende sans remise ni modération.

On entend encore par Banlieue une certaine étendue au dedans de laquelle un seigneur peut exercer un droit de banalité ; & cette étendue se règle différemment suivant les coutumes & la nature de chaque banalité. Voyez ce que nous disons à ce sujet à l'article BANALITÉ.

On trouve que la coutume de Poitou qui fixe la Banlieue pour la banalité du moulin à deux mille pas de cinq pieds chacun, est la plus raisonnable. Lorsqu'il y a contestation entre le seigneur & le vassal pour savoir si celui-ci est domicilié ou non dans la Banlieue, cette contestation doit se vider par un mesurage qui s'opère non pas en ligne droite, mais en suivant les chemins les plus fréquentés, quelque tortueux qu'ils soient; de sorte que s'il y avoit une rivière à passer, on seroit obligé d'employer dans le mesurage les détours qu'il faudroit faire pour arriver au pont ou au lieu du passage.

La question de savoir quel est celui qui doit faire les avances des frais de ce mesurage, dépend d'un fait de possession : si le vassal alloit ci-devant au moulin, c'est à lui à faire ces avances, parce que la possession est en faveur du seigneur. Dans le cas contraire, c'est au seigneur à faire ces mêmes avances qui se répètent en définitive contre celui qui succombe par l'événement de la vérification. Cette distinction établie par la coutume de Bretagne & adoptée par les feudistes, paroît préférable au sentiment de Chopin qui veut, en parlant de la coutume d'Anjou, qu'en pareil cas le mesurage se fasse à frais communs, sauf a les répéter.

Voyez *Boucheul sur la coutume de Poitou; le dictionnaire des fiefs; la collection de jurisprudence, &c.* Voyez aussi l'article BANALITÉ. (Article de M. Dareau, &c.)

BANNERET. On appeloit ainsi autrefois un gentilhomme qui avoit droit de banière à la guerre. Cette prérogative ne s'accordoit qu'aux gentilshommes de nom & d'armes & qui avoient pour vassaux d'autres gentilshommes (*). Ceux-ci suivoient la banière à l'armée sous le commandement du seigneur ou chevalier Banneret.

Ragueau docteur de Bourges, dit dans son indice que le Banneret devoit avoir un château & au moins *vingt-quatre feux*, c'est-à-dire, vingt-quatre chefs de famille qui lui prêtassent hommage. Et il ajoute que les chevaliers Bannerets étoient ceux à qui le roi avoit donné pouvoir de lever banière, quoiqu'ils ne fussent ni vicomtes, ni barons, ni châtelains : mais ils devoient posséder des fiefs & avoir au moins dix vassaux, & les moyens d'entretenir une troupe de gens à cheval.

Suivant Loiseau, il ne suffisoit pas, pour parvenir à la dignité de Banneret, d'avoir assez de fiefs & de vassaux pour former une compagnie de gens à cheval; il falloit encore être gentilhomme de nom & d'armes, parce que le titre de chevalier Banneret étoit réservé à la haute noblesse.

Dans une bataille, un tournois ou quelqu'autre fête solemnelle, le Banneret faisoit présenter par un héraut un pannon de ses armes au roi; & en l'absence de sa majesté, au connétable ou aux maréchaux, ou aux lieutenans de l'armée, & demandoit permission de lever bannière selon le rang de sa réception. C'est peut-être ce qui a fait dire à Etienne Pasquier que le terme de *Banne-*

(*) Suivant du Tillet, on appeloit *Banneret*, celui qui avoit autant de vassaux gentilshommes qu'il en falloit pour lever bannière & faire une compagnie de gens de guerre entretenus à sa table & soudoyés à ses dépens.

ret est dérivé de *ban*, qui signifie sommation publique d'aller à la guerre ; & que *bannière* se dit pour *bandière*. C'est l'opinion de Cœlius Rodiginus.

La cérémonie de lever bannière se faisoit avec beaucoup de solemnité. Elle a été décrite par plusieurs auteurs tels que Froissard, Pierre Pithou, Spelmanus, Etienne Pasquier & Charles Loiseau.

Le Banneret, selon le cérémonial, recevoit l'investiture par la bannière, qui devoit être carrée. C'est pourquoi Favin dit que ceux de Bretagne portoient leurs armes carrées pour montrer qu'ils étoient descendus de chevaliers Bannerets, & que les ducs de Bretagne leur permettoient de *lever bannière & d'avoir cri.*

Entre les solemnités qui eurent lieu à Ruremonde en 1452, Olivier de la Marche rapporte que Louis de la Vieuville issu d'*ancienne bannière*, fut fait *Banneret* par Philippe-le-Bon, duc de Bourgogne, tant parce qu'il descendoit de Bannerets, qu'à cause de la seigneurie de la Vieuville & de celle de Sains : & il ajoute que le roi d'armes Toison donna la bannière au nouveau Banneret.

Il dit encore que Jacques seigneur de Harchies en Hainault, fut aussi fait Banneret comme propriétaire de cette seigneurie.

Un ancien cérémonial nous apprend que le Banneret devoit avoir cinquante lances outre les gens de trait, les archers & les arbalêtriers qui lui appartenoient, savoir vingt-cinq pour combattre, & pareil nombre pour le garder avec sa bannière. Cependant il y en avoit quelquefois plus ou moins selon la condition des

fiefs,

fiefs, & chaque homme d'armes avoit à sa suite deux hommes à cheval.

Les Bannerets étoient d'ordinaire reconnus sous ce nom aussi-bien que sous le titre de barons : & comme ils avoient souvent la qualité de chevaliers, cela les a fait appeler chevaliers Bannerets.

Un arrêt du 23 février 1285 donné pour Jeanne de Ponthieu, porte que Dreux de Crevecœur son mari étoit chevalier Banneret. Il y avoit aussi des écuyers Bannerets qui possédoient des fiefs avec le droit de bannière ; mais n'ayant pas encore reçu l'honneur de la chevalerie, ils n'osoient s'en attribuer le titre. Dans les comptes de Jean le Mire, de Barthelemy du Drach, de Jean du Cange, de Jean le Mercier, d'Etienne Bracque & autres trésoriers des guerres, on trouve de ces écuyers Bannerets au service du roi avec leur suite. Jean de Bourgogne écuyer Banneret, y paroît commandant quatre chevaliers bacheliers, & quarante-cinq écuyers qui furent reçus à Compiègne le 18 juillet 1369. Il paroît encore avec la qualité de Banneret, assisté de quatre chevaliers & de quarante-quatre écuyers reçu à Tourneham le premier septembre suivant.

Jean bâtard d'Orléans parut aussi en qualité d'écuyer Banneret avec deux chevaliers bacheliers dans sa compagnie.

Renaud de Montmor écuyer Banneret, avec quarante & un autres écuyers de sa compagnie, fit montre à saint-Vallier le 11 octobre 1418. Et Jean de Tournemine écuyer Banneret, seigneur de la Hunaudaye, fit une pareille montre le 1 août 1421.

Mais il y avoit à l'égard des écuyers Bannerets cette différence que s'ils n'étoient pas faits chevaliers, ils ne prenoient point la qualité de *messire*, de *monseigneur* ou de *monsieur*, non plus que les simples écuyers; & ils portoient des éperons blancs & non des éperons dorés, qui étoient réservés aux seuls chevaliers.

Quelquefois néanmoins l'écuyer commandoit aux chevaliers, même Bannerets, lorsque le roi lui avoit déféré le commandement. Il y en a plusieurs exemples.

On lit dans le compte des prêts faits pour la garde & la défense de Paris, que le bâtard de Vernay écuyer commandoit un chevalier Banneret, trois autres chevaliers & quinze écuyers, & il y fut reçu le 7 septembre 1370.

Juhel Rollant écuyer commandoit aussi un chevalier & trente-huit écuyers qui furent reçus à Selles en Berry le 28 octobre 1370. C'est ce que porte un compte rendu à la chambre des comptes par les trésoriers des guerres sous le règne de Charles V.

Le 12 d'août 1425, Bertrand de Dinan, écuyer Banneret, fut reçu à Jennes près Saumur avec huit chevaliers bacheliers, son étendard & son trompette, & sept écuyers de sa chambre de la compagnie de monsieur le connétable de France.

Jacques de Dinan seigneur de Beaumanoir, écuyer Banneret, qui étoit de la même compagnie, fut reçu à Sablé le 1 septembre 1425, avec son étendard & son trompette pour une paye, quatre chevaliers bacheliers & dix-neuf écuyers de sa chambre.

Dans l'origine du titre de Banneret, il étoit

personnel, & celui qui l'avoit ne tenoit cet honneur que de son épée & de sa valeur : mais depuis il devint héréditaire & passa à ceux qui possédoient la terre ou le fief d'un Banneret, quoiqu'ils n'eussent pas l'âge requis & qu'ils n'eussent pas encore donné des preuves de leur courage pour mériter cette qualité, en vertu de laquelle il étoit permis à celui qu'on en avoit honoré, de lever bannière & d'avoir des vassaux armés sous son commandement.

Cet ordre fut sans doute changé à cause du ban & arrière-ban, parce que lorsqu'il étoit assemblé, chaque Banneret étoit tenu de servir son seigneur souverain. Ainsi ce devoir qui étoit personnel devint purement réel, suivant le fief & la nature de son inféodation : & ce service qui est attaché au fief se rend entièrement ou se divise en plusieurs parties. Par la coutume de Normandie, il y a trois aides chevels ou de chevalerie.

Il faut distinguer le Banneret simple d'avec le chevalier Banneret ; puisque celui-ci a acquis ce titre en se signalant dans les armées, & que le Banneret simple n'a cette qualité qu'à cause du fief auquel est attachée la bannière.

Il y a beaucoup de personnes qui se persuadent qu'il n'y avoit point de différence entre le baron & le Banneret : il est à propos de faire voir le contraire, & que tout Banneret n'étoit pas baron. Cela se prouve par deux arrêts du 2 & du 7 juin 1401, rapportés par Jean du Tillet, qui contiennent que messire Guy baron de Laval, soutint à messire Raoul de Coëquen, qu'il n'étoit point baron, mais seulement Banneret, & qu'il avoit levé bannière dont on se mocquoit, en l'appelant *chevalier au drepeau quarré :* & le ſeigneur de Coëquen ſe maintint baron, diſant qu'il avoit près de cinq cens vaſſaux & beaucoup de rentes.

Les Bannerets avoient ſouvent des ſupérieurs Bannerets. On en a l'exemple dans un arrêt de l'année 1442, qui porte que le vicomte de Thouars, le plus grand & le premier vaſſal du comte de Poitou, avoit ſous lui trente-deux Bannerets : cela fait connoître que ce vicomte qui étoit Banneret, avoit ſous ſon obéiſſance, ainſi que beaucoup d'autres de même qualité, pluſieurs Bannerets ſes vaſſaux : il réſulte delà trois degrés de Banerets, en y comprenant le comte de Poitou.

Le Banneret avoit le privilège du cri de guerre que l'on appelle cri d'armes, qui lui étoit particulier, & lui appartenoit privativement à tous les bacheliers & à tous les écuyers ; parce qu'il avoit droit de conduire ſes vaſſaux à la guerre, & d'être chef de troupe & d'un nombre conſidérable de gendarmes.

Dans les armoriaux on ne mettoit que les ſeuls Bannerets & les bacheliers, le roi & les princes étant à la tête ; les écuyers n'y étoient guère employés avant qu'ils euſſent reçu l'honneur de la chevalerie.

En Bretagne les barons étoient diſtingués des Bannerets, & les Bannerets de cette province étoient créés dans les états, comme on le remarque au ſujet de Rolland Péan ſeigneur de Grandbois qui poſſédoit la terre de la Roche-jagu, érigée en bannière par Pierre duc de Bretagne.

D'Argentré témoigne auſſi qu'en 1462, on

convoqua une assemblée sous François II duc de Bretagne, où il y avoit divers degrés pour l'écuyer, le bachelier Banneret & le baron.

La loi somptuaire du roi Philippe III dit le Hardi de l'an 1283 parle ainsi des chevaliers Bannerets & des bacheliers.

Item, chevalier qui aura trois mille livres de terre ou plus, où le Banneret pourra avoir trois paires de robes par an, & sera l'une de ces trois paires de robes pour été.

La paye du chevalier Banneret étoit différente de celle du chevalier bachelier, comme la paye de celui-ci l'étoit de celle de l'écuyer. Cela se voit dans les registres de la chambre des comptes. On y remarque par le compte de maître Jean de Dammartin, touchant la guerre de Gascogne, qu'on retint dans la compagnie de monsieur le comte d'Artois en 1297 & 1298 Monsieur Robert comte de Boulogne, avec sept autres Bannerets & vingt-cinq chevaliers simples pour seize mille livres par an : c'étoit cinquante sous par jour pour le Banneret, & vingt-cinq sous pour le chevalier simple selon ce compte.

Sous Philippe Auguste il se fit un catalogue des Bannerets pour les pays de Normandie, de Bretagne, du Perche, d'Anjou, de Touraine, de Flandres, du Bourbonnois, de Ponthieu; du comté de Saint-Paul, d'Artois, de Vermandois, de Coucy, du Vexin François, de Gatinois, d'Auxerrois, de Berry, de Champagne & de Bourgogne; ce qui fait connoître l'ancienneté de ce titre.

Nos histoires sont pleines des noms & des qualités de ces Bannerets. Jean Sire de Joinville étant à l'armée de Saint Louis dit qu'il avoit enrôlé parmi les recrues *meſſire Pierre de Pontmoulin chevalier Banneret*, & qu'entre les nobles de Champagne qui l'avoient ſuivi *il avoit bien perdu trente-cinq chevaliers tous portant la bannière.*

Jean Froiſſart écrit que lorſque Bertrand du Gueſclin aſſiſta Henri roi de Caſtille, meſſire Jean Chandos tenant ſa bannière en champ d'argent marquée d'un épieu ou pal aiguiſé de gueules, ſe préſenta en cet état devant Edouard prince de Galles, qui tenoit le parti de Pierre le Cruel & lui dit: *monſeigneur voici ma bannière que je garderai avec la vôtre.*

Les grandes chroniques de France nous apprennent que les Bannerets n'étoient pas ſeulement employés à la guerre, mais encore aux cérémonies de la paix; car elles contiennent que monſeigneur Charles régent du royaume, duc de Normandie & dauphin de Viennois, envoya trois chevaliers Bannerets & trois chevaliers bacheliers pour voir faire au prince de Galles le ſerment de la paix de Brétigny le 7 mai 1360.

Et il fut ordonné dans le conſeil de Charles VI l'an 1396 que madame Iſabeau de France fille du roi allant en Angleterre épouſer le roi Richard II, auroit une ſuite compoſée de deux chevaliers Bannerets & de cinq chevaliers bacheliers; ſavoir des ſeigneurs d'Aumont & de Garancières Bannerets; de meſſires Renaut, Jean de Trie, Galois d'Aumois, Charles de Chambly & du ſeigneur de ſaint-Clair bacheliers.

Les Bannerets & les bacheliers commencèrent à tomber dans l'oubli sous Charles VII, lorsque ce prince fit ses ordonnances concernant les gens de cheval.

En Provence on appelle Bannerets des juges que les seigneurs établissent dans leurs seigneuries.

Voyez *les antiquités & origines de Bourgogne ; les annales de Froissart ; Charles Loiseau dans son traité des ordres de la haute noblesse ; Etienne Pasquier dans ses recherches ; Pierre Pithou au livre I des comptes de Champagne ; Spelmanus en son glossaire ; André Favin dans son théâtre d'honneur ; Dargentré en son histoire de Bretagne ; le traité de la noblesse*, &c. Voyez aussi les articles BACHELIER, ECUYER, CHEVALIER, BARON, BAN ET ARRIÈRE-BAN, NOBLESSE, &c.

BANNIE. Terme usité dans quelques coutumes pour signifier publication.

BANNIER. Terme usité dans la Bresse & en Dauphiné pour désigner quelqu'un qui est préposé à la garde des vignes. C'est ce qu'ailleurs on appelle *messier*. Voyez ce mot.

BANNIÈRE. C'est l'enseigne du chevalier ou seigneur banneret sous laquelle se rangeoient autrefois les vassaux qu'il conduisoit à la guerre. On donne le même nom aux étendards d'église qui se portent aux processions.

BANNIÈRE se dit aussi de l'enseigne ou étendard d'un navire, & qui annonce quand il est arboré, de quelle nation est ce navire.

L'article 3 du titre 9 du livre 3 de l'ordonnance de la marine défend à tous les sujets du roi de prendre commission d'aucun prince ou état étranger pour armer des vaisseaux en guerre & courir la mer sous leur bannière sans permission de sa majesté, à peine d'être traités comme pirates. Voyez PRISE & PIRATE.

BANNIÈRES, au plurier, se dit du recueil où s'enregistrent les ordonnances & lettres patentes adressées au châtelet de Paris, de même que les autres actes dont la mémoire doit être conservée. Le greffier des insinuations est dépositaire de ce recueil & en délivre des expéditions.

BANNISSEMENT. Peine infamante qu'on prononce en matière criminelle en ordonnant à quelqu'un de sortir pour toujours ou pour un certain temps d'une ville, d'une province ou même du royaume (*).

(*) *Formule d'un jugement qui condamne au fouet, à la marque & au Bannissement perpétuel.* Vu, &c. Nous avons déclaré ledit.... duement atteint & convaincu de...; pour réparation de quoi l'avons condamné à être battu & fustigé de verges, ayant la corde au cou, par l'exécuteur de la haute-justice, au-devant de la porte de cet auditoire, & dans les carrefours de cette ville; à l'un desquels il sera flétri d'un fer chaud, marqué d'une fleur de lis sur les deux épaules : ce fait, l'avons banni à perpétuité du royaume, villes & terres étant sous l'obéissance du roi, enjoint à lui de garder son ban, à peine d'être pendu & étranglé; ordonnons que tous & chacun de ses biens seront acquis & confisqués à qui il appartiendra, sur iceux préalablement pris la somme de.... livres d'amende envers le roi, ou autres seigneurs hauts-justiciers qu'il appartiendra, au cas que confiscation n'ait pas lieu à son profit.

Condamnation à un Bannissement à temps. Vu, &c. Nous avons déclaré ledit.... duement atteint & convaincu de.... pour réparation de quoi l'avons banni pour neuf ans de la ville & prévôté de.... à lui enjoint de garder son ban sur les peines portées par l'ordonnance, & par la déclaration du roi du 31 mai 1682 dont lecture lui a été faite, *si c'est un homme; & si c'est une femme, au lieu de la décla-*

Il y a beaucoup de différence entre les effets du Banniſſement à temps & ceux du Banniſſement à perpétuité.

Le Banniſſement à temps n'emporte ni mort civile ni confiſcation : celui qui y eſt condamné peut vendre ſes biens & en acquérir d'autres ; il peut en diſpoſer par teſtament ou autrement & l'on peut teſter en ſa faveur : il conſerve d'ailleurs tous ſes droits ſur ſa femme & ſur les biens de la communauté.

Mais celui qui eſt banni du royaume à perpétuité n'eſt plus capable d'aucun effet civil : il ne peut ni teſter ni recueillir de ſucceſſion, &c. il eſt mort civilement.

Le Banniſſement du royaume à perpétuité donne lieu à la confiſcation des biens du condamné dans les pays où elle a lieu, & dans ceux où elle n'a pas lieu, les héritiers du banni peuvent recueillir ſa ſucceſſion.

Le Banniſſement perpétuel du reſſort d'un parlement, d'un bailliage royal, d'une généralité ou d'une juſtice particulière n'emporte pas mort civile. C'eſt ce qui a été jugé par un arrêt du parlement de Paris du 20 avril 1622. Dans cette affaire, François Marteau du bourg de Villenoſſe, avoit été banni à perpétuité de la prévôté de Paris & des bailliages de Sens & de Bray ſur Seine, pour crime de faux, & avoit été condamné aux dépens, dommages & intérêts envers la partie civile. Celle-ci pour ſe

---

ration du 31 mai 1682, on met, & par la déclaration du roi du 29 avril 1687, la condamnons en.... livres de réparation civile, dommages & intérêts envers ledit.... en.... livres d'amende envers le roi, & aux dépens du procès.

faire payer procéda au décret des immeubles de Marteau. Les doyen, chanoines & chapitre de Sens, ſeigneurs haut-juſticiers de Villenoſſe, intervinrent & formèrent oppoſition aux criées, ſous prétexte que Marteau ayant été banni à perpétuité du bailliage de Sens, la confiſcation des biens de ce particulier ſitués dans ce bailliage leur étoit acquiſe. Pour obtenir cette confiſcation, ils offrirent de payer au pourſuivant criées, tous ſes dépens, dommages & intérêts; mais une ſentence des requêtes du Palais, confimée par l'arrêt cité, les débouta de leur oppoſition, & ordonna qu'il ſeroit paſſé outre à la vente & adjudication des héritages ſaiſis. L'arrêt dont il s'agit eſt dans le recueil de Bardet.

Un autre arrêt du 7 Septembre 1624, rapporté au journal des audiences, & rendu pareillement dans le cas d'un Banniſſement à perpétuité du reſſort du parlement, a confirmé cette juriſprudence. Dans cette affaire, le nommé Jean Beſſet avoit été banni à perpétuité du reſſort du parlement de Paris, & condamné à réparer le dommage cauſé par un incendie dont il étoit l'auteur. Ses biens n'ayant pas ſuffi pour payer, on prétendit qu'étant reſté maître de la communauté avec Jeanne Benoît ſa femme, on pouvoit prendre ſur la part de celle-ci la réparation civile & les amendes prononcées par l'arrêt de condamnation. La raiſon qu'on fit valoir & que la cour admit fut que le Banniſſement, même à perpétuité, du reſſort du parlement, n'emportoit point la mort civile, ni par conſéquent la diſſolution de la communauté.

La même juriſprudence ſe trouve établie par l'article 8 du titre 14 de l'ordonnance criminelle du duc Léopold de Lorraine, obſervée dans cette province. Telle eſt encore l'opinion de le Grand ſur la coutume de Troyes.

Du Rouſſeau de Lacombe aſſure néanmoins que la juriſprudence du parlement de Paris eſt que le Banniſſement à perpétuité du reſſort de ce parlement emporte mort civile & confiſcation de biens contre les femmes. C'eſt, ajoute l'auteur cité, ce qu'ont jugé depuis longues années tous les arrêts qui ſe ſont rendus à la Tournelle. On en trouve même un du 9 janvier 1620 rapporté par Tronçon ſur la coutume de Paris, qui a jugé qu'un Banniſſement à perpétuité du bailliage de Chartres & de la prévôté de Paris, avec amende honorable, ne différoit pas d'un pareil Banniſſement du Royaume pour opérer la mort civile.

Il faut obſerver que quoique les enfans nés d'un mariage contracté par un homme banni du royaume à perpétuité ſoient légitimes, ſelon le droit canonique, ils ne peuvent néanmoins recueillir ni la ſucceſſion de leurs parens paternels ni celle de leurs autres parens. Cette déciſion eſt fondée ſur ce qu'un tel mariage ne peut point produire d'effets civils.

Divers auteurs & entr'autres du Rouſſeau de Lacombe ont écrit que les juges royaux ſubalternes ne pouvoient bannir du royaume & que les cours ſupérieures avoient ſeules le droit de prononcer cette peine. Cette opinion étoit appuyée par différens arrêts : mais cette juriſprudence n'eſt plus en uſage, & il eſt certain que les juges royaux ſubalternes peuvent bannir du royaume, même à perpétuité, comme le prouve la déclaration du 4 août 1682 rendue contre les Bohémiens. Cette loi enjoint expressément aux baillis & aux sénéchaux royaux ou à leurs lieutenans de bannir du royaume les Bohémiens en cas de récidive ; ce qui fait voir que ces juges ont le pouvoir de prononcer cette espèce de Bannissement. Cela a été réglé de même au parlement de Dijon par un arrêt de la tournelle du 5 juillet 1732. Il y a aussi une pareille disposition pour la Lorraine dans l'article 17 du titre 13 de l'ordonnance criminelle du duc Léopold du mois de novembre 1707.

Quant aux juges des seigneurs, ils ne peuvent bannir que de leur territoire & non du royaume. Le parlement de Paris l'a ainsi jugé par deux arrêts, dont l'un du 19 mai 1676 a été rendu contre le juge de Bénouille, & l'autre du 11 septembre 1717 contre le juge de Vouvans. C'est aussi une disposition de l'ordonnance criminelle de Lorraine & de plusieurs coutumes, telles que celles du Poitou, de Senlis, &c.

Le parlement de Normandie a néanmoins une jurisprudence différente : cette cour a fait un réglement le 22 décembre 1612 suivant lequel les juges des seigneurs peuvent bannir du royaume.

En France le juge d'église ne peut plus condamner au Bannissement comme il le faisoit autrefois. L'official ne peut même pas bannir un ecclésiastique du diocèse de son évêque : la raison en est que le Bannissement ayant l'effet de priver de l'honneur ou de la vie civile un citoyen, il faut tirer la conséquence que cette peine ne peut être prononcée qu'en vertu d'une autorité émanée du souverain.

Au reste rien n'empêche que le juge d'église

n'ordonne à des prêtres étrangers de se retirer du ressort de sa jurisdiction ; il suffit qu'en cas pareil il n'emploie pas dans son ordonnance le terme de Bannissement.

A l'égard des religieux, les arrêts conformes aux conciles de France tenus à Orléans, à Meaux & à Bourges, ordonnent aux supérieurs réguliers de punir sévérement dans le monastère les religieux d'une conduite scandaleuse ; mais ces loix défendent de chasser les coupables. Il y a à ce sujet deux arrêts du parlement d'Aix, l'un du 28 janvier 1633 & l'autre du 17 novembre 1644. Ce dernier a jugé que les supérieurs réguliers ne pouvoient condamner leurs religieux au Bannissement ni aux galères ni même les chasser de l'ordre.

Dans l'assemblée générale du clergé tenue en 1585, il fut observé que souvent les religieux & même les plus austères, chassoient de leurs monastères des religieux incorrigibles ; mais que cette conduite réduisoit les coupables à la mendicité ou à mener une vie libertine, ce qui étoit opposé aux maximes de l'évangile ainsi qu'à différentes bulles des papes & particuliérement à celles de Clément VIII & d'Innocent X : on décida en conséquence qu'il falloit renvoyer ces religieux dans leur couvent ; & c'est ce que les parlemens sont dans l'usage de faire en cas pareil.

Mais si les juges d'église ni les supérieurs réguliers ne peuvent prononcer la peine de Bannissement contre les clercs ou les religieux, rien n'empêche que pour un cas privilégié le juge séculier ne les condamne à cette peine, ce qui par rapport aux bénéfices a fait distinguer entre le

Banniſſement perpétuel & le Baniſſement à temps ; & entre le Banniſſement du royaume & le Banniſſement du lieu où le bénéfice doit être deſſervi.

Le Banniſſement perpétuel du royaume opère ſans doute la vacance de plein droit ; mais il n'en eſt pas de même du Banniſſement perpétuel du lieu ou le bénéfice doit être deſſervi ou du reſſort du juge qui a prononcé la condamnation : dans ces deux derniers cas il n'y a point de mort civile proprement dite ſuivant notre juriſprudence ; cependant ſi le bénéfice exige réſidence, la vacance eſt alors néceſſairement une ſuite de cette condamnation, elle eſt tacitement prononcée & elle eſt de droit ; mais il en eſt autrement lorſque le bénéfice ne demande pas réſidence & qu'il ne s'agit que d'un bénéfice ſimple : rien n'empêche dans ce cas que le condamné ne continue d'en jouir.

Quant au Banniſſement à temps, il ne produit pas la vacance de droit ; mais ſi le bénéfice du banni eſt un bénéfice à charge d'ames ou qui exige réſidence, on doit l'obliger à permuter avec un bénéfice ſimple ou à réſigner ſous penſion.

Par arrêt du grand conſeil du 22 ſeptembre 1733, il a été jugé qu'un banni à temps aprés ſon ban fini ne pouvoit être pourvu d'aucun bénéfice.

Lorſqu'une condamnation au Banniſſement ſe prononce par contumace le jugement doit être tranſcrit dans un tableau ſans effigie. Telle eſt la diſpoſition de l'article 16 du titre 17 de l'ordonnance criminelle du mois d'août 1670.

Tout homme qui a été condamné au Banniſſement & qui ne ſe retire pas de la province dont on l'a banni, doit être condamné aux galères, quand même il n'y n'auroit contre lui d'autre accuſation que celle de n'avoir pas gardé ſon ban: c'eſt une diſpoſition de la déclaration du 31 mai 1682 (*).

(*) *Voici cette déclaration :* Louis, &c. Salut. Nous avons été informés que la plupart des voleurs & autres gens de mauvaiſe vie qui ont été repris de juſtice & bannis, n'étant pas intimidés par cette peine, non-ſeulement retournent dans les pays & lieux d'où ils ont été chaſſés, mais continuent à vivre dans les mêmes crimes; à quoi ils ſont excités par le relâchement des juges qui n'ont pas exercé à leur égard le châtiment ſévere qu'ils ont encouru, ſuivant les anciennes ordonnances. Et d'autant que nous ne pouvons prendre trop de ſoin pour aſſurer le repos de nos ſujets & leur donner moyen de vaquer à leur commerce en liberté, nous avons réſolu d'y pourvoir.

A ces cauſes, & autres à ce nous mouvant, de notre certaine ſcience, pleine puiſſance & autorité royale, nous avons par ces préſentes ſignées de notre main, dit, déclaré & ordonné, diſons, déclarons & ordonnons, voulons & nous plaît, que tous ceux qui ont été bannis par ſentence prévôtale ou jugement préſidial rendu en dernier reſſort, & qui ſeront repris, quand même ce ne ſeroit que faute d'avoir gardé leur ban ſeulement, ſoient condamnés aux galères, ſans qu'il ſoit en la liberté des juges de modérer cette peine, mais bien de l'arbitrer à temps ou à perpétuité, ſelon qu'ils l'eſtimeront à propos.

Et quant à ceux qui auront été bannis par des arrêts de nos cours, & qui ſeront pareillement repris pour n'avoir gardé leur ban; nous laiſſons à noſdites cours & autres nos juges, ayant pouvoir de juger en dernier reſſort, la liberté d'ordonner de leur châtiment, eu égard à la qualité des crimes pour leſquels ils auront été bannis, & à la condition des perſonnes. Voulons au ſurplus que les ordonnances contre les vagabonds & gens ſans aveu ſoient exécutées ſelon leur forme & teneur. Si donnons en mandement, &c.

Le nommé Claude Cornu ayant été condamné par arrêt du parlement de Paris du 6 juin 1684 à être banni du ressort de la cour pendant neuf ans, avec injonction de garder son ban sous les peines portées par la déclaration de 1682, il fut mis hors des prisons le 26 juillet suivant. Le 18 février 1685, ce particulier fut trouvé à Saint-Clair près de Chartres & emprisonné pour cause d'infraction de ban : il fut en conséquence condamné aux galères pour trois ans; & par l'arrêt la cour enjoignit à tous les juges de son ressort de donner à tout accusé condamné au Bannissement lecture de la déclaration du 31 mai 1682.

Comme les peines prononcées par cette dernière déclaration ne peuvent pas s'appliquer aux femmes, le roi a rendu une autre déclaration le 29 avril 1687, par laquelle il est voulu que les femmes ou les filles qui enfreindront leur ban soient condamnées à être enfermées dans l'hôpital général le plus prochain (*).

(*) *Cette loi est ainsi conçue :* Louis, &c. Salut. Sur les avis qui nous avoient été donnés, que les voleurs & autres gens de mauvaise vie qui ont été repris de justice & bannis, n'étoient pas intimidés par cette peine, & retournoient dans les pays d'où ils avoient été chassés, où ils commettoient les mêmes crimes, nous aurions par notre déclaration du 31 mai 1682 ordonné, que ceux qui auroient été bannis par sentence prévôtale ou jugement présidial rendu en dernier ressort, & qui seroient repris, quand même ce ne seroit que faute d'avoir gardé leur ban, seroient condamnés aux galères à temps ou à perpétuité, ainsi que les juges l'estimeroient à propos; & à l'égard de ceux qui auroient été condamnés par des arrêts de nos cours, nous aurions laissé à nosdites cours & autres juges ayant pouvoir de juger en dernier ressort la liberté d'ordonner de leur châtiment, eu égard à la qualité des crimes & à la condi-

Le

Le besoin pue l'on avoit eu de faire passer des habitans dans les colonies de l'Amérique avoit déterminé le roi à permettre aux juges d'ordonner que tout condamné au Bannissement qui ne garderoit pas son banc seroit envoyé dans ces colonies pour y être employé au défrichement & à la culture des terres : il fut rendu à ce

---

tion des personnes. Nous avons appris qu'au moyen de cette disposition la plupart des villes & lieux de notre royaume ont été purgés des voleurs & gens repris de justice; mais comme cette peine ne peut être appliquée qu'aux hommes & que les femmes & filles condamnées au Bannissement continuent leurs vols & autres crimes en retournant dans les lieux d'où elles ont été bannies, particulièrement dans notre bonne ville de Paris, où il y a un grand nombre de ces femmes qui servent de receleuses à ceux qu'elles engagent par leur mauvais exemple & par leur débauche à commettre des vols, nous avons jugé à propos de punir celles qui ne garderont pas leur ban d'une peine, laquelle quoiqu'elle ne soit pas proportionnée à leur faute, procurera au moins au public le bien d'en être déchargé, & mettra fin à leur dangereux commerce.

A ces causes, nous avons dit & déclaré, disons & déclarons par ces présentes, signées de notre main, voulons & nous plaît, que les femmes & les filles qui auront été bannies par sentence prévôtale ou jugement présidial rendu en dernier ressort, & qui seront reprises, quand même ce ne seroit que faute d'avoir gardé leur ban, soient condamnées à être renfermées dans les hôpitaux généraux les plus prochains, sans qu'il soit en la liberté des juges de modérer cette peine, mais bien de l'arbitrer à temps ou à perpétuité, selon qu'ils l'estimeront à propos.

Et quant à celles qui auront été bannies par des arrêts de nos cours, & qui seront pareillement reprises pour n'avoir pas gardé leur ban, laissons à nosdites cours la liberté d'ordonner de leur châtiment, eu égard à la qualité des crimes pour lesquels elles auront été condamnées, & à l'âge & condition des personnes. Si donnons en mandement, &c.

sujet une déclaration le 8 janvier 1719; mais cette loi a été révoquée sur ce point par une autre déclaration du 5 juillet 1722 (*). Celle-ci

---

(*) *Voici cette déclaration.* Louis, &c. Salut. Le feu roi notre très-honoré seigneur & bisaïeul a fixé par plusieurs déclarations, & notamment par celles des 25 juillet 1700 & 27 août 1701, les différentes peines qui devoient être prononcées contre les vagabonds & gens sans aveu, contre les mendians, & contre ceux qui pendant le temps de leur Bannissement se retireroient dans notre ville, prévôté & vicomté de Paris, ou à la suite de notre cour; le besoin que nous avons eu de faire passer des habitans dans nos colonies, nous avoit porté à permettre à nos cours & juges, par nos déclarations des 8 janvier & 12 mars 1719 d'ordonner que les hommes seroient transportés dans nos colonies, pour y servir comme engagés au défrichement & à la culture des terres dans les cas où les ordonnances, édits & déclarations avoient prononcé la peine des galères contre lesdits vagabonds & bannis; ce que nous avons permis aussi par la déclaration du 8 janvier 1719, par rapport aux hommes qui seroient repris faute d'avoir gardé leur ban, & pareillement pour ceux qui ayant été condamnés aux galères ou au Bannissement, se retireroient dans notre bonne ville de Paris & fauxbourgs d'icelle, même après le temps de leur condamnation expiré; mais les colonies se trouvant à présent peuplées par un grand nombre de familles qui y ont passé volontairement, plus propres à entretenir un bon commerce avec les naturels du pays que ces sortes de gens, qui y portoient avec eux la fainéantise & leurs mauvaises mœurs, nous avons estimé à propos, tant pour le bon ordre de notre royaume que pour le grand avantage des colonies, de rétablir à cet égard l'exécution des déclarations des 25 juillet 1700 & 27 août 1701, & des déclarations données contre ceux qui ne garderont pas leur ban. A ces causes, de l'avis de notre très-cher & très-amé oncle le duc d'Orléans, petit-fils de France, régent, de notre très-cher & très-amé oncle le duc de Chartres, premier prince de notre sang, de notre très-cher & très-amé cousin le duc de Bourbon, de notre très-cher & très-amé cousin le comte

fait défense à toute personne qui aura été con-

---

de Charolois, de notre très-cher & très-amé cousin le prince de Conti, prince de notre sang, de notre très-cher & très-amé oncle le comte de Toulouse, prince légitimé & autres grands & notables personnages de notre royaume, & de notre certaine science, pleine puissance & autorité royale, nous avons dit, déclaré & ordonné, & par ces présentes signées de notre main, disons, déclarons & ordonnons, voulons & nous plaît, que les déclarations des 31 mai 1682 & 29 avril 1687, contre ceux ou celles qui ne gardent pas leur ban, ensemble celles des 25 juillet 1700 & 27 août 1701, contre les mendians & vagabonds, soient exécutées selon leur forme & teneur, sans qu'il puisse être permis à nos cours & juges d'ordonner que les contrevenans auxdites déclarations soient transportés dans nos colonies, révoquant à cet égard nos déclarations des 8 janvier & 12 mars 1719. Enjoignons à nos cours & juges de condamner à la peine des galères ceux qui contreviendront auxdites déclarations des 31 mai 1682, 25 juillet 1700 & 27 août 1701, dans les cas & suivant les formes y prescrites. Voulons au surplus que notre déclaration du 8 janvier 1719 soit exécutée selon sa forme & teneur; & en conséquence, faisons défenses à tous ceux & celles qui ont été ou seront ci-après condamnés aux galères ou au Bannissement par quelques juges, & de quelque lieu que ce puisse être, de se retirer en aucun cas ni en aucun temps, même après le temps de leur condamnation expiré, dans notre bonne ville de Paris, fauxbourgs & banlieue d'icelle, ni à la suite de notre cour; ce qui n'aura lieu cependant par rapport aux bannis dont le temps de la condamnation seroit expiré, qu'au cas qu'ils eussent été aussi condamnés au carcan, ou à d'autres peines corporelles, ou qu'ils eussent subi deux fois la condamnation du Bannissement, ou quelqu'autre condamnation faute d'avoir gardé leur ban, le tout sous les peines portées par les déclarations des 31 mai 1682 & 29 avril 1687, données contre ceux ou celles qui ne gardent par leur ban, & en la forme prescrite par notre déclaration du 8 janvier 1719. Si donnons en mandement, &c.

damnée aux galères ou au Bannissement par quelque juge que ce soit, de se retirer en aucun cas ni en aucun temps dans la ville, les fauxbourgs & la banlieue de Paris, non plus qu'à la suite de la cour, sous peine contre les contrevenans d'être punis comme infracteurs de ban, conformément aux déclaratious des 31 mai 1682 & 29 avril 1687.

Observez toutefois que cette disposition ne s'applique aux bannis dont le temps de la condamnation est expiré, que dans le cas où ils ont aussi été condamnés au carcan ou à quelqu'autre peine corporelle, ou qu'ils ont subi deux fois la condamnation du Bannissement.

La déclaration du 8 janvier 1719 confirmée à cet égard par celle du 5 juillet 1722, a attribué au lieutenant général de police, de Paris & au lieutenant criminel de robe courte concurremment & par provision, la connoissance des contraventions commises par les bannis trouvés à Paris ou à la suite de la cour : mais le lieutenant criminel de robe courte ne peut pas connoître de la contravention lorsque le lieutenant général de police a décrété avant lui ou le même jour. Dans le cas de contestation entre ces officiers pour la compétence, ils doivent s'adresser au parlement de Paris & non ailleurs pour la faire régler. Au surplus les jugemens de l'un ni de l'autre ne sont sur cette matière nullement sujets à l'appel ; mais ils doivent être rendus avec les officiers du châtelet au nombre de sept au moins.

Il faut d'ailleurs remarquer que ces officiers ne peuvent pas connoître des contraventions dont il s'agit, lorsque les jugemens de condamnation ont été rendus par le parlement de Paris, ſoit en infirmant ou en confirmant les ſentences des premiers juges : Si dans ces cas le lieutenant général de police ou le lieutenant criminel de robe courte tiennent les coupables empriſonnés au châtelet, ils doivent les faire transférer dans les priſons de la conciergerie, pour que leur procès leur ſoit fait & parfait à la requête du procureur général.

Pour faire exécuter une condamnation au Banniſſement, les loix ne preſcrivent rien autre choſe que de prononcer le jugement au condamné. Il y avoit autrefois à cet égard un uſage ſingulier dans le Dauphiné : l'exécuteur de la haute juſtice accompagné d'archers conduiſoit le banni juſqu'aux frontières de la province. Une déclaration du premier mars 1709 a abrogé cette pratique & ordonné que dans le reſſort du parlement de Grenoble où elle avoit lieu, il en ſeroit uſé ſur cette matière comme dans les autres cours & juridictions du royaume.

On a agité la queſtion de ſavoir ſi un homme condamné au Banniſſement perpétuel pouvoit être retenu en priſon relativement aux dommages & intérêts adjugés contre lui à la partie civile, & la négative fut prononcée par arrêt du parlement de Paris du 15 février 1697. Dans cette eſpèce le chevalier de Normanville condamné à être banni à perpétuité du royaume, étoit retenu en priſon par la partie civile pour quatre mille livres de dommages & intérêts à quoi il avoit pareillement été condamné envers elle. Le défenſeur de celle-ci obſerva qu'une condamnation à payer des intérêts civils deviendroit illuſoire, ſi le priſonnier n'ayant aucun bien pour répondre du paiement pouvoit obtenir ſa liberté : de ſon côté le chevalier de Normanville prétendit que tous ſes biens étant confiſqués, il ne pouvoit plus être obligé à aucun paiement & qu'on devoit le mettre en état d'exécuter ſon ban. Ces raiſons prévalurent & la cour ordonna que les priſons lui feroient ouvertes. On avoit déja jugé de même en 1681 au profit du ſieur de Mioſſans (*). Cette déciſion eſt principalement fondée ſur ce que dans tous les cas poſſibles, l'intérêt public doit être préféré à l'intérêt particulier.

On en uſe différemment à l'égard de ceux qui ne ſont condamnés qu'à un Banniſſement à temps : avant d'exécuter leur ban, ils peuvent être re-

(*) Ces deux arrêts ont changé la juriſprudence ſur cette matière; car il y a dans le journal des audiences un arrêt du 20 mars 1660 qui jugea le contraire contre René Rouſſeau écuyer, Sieur de la Pariſière. Dans cette eſpèce, la Pariſière condamné à un Banniſſement perpétuel, & à 20 mille livres de dommages & intérêts envers le marquis de Curton, partie civile, étoit détenu en priſon pour ces dommages & intérêts. La Pariſière préſenta requête pour être mis hors de priſon, ſous prétexte qu'étant dans l'impoſſibilité de payer les dommages & intérêts auxquels il étoit condamné, jamais il ne pourroit exécuter ſon ban. Il obſerva en conſéquence qu'une priſon perpétuelle avoit été comparée par les anciens au dernier ſupplice & que c'étoit une peine beaucoup plus forte que celle à laquelle la cour l'avoit condamné : mais ces moyens ne furent point écoutés, & après une longue délibération, le parlement prononça un hors de cour ſur la requête. M. Brignon, Avocat Général, avoit néanmoins conclu à ce que l'exécution de l'arrêt qui condamnoit la Pariſière au Banniſſement fut ordonnée, attendu que l'intérêt de la partie civile ne devoit point empêcher la réparation publique.

On trouve dans Soefve un autre arrêt du 31 décembre 1666, qui décida en conformité du précédent.

tenus prisonniers pour les intérêts civils adjugés contre eux. C'est ce qui résulte de différents arrêts, & particuliérement de celui que rendit la tournelle criminelle le 30 mars 1743. Par cet arrêt, l'accusé banni pour neuf ans fut condamné à garder prison jusqu'à ce qu'il eût payé les dommages & intérêts prononcés contre lui en faveur de la partie civile, & il fut jugé que le temps de sa prison ne diminueroit point celui du Bannissement.

Par ce moyen l'intérêt public & celui de la partie civile se trouvent conciliés. Il n'en seroit pas de même si le temps de la prison s'imputoit sur celui du Bannissement : il arriveroit delà qu'un coupable condamné qui auroit laissé écouler dans la prison le temps de son Bannissement seroit exempt de subir la peine due à son crime.

Le parlement de Bordeaux a néanmoins une jurisprudence opposée. Il a jugé par arrêt du 12 septembre 1671, que le nommé Bulle condamné au Bannissement pour un certain temps, ne pouvoit être retenu en prison par la partie civile pour quatre cens livres de dommages & intérêts adjugés à cette partie.

Par un autre arrêt rendu trois jours après, le même parlement a jugé au sujet du nommé Eyval marchand de Bordeaux, condamné pour crime de banqueroute au Bannissement, que les prisons dans lesquelles il étoit retenu pour dettes lui seroient ouvertes afin qu'il subît la peine prononcée contre lui, sauf à ses créanciers à le faire emprisonner de nouveau lorsque son ban seroit fini.

Ces décisions sont fondées sur ce que l'on a pensé que la peine qui concernoit la vindicte publique devoit être exécutée avant de donner satisfaction à un particulier.

Suivant l'ordonnance de 1667 les bannis doivent être assignés à leur dernier domicile, sans qu'il soit besoin de procès-verbal de perquisition, ni de leur créer un curateur.

En Lorraine, les bannis doivent être assignés tant à leur dernier domicile connu, qu'au domicile du curateur en titre, conformément à l'article 15 du titre premier de l'ordonnance du duc Léopold du mois de novembre 1707.

Voyez *l'ordonnance criminelle du mois d'août 1670; le traité de la justice criminelle; la déclaration du 4 août 1682; Ricard, des donations; Brodeau sur Louet; les arrêts de Bardet; le Grand, sur la coutume de Troyes; le journal des audiences; Tronçon, sur la coutume de Paris; Bouchel en ses arrêts; l'ordonnance du duc Léopold du mois de novembre 1707; la collection de jurisprudence; le journal du palais; Carondas sur la somme rurale de Bouteiller; le code criminel de Serpillon; l'esprit des ordonnances de Louis XIV; le style criminel de Dumont; la Peyrère en ses décisions sommaires; Coquille, sur la coutume de Nivernois; les coutumes de Poitou & de Senlis; Dumoulin sur la coutume d'Auxerre; les déclarations des 31 mai 1682, 29 avril 1687, 25 juillet 1700, 27 août 1701, 8 janvier 1719, & 5 juillet 1722; les preuves des libertés de l'église Gallicane; les lois ecclésiastiques de France; le recueil de jurisprudence canonique; les arrêts de Basset; les mémoires du clergé; le dictionnaire de droit canonique; Févret, traité de l'abus; les arrêts de Boniface; la déclaration du premier mars 1709; Basnage sur la coutume de Normandie; l'ordonnance du mois d'avril 1667, &c.* Voyez aussi les articles CRIME, CONTUMACE,

APPEL, ACCUSÉ, ABSENT, BÉNÉFICE, VACANCE, EXIL, CONFISCATION, MORT CIVILE, &c.

BANQUE. Ce mot reçoit différentes significations : tantôt il est pris pour le trafic ou commerce d'argent qu'on fait remettre de place en place, d'une ville à une autre, par le moyen d'une correspondance que les banquiers établissent entr'eux avec le secours des lettres de change ; tantôt le même mot signifie le lieu où les banquiers s'assemblent pour ce genre de commerce, & l'on donne à ce lieu différens noms : à Marseille c'est *la loge ;* à Lyon *le change ;* à Paris *la bourse*, &c. *Banque* est pris aussi quelquefois pour la caisse où les banquiers tiennent leur argent.

Anciennement il falloit une permission pour exercer la Banque ; une ordonnance de 1581 le prescrivoit ainsi ; celle de Blois exigeoit même des étrangers une caution au moins de quinze mille écus, & cette caution devoit être renouvelée tous les trois ans. Aujourd'hui chacun a la liberté de faire la Banque : les mineurs même sont autorisés à cette espèce de commerce.

Rien de plus simple que l'exercice d'une Banque, & rien de plus commode que l'établissement d'une Banque sûre, pour ceux qui ont de l'argent à négocier. Un particulier de Marseille, par exemple, veut-il faire toucher à quelqu'un une somme d'argent à Paris ? il porte cette somme à un banquier de Marseille ; celui-ci, moyennant un certain profit, lui donne une lettre de change dont le montant se touche sur un autre banquier de Paris son correspondant, & de cette sorte il évite l'incommodité & les frais du transport de son argent d'un lieu à un autre. Cette correſpondance peut s'établir dans toutes les villes de l'Europe, à Cadix, à Londres, à Veniſe, &c. & même dans toutes les parties du monde.

Le banquier ne rend pas gratuitement des ſervices de cette eſpèce au public; il en retire un certain bénéfice à titre de *change*; bénéfice qui dépend de la rareté ou de l'abondance de l'argent dans les lieux où l'on tire des lettres par rapport aux endroits où le paiement doit en être fait. Ce bénéfice ne peut être regardé que comme légitime dès qu'il eſt réglé ſuivant le cours des lieux. L'article 3 du titre 6 de l'ordonnance de 1673 l'autoriſe formellement; il eſt la récompenſe de la peine que ſe donnent les banquiers; mais pour qu'il puiſſe avoir lieu, il faut qu'il y ait réellement remiſe de place en place: dans les endroits où il n'y a point de place ou de bourſe, le change que l'on prendroit dégénereroit en uſure.

Les négociations d'argent & de lettres de change ſe font ſouvent par des entremetteurs établis à cet effet, & que l'on appelle courtiers & agens de change. Voyez ce qui eſt dit à l'article *Agens de change*.

Dans certains pays, ce ſont les villes & communautés, ou des compagnies particulières, qui ſe chargent de la Banque, & qui par ce moyen font valoir l'argent d'autrui à gros intérêts. On connoît de ces ſortes de Banques à Londres, à Amſterdam, à Copenhague, à Veniſe, &c.

A l'avénement de Louis XV à la couronne, dans un temps où le tréſor royal étoit obéré par les dernières guerres, & où il falloit trouver un moyen d'acquitter les dettes de l'état, il parut en France un Ecossois nommé Law, vulgairement Lass, qui proposa à cet effet l'établissement d'une Banque de la nature à-peu-près de celles des pays dont nous venons de parler (*). Son projet fut d'abord de former cette Banque des deniers royaux & de l'administrer sous l'autorité du roi, mais cette idée fut rejetée, & il fut arrêté que Law & sa compagnie feroient les fonds de la Banque & prendroient soin de son administration; en conséquence il leur fut expédié des lettres-patentes le 2 mai 1716, lesquelles furent enregistrées deux jours après au parlement.

Ces lettres-patentes portoient un privilège exclusif pour exercer cette Banque pendant 20 ans; mais les banquiers du royaume avoient la faculté de continuer la leur comme à l'ordinaire. Ces mêmes lettres affranchissoient la Banque dont il s'agit, de toutes taxes & de tous droits d'aubaine; elles déterminoient la forme des billets (**) qu'elle devoit fournir; elles les décla-

---

(*) On nous pardonnera sans doute de nous étendre un peu sur cet article: il n'est peut-être pas indifferent de conserver le souvenir d'un établissement dont la suite a été » de voir la plupart des ordres du royaume intervertis par la » décadence des anciennes fortunes & par l'élévation des » nouvelles; beaucoup de créanciers de l'état confondus avec » de nouveaux porteurs de créances qui ne leur avoient » rien couté, & sans qu'ils pussent être démélés les uns des » autres, &c. «.... Ce sont les termes du préambule d'un édit du mois de juin 1725.

(**) Voici quelle étoit la forme de ces premiers billets.

N°. . . . . dix écus d'espèces.

La Banque promet payer au porteur à vue dix écus d'espèces du poids & titre de ce jour, valeur reçue. A Paris le. . . . de. . . . 17. . . .

roient payables à vue, avec défenses de les contrefaire sous peine de la vie ; il étoit question de trois serrures pour la sûreté de la caisse, du lieu où l'on devoit la placer, de l'heure où elle devoit s'ouvrir, & des registres où devoient se consigner les opérations. Enfin. M. le duc d'Orléans régent étoit déclaré protecteur de la Banque ; car elle avoit pour motif l'abolition de l'usure, une prompte circulation des espèces sans frais de voiture, une facilité ouverte aux étrangers d'avoir des fonds dans le royaume, & un moyen plus sûr de recouvrer les impositions.

Le 20 du même mois de mai il y eut de nouvelles lettres-patentes enregistrées le 23 au parlement, par lesquelles on prescrivit la forme, les conditions & les règlemens à observer dans la régie de la Banque, afin que les actionnaires & le public y trouvassent également leur sûreté. Pour cet effet on fixa le fond de la Banque à douze cens actions de mille écus de Banque (*) chacune, ce qui faisoit six millions argent comptant. On divisa la caisse de la Banque en caisse générale & en caisses particulières. Dans la caisse générale étoient enfermés les fonds considérables & les principaux effets de la Banque ;

N°. . . . . cent écus d'espèces.
La Banque promet payer au porteur à vue cent écus d'espèces du poids & titre de ce jour, valeur reçue, A Paris le. . . . de. . . . 17. . . .

N°. . . . . mille écus d'espèces.
La Banque promet payer au porteur à vue mille écus d'espèces du poids & titre de ce jour valeur reçue. A Paris le. . . . de. . . . 17. . . .

(*) L'écu valoit cinq livres.

& les fonds de cette caiſſe qu'on appeloit la caiſſe ordinaire, ne devoient point aller au-delà de deux cens mille écus. Les caiſſiers particuliers ne pouvoient en avoir plus de vingt mille à la fois, & ils étoient obligés de donner caution de cette ſomme.

Il fut permis à la Banque de ſe charger de la caiſſe des particuliers, tant en recette qu'en dépenſe, de faire le virement des parties ou de payer argent comptant moyennant cinq ſous par mille écus. Il lui fut auſſi permis d'eſcompter les billets ou lettres de change de la manière réglée par la compagnie.

On pouvoit vendre & tranſporter ſes actions; & à cet effet il y avoit un régiſtre ſur lequel le vendeur ſignoit ſon tranſport.

De crainte qu'on ne portât préjudice aux négocians, il fut défendu à la Banque de faire aucun commerce de terre ou de mer, ni de ſe charger des affaires des négocians par commiſſion, ſoit dans l'intérieur du royaume ſoit au dehors. Il fut pareillement défendu de faire des billets payables à terme; ils devoient être tous payables à vue en écus de même poids & même titre, ce qui étoit d'une grande conſidération dans un temps où la valeur des eſpèces étoit ſujette à des variations fréquentes. Il fut dit enſuite par une déclaration du 25 juillet 1716, que les endoſſemens des billets de la Banque n'engageroient point les endoſſeurs, à moins qu'ils n'euſſent ſtipulé une garantie, & que cette garantie ne dureroit que pour le temps porté par l'endoſſement.

La Banque prenoit une faveur ſingulière par les modifications qu'on y avoit apportées & par l'avantage qu'elle procuroit aux actionnaires ou porteurs des billets, de partager les profits qu'elle faisoit à proportion de leur intérêt, lorsque pour l'accréditer encore il fut rendu un arrêt du conseil le 10 avril 1717, par lequel il fut dit que les billets de cette Banque seroient reçus en paiemens de toutes sortes de droits dans les bureaux de recette du roi, & que tous les officiers chargés du maniment des deniers de sa majesté, seroient tenus de les acquitter à vue sans aucun escompte.

Il n'en fallut pas davantage pour donner à la Banque le plus grand succès. On en revint au premier projet, qui avoit été de l'établir pour le compte du roi, & cette fois on l'adopta. Il parut en conséquence une déclaration du 4 décembre 1718 (*), par laquelle la Banque du sieur Law fut convertie en *Banque royale*. Il fut dit que le roi feroit rembourser aux actionnaires leurs capitaux en deniers effectifs, & que par-là sa majesté devenant seule propriétaire de toutes les actions de la Banque, cette même Banque seroit régie en son nom & sous son autorité.

Voici quel étoit le systême de cette Banque : la régie devoit commencer au premier janvier de l'année suivante 1719, sous les ordres du régent, comme en étant déclaré le seul ordonnateur. Les billets à faire à l'avenir devoient être scellés d'un cachet particulier aux armes de

(*) On porta bien cette déclaration au parlement mais elle n'y fut point enregistrée : on prévoyoit sans doute les fâcheux événemens que devoit avoir une entreprise pareille.

France avec cet mots : *Banque royale.* Ceux qui avoient des billets de la Banque du ſieur Law & qui les avoient adirés, pouvoient les repréſenter pourvu qu'ils ne fuſſent pas d'une date de plus de cinq ans lors de la repréſentation, car après ce temps-là ils étoient déclarés preſcrits.

La nouvelle Banque offroit de continuer à ſe charger comme la précédente, de la caiſſe des particuliers, tant en recette qu'en dépenſe, & cela ſans aucune rétribution, pas même des cinq ſous par mille écus que prenoit la Banque du ſieur Law. Il étoit ajouté que les comptes en Banque ne pourroient être ſaiſis, même pour affaires du roi, excepté les cas de faillite. En un mot, ces modifications à part, la Banque royale conſervoit à-peu-près le même plan que celle du ſieur Law qui lui ſervoit de baſe.

Comme le temps approchoit où les opérations de cette nouvelle Banque devoient commencer, & que la déclaration dont nous venons de parler n'étoit point encore enregiſtrée, il parut un arrêt du conſeil du 27 décembre 1718, par lequel il fut ordonné à tous les intendans d'envoyer cette déclaration dans les ſièges royaux de leur département pour y être lue, publiée, enregiſtrée & affichée ; & il fut dit en même-temps par cet arrêt, que dès le premier mars ſuivant, outre le bureau général de la Banque fixé à Paris, il en ſeroit établi de particuliers à Lyon, à la Rochelle, à Tours, à Orléans & à Amiens, leſquels ſeroient composés de deux caiſſes, l'une en argent pour acquitter à vue les billets qui y ſeroient préſentés, & l'autre en billets pour en fournir à ceux qui en demanderoient ; & il fut ajouté qu'attendu l'acquittement à vue qui devoit se faire des billets, il seroit défendu de faire aucun protêt contre ceux qui les offriroient en paiement, à moins qu'on ne fût pas payé sur le champ & à vue.

A l'égard de la monnoie, il fut dit que dans les lieux où la Banque auroit ses bureaux, les espèces telles que celles de billon & de cuivre ne pourroient être offertes ni reçues que dans les paiemens qui ne passeroient pas six livres, excepté pour les appoints. Quant aux espèces d'argent, il fut pareillement dit qu'on ne pourroit les employer dans les paiemens excédant la somme de six cens livres, excepté aussi pour les appoints. Et pour ce qui concernoit les paiemens des sommes au-delà de six cens livres, ces paiements devoient se faire en or ou en billets de Banque.

Le régent, pour donner de plus en plus du crédit à la nouvelle Banque, pour en faciliter la régie & procurer aux billets une plus grande circulation, fit rendre plusieurs nouveaux arrêts du conseil les 5 janvier, 11 février, 1 & 22 avril 1719, concernant la fabrication de ces billets, le nombre, la valeur, les numéros & la manière d'en faire les paiemens (*).

Le dernier de ces arrêts, celui du 22 avril 1719, portoit que les billets stipulés en livres tournois ne seroient point sujets aux diminutions qui pourroient survenir dans les espèces & qu'ils seroient toujours payés en leur entier ; qu'on pourroit les employer au paiement des droits

(*) Il en fut frabriqué pour 59 millions.

de

de sa majesté ; que les commis & receveurs seroient tenus de changer en espèces d'or & d'argent tous ceux qui leur seroient présentés, jusqu'à concurrence des fonds qu'ils auroient en caisse ; que dans les villes où la Banque avoit des bureaux, les créanciers pourroient exiger de leurs débiteurs le paiement de leurs créances de quelque nature qu'elles fussent, en billets de Banque, sans qu'ils pussent être contraints d'en recevoir aucune partie en espèces d'or ou d'argent, excepté les appoints.

Le même arrêt portoit que dans les villes où il y avoit des bureaux, les receveurs chargés du manîment des deniers royaux tiendroient leurs caisses en billets de Banque, & qu'au cas de diminution d'espèces, ils supporteroient la perte de celles qu'ils auroient en caisse. Il portoit encore qu'on ne pourroit pas transporter d'espèces d'une ville dans une autre ville où il y avoit des bureaux de Banque, à moins que ce ne fût pour le service de la Banque ; & il étoit dit à la fin que les contestations, les empêchemens ou oppositions qui surviendroient au sujet de l'exécution de cet arrêt, seroient portées au conseil du roi, avec défenses à d'autres tribunaux d'en prendre connoissance.

On donna au public des modèles des différentes espèces de billets qui devoient avoir cours. Il y en avoit de trois sortes : les uns étoient de mille, les autres de cent, & les derniers de dix livres tournois. La marge de chaque billet étoit bordée d'une vignette en taille-douce. Dans le corps du papier, à la place de la marque du papetier, il y avoit ces mots ; *billet de Ban-*

que; & au bas de chaque billet étoit l'empreinte du ſceau (*).

La nouvelle Banque prit une telle faveur, que les billets fabriqués ne ſuffiſant pas pour tous ceux qui en demandoient, on ſe détermina à en fabriquer encore pour 50 millions en vertu d'un arrêt du 10 juin de la même année 1719. Au mois de juillet ſuivant on s'apperçut que cette dernière fabrication ne ſuffiroit pas, & l'on en ordonna une nouvelle par arrêt du 25 juillet de la même année juſqu'à concurrence de 240 millions. Il fut réglé en même-temps qu'il ſeroit établi des bureaux particuliers dans chaque ville du royaume où il y avoit hôtel des monnoies, excepté à Lyon où il y avoit déja un bureau de Banque; & il fut dit qu'il ſeroit permis aux créanciers d'exiger de leurs débiteurs le paiement en billets, même dans le cas où ces billets gagneroient ſur les eſpèces : on excepta cependant les lettres tirées des pays étrangers ou qui y ſeroient endoſſées.

On devoit croire que cette dernière fabrication ſeroit ſuffiſante, mais point du tout; c'étoit une eſpece de délire, s'il eſt permis de parler

---

(*) Voici comment ces billets ſe trouvoient conçus.

N°. { mille
cent livres tournois
dix }

La Banque promet payer au porteur à

Vue { *mille*
cent livres tournois
dix }

d'argent, valeur reçue à Paris le ....

Vu   contrôlé

ainsi, que l'ardeur avec laquelle on cherchoit à se procurer de ces sortes de billets (*). Il en avoit déja été fabriqué, comme on vient de le voir, pour quatre cens millions; il fallut encore le 12 septembre de la même année, en ordonner une nouvelle fabrication pour cent vingt millions; une autre le 24 octobre suivant pour autres 120 millions; une troisième enfin, ce qui est étonnant, le 29 décembre de la même année pour 360 millions. De sorte que les différentes fabrications qui s'étoient faites de ces billets depuis l'établissement de la Banque par le sieur Law, jusqu'à la fin de l'année 1719, se montoient à mille millions. Aussi le roi déclara-t-il qu'à l'avenir il n'en seroit plus fait, sinon autant qu'il en faudroit pour remplacer les billets endossés & biffés; & ce fut pour ce remplacement que par arrêt du conseil du 10 février 1720, il y eut une nouvelle & dernière fabrication de deux cens millions de billets, avec défenses au trésorier de la Banque de les employer à d'autres usages qu'au remplacement des billets rentrés & endossés.

Le roi, pour donner à la Banque le dernier degré de perfection, jugea à propos de la réunir à la compagnie des Indes, qui pour lors jouissoit elle-même d'un grand crédit; & cette réunion s'effectua par un arrêt du conseil du 23 février 1720. Par cet arrêt la compagnie fut chargée de la régie & de l'administration de la Banque pour

(*) Les peres de famille vendoient jusqu'aux effets de leur ménage les plus nécessaires, pour avoir de ces billets. L'argent de Banque étoit à cinq pour cent au-dessus de la valeur de l'argent courant.

tout le temps qui restoit à expirer du privilège ; & ce privilège, comme on a pu l'observer, avoit été accordé au sieur Law pour vingt ans. Le roi céda à cette compagnie tous les profits qui pouvoient résulter de cette Banque, & même ceux qu'il avoit faits depuis qu'il l'avoit prise en son nom ; & il fut dit que cette même Banque resteroit *Banque royale*.

Le roi, suivant les articles de réunion, demeuroit responsable envers le public de la valeur des billets qui circuloient, & la compagnie de son côté répondoit au roi du manîment de la Banque, en affectant à cette garantie seize cens millions que le roi avoit empruntés d'elle.

Par ce même arrêt il fut fait défenses aux nouveaux directeurs de la Banque de faire de nouveaux billets, à moins que ce ne fût en vertu d'arrêt du conseil, & d'exiger sur l'argent à porter aux bureaux, les cinq pour cent qui avoient été accordés à la Banque par un arrêt du 21 décembre d'auparavant. Il leur fut pareillement défendu de donner ou de recevoir de l'argent en espèces autrement qu'au prix courant. Enfin il fut arrêté qu'il ne seroit plus délivré à l'avenir que trois sortes de billets ; savoir, de dix mille livres, de mille livres & de cent livres. A l'égard de ceux de dix livres, il fut dit qu'ils seroient encore reçus pendant deux mois aux bureaux des recettes des droits du roi, ou payés en espèces au bureau de la Banque à la volonté des porteurs.

Quelques jours après cet arrangement, le roi ayant été informé que le nombre des espèces qui étoient pour lors dans le royaume, devoit passer douze cens millions, que cependant le public se trouvoit privé d'une circulation suffiſante, parce que pluſieurs perſonnes qui avoient fait des fortunes conſidérables reſſerroient leur argent, il parut un arrêt du conſeil le 27 février de la même année, par lequel il fut dit qu'aucune perſonne, de quelque condition qu'elle fût, ni aucune communauté ne pourroit garder plus de cinq cens livres en eſpèces, à peine de confiſcation de ce qui ſe trouveroit d'excédent & de dix mille livres d'amende, à l'exception des tréſoriers de ſa majeſté & des entrepreneurs des manufactures, ainſi que d'autres commerçans qui pourroient en avoir une plus grande quantité ſuivant les permiſſions qui leur en ſeroient accordées par écrit. Il fut pareillement défendu à tout particulier ſinon aux marchands, orfèvres, joailliers & autres dont la profeſſion eſt de travailler ſur l'or & l'argent, d'avoir en ſa poſſeſſion aucune matière de cette nature. Il fut enjoint à tous les officiers de juſtice de ſe tranſporter à la première réquiſition qui leur en ſeroit faite par les directeurs de la compagnie des Indes ou par leurs prépoſés, dans les maiſons, communautés, lieux privilégiés, même dans les palais & maiſons royales pour y faire des viſites. Il fut en même-temps défendu à toute perſonne de faire des paiemens de ſommes de cent livres & au-deſſus, autrement qu'en billets de Banque, à peine de trois mille livres d'amende ſans modération contre chaque contrevenant.

Comme cet arrêt gênoit ſingulièrement la liberté publique; qu'il inſpiroit une défiance générale, & que chaque citoyen étoit ſoumis à une eſpèce d'inquiſition, on le révoqua par un autre arrêt du 1 juin 1720.

La Banque se soutenoit encore dans tout son crédit, lorsqu'il parut un arrêt du conseil du 21 mai 1720 qui réduisoit par gradation les billets de cette Banque à la moitié de leur valeur pour les mettre au pair de l'argent en espèces dont la diminution venoit d'être ordonnée par un arrêt précédent (*). Il n'en fallut pas davantage

(*) Voici comment cette réduction devoit s'opérer.

Un billet de Banque de		ne devoit plus valoir
10000 livres	.... le 22 mai 1720, que ...	8000 liv.
1000		800
100		80
10		8
10000	..... le 1 juillet, que	7500
1000		750
100		75
10		7 l. 10 s.
10000	..... le 1 août, que	7000
1000		700
100		70
10		7
10000	..... le 2 septembre, que ...	6500
1000		650
100		60
10		6 l. 10 s.
10000	..... le 1 octobre, que	6000
1000		600
100		60
10		6
10000	..... le 1 novembre, que ...	5500
1000		550
100		55
10		5 l. 10 s.
10000	..... le 1 décembre, que ...	5000
1000		500
100		50
10		5

pour faire ouvrir les yeux à tout le monde. Les billets commencèrent aussi-tôt à tomber dans un discrédit marqué. On ne tarda pas à s'appercevoir de la faute qu'on avoit faite d'ordonner cette réduction ; & six jours après, c'est-à-dire le 27 du même mois de mai, on les rétablit dans leur valeur ordinaire. Mais il ne fut pas possible de rétablir la confiance au même degré qu'elle étoit auparavant ; personne ne se soucioit plus d'une monnoie si fragile & à laquelle on avoit fait voir qu'on pouvoit attacher une valeur arbitraire.

Cependant il falloit trouver un moyen de réduire le nombre prodigieux des billets fabriqués à une juste proportion avec les espèces qui circuloient : depuis qu'on avoit cherché à donner atteinte à leur valeur, le public saisissoit tous les moyens possibles de s'en débarrasser : chacun s'empressoit de les porter aux bureaux pour en recevoir le montant à vue, en conformité de l'édit du 4 décembre 1718. Mais la Banque ne se trouvoit plus en état de faire tant de remboursemens ; la compagnie des Indes étoit épuisée par la perte des fonds de ses actionnaires & accablée sous le poids des dettes immenses qu'elle avoit contractées avec le public. Ceci donna lieu à un arrêt du conseil du 15 août 1720, par lequel il fut dit que les billets de dix mille livres & de mille livres n'auroient plus de cours, ni dans le commerce, ni dans les recettes & dépenses du roi. Mais comme il n'étoit pas juste que les particuliers perdissent le montant de ces billets, le roi garant du sort de la Banque, fit diverses créations de rentes & facilita ainsi le moyen de les employer. Il en fut porté au trésor royal par différentes personnes, pour cinq cens trente millions, pour lesquels le roi leur constitua des rentes viagères pour plus de deux cens millions à la caisse de la Banque, & l'on en brûla pour sept cent sept millions, trois cens & tant de mille livres à l'hôtel-de-ville de Paris, les 28 juin, 1, 9, 16, 23, 30 juillet, 6, 20 & 29 août 1720 en présence des commissaires nommés à cet effet. On en plaça pour le fond de vingt-cinq millions de rentes créées sur les aides & gabelles par un édit du mois de juin 1720, pour huit millions de rente au denier cinquante, créées sur les tailles par un édit du mois d'août de la même année, pour cent millions en acquisition de quatre millions de rentes viagères au denier 25, créées par un édit du même temps; enfin il en fut converti pour une somme très-considérable en actions & dixièmes d'actions sur la compagnie des Indes.

Il restoit encore dans le public pour des sommes immenses de billets qui devenoient la proie des agioteurs & des usuriers; chacun cherchoit à les négocier & à s'en débarrasser comme il pouvoit. Le décri de ces billets étoit général, personne n'en vouloit plus à moins que ce ne fût à très-vil prix. Le commerce qui étoit tombé tout-à-coup dans une langueur étonnante, ne pouvoit plus se passer d'espèces; en un mot, il n'y avoit plus moyen de soutenir la Banque, lorsque le roi se décida à la supprimer entièrement par un arrêt du conseil du 10 octobre de la même année 1720. On laissa cependant aux billets qui restoient dans le public leur cours ordinaire pour une valeur réelle jusqu'au premier novembre suivant.

A cette époque chacun fut fort embarrassé des billets qui lui restoient & qu'il ne pouvoit plus employer en paiement. Cependant comme il n'étoit pas juste que ceux qui les avoient reçus fussent les dupes de leur bonne foi, le roi dans son conseil fit chercher les moyens de racheter ces billets. Il fut résolu de mettre en sequestre les biens de la compagnie des Indes dont l'administration n'avoit pas répondu aux espérances qu'on en avoit conçues & de faire régir ces mêmes biens par des commissaires. On songea en même-temps à ramener les dettes publiques à une telle proportion, que l'état pût les supporter. On voulut connoître les propriétaires & porteurs d'effets, & savoir avec quelle valeur ils les avoient acquis, afin de rendre une justice distributive à tous les sujets & de faire tomber la réduction sur les créances qui seroient le moins soutenues de preuves (*). Pour cet effet on ordonna par un arrêt du conseil du 26 janvier 1721 & par d'autres arrêts postérieurs, que tous les contrats de rentes ou perpétuelles

---

(*) On reconnut que la Banque avoit délivré un nombre prodigieux de ses billets à une infinité de gens qui se prétendoient créanciers de l'état & qui ne l'étoient pas, ou qui l'étoient beaucoup moins que pour la valeur de ces mêmes billets. On n'avoit pas pour donner des papiers la réserve qu'on auroit eue sans doute pour donner des espèces : l'un étoit plus facile à délivrer que l'autre. On s'apperçut encore que nombre des personnes s'étoient procuré par l'agiotage quantité de billets qui ne leur coutoient presque rien; ainsi dès qu'il falloit nécessairement en venir à une réduction, il étoit juste de discerner autant qu'il étoit possible, les vrais créanciers de l'état de ceux qui ne l'étoient qu'en apparence.

ou viagères sur les aides & gabelles, les quittances de finance pour rentes au denier cinquante sur les tailles, les billets de Banque, les certificats de compte en Banque, les *récépissés* des receveurs des tailles pour rentes au denier cinquante, ceux des directeurs des monnoies & du trésor royal, les contrats & *récépissés* de rentes viagères sur la compagnie des Indes, les actions & dixièmes d'actions rentières, les *récépissés* des directeurs des comptes en Banque convertibles en actions & dixièmes d'actions rentières, les actions & dixièmes d'actions intéressées de la compagnie des Indes seroient représentés par les propriétaires ou porteurs & même par les dépositaires de ces effets, tant à Paris que dans les provinces, pour être *visés* (*) par des commissaires du conseil, & il fut dit qu'en même-temps l'origine de ces effets seroit déclarée.

L'exécution de cet arrêt fit connoître que la masse des dettes publiques excédoit trois milliards deux cens millions, en comptant l'évaluation que les actionnaires avoient donnée aux actions représentées au nombre de cent trente mille. Il fut fixé d'après cette connoissance par deux arrêts du conseil du 23 novembre 1721, des loix générales sur un même plan pour la réduction & la liquidation des effets visés, & le roi fit sa propre dette de tous ceux qui portoient une valeur numéraire, lesquels avant leur réduction montoient à deux milliards trois cens millions.

(*) C'est de cette expression que vient le mot de *visa*, pour signifier l'examen de tous ces différents effets.

Le roi auroit bien voulu admettre au nombre de ses créanciers les actionnaires de la compagnie des Indes, parmi lesquels il y avoit beaucoup d'anciennes familles qui avoient pris des actions à titre onéreux dans le temps où les remboursemens forcés ne leur laissoient pas d'autre emploi pour se faire un revenu ; mais l'état de ses finances & le grand nombre des autres créances qu'il avoit reconnues, ne lui permettoient pas de se charger d'un objet aussi considérable que l'eût été la liquidation des actions en valeurs numéraires, puisque suivant les déclarations des actionnaires, elles leur tenoient lieu de neuf cens millions : c'est pourquoi il fut ordonné que ces actions seroient liquidées en actions & qu'elles demeureroient à la charge de la compagnie des Indes, qu'on fut obligé de remettre dans la jouissance de ses effets & de maintenir & protéger pour éviter la ruine de ceux qui s'étoient livrés de bonne foi à sa fortune.

Ce fut sur ce principe que les commissaires procédèrent à la réduction & liquidation des effets visés & leur jugement fut signé sur des feuilles expédiées séparément pour chaque déclaration. Ensuite par des arrêts du conseil des 4, 13, & 25 janvier 1722, on fit l'établissement des caisses du *visa* : on nomma un principal commis à ces caisses ; on prescrivit la forme dans laquelle les effets visés y seroient rapportés ; on ordonna que sur les grosses des contrats de rentes perpétuelles & viagères des aides & gabelles & sur les quittances de finance pour rentes au denier 50 sur les tailles, il seroit fait mention de la réduction & de la liquidation par les commiſſaires ſuivant leurs feuilles de liquidation ; il fut dit en même-temps que les notaires fourniroient au principal commis ou à ſes procureurs, des certificats portant que cette mention avoit été par eux tranſcrite ſur les minutes & que les propriétaires avoient conſenti à la réduction dont leurs contrats avoient été ſuſceptibles ; mention qui devoit pareillement être faite au dos des quittances de finance au denier 50 ſur les tailles, de la réduction concernant ces ſortes d'effets.

On fit expédier par le principal commis ou par ſes procureurs, deux eſpéces de certificats, les uns des ſommes pour les effets que le roi avoit reconnus, & les autres des actions qui ſervoient à la liquidation : & ces certificats pour être valables, dûrent encore être viſés des commiſſaires.

C'eſt avec toutes ces précautions que les certificats de liquidation furent délivrés au public pour valeur des effets viſés à meſure que ces effets furent rapportés aux caiſſes du *viſa*, d'où le roi les fit retirer par les caiſſiers & prépoſés de la compagnie des Indes, afin que cette compagnie, au moyen du payement qu'elle feroit de ces certificats, profitât de la réduction des effets viſés ; le roi regardant comme une obligation de ſa part & comme une juſtice de l'indemniſer des pertes immenſes que lui avoient cauſées les achats, les converſions d'actions en billets de Banque & les autres opérations que ſa majeſté lui avoit preſcrites & que cette compagnie n'avoit faites que pour obéir à ſes ordres.

A meſure que les certificats de liquidation furent délivrés au public, il fut indiqué plusieurs emplois, afin que les porteurs de ces certificats eussent la liberté de choisir & de les placer de la manière qui leur paroîtroit la plus convenable; & pour cet effet le roi fit convertir les certificats des actions en nouvelles actions de la compagnie des Indes, il y en eut un nombre de 56 mille de fabriquées.

La compagnie en vertu d'un arrêt du conseil du 22 mars 1723, fit un fond en assignations du trésor royal (*) pour payer la totalité des certificats de liquidation de sommes qu'elle retira par ce moyen & qu'elle remit aux caisses du *visa*; elle y fit pareillement remettre le certificat de liquidation d'actions dont elle avoit payé la valeur en nouvelles actions; ensorte que tous les certificats de liquidation furent rassemblés dans les caisses & joints aux feuilles de liquidation, à la réserve d'un petit nombre que le public garda sans en faire usage pendant la durée de ces diverses opérations.

Le roi avoit fixé par différens arrêts du conseil plusieurs délais, tant pour faire viser les effets répandus dans le public & pour faire rapporter les effets visés & retirér les liquidations, que pour placer les certificats de liquidation de sommes dans les débouchemens indiqués, ainsi que pour convertir les certificats d'actions en nouvelles actions, & cela sous peine de nullité des effets & des certificats de liquidation dont l'usage n'auroit point été fait dans les délais pres-

(*) Il faut remarquer qu'elle avoit prêté au trésor royal, comme nous l'avons déja dit, en 1719 & en 1720; le roi lui devoit.

crits, lesquels avoient déjà été prorogés plusieurs fois sous peine de garantie contre tous dépositaires publics ou particuliers de la non valeur dans laquelle tomberoient les effets & les certificats de liquidation après l'expiration du dernier délai accordé.

Nonobstant toutes ces mesures & les soins que le roi avoit pris pour constater les dettes publiques & assurer la fortune de ses sujets, il se trouva un grand nombre de particuliers qui n'en profitèrent pas. Cependant le prince vouloit mettre son royaume & ses finances daus une situation fixe & invariable ; en un mot il vouloit terminer toutes les opérations de la Banque. Il jugea donc nécessaire de confirmer la nullité des effets qui n'avoient pas été visés, & de ceux qui après l'avoir été n'avoient pas été rapportés pour valeur des liquidations ; d'annuller pareillement les certificats de liquidations des sommes qui n'avoient pas été placées dans les débouchemens, & ceux des actions qui n'avoient pas été convertis en nouvelles actions, ensorte que les propriétaires ou porteurs n'en pussent jamais prétendre aucune valeur, attendu, fut-il dit, qu'après tant d'avertissemens de la part de sa majesté & tant d'arrêts de son conseil, c'étoit leur faute & même une espèce de désobéissance de ne s'être pas conformé à ce qui leur avoit été prescrit. Et comme les dépositaires publics & particuliers étoient coupables d'avoir laissé annuller dans leurs mains des effets qui ne leur appartenoient pas, le roi persista à les déclarer responsables de ces mêmes effets envers ceux qui en étoient propriétaires ; mais à l'égard de ceux qui avoient fait leurs diligences pour la conservation des effets qu'on leur avoit confiés, il fut trouvé juste de les mettre à couvert de toute demande sur la réduction de ces effets, à la charge par eux de justifier de cette réduction par des extraits des feuilles de liquidation visés par un des commissaires du conseil, qui avoient été délivrés à cette fin dans les bureaux des caisses du *visa*, & que ces dépositaires avoient dû retirer pour leur propre sureté en exécution de l'article 4 d'un arrêt du conseil du 14 septembre 1722.

Ainsi pour finir l'histoire de la Banque, voici quelles furent ses dernières opérations, aux termes d'un édit du mois de juin 1725.

Par l'article 1 le roi supprima les contrats de rentes perpétuelles & viagères sur les aides & gabelles, les quittances de finance pour rentes au denier 50 sur les tailles, les billets de Banque, les certificats de compte en Banque, les récépissés des receveurs des tailles, des directeurs des monnoies & du trésor royal, les contrats & récépissés des rentes viagères sur la compagnie des Indes, les actions & dixièmes d'actions rentières, les récépissés des directeurs des comptes en Banque convertibles en actions & dixièmes d'actions rentières, les actions & dixième d'actions intéressées de la compagnie des Indes, enfin tous les effets dont la représentation & le visa avoient été ordonnés, & qui nonobstant les délais accordés n'avoient point été représentés; & il fut dit que les propriétaires n'en pourroient jamais prétendre aucune valeur.

Par l'article 2 on supprima pareillement les contrats de rentes perpétuelles & viagères sur les aides & gabelles, les quitances de finance pour rentes ſur les tailles & les autres effets déſignés en l'article précédent qui après avoir été viſés n'avoient pas été rapportés aux caiſſes du viſa pour la délivrance des liquidations arrêtées par les commiſſaires.

Afin de cimenter la nullité des contrats qui étoient dans le cas de la ſuppreſſion, l'article 3 du même édit fit défenſes aux payeurs des rentes de l'hôtel-de-ville de Paris; aux receveurs généraux des finances, aux receveurs des tailles & à toutes autres perſonnes chargées du payement des rentes portées par les contrats, d'en acquitter même les arrérages échus, à peine de radiation dans leurs comptes des parties qu'ils auroient payées au préjudice de l'édit.

L'article 4 ordonna aux notaires du châtelet de Paris d'examiner parmi leurs minutes de contrats de rentes ſur les aides & gabelles dont ils étoient dépoſitaires, celles où les mentions de liquidation faites ſur les groſſes par les commiſſaires ne ſe trouvoient pas tranſcrites & d'en fournir ſous quinzaine des états ſignés d'eux ſuivant les modèles qui leur en ſeroient envoyés; & dans le cas où ces mentions ſeroient tranſcrites, il fut dit qu'ils en remettroient un certificat au principal commis des caiſſes du *viſa* ou à l'un de ſes prépoſés qui leur en délivreroit une reconnoiſſance; & faute par ces notaires de ſatisfaire dans le temps marqué à ce qui leur étoit preſcrit, l'édit les condamna à cinq cens livres d'amende au profit de l'hôpital général de Paris & même à ſe défaire de leurs charges s'ils n'employoient

ployoient pas dans leurs états toutes les parties sujettes à y entrer.

Il fut dit par l'article 5 que les quittances de finance des parties de rentes contenues dans les états que devoient fournir les notaires & dans d'autres états qui devoient être dressés par ordre du roi, (afin de connoître sur quelles parties de rentes tomboit la nullité prononcée par l'édit), seroient biffées sur les registres des gardes du trésor royal & déchargées sur ceux du contrôle général comme éteintes & supprimées, faute d'avoir été visées ou de n'avoir pas été représentées aux commissaires pour y faire mention des liquidations.

L'article 6 porta pareillement suppression des certificats de liquidation tant de sommes que d'actions, qui après le *visa* n'avoient point été rapportés, savoir ceux des sommes dans les débouchemens indiqués, & ceux des actions au bureau de la compagnie des Indes pour être convertis en nouvelles actions, & il fut dit que les propriétaires ou porteurs de ces certificats n'en pourroient plus rien prétendre sous quelque prétexte que ce fût.

Par l'article 7 tous les dépositaires publics & particuliers des effets annullés furent tenus d'en payer la valeur entière à ceux à qui ils appartenoient, faute de les avoir fait viser comme ils y étoient obligés.

Ceux qui se trouvèrent avoir satisfait à cette obligation furent déchargés par l'article 8 des réductions faites par les commissaires, en justifiant de ces réductions par les extraits des feuilles de liquidation. La même faveur eut lieu pour les exécuteurs testamentaires, les sequestres, les tuteurs, curateurs & autres administrateurs qui avoient pris la même précaution & même pour les maris au sujet de la dot de leurs femmes.

Il fut dit par l'article 9 que les dépositaires des billets de Banque (à l'exception de ceux qui se trouvoient déposés par autorité de justice) qui prétendoient avoir converti ces mêmes billets en actions rentières de la compagnie des Indes suivant qu'ils y étoient obligés, en seroient crus sur leur serment à moins qu'il n'y eût des preuves du contraire; qu'en conséquence ils demeureroient déchargés des réductions faites par les commissaires en justifiant de ces réductions, & il fut enjoint aux cours & aux juges de se conformer dans leurs décisions à ce qui étoit arrêté par cet édit, supposé qu'il intervint devant eux quelque contestation à ce sujet.

L'article 10 ordonna que toutes les feuilles & certificats de liquidations, les papiers & registres qui avoient servi aux opérations des caisses du *visa* seroient incessamment brûlés en présence des commissaires députés à cet effet, afin que pour la tranquillité publique il n'existât plus rien de tout ce qui avoit servi à ces opérations.

Mais avant de procéder à ce brûlement, il fut dit par l'article 11, qu'il seroit fait des vérifications & comparaisons sur les feuilles de liquidations & sur les inventaires & les registres des caisses du visa, tant par rapport aux certificats de liquidations de sommes & d'actions, que par rapport aux autres opérations des caisses & même par rapport aux effets visés.

Il fut porté par l'article 12, que les commissaires arrêteroient un état des certificats de liquidation, tant de sommes que d'actions, qui se trouvoient supprimés pour n'avoir pas été rapportés dans les termes prescrits; & qu'en vertu de cet état, la valeur des sommes contenues dans ces certificats seroit portée au trésor royal en assignations du reste de celles que la compagnie des Indes avoit destinées pour l'acquittement de la totalité des certificats de liquidation de sommes. A l'égard des certificats d'actions, le roi fit don & remise de ces actions à la compagnie.

Pour constater invariablement la totalité des rentes conformément aux liquidations, il fut réservé par l'article 13 de conserver des papiers des caisses du visa, les certificats que les notaires avoient fournis à ces caisses portant que les mentions faites par les commissaires sur les grosses des contrats pour en fixer le capital & les arrérages avoient été transcrites sur les minutes; & que dans le cas de réduction de ces contrats, les propriétaires y avoient consenti au pied des minutes & des grosses; qu'ils avoient donné aussi leur acquiescement au dos des quittances de finances au denier 50 sur les tailles, à la réduction dont elles avoient été pareillement susceptibles.

Il fut dit par l'article 14, que les certificats des notaires seroient remis par les commissaires à ceux qui étoient chargés de dresser les états de distribution pour le payement des rentes, afin de n'y employer que les parties justifiées par ces contrats, sauf à rétablir dans la suite le payement des autres parties à mesure que les certificats seroient rapportés. Il fut dit en même temps qu'il seroit formé des états de ce qui manquoit de ces certificats, & que ces états seroient visés par les commissaires & par eux remis à ceux qui étoient chargés de la confection des états de distribution pour le payement des rentes.

Enfin il fut arrêté par l'article 15, qu'après toutes ces opérations les commissaires feroient brûler en leur présence les feuilles & certificats de liquidation, les registres & papiers qui avoient servi à la direction des caisses du *visa*, à l'exception des certificats des notaires dont il avoit été parlé, & que du tout il seroit dressé un procès-verbal dont on remettroit une expédition au principal commis des caisses du *visa*. Il fut dit en même temps qu'au moyen de ce procès-verbal, le principal commis & ses procureurs seroient pleinement déchargés de leur gestion pour le fait des caisses dont l'administration leur avoit été confiée, sans que sous aucun prétexte ils pussent être obligés de rendre aucun compte ni au conseil, ni à la chambre des comptes ni ailleurs.

Voilà comment se termina cette malheureuse Banque qui auroit eu sans doute un sort tout différent si l'on avoit su moins se prévaloir de ses premiers succès. La France se ressent encore des maux qui furent la suite du bouleversement géneral qu'entraîna un *système* (*) conçu à la

(*) C'est sous ce nom qu'on conserve aujourd'hui le souvenir du projet du fameux Law qui fut obligé après avoir été fait premier ministre des finances, de s'enfuir du Royaume pour aller vivre ailleurs dans l'obscurité.

vérité de manière à faire illusion, mais adopté avec trop de confiance. Une infinité de familles de la première considération furent ruinées sans ressource & un grand nombre de particuliers excessivement enrichis. (*Article de M. DAREAU, avocat au parlement, de la société littéraire de Clermont-Ferrand*).

BANQUEROUTE. C'est la déroute des affaires d'un débiteur.

On distingue deux sortes de Banqueroutes : l'une qui est forcée & qu'on appelle simplement *faillite ;* l'autre qui est frauduleuse & qui se nomme proprement *Banqueroute.*

La Banqueroute forcée ou faillite est celle qui a sa cause dans les accidens arrivés au débiteur & dans les pertes qu'il a faites.

La Banqueroute frauduleuse dérive de la mauvaise foi d'un débiteur qui a soustrait les effets de ses créanciers & pris des mesures pour les tromper.

Suivant l'article premier du titre 11 de l'ordonnance du commerce, l'ouverture d'une faillite ou Banqueroute peut partir de deux époques; l'une de l'instant où quelqu'un s'est retiré ou absenté pour éviter les poursuites de ses créanciers ; l'autre du moment où les scellés ont été mis sur ses effets à la requête de ses créanciers ou de la partie publique en conséquence du bruit répandu de sa faillite & de la cessation de ses payemens.

Cependant il seroit dangereux de prendre toutes les absences d'un négociant ou commerçant pour une marque de Banqueroute ou de faillite ; tous les jours des raisons de commerce obligent les négocians à voyager & par conséquent à s'absenter dans des temps même où leur commerce est le plus florissant. Il faut donc que l'absence soit accompagnée de circonstances qui manifestent évidemment un dérangement total dans les affaires pour pouvoir en induire une faillite ou une Banqueroute.

On aura par exemple, une preuve de Banqueroute ou de faillite ouverte par les protêts de plusieurs lettres de change & par les poursuites dans plusieurs juridictions consulaires du royaume, pour obtenir le payement de ces lettres de change.

Suivant l'article 11 on doit réputer Banqueroutiers frauduleux non-seulement les négocians, marchands ou banquiers qui ont diverti leurs effets, supposé de faux créanciers ou exagéré les créanciers véritables, mais encore ceux qui lors de leur faillite ne représentent pas leurs livres en bonne forme.

La première partie de cette disposition a été renouvelée par la déclaration du 11 janvier 1716 (*). Cette loi-ci veut que ceux qui ont

---

(*) *Voici cette déclaration.* LOUIS, &c. Salut. Nous avons par notre déclaration du 7 décembre 1715, continué jusqu'au premier juillet prochain l'attribution de tous procès & différens civils mûs & à mouvoir pour raison des faillites & Banqueroutes que le feu roi de glorieuse mémoire, notre très-honoré seigneur & bisayeul, avoit précédemment accordée aux juges & consuls par la déclaration du 10 juin 1715. Nous avons été depuis informés que quelques particuliers abusoient du bénéfice de ces déclarations en supposant des créances feintes & simulées ou faisant revivre des dettes par eux acquittées, au moyen desquelles ils forçoient leurs créanciers de passer contrats sous des conditions très-injustes & très-onéreuses & se mettoient à l'abri des pro-

fait faillite & qui sont accusés d'avoir dans l'état

---

cédures criminelles qui pouvoient être faites contr'eux comme Banqueroutiers frauduleux ; & attendu que nous n'avons eu d'autre vue que celle de prévenir la ruine des marchands & négocians, que nous avons cru être par leur seule imprudence ou par des pertes imprévues, hors d'état de payer régulièrement leurs dettes & que nous n'avons jamais eu intention de procurer l'impunité de ceux qui par des voies frauduleuses cherchent à frustrer leurs créanciers & se garantir des poursuites extraordinaires qui doivent être faites contr'eux. A ces causes, de l'avis de notre très-cher & très-amé oncle le duc d'Orléans régent ; de notre très-cher & très-amé cousin le duc de Bourbon ; de notre très-cher & très-amé oncle le duc du Maine ; de notre très-cher & très-amé oncle le comte de Toulouse & autres pairs de France, grands & notables personnages de notre royaume, & de notre certaine science, pleine puissance & autorité royale, nous avons dit & déclaré, & par ces présentes signées de notre main, disons & déclarons, voulons & nous plaît que tous ceux qui ont fait faillite ou la feront ci-après ne puissent tirer aucun avantage de l'attribution accordée aux juges & consuls & des autres dispositions contenues aux déclarations des 10 juin, 30 juillet & 7 décembre 1715, ni d'aucune délibération ou d'aucun contrat signé par la plus grande partie de leurs créanciers, que nous avons déclaré nuls & de nul effet, même à l'égard des créanciers qui les auront signés s'ils sont accusés d'avoir dans l'état de leurs dettes ou autrement, employé ou fait paroître des créances feintes & simulées, ou d'en avoir fait revivre d'acquittées, ou d'avoir supposé des transports, ventes & donations de leurs effets en fraude de leurs créanciers, voulons qu'ils puissent être poursuivis extraordinairement comme banqueroutiers frauduleux pardevant nos juges ordinaires ou autres juges qui en doivent connoître, à la requête de leurs créanciers qui auront affirmé leurs créances en la forme qui sera ci-après expliquée, pourvu que leurs créances composent le quart du total des dettes, & que lesdits banqueroutiers soient punis de mort, suivant la disposition de l'article 12 du titre XI de l'ordonnance de 1673. Défen-

de leurs dettes ou autrement, employé ou fait paroître des créances feintes & simulées, ou d'en avoir fait revivre d'acquittées, ou d'avoir supposé des transports, ventes ou donations de leurs effets en fraude de leurs créanciers, puissent être poursuivis extraordinairement comme banqueroutiers frauduleux à la requête de leurs créanciers, quand même ceux-ci ne composeroient que le quart du total des dettes. La même

dons à toutes personnes de prêter leurs noms pour aider ou favoriser les Banqueroutes frauduleuses en divertissant les effets, acceptant des transports, ventes ou donations simulées & qu'ils sauront être en fraude des créanciers en se déclarant créanciers ne l'étant pas, ou pour plus grande somme que celle qui leur est due ou en quelque sorte ou maniere que ce puisse être. Voulons qu'aucun particulier ne se puisse dire & prétendre créancier, & en cette qualité assister aux assemblées, former opposition aux scellés & inventaires, signer aucune délibération ni aucun contrat d'attermoyement qu'après avoir affirmé dans l'étendue de la ville, prévôté & vicomté de Paris, pardevant le prévôt de Paris ou son lieutenant, & pardevant les juges & consuls dans les autres villes du royaume où il y en a d'établis, que leurs créances leur sont bien & légitimement dues en entier & qu'ils ne prêtent leurs noms directement ni indirectement au débiteur commun, le tout sans frais. Voulons aussi que ceux desdits prétendus créanciers qui contreviendront aux défenses portés par ces présentes, soient condamnés aux galeres à perpétuité ou à temps suivant l'exigence des cas, outre les peines pécuniaires contenues en ladite ordonnance de 1673, & que les femmes soient outre lesdites peines exprimées par ladite ordonnance, condamnées au bannissement perpétuel ou à temps. Voulons que le contenu en la présente déclaration soit exécuté jusqu'au terme porté par celle du 7 décembre dernier pour toutes les faillites & banqueroutes qui ont été ouvertes depuis le premier avril 1715 ou le seront dans la suite. Si donnons en mandement, &c.

déclaration ordonne que ces banqueroutiers soient punis de mort, conformément à l'article 12 du titre 11 de l'ordonnance du commerce. Elle défend en outre à toutes personnes de prêter leurs noms pour aider ou favoriser les Banqueroutes frauduleuses ; de sorte que ceux qui contreviendroient à ces défenses pourroient être condamnés comme complices des banqueroutiers frauduleux, à une amende de quinze cens livres, & au payement du double de ce qu'ils auroient diverti ou demandé de trop, suivant la disposition de l'article 13 du titre cité de la même ordonnance du commerce, à laquelle la déclaration dont il s'agit n'a point dérogé à cet égard.

On a un exemple d'une condamnation de cette dernière espèce dans un arrêt rendu par la tournelle criminelle le 25 octobre 1718 : cet arrêt déclara nulle une obligation que Nicolas Larcher marchand à Paris, avoit passée à Jean de Heyghes de Bande-Seure le 28 décembre 1714, & condamna ce dernier au payement du double pour avoir voulu paroître créancier de Larcher tandis qu'il ne l'étoit pas.

Denisart cite aussi un arrêt rendu au parlement de Normandie en 1744, par lequel le sieur d'Auberminy fut condamné à payer aux créanciers d'un banqueroutier de Caen le double des sommes dont il s'étoit dit faussement créancier, & à une amende de trois mille livres.

Par un autre arrêt du parlement de Rouen du premier juillet 1749, il a été jugé qu'une femme accusée d'avoir enlevé des effets de la maison de son mari lorsque la Banqueroute étoit ouverte, pouvoit être poursuivie par la voie extraordinaire.

Au reste il faut remarquer que l'ordonnance ne s'exécute guère en ce qu'elle prononce la peine de mort contre les banqueroutiers frauduleux. La jurisprudence des arrêts a adouci la rigueur de cette disposition, en ne condamnant ces sortes de criminels qu'à l'amende honorable, au pilori, au bannissement ou aux galères à temps ou à perpétuité, selon les circonstances plus ou moins graves de la Banqueroute.

Par arrêt du parlement de Paris du 30 mai 1673, François le Mercier, fameux Banqueroutier, & Jean Desves, procureur au châtelet de Paris, qui lui avoit donné des conseils pour l'exécution de sa Banqueroute, ont été condamnés à faire amende honorable nus en chemise, & la corde au cou, avec un écriteau devant & derrière, à être ensuite attachés au pilori pendant trois jours de marché, & à servir comme forçats sur les galères pendant neuf ans (*).

(*) *Cet arrêt est remarquable : voici comme il est rédigé dans le journal du palais.* Vu par la cour le procès criminel fait par le prévôt de Paris ou son lieutenant civil au châtelet, à la requête de Jean-Baptiste Langlier, Jacques & Jean Troisdames, Nicolas Chupin, Edouard Gayot, Thomas Daudreau, Pierre Burgenin & Nicolas Ferlay, marchands bourgeois de Paris, créanciers & syndics des créanciers de Jean-François le Mercier & Jean-Baptiste Desves ci-devant procureur au châtelet, défendeurs, accusés, prisonniers en la Conciergerie du palais, appelans de la sentence rendue par ledit juge le cinquième août 1672. Conclusions du procureur-général du roi, qui auroit interjetté appel à minima de ladite sentence : ouis & interrogés lesdits Mercier & Desves, accusés, sur leurs causes d'appel & cas à eux imposés : tout considéré, dit a été que la cour a reçu & reçoit le procureur-général du roi appelant à minima de ladite sentence à l'égard dudit Desves : & y faisant droit,

Par un autre arrêt du 24 avril 1675, le parlement d'Aix a condamné un banqueroutier

---

ensemble sur l'appel desdits le Mercier & Desves, de ladite sentence, a mis & met lesdites appellations & sentence au néant; émendant pour réparation des cas mentionnés au procès a condamné & condamne lesdits le Mercier & Desves à faire amende honorable aux pieds des grands dégrès du palais, nus en chemise, la corde au cou, tenant chacun en leurs mains une torche ardente du poids de deux livres, ayant écriteau devant & derrière portant ces mots; savoir ledit le Mercier, *Banqueroutier frauduleux;* & ledit Desves; *Fauteur, conseil & adhérant de la banqueroute & receleur des effets dudit le Mercier;* & là étant à genoux ledit le Mercier dire & déclarer que malicieusement & frauduleusement il a fait faillite & banqueroute à ses créanciers, récélé & détourné ses effets, mis des noms supposés dans ses registres; & ledit Desves, qu'il a favorisé & conseillé ladite Banqueroute & récélé les effets dudit le Mercier, dont ils se répentent, en demandent pardon à Dieu, au roi & à la justice: delà conduits par l'exécuteur le long des rues saint Denis & saint Honoré, à la croix du Trahoir pour y faire pareille amende honorable; & ensuite conduits par la rue des Prouvaires, dans les halles au bas du pilori, y faire aussi amende honorable, & après mis & attachés audit pilori par trois jours de marché & y demeurer pendant deux heures de chaque jour; & faire quatre tours dudit pilori pendant ledit temps de chacun jours; ce fait être menés & conduits ès galeres du roi, pour y servir comme forçats l'espace de neuf ans. Condamne en outre lesdits le Mercier & Desves à payer les sommes qui se trouveront légitimement dues aux créanciers dudit le Mercier & de rendre à Catillon les pierreries mentionnées en ladite sentence ou le prix d'icelles, suivant l'estimation qui en sera faite: en 12000 livres de dommages & intérêts, savoir 6000 livres auxdits Langlier, Troisdames & consors, 4000 livres audit Roussel, & 2000 livres audit Catillon & aux dépens; le tout solidairement: desquels dommages, intérêts & dépens ils seront payés par préférence sur les biens & effets desdits le Mercier & Desves. Permet auxdits créanciers de faire emprisonner iceux le Mer-

frauduleux à faire amende honorable & à être banni de la province pendant dix ans. Cet arrêt se trouve dans le recueil de Boniface.

Un autre arrêt du 26 janvier 1702 rapporté au dictionnaire des arrêts, a condamné comme banqueroutier frauduleux François Fabre, caissier du sieur Pennautier, receveur-général du clergé de France, à être attaché au pilori pendant trois jours de marché, & aux galères à perpétuité.

Par un autre arrêt du 3 avril 1705, confirmatif d'une sentence du châtelet de Paris, le fameux partisan Lanoue fut condamné pour Banqueroute frauduleuse, à être pilorié, ayant un écriteau portant ces mots, *Banqueroutier frauduleux, affronteur public*, à faire amende honorable & aux galères pour neuf ans.

Cependant si ceux qui font des Banqueroutes frauduleuses étoient des personnes publiques, comme des receveurs de deniers publics, des notaires, des officiers de finances, des caissiers & autres ayant le manîment des deniers du roi, ils pourroient être punis de mort, surtout s'ils avoient détourné des sommes considérables (*).

---

cier & Desves, après ledit temps expiré desdites neuf années de galeres, jusqu'à l'actuel payement de leur dû. Fait en parlement le 30 mai 1673.

(*) Il y a une déclaration du 5 mai 1690, par laquelle il est voulu que tous les commis aux recettes générales & particulières, caissiers ou autres ayant en main des deniers des fermes du roi qui viendront à être convaincus d'avoir emporté ces deniers, soient punis de mort lorsque le divertissement sera de trois mille livres & au-dessus ; & de telle autre peine afflictive que les juges arbitreront lorsqu'il sera au-dessous de trois mille livres. La même déclaration

Des circonstances particulières avoient fait attribuer aux juges consuls la connoissance de tout ce qui concernoit les faillites & Banqueroutes quand les poursuites se faisoient par la voie civile. Depuis l'année 1715. il y a eu sur cela différentes déclarations qui ont renouvelé successivement cette attribution ; mais comme elle n'a jamais été que momentanée & pour des termes limités, elle ne subsiste plus maintenant : les choses ont été rétablies dans l'ordre général par la déclaration du 13 septembre 1739 (*),

---

fait défenses à toutes personnes de favoriser les divertissements & retraites de ces commis ou caissiers, à peine d'être responsables solidairement des deniers emportés, & des dommages & intérêts des fermiers du roi.

(*) Il faut remarquer que quoique cette déclaration ait rétabli les choses sur l'ancien bien à l'égard de la compétence des juges en ne continuant plus aux juridictions consulaires la connoissances des contestations relatives aux Banqueroutes & faillites, elle a cependant réglé que les bilans des faillis seroient déposés aux greffes de ces Juridictions, & que les juges & consuls verroient & examineroient sans frais tant les titres des créanciers que les livres des faillis, dequoi ces officiers dresseroient procès-verbal aussi sans frais : voici les termes dans lesquels cette loi est conçue :

» Louis, &c. Salut. Les abus & les fraudes qui se sont » introduits depuis quelques années dans les bilans des né» gocians, banquiers & autres qui ont fait faillite, au » préjudice des sages dispositions de l'ordonnance de 1673 & » de nos différentes déclarations rendues à ce sujet, ayant » causé dans le commerce un dérangement notable, nous » avons cru devoir chercher l'origine de ce désordre pour » en arrêter le progrès soit de la part du créancier, soit » de celle du débiteur, l'un étant souvent simulé, & l'au» tre, par des manœuvres aussi odieuses que criminelles, » forçant les vrais créanciers à signer & accepter des pro» positions injustes. Et comme nous avons reconnu que

& les juges ordinaires sont rentrés dans le droit

» ces abus viennent principalement de ce que par les pro-» cédures qui se font à l'occasion des faillites, les faux » créanciers compris dans les bilans avec les légitimes » s'exposent plus volontiers à faire leur affirmation, parce » qu'ils ne sont point connus des juges; au lieu que s'ils pa-» roissoient devant les juges & consuls, qui par leur état » sont plus particulièrement instruits des affaires du com-» merce, & de la réputation de ceux qui se disent créan-» ciers, les bilans seroient examinés d'une manière à être » affranchis de toute fraude; à quoi étant nécessaire de » remédier, afin qu'en assurant de plus en plus la foi pu-» blique, si nécessaire d'ailleurs dans le commerce, les » créanciers puissent traiter avec leurs débiteurs & que ces » derniers n'en imposent jamais dans les états qu'il sont » obligés de donner de leurs effets actifs & passifs. A ces » causes, & autres à ce nous mouvant, de l'avis de notre » conseil, & de notre certaine science, pleine puissance & » autorité royale, nous avons par ces présentes, signées de » notre main, dit, déclaré & ordonné, disons & ordonnons, » voulons & nous plaît, que dans toutes les faillites & Ban-» queroutes ouvertes, ou qui s'ouvriront à à l'avenir il ne soit » reçu l'affirmation d'aucun créancier, ni procédé à l'homo-» logation d'aucun contrat d'atermoiement, sans qu'au préa-» lable les parties ne se soient retirées devers les consuls aux-» quels les bilans, titres & pièces seront remis pour être » vus & examinés sans frais, par eux ou par des anciens » consuls & commerçans qu'ils commettront à cet effet » du nombre desquels il y en aura toujours un du même » commerce que celui qui aura fait faillite, & devant les-» quels les créanciers de ceux qui seront en faillite ou Ban-» queroute seront tenus ainsi que le débiteur, de comparoître » & de répondre en personne, ou en cas de maladie, ab-» sence ou légitime empêchement, par un fondé de pro-» curation spéciale, dont du tout sera dressé procès-verbal » sans frais par les consuls ou ceux qui seront commis par » eux, la minute duquel restera jointe au bilan du failli, » qui sera déposé au greffe des juridictions consulaires sui-» vant l'article 3 du titre 11 de notre ordonnance du mois

qui leur appartient, de connoître seuls des matières de faillites & Banqueroutes, soit par la voie civile, soit par la voie criminelle. D'ailleurs dans le temps même où l'exercice de ce droit a été suspendu par les déclarations dont on a parlé, jamais le châtelet de Paris n'en a été privé; il y a même au contraire été conservé spécialement par une déclaration donnée à cet effet le 30 juillet 1715, enregistrée au parlement le 6 août de la même année.

Les banqueroutiers frauduleux ne peuvent pas être reçus au bénéfice de cession, comme le remarque Leprêtre au chapitre 99 de sa première centurie (*). C'est aussi ce qui résulte de l'article 2 du titre 9 de l'ordonnance du commerce, suivant lequel les banqueroutiers ne doivent d'ailleurs point obtenir de lettres de répit.

» de mars 1673, & la copie du même procès verbal remise au failli ou aux créanciers pour être annexée à la requête qui sera présentée pour l'homologation des contrats » d'atermoiement & autres actes.

» Voulons que faute par les créanciers & débiteurs de se » conformer aux présentes, ainsi qu'aux autres dispositions » portées par notre ordonnance du mois de mars 1673 & » déclarations intervenues en conséquence auxquelles il n'est » dérogé, les créanciers soient déchus de leurs créances & » les débiteurs poursuivis extraordinairement comme Banqueroutiers frauduleux suivant la rigueur de nos ordonnances. Si donnons en mandement, &c.

(*) » En France, dit cet auteur, le bénéfice de cession » est permis, mais seulement fait en jugement à jour de » plaids, iceux tenans, par le débiteur desceint & tête nue. » Au surplus, la cession n'a jamais été accordée aux Banqueroutiers, ni à ceux qui par dol & par fraude & après » avoir malicieusement trompé leurs créanciers vouloient » la faire.

Quelques jurisconsultes ont pensé que ceux qui alléguoient des pertes pour se mettre à l'abri des poursuites criminelles, devoient justifier qu'elles leur étoient arrivées depuis les obligations qu'ils avoient contractées : en pareille circonstance, il suffit qu'il paroisse que des évènemens malheureux ont été la cause de leur ruine pour qu'on les suppose exempts de fraude. On a même cette indulgence envers ceux dont le jeu ou les dépenses excessives ont dérangé les affaires, à moins toutefois qu'il ne soit prouvé qu'il y a de la mauvaise foi de leur part.

Voyez l'ordonnance du commerce du mois de mars 1673 ; les ordonnances d'Orléans & de Blois ; l'édit du mois de mai 1609 ; les déclarations des 10 octobre 1536, 10 juin & 20 juillet 1715, 11 janvier 1716, & 18 novembre 1702 ; Brodeau sur Louet ; le journal du palais ; les déclarations du 7 décembre 1715, & du 13 décembre 1739 ; les arrêts de Boniface ; Theveneau sur les ordonnances ; les déclarations du 3 mai 1722, & du 4 octobre 1723 ; le recueil de Sauvageau ; les déclarations des 31 juillet 1728, 31 août 1729, & 19 septembre 1730 ; la collection de jurisprudence ; le traité de la justice criminelle de France ; l'esprit des ordonnances de Louis XIV ; le dictionnaire des arrêts ; les questions de Leprestre ; les institutes au droit criminel ; le dictionnaire de Ferrières ; le traité des matières criminelles de Lacombe, &c. Voyez aussi les articles FAILLITE, CESSION DE BIENS, PÉCULAT, RÉPIT, ATERMOIEMENT, VOL, DIRECTION, &c.

BANQUIER. C'est celui qui tient banque & qui fait commerce d'argent en faisant des traites & remises de place en place.

Il

Il y avoit autrefois des espèces de Banquiers chez les Romains, dont les fonctions étoient beaucoup plus étendues que celles de nos Banquiers ; car ils étoient officiers publics, & tout à la fois agens de change, courtiers, commissionnaires, notaires, se mêlant d'achats & de ventes & dressant tous les écrits ou actes nécessaires pour tous ces divers objets.

La différence du profit qu'il y a à tirer par une place ou par une autre, fait l'art & l'habileté particulière des nôtres.

Il y a plusieurs sortes de Banquiers. Quelques-uns font la banque pour leur compte, & ce sont ceux-là qu'on appelle proprement Banquiers : d'autres la font pour le compte d'autrui, & on leur donne une certaine rétribution, telle que dix sous ou cinq sous sur cent livres, pour les soins qu'ils prennent de faire payer les lettres de change à l'échéance, & d'en faire passer le montant dans les lieux qu'on leur a indiqués. On appelle ceux-ci Banquiers commissionnaires.

La plupart des Banquiers sont tout à la fois Banquiers simples & Banquiers commissionnaires, parce qu'ils font des affaires pour leur compte particulier, & des commissions les uns pour les autres. On voit même que les Banquiers d'une nation sont en correspondance avec les Banquiers des autres peuples policés : c'est ainsi qu'un Banquier de Marseille, par exemple, qui a des lettres de change sur Amsterdam, les envoie à son correspondant dans cette dernière ville afin que celui-ci les fasse payer & en emploie le montant selon la commission que l'autre lui en a donnée.

Une ordonnance du 7 septembre 1581 avoit

défendu de faire le métier de Banquier ſans en avoir obtenu la permiſſion : l'ordonnance de Blois vouloit même qu'aucun étranger ne pût être Banquier qu'il n'eût auparavant fourni une caution ſolvable juſqu'à concurrence de quinze mille écus, & cette caution devoit être renouvelée tous les trois ans : mais ces ordonnances ſont tombées en déſuétude ; & parmi nous, les étrangers auſſi-bien que les françois peuvent indiſtinctement & ſans permiſſion s'établir Banquiers ſans que les uns ni les autres puiſſent être obligés à donner caution.

Suivant l'article 6 du titre 1 de l'ordonnance de 1673, les Banquiers quoique mineurs, ſont réputés majeurs & peuvent s'obliger valablement pour raiſon de leur commerce ſans y être autoriſés par le conſentement de leur père ou de leur curateur. Ainſi lorſqu'ils empruntent de l'argent, qu'ils acceptent des lettres de change, qu'ils s'obligent à fournir des marchandiſes pour un certain prix, ou qu'ils contractent quelqu'autre engagement de ce genre, ils ne peuvent pas ſe faire reſtituer contre leurs conventions, & ils ſont tenus de les exécuter. Divers arrêts rendus par pluſieurs parlemens ont confirmé cette juriſprudence.

De même que les Banquiers mineurs peuvent accepter & endoſſer des lettres de change, ils peuvent auſſi par une conſéquence néceſſaire, ſe rendre cautions d'un autre Banquier ou négociant pourvu toutefois qu'un pareil cautionnement ſoit relatif à leur commerce : mais ſi un Banquier mineur ſe cautionnoit pour une dette étrangère à ſon commerce, il eſt certain qu'il auroit le droit de ſe faire reſtituer contre un tel engagement. C'eſt d'après ces principes que par arrêt du mois d'avril 1601 rapporté par le Bret, un marchand qui étant mineur s'étoit rendu certificateur de la caution d'un receveur des tailles, fut reſtitué contre ſon obligation. Bouvot en ſes queſtions rapporte auſſi un arrêt du parlement de Dijon du 28 juillet 1614, par lequel un marchand mineur qui s'étoit rendu caution d'un autre marchand, quoique pour marchandiſes, fut déchargé de ſon cautionnement; parce qu'il ne ſuffit pas que le mineur s'oblige pour marchandiſes quand elles ſont pour le compte d'autrui, mais il faut qu'il s'oblige pour le fait de ſon commerce.

Puiſque les Banquiers mineurs ſont réputés majeurs en ce qui concerne leur commerce, il faut en tirer la conſéquence que s'ils ſe trouvent dans un cas où la contrainte par corps puiſſe être prononcée, ils y ſont ſujets comme tout autre négociant. C'eſt ce que juſtifient différens arrêts, & entr'autres un du 30 Août 1702, par lequel le parlement confirma deux ſentences que les juges conſuls de Paris avoient rendues contre un mineur relativement à des lettres de change qu'il avoit ſignées.

Suivant l'ordonnance du commerce, les Banquiers & négocians qui vouloient obtenir des lettres de répit, devoient préalablement dépoſer au greffe un état certifié de leurs dettes & de leurs biens tant meubles qu'immeubles; mais la déclaration du 23 décembre 1699, a ordonné qu'ils ſeroient tenus de joindre cet état aux lettres de répit pour y être attaché ſous le contreſcel: la même loi les a auſſi aſſujettis à remettre au greffe du juge commis pour entériner les lettres & en celui de la juridiction consulaire du lieu un double de l'état dont il s'agit ; & elle les a en même temps chargés de faire signifier cet état à chacun de leurs créanciers, avec les lettres de répit & l'acte de dépôt du double dont on vient de parler.

L'Ordonnance du commerce s'étoit d'ailleurs bornée à astreindre les Banquiers & négocians qui demandoient des lettres de répit, à communiquer leurs livres ou registres à ceux de leurs créanciers qui requéroient cette communication : mais la déclaration de 1699 a fait de cette même communication des livres ou registres, une formalité dont les impétrans qui sont Banquiers ou négocians ne peuvent se dispenser.

Si l'état ou les livres déposés par un Banquier ou négociant se trouvent frauduleux, il doit être déchu du bénéfice des lettres de répit qu'il a obtenues, & il ne peut plus en obtenir d'autres, ni même être reçu au bénéfice de cession. C'est ce qui résulte de l'article 2 du titre 9 de l'ordonnance du commerce.

L'article premier du titre 3 de cette même ordonnance veut que les Banquiers & tout autre négociant aient un livre journal qui contienne tout leur négoce, leurs lettres de change, leurs dettes actives & passives, & les deniers employés à la dépense de leur maison ; mais comme ce dernier point est étranger au commerce on n'y fait pas beaucoup d'attention.

Suivant l'article 3 du titre qu'on vient de citer, les livres d'un Banquier ou négociant devoient être signés, cottés & paraphés par l'un des consuls dans les villes où il y a Juridiction consulaire, & par le maire ou l'un des échevins dans les autres villes. Cette loi avoit pour objet d'empêcher qu'on ne pût altérer ces livres ou qu'on n'en substituât de faux aux véritables ; mais quelque utile que fût en elle-même la disposition que nous venons de rapporter elle est restée sans exécution. La raison en est que dans des villes telles que Paris, Lyon, Bordeaux, Marseille, &c. où les Banquiers & les négocians sont en très-grand nombre, il eût été trop difficile de remplir ces formalités de signatures, de cottes & de paraphes de tous leurs livres.

Les Banquiers ne peuvent pas être agens de chage. L'article 1 du titre 2 de l'ordonnance du commerce déclare ces deux professions incompatibles.

Voyez l'ordonnance du commerce du mois de mars 1673 ; Tronçon sur la coutume de Paris ; l'ordonnance du mois de septembre 1581 ; Cambolas en ses décisions ; Brodeau sur Louet ; le Bret en ses décisions ; Bouvot en ses questions ; Bacquet du droit d'aubaine ; l'esprit des ordonnances de Louis XIV ; la collection de jurisprudence ; la déclaration du 23 décembre 1699, &c. Voyez aussi les articles AGENT DE CHANGE, LIVRE, CHANGE, MARCHAND, CONTRAINTE PAR CORPS, RÉPIT, BILAN, CESSION, &c.

BANQUIER EXPÉDITIONNAIRE EN COUR DE ROME. C'est le titre de certains officiers François établis pour solliciter en cour de Rome, par l'entremise de leurs correspondans, toutes les bulles, rescrits, provisions, signatures, dispenses & autres actes pour lesquels les églises, chapitres, communautés, bénéficiers & autres personnes peuvent se pourvoir à Rome; soit que ces actes s'expédient par consistoire ou par voie secrete à la chambre apostolique, à la chancellerie romaine, à la daterie qui en dépend, ou à la pénitencerie qui est aussi un des offices de la cour de Rome.

Ils ont aussi le droit de solliciter les mêmes expéditions dans la légation d'Avignon & dans les autres légations qui peuvent être faites en France.

On les appeloit autrefois *Banquiers solliciteurs en cour de Rome*. La déclaration du 30 janvier 1675 leur a donné le titre de *conseillers du roi*.

On distingue par rapport à eux trois temps ou états différens; savoir, celui qui a précédé l'édit de 1550 appelé l'édit des petites dates; celui qui a suivi cet édit, jusqu'à l'édit du mois de mars 1673, par lequel ils ont été établis en titre d'office, & le troisième temps est celui qui a suivi cet édit.

D'abord pour ce qui est du premier temps, c'est-à-dire celui qui a précédé l'édit de 1550, il faut observer que tandis que les Romains étoient maîtres des Gaules, il n'y avoit de correspondance à Rome pour les affaires ecclésiastiques ou temporelles, que par le moyen des argentiers ou Banquiers appelés *argentarii*, *nummularii*, & *trapezitæ*.

La fonction de ces argentiers ayant fini avec l'empire Romain, des marchands d'Italie trafiquant en France leur succédèrent pour la correspondance à Rome.

Mais ce ne fut que vers le douzième siècle

que les papes commencèrent à uſer du droit qu'ils ont préſentement dans la collation des bénéfices de France.

Les marchands Italiens trafiquant en France & qui avoient des correſpondances à Rome, étoient appelés *Lombards* ou *Caorſins*, ou *Caourſins*, *Caorſini*, *Caturcini*, *Carvaſini* & *Corſini*.

Quelques-uns prétendent qu'ils furent nommés *Caorſins*, parce qu'ils vinrent s'établir à Cahors ville de Quercy, où étoit né le pape Jean XXII, qui occupa le ſaint-ſiège à Avignon depuis 1316 juſqu'en 1334 : mais ce ſurnom de Caorſins étoit plus ancien, puiſque ſaint Louis fit une ordonnance en 1268 pour chaſſer de ſes états tous ces Caorſins & Lombards, à cauſe des uſures énormes dont on les accuſoit.

D'autres croyent que ce fut une famille de Florence appelée Caorſina qui leur donna ce nom.

Mais il eſt plus probable que ces Caourſins étoient de Caours ville de Piémont & que l'on a pu quelquefois appeler de ce nom ſingulier tous les Italiens & les Lombards qui faiſoient commerce en France.

En effet on les appeloit plus communément *Lombards*, *Italiens* & *Ultramontains*.

Du temps des guerres civiles d'Italie, les Guelphes qui ſe retirèrent à Avignon & dans les pays d'obédience étant favoriſés des papes dont ils avoient ſoutenu le parti, ſe mêlèrent de faire obtenir les grâces & expéditions de cour de Rome : on les appela *Mercatores & Scambiatores domini Papæ*, comme le témoigne Mathieu

I iv

Paris qui vivoit vers le milieu du treizième siècle : ce fut là l'origine des Banquiers expéditionaires de cour de Rome.

Dans ce premier temps, ceux qui se mêloient en France de faire obtenir les grâces & expéditions de cour de Rome, étoient de simples Banquiers qui n'avoient aucun caractère pour solliciter les expéditions de cour de Rome ; ils ne prêtoient point serment à justice, d'où il arrivoit de grands inconvéniens.

Les abus qui se commettoient par ces Banquiers & à la daterie de Rome touchant la résignation des bénéfices étoient portés à un tel point que le clergé s'en plaignit hautement.

Ce fut à cette occasion que Henri II donna au mois de juin 1550 l'édit appelé communément des petites dates, parce qu'il fut fait pour en réprimer l'abus. M. Charles Dumoulin a fait sur cet édit un savant commentaire. Cette loi ordonna entr'autres choses, que les Banquiers & autres qui s'entremettoient dans le royaume des expéditions qui se font en cour de Rome & à la légation, seroient tenus dans un mois après la publication de l'édit, de faire serment par-devant les juges ordinaires du lieu de leur demeure, de bien & loyalement exercer leur état ; & défenses furent faites à tous les ecclésiastiques de s'entremettre de cet état de Banquier & expéditionaire de cour de Rome ou de légation. On regarde communément cet édit comme une loi qui a commencé à former la compagnie des Banquiers expéditionaires de cour de Rome.

Ceux qui étoient ainsi reçus par le juge ne prenoient encore alors d'autre titre que celui de *Ban-*

quiers; & comme ils étoient immatriculés, on les surnomma dans la suite *Matriculaires*, pour les distinguer de ceux qui furent établis quelque temps après par commission du roi & de ceux qui furent créés en titre d'office.

Les démêlés que Henri II eut avec la cour de Rome, donnèrent lieu à une déclaration du 3 septembre 1551 enregistrée le 7 du même mois portant défenses à toutes personnes, Banquiers & autres, d'envoyer à Rome aucun courier pour y faire tenir de l'or ou de l'argent, pour obtenir des provisions de bénéfices & autres expéditions. Cette défense dura environ quinze mois. Pendant ce temps, les évêques donnèrent des provisions des abbayes de leur diocèse sur la nomination du roi.

Henri II donna un autre édit le premier février 1553, portant défenses à toutes personnes de faire l'office de *Banquier expéditionaire en cour de Rome* sans la permission du roi. C'est la première fois que l'on trouve ces Banquiers qualifiés *d'expéditionaires en Cour de Rome*. Au reste, il paroît que cet édit n'eut pas alors d'exécution par rapport à la nécessité d'obtenir la permission du roi, & que les Banquiers Matriculaires reçus par les juges ordinaires continuèrent seuls à solliciter les expéditions en cour de Rome.

Le nombre de ces Banquiers Matriculaires n'étoit fixé par aucun réglement; il dépendoit des juges d'en recevoir autant qu'ils jugeoient à propos, & ces Banquiers étoient tous égaux en fonctions, c'est-à-dire, qu'il étoit libre de s'adresser à celui d'entr'eux que l'on vouloit pour quelque expédition que ce fût.

Au commencement du dix-septième siècle, quelques personnes firent diverses tentatives tendantes à restraindre cette liberté & à attribuer à certains Banquiers exclusivement aux autres, le droit de solliciter les expéditions des bénéfices de nomination royale.

La première de ces tentatives fut faite en 1607 par Etienne Gueffier qui fut commis & député à la charge de Banquier solliciteur sous l'autorité des ambassadeurs du roi à la cour de Rome, pour expédier seul les affaires consistoriales & matières bénéficiales de la nomination & patronage du roi, sans qu'aucun autre s'en pût entremettre & pour jouir de tous les droits & émolumens que l'on a coutume de payer pour de telles expéditions.

Les Banquiers & solliciteurs d'expéditions de cour de Rome demeurant tant en France qu'en cour de Rome, se pourvurent au conseil du roi en révocation du brevet accordé au sieur Gueffier; les agens généraux du clergé de France intervinrent & se joignirent aux Banquiers, & sur le tout il y eut arrêt du conseil le 22 octobre 1609 par lequel le roi permit à tous ses sujets de s'adresser à tels Banquiers & solliciteurs que bon leur sembleroit, comme cela s'étoit pratiqué jusqu'alors, nonobstant le brevet du sieur Gueffier qui fut révoqué & annullé; & le roi enjoignit à ses ambassadeurs à la cour de Rome, de faire garder dans les expéditions de France en cour de Rome l'ancienne liberté & les règles prescrites par les ordonnances.

Il y eut une tentative à-peu-près semblable faite en 1615 par le sieur Eschinard, qui obtint un brevet du roi pour être employé seul sous l'autorité des ambassadeurs de France résidans à Rome, aux expéditions de toutes les matières qui se traitoient en cour de Rome pour le service du roi, avec qualité *d'expéditionnaire du roi en cour de Rome*, sans néanmoins préjudicier à la liberté des autres expéditionnaires en ce qui regardoit les expéditions des autres sujets du roi.

Les Banquiers & solliciteurs en cour de Rome de toutes les villes de France, & les agens généraux du clergé ayant encore demandé la révocation de ce brevet, il fut ordonné par arrêt du conseil du 25 janvier 1617, qu'il seroit rapporté & qu'il seroit libre de s'adresser à tel Banquier que l'on voudroit pour toutes sortes d'expéditions.

Enfin par un autre arrêt du conseil du 30 des mêmes mois & an, il fut défendu d'exécuter de prétendus statuts ou règlemens faits par l'ambassadeur de France à Rome le premier de novembre 1714 de l'autorité qu'il disoit avoir du roi. Ce règlement contenoit l'établissement d'un certain nombre de Banquiers pour la sollicitation des expéditions poursuivies par les sujets du roi & plusieurs autres choses contraires à la liberté des expéditions, & singulièrement à l'arrêt de 1609 dont l'exécution fut ordonnée par celui-ci, & en conséquence qu'il seroit libre de s'adresser à tel Banquier que l'on jugeroit à propos.

L'établissement des Banquiers expéditionaires en titre d'office fut d'abord tenté par un édit du 22 avril 1633, portant création de huit offices de Banquiers expéditionaires en cour de Rome dans la ville de Paris; de quatre en chacune des villes de Toulouse & de Lyon, & de trois en chacune des villes de Bordeaux, d'Aix, de Rouen, de Dijon, de Rennes, de Grenoble & de Metz. Cet édit fut publié au sceau le 22 juin de la même année : mais sur la requête que les agens généraux du clergé présentèrent au roi le 25 du même mois de juin, il intervint arrêt du conseil le 10 décembre suivant, par lequel il fut sursis à l'exécution de cet édit.

Le nombre des Banquiers matriculaires s'étant trop multiplié, tant à Paris que dans les autres villes du royaume, Louis XIII par son édit du mois de novembre 1637, portant règlement pour le contrôle des bénéfices, ordonna qu'*avenant vacation des charges & commissions des Banquiers solliciteurs d'expéditions de cour de Rome & de la légation, par la démission ou le décès de ceux qui exerçoient alors lesdites charges en vertu des commissions à eux octroyées par les juges royaux, ils seroient éteints & supprimés jusqu'à ce qu'ils fussent réduits au nombre de quarante-six; savoir, douze en la ville de Paris, cinq en celle de Lyon, quatre à Toulouse & autant à Bordeaux, & deux en chacune des villes de Rouen, Rennes, Aix, Grenoble, Dijon, Metz & Pau.*

Ceux qui exerçoient alors la charge de Banquier dans les autres villes furent supprimés, & il fut défendu aux juges & officiers royaux de donner dorénavant aucune commission, ni de recevoir aucune personne à l'exercice de la charge de Banquier à peine de nullité.

Il fut aussi ordonné par le même édit, que quand les Banquiers des villes dans lesquelles on en avoit conservé seroient réduits au nombre ſpécifié par l'édit, les places qui deviendroient enſuite vacantes ſeroient remplies par des commiſſions que le roi donneroit gratuitement.

Cet édit fut enregiſtré au grand conſeil le 7 ſeptembre 1638 ; mais il ne le fut au parlement que le 2 août 1649 lorſqu'on y apporta la déclaration du mois d'octobre 1646 qui y fut enregiſtrée ſur lettres de ſurannation avec l'édit de 1637 pour les articles qui n'étoient pas révoqués par la déclaration de 1646.

Cette déclaration contient pluſieurs diſpoſitions par rapport aux Banquiers en cour de Rome ; mais elle ne fait point mention de la légation : ceci paroît n'être qu'un oubli, les règlemens poſtérieurs ayant tous compris la légation auſſi-bien que la cour de Rome.

L'article 2 veut que les Banquiers expéditionaires puiſſent exercer leurs charges ainſi qu'ils le pouvoient faire avant l'édit du contrôle, nonobſtant les règlemens portés par cet édit, & conformément à ce que contient la déclaration.

L'édit du 22 avril 1633 qui avoit le premier ordonné la création d'un certain nombre de Banquiers expéditionaires en titre d'office n'ayant point eu d'exécution, on revint ſur ce projet en 1655, & il paroît qu'il y eut à ce ſujet deux édits, tous deux datés du mois de mars de cette année.

L'un de ces édits portoit création de douze offices de Banquiers expéditionaires de cour de Rome dans la ville de Paris : cet édit eſt rapporté par Dechales dans ſon dictionnaire ; il paroît néanmoins qu'il n'eut pas lieu ; on ne voit même pas qu'il ait été enregiſtré.

L'autre édit daté du même temps & qui fut enregistré au parlement le 20 du même mois, portoit création de douze offices de Banquiers royaux expéditionaires en cour de Rome pour tout le royaume, auxquels on attribua le pouvoir de faire expédier en cour de Rome les bulles & provisions de tous les bénéfices qui sont à la nomination du roi, comme archevêchés, évêchés, abbayes, prieurés conventuels, dignités, pensions sans cause, avec défenses aux autres Banquiers de se charger directement ou indirectement de l'envoi en cour de Rome des lettres de nomination, démission, profession de foi, procès-verbaux & autres procès servant à obtenir des provisions & bulles, sous peine de nullité, d'interdiction de leurs charges & de 4000 livres d'amende. L'édit déclaroit nulles toutes les provisions de bénéfices & les bulles au dos desquelles le certificat d'un de ces douze Banquiers ne se trouveroit pas apposé & les bénéfices impétrables, avec défenses aux juges d'y avoir aucun égard, & aux notaires & sergens de mettre les impétrans en possession des bénéfices, à peine d'interdiction & de nullité des possessions. Enfin il étoit enjoint aux secretaires des commandemens de sa majesté, d'insérer dans les brevets & lettres de nomination aux bénéfices qui s'expédieroient, la clause que les impétrans feroient expédier leurs bulles & provisions par l'un des Banquiers créés par cet édit.

Il y eut encore un autre édit du mois de janvier 1663 portant création de Banquiers expéditionnaires en cour de Rome & de la légation: cet édit est rappelé dans celui du mois de décembre 1689 comme on le verra.

Mais il paroît que toutes ces différentes créations de Banquiers expéditionnaires en titre d'office n'eurent pas lieu : les fonctions de Banquiers expéditionnaires de cour de Rome étoient alors remplies par des avocats au parlement qui étoient sur le tableau.

Ce ne fut que depuis l'édit du mois de mars 1673 qu'il y en eut en titre d'office ; & c'est ici que commence le troisième temps ou état que l'on a distingué par rapport aux Banquiers expéditionnaires. Cet édit fut enregistré dans les différens parlemens.

Le préambule porte entre autres choses que les abus qui se commettoient journellement dans les expéditions concernant l'obtention des signatures, bulles & provisions de bénéfices, & autres actes apostoliques qui s'expédioient pour les sujets du roi à la cour de Rome & à la légation d'Avignon étoient montés à un tel point que l'on avoit vu débiter publiquement plusieurs écrits de cour de Rome faux & altérés, & fort souvent des dispenses de mariages fausses ; ce qui avoit causé de grands procès, même troublé le repos des consciences & renversé entièrement l'état & la sûreté des familles : qu'ayant été trouvé que ce désordre provenoit de ce que plusieurs particuliers sous prétexte de matricules obtenues des juges & officiers royaux, même des personnes sans qualité ni caractère, s'étoient ingérés de faire la fonction de Banquier expéditionnaire, qui s'étend aux affaires les plus importantes du royaume, lesquels pour leurs peines, salaires & vacations exigoient impunément tels droits que bon leur sembloit ; que pour y apporter remède il avoit été créé en titre d'office des Banquiers expéditionnaires de cour de Rome par édit du mois de mars 1655, ſuivant lequel il devoit y en avoir douze à Paris ; mais que cet édit n'avoit pas été exécuté, ce nombre n'étant pas ſuffiſant.

En conſéquence, par cet édit de 1673 il fut créé en titre d'office formé & héréditaire un certain nombre de Banquiers expéditionnaires de cour de Rome, ſavoir pour Paris vingt; pour chacune des autres villes où il y a parlement & pour celle de Lyon quatre, & deux pour chacune des autres où il y a préſidial. L'édit leur donne le droit de ſolliciter ſeuls pour les ſujets duroi, & faire expédier à leur diligence par leurs correſpondans toutes ſortes de reſcrits, ſignatures, bulles, proviſions & généralement tous les actes concernant les bénéfices & autres matieres *qui ſont de la juridiction ſpirituelle de la cour de Rome & de la légation*. Cette reſtriction fut miſe alors parce que cet édit fut donné avant la révocation de celui de Nantes, temps auquel les religionaires étoient tolérés dans le royaume.

L'expédition des actes dont on vient de parler eſt attribuée aux Banquiers expéditionnaires, de quelque qualité que puiſſent être ces actes & de quelque manière qu'il ſoit beſoin de les expédier ſoit en chambre apoſtolique ou en chancellerie par voie ſecrète ou autrement.

L'édit défend à tout matriculaire, commiſſionaire & autre de ſe charger à l'avenir directement ni indirectement d'aucun envoi en cour de Rome & à la légation, & d'y ſolliciter aucune expédition, à peine de punition exemplaire ; même à tous particuliers de ſe ſervir du miniſtère d'autres Banquiers que ceux qui furent alors

créés,

créés, à peine de dix mille livres d'amende pour chaque contravention ; & tous les rescrits & actes apostoliques qu'on auroit obtenus après le 15 mai suivant devoient être déclarés nuls ; avec défenses à tous juges d'y avoir égard, ni de reconnoître d'autres Banquiers que ceux créés par cet édit, à peine de désobéissance.

Ces nouveaux offices furent d'abord exercés par commission, suivant un arrêt du conseil du 29 avril de la même année, portant qu'il y seroit commis en attendant la vente, savoir, trois sujets à Paris, deux à Lyon & deux à Toulouse, en sorte qu'il y avoit alors deux sortes de Banquiers expéditionnaires, les uns matriculaires, c'est-à-dire qui avoient été matriculés par le juge ; les autres commissionnaires qui avoient une commission du roi pour exercer un des nouveaux offices.

Un arrêt du conseil du 29 septembre 1674 défendit aux Banquiers matriculaires & commissionnaires & autres personnes de la province de Bretagne, de se charger d'expéditions pour des bénéfices ni pour des personnes des autres provinces.

Il y eut encore le 11 novembre suivant un arrêt du conseil qui ordonna l'exécution de l'édit du mois de mars 1673, & de la déclaration du mois d'octobre 1646.

Le nombre des Banquiers expéditionnaires créés par l'édit du mois de mars 1673 fut réduit par une déclaration du 30 janvier 1675 à douze pour Paris, à trois pour chacune des villes de Toulouse & de Bordeaux, à deux pour chacune des villes de Rouen, Aix, Grenoble, Dijon, Metz & Pau, & à quatre pour Lyon. Cette même déclaration leur attribua le titre de *conseillers du roi, Banquiers expéditionnaires de cour de Rome & de la légation.*

L'édit du mois de décembre 1689 rétablit & créa huit offices héréditaires d'*expéditionnaires de cour de Rome & des légations* dans la ville de Paris, un à Toulouse, & deux dans chacune des villes de Rouen, Metz, Grenoble, Aix, Dijon & Pau, pour faire avec les anciens établis dans ces villes un seul & même corps, aux mêmes honneurs, privilèges, prérogatives, droits de committimus, franc-salé dont jouissoient les anciens, & à eux attribués par l'édit de création du mois de janvier 1663, & par la déclaration du mois de janvier 1675.

Par un autre édit du mois de janvier 1690, on supprima les huit offices de conseillers-Banquiers expéditionaires de cour de Rome & des légations créés par édit de mars 1673, supprimés par la déclaration du 30 janvier 1575, & rétablis par l'édit du mois de décembre 1689, pour servir en la ville de Paris; & les fonctions, honneurs, droits, privilèges & émolumens attribués à ces huit offices furent unis aux douze offices conservés, avec confirmation de leurs droits & privilèges; le tout moyennant finance.

Ces huit offices supprimés en 1690 furent rétablis par édit du mois de septembre 1691 pour faire avec les douze anciens le nombre de vingt, aux honneurs, droits & privilèges attribués par les précédens édits.

L'édit du mois d'août 1712 porte entre autres choses création d'un office de *Banquier expéditionaire trésorier de la bourse commune*, par augmentation dans la communauté; mais la compagnie ayant acquis en commun cet office fait exercer la fonction de trésorier par celui de ses membres qui est choisi à cet effet ; au moyen de quoi il n'y a présentement à Paris que vingt Banquiers expéditionaires.

Pour être reçu Banquier expéditionaire en cour de Rome, il faut, 1°. être âgé de vingt-cinq ans suivant l'édit de novembre 1637 & la déclaration du mois d'octobre 1646.

2°. Les mêmes loix veulent aussi que les Banquiers soient des laïques, non officiers ni domestiques d'aucun ecclésiastique ; l'édit du mois de juin 1551 avoit déja défendu aux ecclésiastiques d'embrasser cet état.

3°. Suivant l'article 33 des statuts de 1678 & de 1699, il faut être reçu avocat dans un parlement.

4°. Il leur étoit aussi défendu par l'article 11 de l'édit de 1637 de posséder ni exercer conjointement deux charges de contrôleur, Banquier & notaire, même au père & au fils ou gendre, à l'oncle & au neveu, à deux freres, à deux beaux-frères, à deux cousins germains, de tenir & exercer en même temps les charges de contrôleur, Banquier & notaire ; il étoit aussi dit qu'aucun Banquier ne se chargeroit en même temps des procurations & autres actes pour envoyer en cour de Rome ou à la légation, si le notaire rédacteur de quelqu'un de ces actes étoit son père, son fils, son frère, son beau-frère, son gendre, son oncle, son neveu ou son cousin germain, &c.

Mais cette disposition fut modifiée lors de l'enregistrement au grand conseil qui a restreint ces défenses aux parens des contrôleurs & Banquiers seulement & non des notaires ; & à l'égard des actes reçus par des notaires parens des Banquiers, l'arrêt d'enregistrement ordonne que cette défense n'aura pas lieu.

Enfin la déclaration de 1646 ayant ordonné par l'article 2 que les Banquiers expéditionaires feroient leurs fonctions avec la même liberté qu'ils avoient avant l'édit de 1637, on en doit conclure que les incompatibilités dont on a parlé n'ont plus lieu, ni les défenses faites par rapport aux actes reçus par les notaires parens des Banquiers expéditionaires.

Les offices de Banquiers expéditionaires sont seulement incompatibles avec les charges de greffier des insinuations ecclésiastiques & de notaire apostolique; du reste ils sont compatibles avec toutes les autres charges honorables.

5°. L'article 2 de l'édit de 1637 & l'article 10 de la déclaration de 1646 veulent que ceux qui se présentent pour être reçus aient été clercs ou commis de Banquiers de France pendant l'espace de cinq ans, ou de cour de Rome pendant l'espace de trois ans, dont ils sont tenus de rapporter des certificats, qu'autrement leurs réceptions seront déclarées nulles, & il leur est défendu de faire expédier des provisions, à peine de deux mille livres d'amende & de tous dommages & intérêts des parties; mais ces dispositions ne s'observent plus, attendu qu'elles n'ont point été rappelées par l'édit du mois de mars 1673 qui a créé les Banquiers expéditionaires en titre d'office & fixé leur capacité.

6°. L'article 2 de l'édit de 1637 ordonnoit qu'on ne reçût que ceux qui seroient trouvés capables après avoir été examinés par les Banquiers qui seroient commis par le Chancelier,

Cet examen ſe fait préſentement par toute la compagnie des Banquiers expéditionaires qui donne au récipiendaire un certificat ſur ſa capacité, & un conſentement ſur ſa réception ſuivant l'article 33 des ſtatuts de 1678 & 1699.

7°. Le même article & le dixième de la déclaration de 1646 ordonnoient encore que ceux qui ſeroient reçus donneroient caution & des certificateurs ſolvables juſqu'à concurrence de la ſomme de trois mille livres devant les baillis ou ſénéchaux du lieu de leur réſidence ; mais cela ne s'obſerve plus.

8°. Enfin ils doivent prêter ſerment devant les baillis ou ſénéchaux du lieu, ſuivant l'article 2 de l'édit de 1637. L'édit du mois de juin 1550 vouloit que ceux qui exerçoient alors *fiſſent dans un mois ſerment devant les juges ordinaires du lieu de leur demeure, de bien & loyaument exercer ledit état ; de faire loyal regiſtre & même ſerment qu'incontinent qu'ils auroient reçu les procurations pour faire expédier, ils prendroient la date d'icelles, les noms des notaires & le lieu de la confection de ces procurations, &c.* ...

Il eſt défendu à tout particulier ſans caractère de s'immiſcer dans la fonction de Banquier expéditionaire, ſoit par lui ou par perſonnes interpoſées, de procurer ou ſolliciter les expéditions de cour de Rome, & aux parties d'y employer d'autres perſonnes que les Banquiers, à peine de faux ; & aux juges d'avoir aucun égard aux actes qui n'auront pas été expédiés à la diligence & ſollicitation des Banquiers, & qui n'auront pas été par eux cotés & enregiſtrés comme il eſt ordonné, leſquels actes ou expéditions ſont déclarés nuls, & les bénéfices obtenus en conſéquence impétrables : c'eſt la diſpoſition expreſſe de l'article 12 de l'édit de 1637.

Il eſt cependant permis par le même article à ceux qui voudront envoyer exprès en cour de Rome, & y employer leurs amis qui y réſident, de le faire, pourvu que les pièces ſujettes au contrôle aient été contrôlées, & tous les actes, mémoires & expéditions enregiſtrés & cotés par l'un des Banquiers de France chacun dans ſon département.

Larticle 7 de la déclaration ajoute une condition, qui eſt que les procurations *ad reſignandum* & les autres actes qu'on veut envoyer en cour de Rome ſoient enregiſtrés au greffe des inſinuations, & que les ſignatures apoſtoliques ainſi obtenues ſoient enſuite vérifiées & reconnues par des Banquiers ou autres perſonnes dignes de foi devant un juge royal.

L'article 2 de la déclaration du 3 août 1718 qui forme à cet égard le dernier état de la juriſprudence, porte que le roi n'entend point empêcher les parties de dépêcher à Rome ou à Avignon des couriers extraordinaires ou d'y aller elles-mêmes, pour rétention de dates & expéditions de bulles & ſignatures, en chargeant néanmoins avant le départ du courrier le regiſtre d'un Banquier expéditionaire de l'envoi qui ſera fait ; lequel envoi contiendra ſommairement les noms de l'impétrant, du bénéfice & du diocèſe, le genre de vacance, le nom du courier & l'heure de ſon départ ; & ſi c'eſt la partie elle-même qui fait la courſe, il en doit être fait mention, le tout à peine de nullité.

L'article ſuivant porte encore que ſa majeſté n'entend pas non plus empêcher les parties préſentes en cour de Rome ou dans la ville d'Avignon de faire expédier en leur faveur les bulles, reſcrits & autres grâces qui leur ſeront accordés, à la charge par les parties de les faire vérifier & certifier véritables par deux Banquiers expéditionaires avant l'obtention des lettres d'attache dans le cas où il eſt néceſſaire d'en obtenir & avant de les faire fulminer, le tout à peine de nullité.

Il eſt néanmoins défendu par l'article 4 aux parties préſentes en cour de Rome ou dans la ville d'Avignon, de faire expédier en leur faveur ſur vacance par mort, des proviſions des bénéfices ſitués dans les provinces du royaume ſujettes à la prévention du pape & des légations, à moins qu'il n'apparoiſſe de l'avis donné aux mêmes parties de la vacance des bénéfices par le regiſtre d'un Banquier qui en aura été préalablement chargé; le tout à peine de nullité.

L'ambaſſadeur de France à Rome avoit fait le premier novembre 1614 de prétendus ſtatuts ou réglemens pour les Banquiers expéditionaires, ſuivant l'autorité qu'il diſoit en avoir du roi; mais par arrêt du conſeil du 30 janvier 1617 il fut défendu de les exécuter, attendu qu'ils contenoient pluſieurs choſes contraires à la liberté des expéditions, & ſingulièrement à l'arrêt de 1609 dont on a déja parlé.

Les Banquiers expéditionaires dreſſèrent auſſi eux-mêmes en 1625 d'autres ſtatuts pour la diſcipline de leur compagnie, & obtinrent au mois de février de la même année des lettres-patentes portant confirmation de ces ſtatuts adreſſées au parlement, où ils en demanderent l'enregiſtrement; mais les notaires apoſtoliques y ayant formé opposition en 1626, il intervint un arrêt de réglement entre eux le 10 février 1629 sur productions respectives & sur les conclusions du ministère public, par lequel sans s'arrêter aux lettres-patentes du mois de février 1624 & aux statuts attachés sous le contre-scel de ces lettres, ni à l'opposition formée par les notaires apostoliques à l'enregistrement des mêmes lettres, les parties furent mises hors de cour : l'arrêt contient néanmoins plusieurs dispositions de réglemens pour les notaires apostoliques & pour les Banquiers ; mais comme il ne fait à l'égard de ces derniers que rappeler les dispositions de l'édit de 1550, il est inutile de les rapporter d'après cet arrêt.

Depuis ce temps la compagnie des Banquiers en cour de Rome a obtenu le 5 mars 1678 un arrêt du conseil portant homologation de statuts composés de 34 articles en date du 29 janvier précédent. Il y a aussi d'autres statuts du 15 mai 1699 composés de 44 articles homologués par un arrêt du conseil du 21 août suivant ; & par un autre arrêt du 3 juillet 1703, il leur a encore été donné de nouveaux statuts & réglemens en 21 articles pour servir de supplément aux anciens.

Les fonctions & les droits des Banquiers expéditionaires ont en outre été réglés par divers édits, déclarations, lettres-patentes & arrêts de réglemens dont on va faire l'analyse.

D'abord pour ce qui est de leur registre l'édit du mois de juin 1550 porte qu'ils feront *bon & loyal registre de la date des procurations pour faire expédier, des noms des notaires & témoins inscrits & du lieu de la confection, ensemble du jour qu'ils auront envoyé ces procurations à Rome où à la légation; qu'ils seront aussi tenus de signer au dessous de chaque expédition qu'ils feront & enregistreront, afin que les parties en puissent prendre des extraits; que les Banquiers enregistreront le jour & l'heure que les couriers partiront pour faire expéditions à Rome ou à la légation.* Il est aussi enjoint aux Banquiers d'enregistrer la réponse qu'ils auront eue de leurs solliciteurs en cour de Rome aussi-tôt qu'ils l'auront reçue, on du moins lorsqu'ils recevront les signatures & bulles des expéditions, qu'autrement il n'y sera ajouté aucune foi: l'édit prononce aussi des peines contre ceux qui auront falsifié les registres des Banquiers.

L'article 3 de l'édit de 1637 leur ordonne pareillement de faire *bon & loyal registre* qui contienne au moins 300 feuilles, & avant d'y écrire aucun acte d'expédition apostolique, de le présenter à l'archevêque ou évêque diocésain, ou à son vicaire ou official, ou au lieutenant général de la sénéchaussée ou bailliage du lieu, lesquels feront coter tous les feuillets du registre, paraferont & feront parafer chaque feuillet par leur greffier & signeront avec eux l'acte qui sera écrit à la fin du dernier feuillet, contenant le nombre des feuillets du registre, le jour qu'il aura été parafé, & quel quantième est le registre; le tout à peine de faux contre les Banquiers, de 3000 livres d'amende & de tous dommages & intérêts des parties: l'usage est présentement de faire parafer ces registres par le lieutenant géneral. L'article 6 de la déclaration de 1646 porte qu'au défaut du lieutenant général du bailliage ou de la sénéchaussée on s'adressera au principal juge royal du lieu le plus prochain.

Suivant l'article 4 du même édit de 1637 & l'article 5 de la déclaration de 1646, les Banquiers expéditionaires doivent écrire ſur une des pages de chaque feuillet de leur regiſtre le jour de l'envoi, avec articles cotés de nombres continus leſquels doivent contenir en ſommaire la ſubſtance de chaque acte bénéficiaire & de toute autre commiſſion pour expéditions apoſtoliques bénéficiales & autres dont ces Banquiers ſeront chargés, le jour & le lieu de la confection de l'acte, du contrôle & enregiſtrement, les noms des parties, des notaires, témoins, contrôleurs & commettans; & enſuite des jours d'envoi, le jour de l'arrivée du courrier ordinaire & extraordinaire; & ſur l'autre page vis-à-vis de chaque article, ils doivent pareillement écrire le jour de réception, la date, le quantième livre & feuillet du *regiſtrata* de l'expédition, avec le jour du *conſens*, ſi aucun y a, & le nom du notaire qui l'aura étendu, ou la ſubſtance ſommaire du refus ou empêchement de l'expédition; ils doivent auſſi coter chaque expédition apoſtolique de leur nom & réſidence, du *numero* de l'article de commiſſion, du nom de leur correſpondant, & du jour qu'ils l'auront délivrée, & ſigner ou faire ſigner par leur commis; & en cas de refus en cour de Rome ou empêchement, les Banquiers ſont tenus de délivrer aux parties certificat; le tout ſous peine de ſix mille livres d'amende & de tous dépens, dommages & intérêts des parties. L'amende a depuis été réduite à trois mille livres par l'article 7 de la déclaration de 1646. Le ſurplus de l'article eſt encore obſervé.

L'article 6 du même édit de 1637 défend aux Banquiers expéditionaires d'avoir plus d'un regiſtre ni d'enregiſtrer aucun acte d'expédition apoſtolique ſur un nouveau regiſtre que le précédent ne ſoit entiérement rempli, à peine de punition corporelle contre les Banquiers, de privation de leurs charges, de ſix mille livres d'amende & des dépens, dommages & intérêts des parties. Il leur eſt enjoint de repréſenter leurs regiſtres aux archevêques & évêques de leur réſidence, & au procureur général du grand conſeil tant à Paris qu'en tout autre lieu où cette cour tiendra ſa ſéance; à tous les autres procureurs généraux du roi, & à leurs ſubſtituts en la ville de Lyon lorſqu'ils en ſeront par eux requis, pour voir s'ils y ont gardé la forme preſcrite par cet édit, ſans néanmoins que ſous ce prétexte ils puiſſent être déſaiſis de leur regiſtre.

On peut en vertu de lettres de compulſoire & d'arrêt rendu pour leur exécution, compulſer les regiſtres des Banquiers en cour de Rome. C'eſt ce qu'a jugé le parlement de Paris par arrêt du 10 février 1745, rapporté dans le treizième tome des mémoires du clergé.

Le grand conſeil rendit néanmoins un arrêt le 18 juillet 1749, par lequel dom de Vougny, religieux de l'ordre de Cluni, que le pape avoit pourvu du prieuré de Reuil en Brie, fut déclaré non-recevable dans la demande qu'il avoit formée tendante à ce que le ſieur Marchand Banquier expéditionaire, par le miniſtère duquel le ſieur le Sure avoit obtenu à Rome le même bénéfice, fût tenu de lui repréſenter les lettres de ſes correſpondans, relativement aux envois faits pour le ſieur le Sure, & aux ordres donnés, ſoit pour la rétention des dates, ſoit pour les pouſſer aux registres, soit pour les faire expédier, afin d'être pris communication par extrait *vidimus*, & d'être fait collation en vertu des lettres de compulsoire obtenues à cet effet par dom de Vougny. Cet arrêt est cité dans la collection de jurisprudence.

L'édit du mois de juin 1550 ordonne que les Banquiers en délivrant les expéditions par eux faites, seront tenus de mettre & écrire leurs noms & demeures, à peine d'être privés pour toujours de l'exercice de l'état de Banquier dans le royaume, d'amende arbitraire & des dommages & intérêts des parties.

Ce même édit déclare que si les Banquiers contreviennent à ces dispositions ou *font faute autrement en leur charge & registre*, il sera procédé contre eux par emprisonnement de leurs personnes, jusqu'à pleine satisfaction des dommages & intérêts des parties, sauf à prononcer en outre contre eux une punition corporelle le cas écheant : il est d'ailleurs défendu à tout ecclésiastique de faire aucune fonction de Banquier.

L'article 13 de l'édit de 1637, & la déclaration de 1646 défendent aux Banquiers de se charger le même jour d'envoi pour diverses personnes au sujet d'un même bénéfice ; & il leur est enjoint de faire signer leur commettant sur leur registre s'il est présent, l'article de la commission par lui donnée. La première partie de l'article ne s'observe plus. Il est ajouté que s'ils ont été chargés par des personnes absentes, ils en coteront les noms, qualités & demeures à l'article de la commission, le tout à peine de 2000 livres d'amende & des dépens, dommages & intérêts des parties.

Comme quelques Banquiers moyennant certaines sommes dont ils convenoient avec les parties, faisoient ensorte que le courier étant à une ou deux journées de la ville de Rome, fît porter le paquet qu'on lui avoit recommandé par quelque postillon ou autre, qui par une diligence extraordinaire le dévançât d'un jour pour prévenir ceux qui par le même courier avoient donné charge & commission d'obtenir le même bénéfice ; ce qu'ils appeloient faire expédier par avantage ; l'article 14 de l'édit de 1637 qui prévoit ce cas, défend très-expressément à tout Banquier de faire porter aucun paquet ni mémoire par avantage & gratification, à peine de faux & de 3000 livres d'amende. Il est enjoint aux couriers de porter ou faire porter & rendre en un même jour dans la ville de Rome toutes les lettres, mémoires & paquets dont ils auront été chargés dans le même voyage sans se retarder, faire ou prendre aucun avantage en faveur des uns au préjudice des autres, à peine de pareille amende & de tous dépens, dommages & intérêts des parties, auxquelles il est défendu de se servir de provisions prises & obtenues par tels avantages : ces provisions sont déclarées nulles, & il est défendu aux juges d'y avoir aucun égard.

Les Banquiers ne doivent suivant l'article 15 du même édit recevoir aucune procuration ni autres actes sujets au contrôle, ni les envoyer en cour de Rome, ni à la légation s'il ne leur appaoît qu'ils aient été contrôlés & enregistrés ; ils doivent les coter de leurs noms & *numero*, à peine de nullité, de 2000 livres d'amende contre le Banquier, en cas de contravention, & des dépens, dommages & intérêts des parties.

L'article suivant réitère les défenses qui avoient déjà été faites par l'édit de 1550 aux Banquiers d'envoyer des mémoires, & de donner charge de retenir date sur les résignations, si par le même courier & par le même paquet ils n'envoyoient les procurations, à peine de privation de leurs charges, de 3000 livres d'amende, & autre plus grande peine à l'arbritage du juge.

L'article 12 de la déclaration de 1646 réitère les mêmes défenses: de plus l'édit de 1637 déclare aussi nulles toutes provisions par résignation qui auront été expédiées & délivrées au correspondant de Rome après la mort du résignant & plus de six mois après le jour d'envoi, comme suspectes d'avoir été expédiées sur procurations envoyées postérieurement au décès, ou pendant l'extrême maladie du résignant, après avoir sur mémoire fait retenir la date, à moins que l'impétrant ne fasse voir que contre sa volonté, & sans fraude ni connivence, l'expédition a été retardée à Rome, ou qu'il y a eu quelque autre empêchement légitime.

Il est ordonné par l'article 24 du même édit de 1637 que les Banquiers qui seront convaincus d'avoir commis quelque fausseté, antidate ou autres malversations dans leur charges, seront punis comme faussaires à la discrétion des juges, même par privation de leurs charge; mais afin qu'ils ne soient pas témairement & impunément calomniés, l'édit veut que personne ne soit reçu à s'inscrire en faux contre leurs registres, ni contre les expéditions faites par leur entremise, qu'auparavant il ne ſe ſoumette par acte reçu au greffe de la juridiction ordinaire, ou de celle en laquelle le différend des parties ſera pendant, à la peine de la calomnie, à une amende extraordinaire envers le roi, & à tous les dépens, dommages & intérêts du Banquier, au cas que le demandeur en faux ſuccombe dans la preuve de ſon accuſation, ſans que ces peines & amendes puiſſent être modérées par les juges.

L'article 12 de la déclaration de 1646 défend de faire expédier des proviſions en cour de Rome pour des bénéfices non conſiſtoriaux, & qui ne ſont pas de la nomination du roi, ſur des procurations ſurannées, à peine de nullité.

L'ordonnance de 1667, titre XV, article 8, porte qu'il ne ſera ajouté foi aux ſignatures & expéditions de cour de Rome ſi elles ne ſont vérifiées, & que la vérification ſe fera par un ſimple certificat de deux Banquiers expéditionaires écrit ſur l'original des ſignatures & expéditions, ſans autre formalité.

L'édit de 1673 enjoint aux Banquiers expéditionaires de garder & obſerver exactement les ordonnances au ſujet des ſollicitations & obtentions de toutes ſortes d'expéditions de cour de Rome & de la légation, ſous les peines y contenues, enſemble de mettre au dos de chacun des actes qu'ils auront fait expédier leur certificat, contenant le jour de l'envoi & de la réception, à peine de nullité des actes, & des dépens, dommages & intérêts des parties.

Enfin la déclaration du 3 août 1718 dont on a déjà parlé, contient encore pluſieurs autres réglemens pour les fonctions des Banquiers expéditionaires.

L'article 5 ordonne que les Banquiers expéditionaires de Paris feront ſeuls, & à l'excluſion de tous les autres Banquiers, expédier les bulles de proviſion des archevêchés, évêchés, abbayes, & de tous les autres bénéfices du royaume qui ſont à la nomination du roi; qu'ils pourront auſſi faire expédier toutes ſortes de proviſions de bénéfices, diſpenſes de mariage, & autres expéditions de cour de Rome pour toutes les provinces du royaume, & que les Banquiers établis dans les autres villes, ne pourront travailler que pour les bénéfices, & les perſonnes du reſſort où ils ſont établis, à peine de 3000 livres d'amende.

Pour prévenir toute contravention aux réglemens, & procurer au public la facilité des expéditions, l'article 6 de la même déclaration ordonne que les Banquiers expéditionaires, ſoit en titre ou par commiſſion, ne pourront s'abſenter tous à la fois & dans le même tems, de la ville dans laquelle il ont été établis par les réglemens, à peine de 500 livres d'amende, & de tous dépens dommages & intérêts des parties auxquelles en cas d'abſence de tous les Banquiers de la ville, il eſt permis de ſe pourvoir devant le lieutenant général, ou autre premier juge du principal ſiège, & en cas d'abſence ou empêchement de celui-ci, devant le plus ancien officier du ſiège, ſuivant l'ordre du tableau, pour y déclarer l'envoi qu'ils deſirent faire, & ſommairement les noms de l'impétrant du bénéfice & du diocèſe, le genre de vacance, & le nom de la perſonne par le miniſtère de laquelle ils deſirent faire l'envoi dont il leur ſera donné acte & permiſſion de faire l'envoi par la perſonne par

eux

eux choisie, après qu'il sera apparu au lieutenant général, ou autre premier officier, de l'absence de tous les Banquiers par un procès-verbal de perquisition de leurs personnes, lequel sera dressé par deux notaires royaux ou un notaire royal en présence de deux témoins, avec sommation aux mêmes Banquiers de se trouver dans une heure devant le lieutenant général.

Enfin l'article 7 porte que si les propiétaires de ces offices négligent de les faire remplir trois mois après la vacance, il y sera pourvu par des commissions du grand sceau, &c.

Comme les Banquiers expéditionaires qui sont employés dans cette profession ne peuvent quelquefois pas expédier toutes les affaires dont ils sont chargés, il leur est permis par l'article 25 de l'édit de 1637 d'avoir près d'eux dans la ville de leur résidence un ou plusieurs commis laiques pour exercer leur charge en leur absence, maladie ou empêchement, sans néanmoins que ceux-ci puissent avoir de registre séparé.

Les droits & émolumens des Banquiers expéditionaires de cour de Rome ont été reglés par plusieurs édits & déclarations, & par des tarifs arrêtés au conseil, notamment par les édits des 22 avril 1633, mars 1655 & 1673, par la déclaration du 30 janvier 1675, & le tarif arrêté au conseil le 25 mai de la même année, lequel fut réformé au conseil le 4 septembre 1691, & augmenté des droits portés par l'édit des même mois & an, l'arrêt du conseil du 3 juillet 1703, contenant de nouveaux statuts, l'édit de juin 1713, & les lettres patentes ou la déclaration du 3 août 1718.

Un Banquier expéditionnaire qui étoit débiteur du sieur de la Vallée pour lequel il disoit avoir fait des envois, retenu des dates, & fait faire des expéditions à Rome, fit juger par sentence des requêtes du palais du 16 février 1716 que pour ces opérations le sieur de la Vallée lui feroit déduction de 975 livres, au moyen des offres qu'il faisoit d'affirmer que le même sieur de la Vallée lui avoit donné ordre de faire les choses écrites sur son registre, & qu'il n'avoit point été fait de convention pour cela à un prix moindre que ce qui est porté par le tarif de 1691.

Le sieur de la Vallée appela de cette sentence, & soutint que son Banquier ne pouvoit demander déduction que du montant des envois & expéditions relatifs aux bénéfices dont il avoit pris possession, ou dont il se trouveroit avoir chargé le Banquier par une signature sur le registre à côté de la commission : & en conséquence la cour rendit arrêt le 26 mai 1716, par lequel en infirmant la sentence des requêtes du palais, il fut ordonné que déduction seroit seulement faite des sommes dues pour les dates retenues, & pour les frais faits suivant les procurations, mandemens & lettres du sieur de la Vallée, ainsi que pour les autres expéditions de cour de Rome, en vertu desquelles il avoit pris possession.

Cet arrêt juge comme on le voit que les Banquiers expéditionaires qui ne sont pas payés comptant n'ont d'action pour répéter ce qu'ils prétendent leur être du, qu'autant qu'ils représentent un acte qui les ait autorisés à agir.

Par un autre arrêt du 10 mai 1715, le parlement de Paris jugea que les Banquiers expéditionaires n'avoient point de privilége sur les fruits d'un bénéfice pour les frais des bulles.

La bourse commune qui a lieu entre ces Banquiers avoit été ordonnée dès 1655 par l'édit du mois de mars de cette année ; ce qui fut confirmé par un arrêt du conseil du 15 mai 1676, & par l'édit du mois de janvier 1690.

Depuis l'établissement de la bourse commune il y avoit un trésorier de cette bourse dont les fonctions avoient été réglées par un arrêt du conseil du 22 janvier 1697. Cette fonction n'étoit point encore érigée en titre d'office, mais par édit du mois d'août 1712, il fut créé un vingt-unième office de Banquier expéditionaire, trésorier de la bourse commune, & cet office ayant été acquis par la compagnie des Banquiers expéditionaires de la ville de Paris, est exercé par celui que la compagnie nomme à cet effet.

Les priviléges des Banquiers expéditionnaires consistent, 1°. dans l'exemption de tutelle, curatelle, commission, & de toutes les autres charges publiques, laquelle leur a été accordée par l'article 26 de l'édit de 1637, qui porte que c'est pour leur donner moyen d'exercer leurs charges avec assiduité & sans distraction.

2°. L'édit du mois de mars 1678 les décharge en outre nommément de la collecte des deniers royaux, & de guet & garde.

3°. L'édit de 1637 leur donne aussi le droit de *committimus* aux requêtes du palais du parlement de leur résidence pour les causes qui peuvent concerner la conservation de leurs priviléges, & les droits attribués à leur emploi. Ce droit de *committimus* a depuis été étendu a toutes les causes personnelles & mixtes des Banquiers expéditionaires, & leur a été confirmé par la déclaration du 30 janvier 1675.

4°. La même déclaration leur attribue le droit de franc salé, & confirme tous leurs autres droits & priviléges portés par les précédens édits.

Ces droits & privilèges ont encore été confirmés par une déclaration du 3 août 1618 qui rappelle les précédens réglemens, & explique plusieurs de leurs dispositions.

Au mois de juin 1703 il y eut un édit portant création en titre d'office de vingt conseillers contrôleurs des expéditions de cour de Rome, & des légations pour la ville de Paris, & de quatre pour chacune des villes de Toulouse, Bordeaux, Rouen, Aix, Grenoble, Lyon, Dijon, Metz & Pau, afin de contrôler & enregistrer toutes les expéditions de cour de Rome, & des légations.

Ces offices de contrôleurs, tant pour Paris que pour les autres villes, & les droits qui y étoient attribués furent réunis par la déclaration du 3 juillet 1703 aux vingt offices de Banquiers expéditionaires de la ville de Paris, avec faculté à eux de commettre un certain nombre d'entre eux pour faire à Paris les fonctions de ces offices & de les faire exercer dans les provinces par qui bon leur sembleroit, après que ceux qu'ils auroient commis auroient prêté serment devant les juges des lieux.

Ces mêmes offices de contrôleurs furent supprimés par édit du mois de juin 1713; mais le même édit créa en titre d'office formé & à titre de ſurvivance vingt offices d'inſpecteurs vérificateurs des expéditions de cour de Rome & de la légation pour Paris, & quatre pour chacune des villes de Toulouſe, Bordeaux, Rouen, Aix, Grenoble, Lyon, Dijon, Metz & Pau. Cet édit contient auſſi quelques réglemens pour les droits des Banquiers expéditionaires.

Enfin par édit du mois d'octobre ſuivant, les inſpecteurs vérificateurs ayant été ſupprimés, les contrôleurs furent rétablis avec les droits & priviléges portés par l'édit de juin 1703, & ces offices & droits de contrôleurs furent réunis moyennant finance aux vingt offices des Banquiers expéditionaires établis à Paris.

Il avoit été créé au mois d'août 1709 des gardes des archives des Banquiers expéditionaires en cour de Rome, leſquels furent unis à la compagnie des mêmes Banquiers par les déclarations des 18 avril 1710 & 4 février 1711; mais ils en furent déſunis par l'édit du mois d'août 1712 qui porte auſſi création de l'office de tréſorier de la bourſe commune, & par une déclaration du 9 octobre ſuivant ces gardes des archives furent ſupprimés.

Voyez *les mémoires du clergé; l'édit du mois de juin 1550; la déclaration du 30 janvier 1675; l'édit du mois de novembre 1637; le recueil de juriſprudence canonique; la déclaration du 3 ſeptembre 1551; l'édit du premier février 1553; le dictionnaire des ſciences; les arrêts du conſeil des 22 octobre 1609 & du 25 janvier 1617; la déclaration du mois d'octobre 1646; les édits du mois de janvier 1663 & du mois de mars 1673; la déclaration du 30 janvier 1675; les arrêts du conſeil des 29 ſep-*

tembre & 11 novembre 1674; les édits de décembre 1689, de janvier 1690, de septembre 1691 & d'août 1712; la déclaration du mois d'octobre 1712; le dictionnaire de droit canonique; la déclaration du 3 août 1718; les lois écclésiastiques de France; le traité des usages de la cour de Rome par Peyrard Castel; la bibliothéque canonique; le traité des bénéfices par Gohard; les arêts de Brillon, &c. Voyez aussi les articles DATE, INSINUATION, BÉNÉFICE, PROVISIONS, BULLE, COURSE AMBITIEUSE, PROCURATION, REGISTRE, &c.

BANS DE MARIAGE. On appelle ainsi les proclamations qui se font dans une église pour avertir qu'il y a promesse de mariage entre deux personnes.

Le concile de Latran tenu en 1215 sous Innocent III, voulant rendre général dans toute l'église ce qui se pratiquoit depuis long-tems en France pour empêcher les mariages clandestins, ordonna de publier à haute voix dans les églises les promesses de mariage afin que ceux qui sauroient quelque empêchement à un mariage projeté, le dénonçassent aux supérieurs ecclésiastiques.

On lit dans les mémoires du clergé qu'un concile tenu à Bayeux en 1300 ordonna la même pratique, & détermina le tems & la manière de faire cette sorte de publication.

On cite dans les mêmes mémoires plusieurs autres conciles qui regardent cette matière. Les statuts synodaux d'Etienne Poncher, évêque de Paris, publiés en 1503, contiennent des défenses rigoureuses de célébrer des mariages sans trois publications antérieures.

Le concile de Trente a ordonné l'exécution du concile de Latran sur la publication des bans de mariage.

Il est vrai que la discipline du concile de Trente n'a jamais été reçue ni publiée en France par autorité du roi : mais l'ordonnance de Blois a adopté les dispositions de ce concile les plus conformes à nos maximes, & en a fait une loi du royaume : voici les termes de l'article 40 de cette ordonnance : *pour obvier aux abus & inconvéniens qui adviennent des mariages clandestins, ordonnons que nos sujets, de quelque état & condition qu'ils soient, ne pourront valablement contracter mariage sans proclamation précédente de bans faite par trois divers jours de fêtes avec intervalle compétent, dont on ne pourra obtenir dispense, sinon après la premiere publication faite, & ce seulement pour quelque urgente & légitime cause & à la requisition des plus proches parens & amis des parties contractantes, après lesquels bans seront épousés publiquement.*

Suivant les théologiens scholastiques & le concile de Trente, l'omission de la publication des Bans n'empêche pas que le mariage ne soit valable, du moins quant au sacrement ; parce que le concile de Latran en prescrivant la nécessité de cette publication ne prononce la peine de nullité que dans le cas où le mariage est contracté aux degrés prohibés. Et le concile de Trente assure que sur ce point son décret a été fait d'après celui du Concile de Latran & ne doit pas s'étendre au-delà.

Mais les lois du royaume s'expliquent plus positivement là-dessus que les lois ecclésiastiques. On vient de voir que l'article 40 de l'ordonnance de Blois déclare positivement que personne de quelque état, qualité ou condition que ce soit ne pourra valablement contracter mariage sans proclamation précédente de Bans faite par trois divers jours de fêtes, avec intervalle compétent, dont on ne pourra obtenir dispense sinon après la première proclamation faite, & seulement pour quelqu'urgente ou légitime cause, & à la réquisition des plus proches parens ou amis des parties contractantes.

L'édit du mois de décembre 1606 & celui de 1639 qui confirment cet article de l'ordonnance de Blois semblent prononcer la peine de nullité, non seulement des actes postérieurs au mariage, mais du contrat même qui fait la matiere du sacrement.

L'usage & la jurisprudence ont néammoins donné atteinte à des lois si précises & si formelles. On a introduit au palais une distinction entre les mariages célébrés par des majeurs & ceux qui le sont par des mineurs de vingt-cinq ans: de sorte que les premiers sont déclarés bons & valables, tant par les juges d'église que par les cours, nonobstant le défaut de publication de Bans (*); au lieu que ceux qui sont contractés

(*) Par arrêt du 28 juillet 1633, sur les conclusions de M. Bignon avocat général, le mariage de Henri Dubos homme veuf & majeur, avec Anne Goiset, célébré sans publication de Bans, par le théologal de Beaujeu qui certifioit avoir eu la permission du curé & le mandement de l'évêque qu'on ne rapportoit point, a été déclaré bon & valable, attendu l'âge & la qualité des parties.

Par un autre arrêt du 13 juin 1634, la cour sur l'appel comme d'abus d'une dispense de trois Bans accordée par le grand vicaire d'Angers, & sur l'intimation du grand

par des mineurs de vingt-cinq ans sont déclarés abusifs sur l'apel comme d'abus interjeté par les parens quand il n'y a pas eu de Bans publiés auparavant. Ainsi l'usage a interprêté l'ordonnance de Blois & en a restreint la peine à ces derniers seulement.

Il paroît même suivant la jurisprudence des cours, dit l'auteur des mémoires du clergé, que si les mariages des enfans de famille mineurs de vingt-cinq ans avoient été célébrés du consentement de leurs parens, tuteurs & curateurs, le défaut de publication de Bans ne seroit pas regardé comme une nullité.

Cette interprétation se trouve approuvée par la déclaration du roi du 16 février 1692 rendue en interprétation de l'édit du mois de décembre 1691, concernant les greffiers des insinuations ecclésiastiques & enregistrée au parlement de Paris le 28 du même mois, laquelle porte qu'ayant été attribué par l'édit du mois de dé-

---

vicaire, mit les parties hors de cour & de procès ; & faisant droit sur les conclusions du procureur général du roi, fit défenses à tous grands vicaires d'accorder à l'avenir aucune dispense de trois Bans sans connoissance de cause, à peine de nullité & de répondre en leurs noms de tous dépens, dommages & intérêts.

Par un autre arrêt du 7 août 1638 rendu en la grand-chambre sur l'appel comme d'abus interjeté du mariage du vicomte d'Auchi avec Antoinette Herbin, Majeurs, célébré sans contrat ni publication de Bans, les parties furent mises hors de cour, & le mariage déclaré bon & valable, quoiqu'entre personnes d'une condition très-inégale. M. Bignon avoit conclu à l'appointement, afin de s'informer de la vérité des faits qui lui paroissoient assez graves pour faire casser ce mariage, supposé qu'ils fussent vérifiés. Tous ces arrêts sont rapportés par Bardet.

cembre 1691, des droits à ces greffiers, & entr'autres 12 livres pour l'insinuation de chaque dispense d'un ou de deux Bans, il a été représenté au roi que quoique l'insinuation de ces dispenses fît une des plus considérables parties des émolumens de ces officiers, cependant ils n'en retiroient pas tout le profit qu'ils en devoient attendre, parce que par l'article 19 de cet édit on avoit seulement ordonné une peine de nullité des dispenses de Bans, faute de les faire insinuer; ce qui n'emportoit, est-il dit, aucune obligation de les faire insinuer, à l'égard de toutes les personnes majeures ni même des mineurs qui contracteroient mariage du consentement de leurs peres & de leurs meres; le défaut de publication de Bans n'étant jugé essentiel que relativement à la validité des mariages des personnes mineures.

La publication des Bans doit se faire pendant trois jours consécutifs de dimanche ou de fête dans le temps de la célébration de la messe paroissiale, par le propre curé (*) de l'une & de l'autre des parties, avec injonction à tous ceux qui savent quelque empêchement au mariage d'en faire leur déclaration. Il faut qu'il y ait quelqu'intervalle entre chacune des proclamations, & entre la dernière proclamation & le mariage, afin que toutes les personnes qui pourroient sa-

(*) C'est ce qui est ordonné par le Concile de Trente aussi bien que par l'article premier de l'édit de 1639.

Fevret rapporte un arrêt du 12 mars 1614 qui a interdit pour six semaines un huissier & l'a condamné à une amende de vingt-quatre livres parisis, parce qu'il s'étoit ingéré à faire d'après le refus du curé, une publication de Bans, à la réquisition des parties contractantes.

voir quelqu'empêchement puissent être instruites de la promesse de mariage, & qu'elles aient le temps de faire leur déclaration.

Les publications des Bans ont encore un autre effet singulier dans le ressort du parlement de Toulouse ; elles servent à metre à couvert l'intérêt des créanciers hypotécaires du fiancé en les avertissant de son prochain mariage. Car en dénonçant à la fiancée en parlant à sa personne par un exploit fait avant la célébration du mariage, les titres de créance qu'ils ont sur le mari qu'elle va prendre, si jamais le cas de la restitution de dot arrive, la femme ne leur sera point préférée. Cet usage qui n'a lieu que dans le Languedoc, où l'on s'est toujours attaché à suivre exactement le droit romain, est un effet de la loi *assiduis*, par laquelle Justinien donne à la femme pour la restitution de sa dot une préférence sur tous les créanciers de son mari, même antérieurs à son contrat de mariage : privilège extraordinaire que l'on n'a point admis dans les autres parlemens de droit écrit, & que la formalité de la dénonciation modifie dans le seul parlement où il soit reçu.

Quant à l'intervalle qui doit avoir lieu entre les publications, il est réglé différemment par les statuts synodaux, & par l'usage des différens diocèses. Il y a des églises dans lesquelles on doit réitérer les publications des Bans quand le mariage n'a point été célébré dans les quatre mois après les premières proclamations.

On acquiert dans une paroisse un domicile suffisant pour s'y marier, & par conséquent pour y faire publier ses Bans de mariage, l'orsqu'on y a demeuré publiquement pendant six mois pour ceux qui demeuroient dans une autre paroisse du même diocèse, & quand on y a eu publiquement son domicile pendant un an pour ceux qui demeuroient auparavant dans un autre diocèse. A l'égard des enfans mineurs de vingt-cinq ans, leur domicile de droit est celui de leurs peres ou de leurs meres, & de leurs tuteurs ou curateurs au cas que leurs peres & leurs meres soient morts : il y faut faire la publication de leurs Bans ; & s'ils ont un autre domicile de fait, il faut que les Bans soient publiés dans la paroisse où ils demeurent, & dans celle de leurs peres, meres, tuteurs ou curateurs. Cela est ainsi prescrit par l'édit du mois de mars 1697.

Le curé ou les autres prêtres qui publient à sa place des Bans de mariage, sont tenus de désigner les noms, les surnoms, les qualités, la profession, le lieu de la naissance & celui de la résidence des parties contractantes : on doit aussi dire les noms de leurs pères & de leurs mères, & déclarer si ceux-ci sont morts ou vivans ; mais cette règle n'a pas lieu à l'égard des bâtards.

Les évêques & les grands vicaires peuvent accorder des dispenses de la publication des Bans quand il y a des causes justes & légitimes. Ordinairement on n'accorde dispense que de la seconde & de la troisième publication ; cependant, quand il y a des raisons pressantes, on accorde aussi quelquefois une dispense de la premiere publication (*). Les évêques & les grands viciares

(*) A prendre à la lettre la disposition de l'ordonnance de Blois les évêques & leurs grands vicaires ne devroient jamais accorder dispense de la première publication des Bans ; cependant l'usage en interprétant cette ordonnance,

doivent obſerver à l'égard des mineurs, de ne leur accorder ces diſpenſes que du conſentement de leurs peres ou meres & de leurs tuteurs ou curatéurs. Le Parlement de Paris a rendu à ce ſujet un arrêt de règlement le 22 Décembre 1687.

Les cauſes les plus ordinaires de la diſpenſe des Bans marquées par les canoniſtes, ſont la crainte des oppoſitions ſans fondement qui ne feroient que retarder le mariage; l'infamie qui tomberoit par la proclamation ſur les perſonnes qui veulent ſe marier; le danger qu'il y auroit à différer la célébration, ſoit pour le ſpirituel, ſoit pour le temporel; quand on approche du temps où les nôces ſont défendues, & qu'on ne peut différer ſans courir quelque riſque; quand on craint que les publications, en faiſant connoître le mariage futur, ne cauſent des troubles & des querelles.

Les curés ſont obligés de tenir des regiſtres pour y tranſcrire les oppoſitions formées à la publication des Bans & à la célébration des mariages. Ces oppoſitions ſe font par des perſonnes qui ſe croient en droit d'empêcher le mariage

---

a laiſſé aux évêques le pouvoir qui leur eſt accordé ſur ce ſujet dans le concile de trente pour les cas d'une néceſſité urgente.

Par arrêt du 22 décembre 1672 le parlement de Paris déclarara abuſives des diſpenſes de publications de Bans, & de marier *qualibet horâ* (c'eſt-à-dire auſſi-tôt qu'on le pourra) un maître & ſa ſervante. Le mariage fut annullé par rapport aux effets civils, parce qu'il avoit été célébré à l'extrémité de la vie du mari. Le maître s'appeloit François le Riche, & la ſervante Claudine de Berne. L'arrêt eſt rapporté dans le journal du palais.

dont on a publié les Bans, & elles se signifien
au curé par le ministère d'un huissier. Lorsqu
les opposans se désistent de leurs oppositions o
que les juges en donnent main-levée, le désiste-
ment ou la main-levée doivent pareillemen
être transcris par les curés sur les registres do
on vient de parler : c'est ce qui résulte de l'arré
du règlement du 15 Juin 1691.

Quelque mal fondée que paroisse une opposition à la publication des Bans d'un mariag
projeté, le curé ne doit pas moins y avoi
égard. C'est d'après ce principe que par arrê
du 16 Février 1736, rapporté par Fromental,
le parlement de Toulouse déclara abusive l
sentence d'un official, par laquelle il avoit ordonné que nonobstant l'opposition du père d'un
fille majeure de 25 ans, & sans préjudicier au
droits des parties, non plus qu'à l'accusatio
de rapt intentée par-devant le lieutenant criminel de Guillac, il seroit passé outre à la publication des Bans, jusqu'au mariage exclusivement.

Lorsqu'une personne veut obtenir main-levée
de l'opposition faite à ses Bans de mariage, il
faut qu'elle fasse assigner l'opposant devant les
juges auxquels appartient la connoissance de
l'objet qui a donné lieu à l'opposition. Ainsi
dans le cas où l'opposition est relative au lien
qui naît des fiançailles ou d'un mariage que l'opposant prétend avoir été contracté entre lui &
la partie dont on a publié les Bans de mariage
avec une autre personne, c'est devant l'official
que l'assignation doit être donnée, parce que
la connoissance de cette sorte de matiere a été
attribuée par nos rois, aux juges d'église. Ensuite

si l'opposant justifie qu'il y a réellement un mariage contracté entre lui & la personne dont on a publié les Bans, l'official, en faisant droit sur l'opposition, doit défendre de célébrer le mariage.

Quand l'opposition est fondée sur des fiançailles dont l'opposant fournit la preuve, le juge d'église doit les déclarer bonnes & valables, & exhorter la partie adverse à remplir son engagement : si cette partie persiste dans son refus, le même juge doit prononcer la dissolution des fiançailles & faire main-levée de l'opposition; mais il ne peut point accorder de dommages & intérêts à l'opposant, sinon il donneroit lieu à l'appel comme d'abus.

Lorsque les oppositions aux publications des Bans de mariage ne sont fondées ni sur des fiançailles, ni sur un mariage cotracté précédemment, elles doivent être discutées devant le juge séculier.

Par édit du mois de septembre 1697, il fut établi dans tous les diocèses du royaume des contrôleurs des Bans de Mariage, & il fut ordonné que les dispenses des publications de Bans seroient contrôlées. Le cardinal de Noailles ayant représenté qu'il se trouvoit des occasions dans lesquelles il importoit à l'honneur des familles & à l'état des personnes que la célébration des mariages se fît secrétement, ce qui ne pourroit avoir lieu si les dispenses de publications de Bans devoient être contrôlées, cette disposition de l'édit fut revoquée.

Voyez *les mémoires du clergé; la pratique de la jurisdiction ecclésiastique par du Casse; le traité des bénéfices par Gohard; les lois ecclésiastiques de*

France; l'ordonnance de Blois; Barbosa, sur le concile de Trente; l'edit du mois de mars 1697; les déclarations du 26 novembre 1639 & du 16 février 1692; les arrêts de Bardet; l'édit du mois de décembre 1606; Févret traité de l'abus; le recueil de jurisprudence canonique; le journal du palais; les arrêts de Catelan; la collection de jurisprudence; le dictionnaire de droit canonique; les arrêts du conseil des 16 décembre 1698, 19 septembre 1705, & 30 novembre 1706, &c. Voyez aussi les articles MARIAGE, MINEUR, CURÉ, CONCUBINAGE, INSINUATION, CONTRÔLE, &c.

BAN-VIN. C'est le droit qu'a un seigneur de vendre seul pendant un certain temps de l'année (*) le vin qu'il recueille de son crû, & cela exclusivement aux habitans de sa seigneurie.

Plusieurs coutumes comme celles de Tours, d'Anjou, du Maine, de Lodunois, de la Marche & d'autres, font mention de cette espèce de privilège que l'on connoît aussi en pays de droit écrit.

Le Ban-vin s'est introduit pour donner plus de facilité aux seigneurs de débiter le produit de leurs vignes; mais comme ce droit n'est essentiellement attaché à aucune seigneurie, il faut ou que la coutume l'attribue formellement, ou qu'il soit fondé sur un titre valable. L'ordonnance du mois de juin 1680 veut que ce titre soit antérieur au premier avril 1560, & elle défend d'avoir égard aux anciens aveux & dénombremens, s'ils n'ont été reçus par ceux à qui il appartient d'en prendre connoissance pour le roi. Mais cette ordonnance faite pour les pays

(*) Ce temps est ordinairement de quarante jours.

d'aides,

d'aides, de laquelle nous allons parler plus particulierement ci-après, semble ne devoir point recevoir d'application aux autres pays où le droit dont il s'agit est établi & où le roi n'a aucun intérêt pour le fait des aides. Les titres des seigneurs dans ces pays peuvent s'examiner & s'apprécier suivant les règles dont nous avons parlé à l'article BANALITÉ.

Voici ce que l'on remarque de commun entre les provinces où les aides ont cours & les autres provinces au sujet du Ban-vin. Nous ferons voir ensuite les exceptions qui concernent particuliérement les pays d'aides.

Lorsque le temps de l'exercice du Ban-vin n'est pas déterminé par les titres ou par la coutume, le seigneur est maître de le fixer quand bon lui semble (*). Lorsque ce temps est arrivé

(*) *Formule pour parvenir à l'ouverture du Ban vin.*

Sur cet qui nous a été judiciairement remontré à l'audience par le procureur-fiscal de cette justice que le seigneur de ce lieu a droit de ban-vin à cause de sa seigneurie de.... pour en jouir pendant 40 jours, & qu'étant d'usage que l'ouverture de l'exercice de son droit se fasse de notre autorité, il requéroit qu'il nous plût d'ordonner qu'il soit publié à l'issue de la messe paroissiale de.... que (*tel jour*) ledit seigneur commencera d'exercer son droit, & qu'en conséquence il soit fait défenses à tous habitans & justiciables, cabaretiers & autres sans distinction de qualité, de vendre, faire vendre & donner à pot & à pinte du vin pendant les 40 jours que doit durer l'exercice du droit du seigneur à peine de confiscation & d'amende, ni d'en acheter ailleurs qu'au château dudit seigneur en la manière accoutumée & cela sous les mêmes peines, de permettre en même-temps de faire publier & afficher notre ordonnance, & de la rendre exécutoire nonobstant opposition ou appellation quelconque.

Nous faisant droit sur le requisitoire du procureur fiscal,

il n'eſt plus permis à aucun des habitans de la ſeigneurie à quelque diſtance qu'ils ſoient du domicile du ſeigneur de vendre du vin d'aucun vignoble. Ceux qui tiennent des tavernes ou cabarets ſont obligés d'ôter leurs enſeignes qu'on appelle en certains endroits des *bouchons*. Il n'y a que les aubergiſtes qui logent les étrangers qui aient la liberté de vendre du vin ſans être obligés pour cela de le prendre chez le ſeigneur ; mais pour ces étrangers ſeulement, & non pour ceux des habitans qui jugeroient à propos d'aller boire chez ces aubergiſtes. On répute pour étrangers ceux qui n'ont point leur habitation dans la paroiſſe où eſt ſituée la maiſon du ſeigneur.

Le ſeigneur de ſon côté pendant ce temps-là ne peut vendre d'autre vin que du crû de la paroiſſe où eſt la maiſon ſeigneuriale de la terre

---

ordonnons que publication ſera faite à l'iſſue de la meſſe de paroiſſe de.... que (*tel jour*) ſera ouvert l'exercice du droit de Ban-vin en faveur du ſeigneur de.... pour durer 40 jours en la manière accoutumée, pendant lequel temps faiſons défenſes à tous cabaretiers, juſticiables & autres habitans de ladite ſeigneurie de quelque condition qu'ils ſoient, de vendre ou donner à pot & à pinte du vin, & d'en acheter ailleurs qu'au château du ſeigneur à peine de confiſcation & d'amende. Permettons au ſurplus de faire lire, publier & afficher notre préſente ordonnance aux places publiques ordinaires, & de l'exécuter nonobſtant appel ou oppoſition. Fait & donné à l'audience de la juſtice de.... tenue par nous.... le....

Le procès verbal de publication de cette ordonnance ſe fait par un ſergent ou un huiſſier à l'iſſue de la meſſe de paroiſſe, dans la même forme que celle que nous avons donnée pour la publication d'une prohibition en fait de BANALITÉ DE MOULIN.

qui lui donne droit de Ban-vin ; & l'on regarde comme vin de ſon crû, celui qui provient des dixmes inféodées ſur les vignes ſituées dans la même paroiſſe & des preſſoirs banaux qui y ſont conſtruits ; ſi le ſeigneur cherchoit à vendre d'autre vin que de ſon crû on ſeroit admis à faire preuve par témoins de cette eſpèce de fraude.

Il ne peut vendre ſon vin ailleurs que dans ſa maiſon ſeigneuriale, quoiqu'elle ſoit à une certaine diſtance du bourg ou du village dont elle dépend, & cette vente il ne peut la faire, comme il eſt dit, qu'à *pot ou pinte & ſans aſſiette* par les mains de ſes domeſtiques. Il peut cependant en faire le débit dans la maiſon deſtinée pour la ferme, lorſqu'il n'y a point de fermier, & qu'il exploite par lui-même cette ferme.

Le droit de Ban-vin ne peut être cédé à perſonne, excepté cependant dans les pays où il eſt regardé comme domanial, ſuivant qu'il réſulte d'un arrêt du parlement de Paris rendu le 21 août 1638, en faveur du fermier du domaine de Montbriſon dans le Forez ; on ne peut pas non plus en faire un bail conventionnel, ſoit en le comprenant dans la ferme générale des revenus de la terre, ſoit en le donnant à titre de bail particulier (*) ; ce droit ne peut pas non plus être exercé dans la maiſon, dans les caves, les celliers & autres lieux cédés au fermier pour ſon logement.

Quoique le vin des preſſoirs banaux & des

(*) La coutume de Châteaumeilland eſt la ſeule qui permette d'affermer ce droit : mais cette faculté ne peut plus avoir lieu depuis l'ordonnance des aides de 1680.

vignes inféodées soit regardé comme du crû du seigneur, cependant si ces pressoirs & ces vignes étoient affermées, le privilège de la vente de ce vin cesseroit, quand même le seigneur auroit pris ce même vin en payement du montant de sa ferme ; mais la chose seroit différente si le bail étoit à moitié-fruits : la part du seigneur seroit réputée vin de son crû.

La prohibition d'affermer le droit dont il s'agit, est tellement de rigueur, que ce droit ne peut même pas entrer dans un bail judiciaire. Aussi-tôt que par le bail qui suit une saisie réelle, le seigneur est dépouillé, personne ne peut faire usage pour lui du droit qu'il exerçoit, il faut attendre qu'il y ait un adjudicataire.

Lorsque le seigneur exerce son droit il ne peut mettre son vin à un prix arbitraire ; il est obligé de le donner pour le prix qu'il valoit à l'ouverture du Ban-vin ; l'article 316 de la coutume de la Marche le prescrit formellement : le vin qu'il débite doit être en même-temps pur & d'une qualité ordinaire.

La vente en détail que peut faire le seigneur, n'empêche pas les habitans de vendre & d'acheter entr'eux en gros & en futailles ; car enfin le profit que le seigneur peut tirer de son privilège, ne vient que de ce que ceux de ces habitans, qui n'ont point de vin de leur crû, ni les facultés pour en tenir dans leur cave, sont obligés d'en aller acheter chez lui en détail, au lieu d'en aller prendre chez le cabaretier ; ce qui ne change rien à l'égard de ceux qui ont leur provision, lesquels par conséquent peuvent vendre ou acheter en gros, pourvu que pendant le Ban-vin ils ne vendent pas en détail. C'est aussi ce qui paroît avoir été jugé par un arrêt du 12 août 1561, rapporté par la Roche-flavin. Cet arrêt rendu entre le seigneur de Seysses & ses sujets, porte que ce seigneur sera maintenu dans sa possession de pouvoir vendre son vin *à pot & à pinte* chaque année, durant le mois d'août, à un prix commun & raisonnable, suivant la taxe du bailli & des consuls.... » sans que pour raison » de ce, est-il dit, les habitans puissent être em» pêchés par ledit seigneur de vendre ou acheter » leur vin en gros, en tonneaux gros ou petits, » durant ledit mois d'août, ou autre temps de » l'année ».

Comme le seigneur est obligé de fournir du vin de bonne qualité, & à un prix raisonnable & quelquefois suivant la taxe, il s'ensuit que ceux qui sont dans le cas d'en acheter en détail ne peuvent le prendre ailleurs que chez lui, sans quoi il auroit été inutile d'assujettir le seigneur à le fournir de bonne qualité & à juste prix; il y auroit été naturellement obligé pour mériter la préférence. D'ailleurs on voit que les anciennes formules de publication de Ban-vin portent défenses de vendre & d'acheter au préjudice du seigneur.

Quand le vin du seigneur est débité avant l'expiration du délai qu'il avoit pour le vendre, les habitans dès ce moment reprennent leur droit de vendre & d'acheter en détail comme auparavant. Le seigneur ne peut point pour completter le délai, débiter d'autre vin, quand même ce vin auroit été recueilli dans son territoire du crû de ses sujets. Sur quoi on peut remarquer que Salvaing dans son livre de *l'usage des fiefs*, a donné dans une erreur palpable en prétendant que le ſeigneur pouvoit faire emplette d'autre vin que de ſon crû pour exercer ſon droit dans les pays où il n'a point de vignes. Cette fauſſe opinion juſtement relevée par Fréminville, eſt condamnée par les anciennes ordonnances & notamment par celle de Charles VI, du 4 janvier 1392.

Lorſque pluſieurs co-héritiers ont droit à l'exercice du Ban-vin, il eſt indifférent pour les habitans qu'ils l'exercent conjointement ou ſéparément, pourvu que le vin ſe débite en même-temps & ſans interruption.

Pendant la durée du Ban-vin le ſeigneur n'a point droit de viſites ni de recherches par lui ou par ſes officiers chez les particuliers; mais, comme le dit fort bien l'article 317 de la coutume de la Marche, il peut s'enquérir s'il n'y a perſonne qui vende à ſon préjudice; & s'il découvre quelqu'un en contravention, il a droit de l'actionner, & de faire prononcer contre lui des dommages-intérêts & l'amende portée par la coutume.

Voici maintenant les particularités qu'exige de plus l'ordonnance de 1680, dans les pays d'aides au ſujet du Ban-vin.

D'abord il eſt à remarquer que cette ordonnance maintient tous ceux qui ont droit de Ban-vin, dans le privilège excluſif de vendre leur vin durant le délai porté par les titres & par les coutumes; mais comme nous l'avons déjà obſervé, elle n'admet pour titres valables que ceux qui ſont d'une époque antérieure au premier avril 1560, & elle défend d'avoir aucun égard aux aveux & dénombremens anciens, s'ils n'ont été reçus par les officiers du roi auxquels il appartient d'en prendre connoiſſance.

En maintenant les ſeigneurs dans leur droit de Ban-vin, elle autoriſe les commis à ſe tranſporter chaque année après les vendanges dans les maiſons ſeigneuriales de ceux qui exercent ce droit, même dans les lieux où le gros n'a point cours pour inventorier & marquer le vin que ces ſeigneurs prétendent être du crû de la paroiſſe où eſt la maiſon ſeigneuriale de la terre à cauſe de laquelle ce même droit leur appartient. Les ſeigneurs ſont tenus de déclarer la quantité du vin qu'ils ont recueilli, d'indiquer la ſituation de leurs vignes par tenans & aboutiſſans, & de ſouffrir les inventaires & marques des commis, le tout à peine de déchéance de leur droit pour l'année où ils auront refuſé de ſatisfaire à ce qui leur eſt preſcrit.

Ils ſont tenus ſous la même peine de faire publier au prône ou du moins à l'iſſue de la meſſe de paroiſſe le jour qu'ils feront l'ouverture de leur ban, & d'en ſignifier (*) l'acte de publication

(*) *Formule d'un ſignification d'ouverture de Ban-vin, faite au fermier des aides.*

L'an .... le .... jour du mois de .... à la requête du procureur-fiſcal de la juſtice de .... demeurant à .... je .... huiſſier reçu & immatriculé à .... demeurant à .... me ſuis tranſporté à .... au domicile de .... prépoſé à l'exercice des droits d'aides dans cette généralité de .... où étant & parlant à .... je lui ai ſignifié que le ſeigneur de ladite juſtice de .... commencera l'exercice de ſon droit de Ban-vin le .... (*tel jour*) pour durer 40 jours en la manière accoutumée ſuivant la publication qu'il en a fait faire en vertu d'ordonnance de M. le juge de ladite juſtice, rendue le .... par acte de ... ſergent, le .... & afin que ledit .... prépoſé n'en ignore, ni n'en laiſſe ignorer ſes directeurs, je lui ai laiſſé copie tant de la préſente ſignification que de

au fermier des droits d'aides huit jours auparavant, & le fermier peut du jour de la signification qui lui en a été faite, envoyer des commis dans les maisons des seigneurs, dans leurs caves & leurs celliers pour y faire des visites & les continuer pendant la durée du Ban-vin.

Les seigneurs sont aussi tenus de représenter au commis tout le vin du crû pour être recolé sur les premiers inventaires, s'ils ont été faits, sinon pour être inventorié, marqué & rouanné (*). Quand il se trouve que les seigneurs ont fait une fausse déclaration, & qu'ils vendent d'autre vin que celui qui a été marqué, ils doivent être condamnés à trois cens livres d'amende avec confiscation du vin au profit du fermier.

Les hôteliers, taverniers & cabaretiers sont tenus de souffrir les visites des commis durant le Ban-vin comme en tout autre temps, & de payer les droits de détail & d'augmentation, quoique le vin qu'ils débitent soit du crû de la seigneurie.

L'ordonnance veut qu'au cas de contravention à ce qu'elle prescrit, les seigneurs soient tenus de payer les droits d'aides pour tout le vin qu'ils auront vendu durant le Ban de l'année où la contrevention aura été commise, avec privation du droit de Ban-vin pour l'année sui-

---

l'ordonnance & de l'acte de publication y énoncés ès mains & parlant comme dessus.

L'original de cette signification est dans le cas du contrôle, comme les autres actes du ministère des huissiers.

(*) *Rouaner un tonneau*, c'est le marquer avec un instrument à peu près semblable à celui dont se servent les charpentiers quand ils marquent leurs bois.

vante; & qu'au cas de récidive une autre année, ils en ſoient déchus durant leur vie.

Le dernier article de cette ordonnance porte que les conteſtations au ſujet du droit dont il s'agit, *où le fermier des droits d'aides ſera partie principale ou partie intervenante*, ſeront introduites en première inſtance aux élections & ſuivies par appel aux cours des aides, avec défenſes aux autres juges d'en connoître, à peine de nullité des procédures & des jugemens qui pourroient s'enſuivre.

Il eſt aiſé de remarquer que les conteſtations qui ne roulent qu'entre le ſeigneur & les habitans, ne ſont plus de la compétence des élections : les juges ordinaires ſont alors en droit d'en connoître. Mais lorſque le fermier des aides devient partie intéreſſée dans l'affaire, la conteſtation doit être néceſſairement renvoyée au ſiége de l'élection (*) ſans qu'on puiſſe même ſe pourvoir directement à la cour des aides; c'eſt ce qui a été jugé par celle de Paris le 17 juin 1744 : le marquis de Laumari s'y étoit pourvu directement pour faire déclarer commun avec le fermier actuel un arrêt qui y avoit été anciennement obtenu contre d'autres fermiers, mais par l'arrêt cité ce ſeigneur fut renvoyé à ſe pourvoir devant les élus de l'endroit.*

Il nous reſte à dire pour terminer cet article, qu'il y a un édit du mois d'avril 1702, lequel porte que dans les provinces où il n'y a point

(*) Il faut pourtant obſerver que dans les lieux où il y a une chambre du domaine comme à Montbriſon, à Blois & ailleurs, c'eſt au juge domanial à prendre connoiſſance en ce cas de la conteſtation, ſauf l'appel au parlement.

d'aides, & dans les lieux où le droit de Ban-vin n'est pas établi au profit du roi ou des seigneurs; ce même droit y sera introduit & vendu au nom de sa majesté, avec faculté pour ceux qui l'auront acquis, de l'exercer pendant 40 jours de chaque année dans le temps qu'il leur plaira, à la charge néanmoins qu'ils feront annoncer avant le premier novembre de chaque année, le temps où ils jugeront à propos d'user de leur droit & de se borner au vin de leur crû. Il est fait défenses en même-temps à toutes personnes de vendre de vin ou d'autres boissons *en détail* pendant que durera l'exercice du droit, à peine de confiscation des vins qui se trouveront vendus en fraude, & de trois cens livres d'amende au profit des propriétaires qui ne seront point sujets, est-il dit, aux droits d'aides spécifiés par l'ordonnance du mois de juin 1680. Il est ajouté que les seigneurs & les corps des villes & communautés pourront acquérir le droit en question pour l'unir si bon leur semble à leurs domaines, fiefs & seigneuries, avec faculté aux uns & aux autres de l'affermer conjointement avec leurs autres revenus ou d'en faire un bail séparé.

Mais il a été reconnu sous ce nouveau règne combien un droit pareil étoit contraire au commerce de vins dans les villes où l'on s'en faisoit un prétexte pour empêcher d'y entrer les vins qui n'étoient pas du territoire même de l'endroit; en conséquence le roi par un édit du mois d'avril 1776, a aboli le droit de Ban-vin appartenant à des villes, bourgs ou autres lieux à quelque titre que ce fût, quoiqu'il eût été acquis des rois ses prédécesseurs ou de quelques seigneurs, attendu que les villes, est-il dit, n'avoient dû l'acquérir que pour en procurer aux habitans l'affranchissement. Et à l'égard du droit de Ban-vin appartenant à des seigneurs ecclésiastiques ou séculiers, même au roi à cause de ses domaines, il est dit que nonobstant ce droit, les vins & les eaux-de-vie auroient partout un passage libre; mais que pour la vente & l'achat, la même liberté cesseroit dans les terres des seigneurs ecclésiastiques ou séculiers, dans lesquelles le droit de Ban-vin seroit établi, & cela dans la saison & pour le temps seulement qui sont fixés pour l'exercice de ce droit.

Voyez *les coutumes d'Anjou, du Maine, du Lodunois, de la Marche, &c. les arrêts de la Rocheflavin & ceux d'Augeard; Henrys & Bretonnier; le traité des aides par la Bellande; l'ordonnance des aides du mois de juin 1680; l'édit d'avril 1702; la pratique universelle des droits seigneuriaux; la collection de jurisprudence, &c.* Voyez aussi l'article BANALITÉ. (*Article de M. DAREAU avocat, &c.*)

BAPTÊME. C'est celui des sept sacremens par lequel on est fait chrétien.

Ce mot signifie en général *lotion, immersion*, & c'est en ce sens que les Juifs appeloient *Baptême*, certaines purifications légales qu'ils pratiquoient sur leurs prosélytes après la circoncision. On donne le même nom à celle que pratiquoit St. Jean dans le désert à l'égard des Juifs, comme une disposition de pénitence pour les préparer, soit à la venue de Jesus-Christ, soit à la réception du Baptême que le Messie devoit instituer, & dont le Baptême de St. Jean étoit absolument différent par sa nature, sa forme & sa nécessité, comme le prouvent les théologiens contre la prétention des Luthériens & des Calvinistes.

Le Baptême de l'église chrétienne est appelé dans les peres de plusieurs noms rélatifs à ses effets spirituels, comme *adoption*, *renaissance*, *régénération*, *remission des péchés*, *renouvellement des esprits*, *vie éternelle*, *indulgence*, *absolution*.

La matière éloignée de ce sacrement, (dit l'auteur des lois ecclésiastiques,) est de l'eau naturelle, telle que l'eau de pluie, de fontaine, de rivière ou de la mer. Le Baptême seroit nul si l'on s'étoit servi d'eau artificielle, ou de toute autre liqueur. La matière prochaine du sacrement est l'application de l'eau sur quelque partie du corps de celui qui est baptisé. Cette application de l'eau se fait dans toute l'église latine par infusion, en versant de l'eau sur la tête : autrefois elle se faisoit par immersion ; quelquefois on a employé l'aspersion. Ces différentes manières ne touchent pas à la substance du sacrement. Quand on confère le Baptême solennellement, on se sert de l'eau qui a été bénite le samedi devant la fête de Pâques ou devant celle de la Pentecôte.

La forme du sacrement de Baptême consiste dans ces paroles : *je te baptise au nom du Pere, & du Fils, & du saint Esprit.* Quoique l'on prononce ces paroles en latin lorsque l'on confère le Baptême à l'église, il n'en est pas moins valable, quand on les a prononcées en françois, ou en quelque autre langue que ce puisse être. Les fautes mêmes que pourroit faire contre la grammaire la personne qui baptise en prononçant ces paroles, n'empêcheroient point l'effet du Baptême.

Cette forme étant clairement exprimée dans les écritures & attestée par les ouvrages des plus anciens auteurs ecclésiastiques, il s'ensuit que tout Baptême conféré sans une appellation ou invocation expresse des trois personnes de la Trinité, est invalide. La doctrine des conciles y est formelle, surtout celle du premier concile d'Arles tenu en 314, & l'église a mis une grande distinction entre les hérétiques qui dans leurs Baptêmes conservoient cette forme & ceux qui la corrompoient : elle se contentoit à l'égard des premiers, lorsqu'ils revenoient dans son sein, de les recevoir par la cérémonie de l'imposition des mains, & elle réitéroit aux autres le Baptême, ou plutôt elle leur donnoit le sacrement qu'ils n'avoient jamais reçu.

Le Baptême a été rejeté totalement par plusieurs anciens hérétiques des premiers siècles, tels que les Ascodrutes, les Marcosiens, les Valentiniens, les Quintiliens, qui pensoient tous que la grace qui est un don spirituel, ne pouvoit être communiquée ni exprimée par des signes sensibles. Les Archontiques le rejetoient comme une mauvaise invention du Dieu *Sabahoth*, c'est-à-dire du Dieu des Juifs, qu'ils regardoient comme un mauvais principe. Les Seleuciens & les Hermiens ne vouloient pas qu'on le donnât avec de l'eau ; mais ils employoient le feu, sous prétexte que saint Jean-Baptiste avoit assuré que le Christ baptiseroit ses disciples dans le feu. Les Manichéens & les Pauliciens le rejetoient également aussi-bien que les Massaliens. Le nombre des hérétiques qui ont altéré ou corrompu la forme du Baptême n'est pas moindre : Ménandre baptisoit en son propre nom : les

Eluſéens y invoquoient les démons; les Montaniſtes y joignoient le nom de Montan leur chef, & de Priſchille leur prophéteſſe, aux noms ſacrés du Père & du Fils. Les Sabelliens, les Marcoſiens, les diſciples de Paul de Samoſat, les Eunomiens, & quelques autres hérétiques ennemis de la Trinité, ne baptiſoient point au nom des trois perſonnes divines; c'eſt pourquoi l'égliſe rejetoit leur Baptême: mais, comme nous l'avons dit, elle admettoit celui des autres hérétiques, pourvu qu'ils n'altéraſſent point la forme preſcrite, quelques fuſſent d'ailleurs leurs erreurs ſur le fond des myſtères.

La diſcipline de l'égliſe ſur la manière d'adminiſtrer ce ſacrement, n'a pas toujours été la même: autrefois on le donnoit par une triple immerſion, & cet uſage a duré juſqu'au xij^e^ ſiècle. Il eſt vrai que dans le vj^e^, quelques catholiques d'Eſpagne s'en tenoient à une ſeule immerſion, de peur, diſoient-ils, que les Ariens n'imaginaſſent que par la triple immerſion ils diviſoient la Trinité, à l'exemple de ces hérétiques: mais cette raiſon frivole ne changea généralement rien à l'ancien uſage. Celui de baptiſer par infuſion ou en verſant l'eau ſur la tête, commença ſelon quelques-uns dans les pays ſeptentrionaux, & s'introduiſit en Angleterre vers le jx^e^ ſiècle. Le concile de Calchut ou de Celchyth tenu en 816, ordonna que le prêtre ne ſe contenteroit pas de verſer de l'eau ſur la tête de l'enfant, mais qu'il l'a plongeroit dans les fonds baptiſmaux.

Les écrivains eccléſiaſtiques parlent de pluſieurs cérémonies qu'on pratiquoit au Baptême & qui ſont aujourd'hui abolies, ou dont il ne reste que de légères traces ; comme de donner aux nouveaux baptisés du lait & du miel dans l'église d'orient ; & dans celle d'occident du miel & du vin, de les revêtir d'une robe blanche, &c. de ne baptiser qu'à jeûn, de donner immédiatement après le Baptême la confirmation & l'eucharistie, &c.

Hors le cas de nécessité, c'est toujours dans l'église paroissiale du lieu où l'enfant est né que le Baptême doit être conféré par le curé ou par le prêtre qu'il commet à cet effet. Les diacres peuvent aussi conférer solennellement le Baptême, pourvu qu'ils en aient obtenu la permission du curé. Les calvinistes doivent faire porter leurs enfans à l'église paroissiale pour les y faire baptiser, de même que les catholiques ; & leurs enfans qui ont été ainsi baptisés, doivent être élevés dans la religion catholique, apostolique & romaine. Cela est ainsi prescrit par l'article 8 de l'édit d'octobre 1685, & par la déclaration du 14 mai 1724.

Les dangers de mort auxquels les enfans se trouvent souvent exposés pendant les premiers jours de leur vie doivent engager les parens à ne pas différer à les baptiser, sous prétexte d'attendre le parrain & la marraine, ou pour quelque autre raison de cette nature. C'est ce que portent les statuts synodaux de plusieurs diocèses qui ordonnent de baptiser les enfans le jour ou du moins le lendemain de leur naissance.

Les enfans qui reçoivent le sacrement de Baptême sont mis au rang des fidelles. On leur donne en les baptisant, un parrain & une marraine, afin de répondre à leur place, & de rendre compte de leur foi : ces personnes sont chargées de veiller à ce que ces enfans qu'ils ont tenus sur les fonts de Baptême soient instruits dans la foi qu'ils ont promise pour eux.

Il faut que ceux qui se présentent pour être parrains & marraines soient parvenus à un âge de discrétion, qu'ils soient instruits des mystères de la religion, & en état d'instruire les enfans, en cas que les parens négligent leur éducation. Les religieux ne peuvent être parrains, ni les religieuses marraines, parce que l'état de retraite qu'ils ont choisi ne paroît pas compatible avec les obligations dont l'église charge les parrains & les marraines, & parce qu'ils doivent éviter toutes les occasions de dissipation.

On donne aux enfans en les baptisant le nom de quelques-uns des saints qui sont honorés dans l'église d'un culte public. Les curés doivent veiller à ce que les parrains & les marraines ne donnent pas des noms de païens aux enfans qu'ils tiennent sur les fonts.

Les lois attentives à l'intérêt commun des familles & au bon ordre de la société, ont voulu que les preuves de l'état des hommes fussent assurées par des actes authentiques : c'est pourquoi elles ont ordonné, non-seulement que les actes de Baptême de mariage & de sépulture seroient inscrits sur des registres publics, mais encore que ces registres seroient déposés tous les ans au greffe d'un siége royal & conservés ainsi sous les yeux de la justice. Les dispositions des anciennes lois (*) sur cette matière furent rassemblées

(*) L'ordonnance donnée à Villers-Cotterets au mois d'août 1539 avoit ordonné de tenir des registres pour servir

rassemblées par Louis XIV dans le titre 20 de l'ordonnance du mois d'avril 1667; mais dans beaucoup de paroisses cette ordonnance ne fut pas exécutée comme elle auroit dû l'être, & les curés negligèrent souvent de remettre au greffe du siége royal un double de leur registre. Cette considération détermina le feu roi à donner la déclaration du neuf avril 1736, qui forme le dernier état de la jurisprudence sur cette matière.

Suivant l'article premier, il doit y avoir dans chaque paroisse du royaume, deux registres pour y inscrire les Baptêmes, mariages & sépultures qui se font dans le cours de chaque année. Tous deux sont réputés authentiques & font également foi en justice. L'un doit être tenu en papier timbré dans les pays ou l'usage de ce papier est ordonné, & l'autre en papier commun. La fabrique est obligée de fournir ces registres à ses frais, un mois avant le commencement de chaque année.

L'article 2 veut que ces registres soient cot-

---

de preuves des Baptêmes; que ces registres seroient signés du curé ou de son vicaire & d'un notaire, & que le curé seroit tenu de les remettre chaque année au greffe du juge royal.

Henri III avoit par son ordonnance du mois de mai 1579, enjoint aux curés de porter les registres des Baptêmes, mariages & sépultures aux greffes des juges royaux dans deux mois après chaque année, & de les affirmer véritables.

Les mêmes dispositions se trouvent dans l'ordonnance du mois de janvier 1629, avec cette différence, que le délai pour porter les registres aux greffes des justices royales n'étoit que d'un mois après l'année écoulée.

tés & paraphés sur chaque feuillet : ceci doit être fait sans frais par le lieutenant général ou autre premier officier du bailliage ou siége royal ressortissant nûment au parlement, qui a la connoissance des cas royaux dans le lieu où l'église est située. Si dans l'étendue du siége il y a des paroisses trop éloignées, les curés peuvent pour faire cotter & parapher leurs registres, s'adresser au juge royal que le lieutenant général ou autre premier officier aura commis sans frais à cet effet pour ces paroisses, sur les requisitions du procureur du roi.

L'article 3 veut que tous les actes de Baptêmes, de mariages & de sépultures soient inscrits de suite & sans aucun blanc, sur chacun de ces registres : (*) Ces actes doivent être en même-temps qu'ils sont faits, signés sur les deux registres par les personnes qui doivent les signer.

Dans les actes de Baptême, il doit être fait mention du jour de la naissance de l'enfant, du nom qu'on lui a donné, & de ceux de son père, de sa mère, de son parrain & de sa marraine : chaque acte doit être signé sur les deux registres, tant par celui qui a administré le Baptême, que par le père s'il est présent & par le parain & la maraine. A l'égard de ceux qui ne savent ou ne peuvent pas signer, il doit être fait mention de la déclaration qu'ils en font. Telles sont les dispositions de l'article 4.

(*) Observez néanmoins que dans les églises où il est d'usage de mettre les actes de Baptême sur des registres différens de ceux des mariages & de ceux des sépultures, cet usage doit être continué : mais alors il faut deux registres pour chacun de ces objets. C'est ce que porte l'article 16.

Lorsqu'un enfant a été ondoyé en cas de nécessité ou par permission de l'évêque, & que l'ondoyement a été fait par le curé ou par quelqu'autre prêtre desservant, ils sont tenus d'en inscrire à l'instant l'acte sur chacun des deux registres : si c'est la sage-femme ou quelqu'autre personnne qui a ondoyé l'enfant, cette personne doit sur le champ en avertir le curé ou le prêtre desservant pour qu'il inscrive l'acte d'ondoyement sur les registres : il faut d'ailleurs observer à l'égard des signatures de cet acte, les mêmes formalités que celles qui sont prescrites pour les signatures des actes de Baptême, c'est-à-dire que l'acte d'ondoyement doit être signé tant par la personne qui a ondoyé que par le curé, &c. cela est ainsi prescrit par l'article 5.

Lorsque les cérémonies du Baptême sont suppléées, l'acte en doit être dressé comme pour les Baptêmes, & il doit en outre y être fait mention du jour de l'acte d'ondoyement : c'est ce qu'ordonne l'article 6.

Toutes les dispositions précédentes doivent aussi être observées dans les églises succursales, les chapitres, les communautés séculières ou régulières, les hôpitaux & les autres églises qui sont en possession d'administrer le Baptême. Il y a seulement à l'égard des hôpitaux de Paris une exception, qui consiste en ce que leurs registres peuvent être tenus en papier commun, & qu'ils doivent être cottés & paraphés par deux administrateurs : c'est ce qui résulte des articles 14 & 15.

L'article 19 a laissé aux parties intéressées la liberté de lever des extraits des actes de Baptêmes sur les registres déposés aux greffes des bailliages & des autres siéges royaux ou sur ceux qui restent entre les mains des curés. Le droit que les greffiers & les curés peuvent percevoir pour chaque extrait, est fixé à dix sous dans les villes où il y a parlement, évêché ou présidial; à huit sous dans les autres villes, & à cinq sous dans les bourgs & villages, y compris le papier timbré.

Si les parlemens ou d'autres juges royaux compétens viennent à ordonner quelque réforme sur les actes insérés dans les registres des Baptêmes, mariages, &c, cette réforme doit être faite sur les deux registres en marge de l'acte à réformer: on transcrit pour cet effet sur cette marge, en entier ou par extrait, le jugement qui ordonne la réforme.

S'étant élevé des contestations sur la validité du mariage du sieur de Modave, & sa femme étant accouchée dans ces circonstances, le parlement rendit un arrêt, qui ordonna que le sacrement de Baptême seroit administré à l'enfant du *prétendu* Louis Gaston de Modave. Ce terme *prétendu* fut inséré dans l'extrait baptistaire en vertu de l'arrêt, parce que le sieur de Modave étoit accusé de supposition de nom & de personne.

L'enfant ne fut pas non plus qualifié légitime dans l'extrait baptistaire, parce qu'il y avoit appel comme d'abus du mariage de son père & de sa mère: c'eût été reconnoître l'état de l'enfant par provision; mais sa légitimité n'a plus fait difficulté depuis l'arrêt du 3 février 1723 qui a déclaré la dame de Modave & sa famille non-recevables dans leur appel comme d'abus du mariage. Cette espèce est rapportée dans la collection de jurisprudence.

Dans le cas d'une néceſſité abſolue & dans un danger évident de mort toute perſonne peut donner le Baptême, même un laïque & une femme. En ce cas il faut préférer entre les perſonnes qui ſe trouvent préſentes, les eccléſiaſtiques aux laïques, & les hommes aux femmes. Les pères ni les mères ne doivent pas baptiſer leurs enfans quand il y a d'autres perſonnes; parce que le mari & la femme contracteroient une alliance ſpirituelle qui leur ôteroit le droit d'habiter enſemble, ſi l'un des deux donnoit ſans néceſſité le Baptême à l'enfant commun. Comme les ſages-femmes ſont le plus ordinairement à portée de baptiſer les enfans qui ſe trouvent en danger de mort dès les premiers momens de leur vie, on doit avoir ſoin de n'en recevoir aucune qu'elle ne ſoit inſtruite des règles qu'on doit obſerver pour l'adminiſtration du Baptême.

Non-ſeulement les laïques & les femmes, mais encore les païens qui ne ſont pas baptiſés peuvent conférer valablement le Baptême, pourvu qu'ils obſervent ce qui eſt preſcrit par l'égliſe, tant par rapport à la matière, que par rapport à la forme, & qu'ils agiſſent ſérieuſement.

Quelques-uns ont prétendu que dans la primitive égliſe on ne baptiſoit que les adultes: mais c'eſt ſans fondement; car quoiqu'on n'ait point dans l'écriture de textes précis qui marquent que des enfans ont été baptiſés, & que quelques anciens pères, comme Tertullien, fuſſent perſuadés que de baptiſer les enfans avant qu'ils euſſent atteint l'âge de raiſon, c'étoit les expoſer à violer les engagemens de leur Baptême, & qu'ainsi il étoit de la prudence & de la charité de n'admettre à ce sacrement que les adultes : il est néanmoins certain, 1°. que les apôtres ont baptisé des familles entières, dans lesquelles il est très-probable qu'il se trouvoit des enfans : 2°. que la pratique actuelle de l'église à cet égard est fondée sur la tradition des apôtres, comme l'assure S. Augustin, après S. Irenée & S. Cyprien. Ce dernier sur-tout consulté par l'évêque Fidus, s'il ne seroit pas à-propos de fixer le tems du Baptême des enfans au huitième jour après leur naissance, comme celui de la circonsion l'étoit chez les juifs, en conféra avec soixante-cinq autres évêques assemblés en concile à Carthage en 253, & répondit à Fidus, qu'ils avoient décidé unanimement que le Baptême ne devoit être refusé à aucun enfant. Quelqu'autorisée que fût cette pratique dans les premiers siècles de l'église, il faut convenir qu'elle n'étoit pas généralement observée à l'égard de tous les enfans des fidèles : les Cathécumenes étoient souvent plusieurs années avant de recevoir le Baptême. L'histoire ecclésiastique nous apprend que S. Ambroise ne fut baptisé qu'après avoir été élu évêque de Milan. On sait que l'empereur Constantin ne reçut ce sacrement qu'à l'article de la mort, & qu'il eut en cela bien des imitateurs d'un nom illustre dans l'église. Plusieurs différoient ainsi leur Baptême le plus long-tems qu'ils pouvoient, mais par des motifs très-différens ; les uns par un esprit d'humilité dans la crainte de n'être pas assez bien disposés pour recevoir dignement ce premier sacrement ; les autres pour mener plus librement une vie déréglée, se flattant d'en obtenir le pardon à la mort par la grâce du Baptême. Les pères s'élevèrent avec tant de force contre les fausses raisons & le danger des délais dont on usoit pour recevoir si tard le Baptême, qu'ils réussirent peu-à-peu à établir l'usage qui subsiste aujourd'hui.

On ne peut se conférer à soi-même le Baptême, quand même on se trouveroit dans un danger évident, & qu'il n'y auroit point d'autre personne pour administrer ce sacrement.

Lorsqu'il n'y a qu'une partie du corps de l'enfant qui soit sortie du sein de la mère, & qu'il y a sujet de craindre qu'il ne vienne à mourir avant qu'on l'en retire tout entier, il faut le baptiser en versant l'eau sur la partie du corps qui est hors du sein de la mère

Quand la mère est morte, & qu'on croit que l'enfant qu'elle porte dans son sein est encore vivant, on doit ouvrir la mère pour retirer l'enfant afin qu'on puisse lui donner le Baptême. Il faut bien prendre garde de ne pas faire cette opération avant qu'on ait des preuves assurées de la mort de la femme, car si l'on prenoit une foiblesse pour des signes de mort, ce seroit un homicide que de faire cette opération.

Quand une femme accouche d'une production monstrueuse qui n'a point de forme & de figure humaine, sur-tout par rapport à la tête, on ne lui donne point le Baptême. Si l'enfant a deux têtes, on le baptise séparément ou conjointement, en disant : je vous baptise, &c. parce qu'on suppose que ce sont deux personnes différentes.

Si l'enfant ayant été baptisé à la maison, parce qu'on le croyoit en danger de mort, paroît rétabli de manière qu'on puiſſe le tranſporter ſans danger, il faut le porter à l'égliſe paroiſſiale pour y faire faire les cérémonies qu'on omet quand on donne le Baptême dans une maiſon. Il faut en ce cas marquer ſur le regiſtre des Baptêmes le jour de la naiſſance de l'enfant, celui auquel il a été ondoyé & celui où il a été préſenté à l'égliſe paroiſſiale.

Dans le cas où il y a de juſtes ſujets de douter ſi un enfant a été baptiſé ou ſi l'on a obſervé en le baptiſant ce qui eſt preſcrit par l'égliſe, tant par rapport à la forme, que par rapport à la matière, il faut le baptiſer ſous une forme conditionnelle, en diſant : *ſi tu n'es pas baptiſé, je te baptiſe au nom du Pere, & du Fils, & du ſaint Eſprit.*

On baptiſe ordinairement ſous condition les enfans qu'on trouve expoſés ſans nom de pere ni de mere, quoique l'on ait marqué qu'ils ont été baptiſés en particulier : car outre qu'on ne doit pas ajouter foi à des papiers non ſignés, le trouble qui accompagne la naiſſance des enfans qu'on expoſe ôte ſouvent la liberté néceſſaire pour leur adminiſtrer valablement le Baptême.

A l'exception des cas où il y a lieu de douter que le Baptême ait été conféré, ſi on le réitère, il rend irrégulier celui qui l'a reçu une ſeconde fois, même ſans ſavoir qu'il avoit déjà été baptiſé : de même celui qui baptiſe une ſeconde fois ſans avoir ſujet de douter que les formalités néceſſaires pour la validité du premier Baptême dont il a connoiſſance aient été obſervées, encourt l'irrégularité, ainſi que les clercs qui l'aſſiſtent dans cette cérémonie.

Lorſqu'un homme eſt né de parens chrétiens,

& qu'il a été élevé chez des chrétiens, ces deux circonstances forment une présomption si forte qu'il a été baptisé qu'on ne doit pas le baptiser, même sous condition, à moins qu'il n'y ait d'ailleurs des preuves qu'il n'a point reçu ce sacrement.

S'il arrivoit par des circonstances extraordinaires qu'une personne eût vécu dans l'église catholique, croyant avoir été baptisée, sans avoir reçu le sacrement de Baptême, & que l'on n'eut découvert ce fait qu'après sa mort, le desir qu'auroit eu cette personne d'être baptisée, si elle avoit appris qu'elle n'avoit point reçu ce sacrement, supplée au Baptême de l'eau; & l'on ne doit pas moins faire des prières pour elle que pour les autres fidelles.

Cependant si un homme avoit été ordonné prêtre sans avoir reçu le Baptême quoiqu'il crût avoir été effectivement baptisé, il n'auroit point reçu le caractère sacerdotal: il faudroit le baptiser & l'ordonner de nouveau. C'est la décision du concile de Compiègne, confirmée par Innocent III.

On baptise les adultes nés de parens infidèles, quand ils ont été toute leur vie insensés, mais s'ils ont été dans leur bon sens depuis qu'ils ont atteint l'age de raison, on ne peut les baptiser pendant le temps de leur folie, à moins que quand ils ont perdu l'usage de la raison, ils n'aient été dans la résolution de se faire baptiser.

Voyez le concile de Trente; les mémoires du clergé; l'histoire ecclésiastique; le pere Thomassin en son traité de la discipline de l'église; l'édit du mois d'octobre 1695; la déclaration du 14 mai 1724; les lois ecclésiastiques de France; le recueil de jurisprudence canonique ; les confessions de saint Augustin ; Zoez, in decretal. de baptis. La somme de saint Thomas ; l'ordonnance du mois d'août 1539 ; l'édit de Henri III du mois de mai 1579 ; l'ordonnance du mois de janvier 1529, & celle du mois d'avril 1667 ; la déclaration du 9 avril 1736 ; la collection de jurisprudence ; le dictionnaire de droit canonique, &c. Voyez aussi les articles REGISTRE, CURÉ, SAGE FEMME, IRRÉGULARITÉ, PROTESTANS, &c.

BAR. (duché de) province de France située entre la Lorraine & la Champagne.

Cette province n'étoit originairement qu'un comté tenu, selon les uns, en fief mouvant du comté de Champagne, & possédé selon les autres, en franc-alleu.

Ces derniers avancent que Henri III, comte de Bar, ayant pris les armes contre la France pour faire une diversion en faveur du comte de Flandre, sur la fin du treizième siécle, il fut battu, fait prisonnier & conduit à Bruges ; que Gaultier de Crecy, à la tête des troupes de Philippe-le-Bel entra dans le Barois, & que le comte ne fut délivré que par un traité fait à Bruges même en 1301, dans lequel il se fit homme-lige du roi pour tout ce qu'il possédoit & tenoit en franc-aleu dans son comté par-deçà la Meuse vers le royaume de France.

Ce comté fut érigé en duché en 1354 par le roi Jean, dont Robert comte de Bar avoit épousé la fille ; & la réunion du duché de Bar à celui de Lorraine s'opéra en 1430 par le mariage de Réné d'Anjou, duc de Bar, avec Isabelle fille de Charles II, duc de Lorraine.

Il paroît que les ducs de Lorraine, pour s'asſurer la jouiſſance de tous les droits régaliens dans le duché de Bar, ſous la ſeule exception de l'hommage & du reſſort, s'adreſſèrent ſucceſſivement à François Ier. & à Henri II. On peut conſulter ſur cet objet l'acte du 15 novembre 1541, & les lettres-patentes du 22 Juillet 1548: ils paſſèrent enſuite des concordats avec Charles IX & Henri III, en 1571 & 1575. Dupuy dans ſon traité des droits du roi rappelle tout ce qui ſe paſſa lorſque les lettres-patentes & déclarations expédiées pour l'exécution de ces contrats furent enregiſtrées en lit de juſtice au parlement de Paris.

La maiſon de Lorraine poſſéda enſuite ce duché juſqu'au traité des Pyrenées: mais il paſſa de nouveau à la maiſon de Lorraine par le traité de Riſwick, & en 1736 il fut donné conjointement avec la Lorraine, à Staniſlas, roi de Pologne, pour retourner à la France après la mort de ce prince. Voyez ce que nous diſons là deſſus à l'article LORRAINE.

Les habitans de Bar-le-Duc & de tout le Barois, ont toujours été français naturels, & par conſéquent ils n'ont jamais été ſujets au droit d'aubaine en France.

Les principaux officiers de la chambre des comptes de Bar ſont exempts du droit de franc-fief. Cela a été ainſi réglé en faveur du ſieur Magot, conſeiller maître en cette cour, par une déciſion du conſeil du 19 août 1750, rendue contre l'avis de M. Lorenchet inſpecteur général du domaine de la couronne, qui obſervoit que le roi n'avoit accordé à ces officiers aucun titre de nobleſſe.

La valeur numéraire des monnoies de France

augmente de ſept vingt-quatrièmes dans le duché de Bar ainſi qu'en Lorraine : c'eſt pourquoi un louis d'or de vingt-quatre livres vaut dans ces provinces trente-une livres ; un écu de ſix livres y vaut ſept livres quinze ſous, &c. Avant l'édit du mois de novembre 1771 on acquittoit les droits du roi dans les mêmes provinces en argent du pays, mais cette loi à ordonné qu'ils ſeroient payés à l'avenir en argent au cours de France.

Voyez le traité des droits du roi ; les mémoires ſur les impôts ; le dictionnaire raiſonné des domaines ; l'édit du mois de novembre 1771, &c. Voyez auſſi les articles LORRAINE, SUBVENTION, &c.

BARATERIE. En termes de commerce maritime, on appelle *Baraterie de patron*, tout le dommage qui peut provenir du fait du maître ou des gens de ſon équipage, ſoit par impéritie, imprudence, malice, changement de route, larcin ou autrement.

En France, les aſſureurs étoient anciennement tenus de plein droit de la Baraterie de patron, mais ce n'étoit que ſubſidiairement, & après avoir fait toutes les diligences convenables contre le maître. Aujourd'hui ils ne ſont tenus de cette Baraterie qu'autant qu'ils en ſont chargés par la police d'aſſurance (*). Telle eſt la diſpoſition de l'article 23 du titre 6 du livre 3 de l'ordonnance de la marine de 1681.

Les aſſureurs chargés de la Baraterie de patron ſont ſubrogés de plein droit aux aſſurés pour ſe pourvoir contre le maître dans tous les cas où

(*) L'article 4 des aſſurances d'Anvers défend de charger de la Baraterie de patron les aſſureurs. On obſerve des lois pareilles à Cadix & à Rotterdam.

les propriétaires & les marchands chargeurs peuvent avoir action contre lui pour la réparation du dommage.

La preuve de la Baraterie peut se faire par témoins, même en faisant entendre les gens de l'équipage.

Si la Baraterie est frauduleuse, le maître qui en est l'auteur doit être puni corporellement. C'est ce que porte l'article 35 du titre 1 du livre 2 de l'ordonnance de la marine. Par exemple, il y aura fraude s'il soutire en tout ou en partie des barriques de vin ou d'autre liqueur; s'il en procure le coulage par quelqu'autre voie; s'il tire d'excellent indigo d'une futaille pour y en substituer d'une qualité inférieure, &c. mais si c'est seulement par impéritie, négligence ou étourderie, comme s'il fait mal placer les marchandises en en mettant de sèches ou de précieuses sous d'autres sujetes à coulage; s'il les laisse sur le tillac; s'il manque de tenir fermés les écoutilles & les sabords du navire; si par contravention à l'ordonnance de 1689 il oblige un capitaine de vaisseau du roi à lui lâcher quelques coups de canon sur son refus d'aller à bord lui montrer ses instructions, & que les marchandises en reçoivent quelque dommage, &c. il est dans tous ces cas responsable sans difficulté des dommages & intérêts; mais ce ne peut être que par action purement civile.

De même par rapport à la confiscation des marchandises à laquelle il peut donner lieu, il faudroit aussi qu'il y eût de la fraude de sa part pour être sujet à punition corporelle; mais la fraude en pareil cas est encore plus difficile à prouver, à présumer même qu'à l'égard de l'altération des marchandises.

Si les marchandises sont confisquées c'est parce qu'il aura manqué de se pourvoir des expéditions nécessaires pour le transport, ou parce qu'il n'aura pas fait les déclarations requises au bureau de la douane, &c. Or tout cela ne devant être imputé qu'à oubli ou négligence, il ne peut y avoir contre lui qu'une action civile pour l'obliger par voie de garantie au payement des dommages & intérêts.

Quoique par la police d'assurance les assureurs soient chargés de la Baraterie de patron, cette clause ne peut rien opérer si c'est le maître lui-même qui est l'assuré.

Voyez *le guidon de la mer; l'ordonnance du mois d'août 1681, & les commentaires sur cette ordonnance; Loccenius, de jure maritimo; le journal des audiences; Stracha, de nautis; Stypmanus, ad jus maritimum; Kuricke ad jus hanseaticum, &c.* Voyez aussi les articles ASSURANCE, CAPITAINE, AVARIE, &c.

BARBOTINE. Sorte de drogue du commerce des épiciers.

Suivant le tarif de 1664, le cent pesant de Barbotine doit cinq livres pour droit d'entrée dans les provinces des cinq grosses fermes.

Si cette drogue vient du Levant, elle doit à l'entrée vingt pour cent du quintal estimé cent quarante livres, conformément aux arrêts des 10 juillet 1703 & 22 décembre 1750.

Voyez les lois citées, & les articles ENTRÉE, SORTIE, MARCHANDISES, SOU POUR LIVRE, &c.

BARCELONETTE. La vallée de Barcelonette a été cédée à la France par le traité d'Utrecht; elle ne fait point partie de la Provence, & n'a aucune voix aux états; elle se régit par les ſtatuts du ſénat de Nice. La préfecture qui eſt une ſénéchauſſée où ſe juge l'appel du juge ordinaire eſt triennale, & les appels de la préfecture ſont portés au parlement d'Aix.

Par la déclaration du roi du 30 décembre 1714 il a été ordonné que la vallée de Barcelonette & ce qui en dépendoit ſeroit & demeureroit réuni au pays & comté de Provence & aux reſſorts des cours de parlement, comptes, aides & finances d'Aix; & par l'arrêt du conſeil & les lettres-patentes des 11 janvier & 21 février 1716, les droits d'albergue, de coutis, cavalcades & autres droits domaniaux dont le préfet de Barcelonette & autres avoient précédemment joui ou prétendu jouir ont été réunis au domaine du roi; & il a été ordonné qu'ils ſeroient perçus par le receveur de ce domaine dans l'état duquel il doit être fait fonds annuellement de la ſomme de deux cens livres pour être payée au préfet & lui tenir lieu de ſupplément de gages.

Par arrêt du conſeil du 5 avril 1723 il a été ordonné que la déclaration du roi du 29 ſeptembre 1722 ſeroit exécutée dans la vallée de Barcelonette; & en conſéquence il a été permis à Deſtabeau & à ſes commis de contrôler, inſinuer & ſceller les actes paſſés & reçus dans l'étendue de la même vallée depuis le premier novembre 1722, quoique le délai fixé par les règlemens fût expiré.

Par un autre arrêt du conſeil du 19 ſeptembre 1724 il a été permis par grâce aux notaires de la vallée de Barcelonette de faire contrôler, inſinuer & ſceller les actes par eux paſſés depuis le premier novembre 1722 juſqu'au jour de la publication de l'arrêt du 5 avril 1723, à la charge de rapporter les mêmes actes aux bureaux dans un mois & d'en payer les droits. Après ce délai, les actes ont du être déclarés nuls & les amendes encourues & poursuivies.

Un autre arrêt du conseil du 7 novembre 1724 a ordonné l'exécution de celui du 5 avril 1723 ; & en conséquence que les droits de contrôle des actes des notaires seroient perçus dans la vallée de Barcelonette comme dans les autres provinces du royaume ; & par grâce le roi a ordonné que sur les droits d'insinuation tels qu'ils sont règlés par le tarif du 29 septembre 1722, il seroit fait déduction du montant de ceux établis au profit de M. le prince de Carignan.

Comme les droits du prince de Carignan se perçoivent sur toutes sortes d'actes indistinctement, & que ces droits qui sont de quinze sous pour les objets de quarante à cinquante livres & de trente sous pour les objets plus considérables, sont par conséquent quelquefois plus forts que les droits d'insinuation dûs au roi, il se trouvoit des difficultés dans l'exécution de l'arrêt du 7 novembre 1724 ; mais elles ont été levées par une décision du conseil du 18 décembre 1724, portant que les droits de contrôle seroient perçus en entier sur le pied règlé par le tarif sans aucune déduction des droits du prince de Carignan ; que cette déduction n'auroit lieu que sur les droits d'insinuation, & que lorsque les droits du prince absorberoient ceux d'insinuation, les actes seroient insinués *gratis*.

BARILLAGE. C'est en terme d'aides une sorte de contravention qui consiste à faire entrer du vin en barils ou par le moyen d'autres vaisseaux dont le transport & l'introduction sont faciles à dérober à la connoissance des commis.

Il

Il eſt expreſſément défendu à toutes ſortes de perſonnes, à peine de confiſcation & de 100 livres d'amende, de faire arriver du vin en bouteilles, cruches, barils ou vaiſſeaux qui contiennent moins d'un quart de muid, ſi ce n'eſt du vin de liqueur en caiſſe.

Il eſt permis aux commis d'empriſonner ſur-le champ ceux qui ſe trouveront contrevenir à cette défenſe, & il eſt défendu aux juges de prononcer leur élargiſſement avant que l'amende encourue n'ait été payée.

Les vaiſſeaux ſaiſis ſont confiſqués par le ſimple procès-verbal des commis, ſans qu'il ſoit beſoin d'aucun jugement, ſauf aux particuliers à ſe pourvoir contre les proces-verbaux par les voies de droit, mais il ne peuvent différer le payement de l'amende & de la confiſcation.

L'ordonnance a preſcrit ce payement proviſoire parce que la nature ſeule des effets ſaiſis opère la preuve de la fraude.

Voyez *les ordonnances de 1680 pour les cours des aides de Paris & de Rouen ; les lettres-patentes des 18 & 30 mars 1719 ; les arrêts du conſeil des 20 octobre 1708, 4 ſeptembre 1717, 26 avril 1720 & 17 juillet 1731 ; le traité général des droits d'aides ; le dictionnaire des aides*, &c. Voyez auſſi les articles ENTRÉE, VIN, FRAUDE, CABARETIER, &c.

BARNABITE. C'eſt un religieux de la congrégation des clercs réguliers de ſaint Paul.

Cette congrégation commença l'an 1530 ſous le pontificat de Clément VII. Elle reconnoît trois fondateurs, qui ſont Antoine-Marie Zacharie, Barthelemi Ferrari & Jacques-Antoine Morigia; le premier originaire de Crémone, & les deux autres de Milan. Ces trois hommes issus des familles les plus remarquables de leur pays, mais encore plus distingués par leur piété que par leur naissance, s'unirent pour fonder la congrégation des clercs réguliers de saint Paul connus sous le nom de *Barnabites*, à cause de l'église de saint Barnabé qui leur fut accordée à Milan.

Cet établissement eut pour objet de former la vie des chrétiens sur la doctrine des épîtres de saint Paul; de leur donner des ministres pour la confession, la prédication & l'enseignement de la jeunesse dans les collèges & les séminaires, & pour se consacrer aux missions (*). Plusieurs excellens sujets s'associèrent à cette congrégation: elle n'avoit pas encore deux ans d'existence, que Clément VII s'empressa de la confirmer par un bref en lui permettant de se choisir un chef, & de faire les trois vœux de religion.

L'habit des membres de cette congrégation est le même que celui que portoient les prêtres séculiers de ce temps-là; il est entièrement semblable à celui des ci-devant Jésuites. Ils vivent suivant les constitutions que leur laissa Antoine-Marie Zacharie. Ces constitutions furent augmentées dans un chapitre général tenu en 1542, & présidé par l'évêque de Laodicée comme député du saint siège; elles furent retouchées dans un autre chapitre tenu en 1579, examinées par saint Charles Borromée & par le cardinal Jean-An-

(*) La congrégation de la Propagande a souvent employé & elle emploie encore tous les jours des Barnabites pour les missions des Grandes-Indes; ils sont chargés notamment de la mission du Pegu & du royaume d'Ava. C'est auprès du roi d'Ava que le pere Carpani s'est servi utilement dans ces derniers temps de la confiance de ce prince pour obtenir un établissement aux négocians français.

toine Serbellini protecteurs de la congrégation ; enfin elles furent approuvées par le pape Grégoire XIII ; & depuis ce temps-là elles n'ont point varié.

Une congrégation si utile à l'église ne pouvoit manquer de s'accroître. Les Barnabites furent appelés à Pise, à Livourne, à Boulogne, à Naples, à Gênes & dans plusieurs autres villes d'Italie. Ils se répandirent dans la Bohême ; Charles Emmanuel I les attira dans la Savoie & ils y formèrent plusieurs établissemens. L'empereur Ferdinand II les demanda à la congrégation de la Propagande & leur donna plusieurs maisons. Henri IV les fit venir en France. Ils furent d'abord employés dans le Béarn à la conversion des Calvinistes ; la religion catholique y reprit ses exercices, & l'on peut dire que c'est à leurs soins qu'on est en quelque façon redevable du rétablissement de la foi dans cette province.

Louis XIII leur accorda par des lettres-patentes de l'an 1612, la permission de s'établir dans toutes les villes de son royaume où ils seroient appelés. Henri de Gondi évêque de Paris leur donna en 1631 l'église & la maison du prieuré de saint Eloi à Paris. Ils possèdent plusieurs collèges & plusieurs séminaires dans différentes villes du royaume : ils en ont dans les diocèses de Paris, de Sens, de Tours, de Limoges, de Lescar, d'Oleron, de Dax, de Basas & de Viviers. Les papes leur ont accordé successivement plusieurs privilèges & exemptions ; mais en France ils ne jouissent d'aucun de ces privilèges ; ils n'ont d'autres exemptions que celles qui sont communes aux ordres religieux en général ; & dans les diocèses où ils sont établis ils ſe regardent comme ſoumis à tout ce qui eſt du reſſort de l'autorité épiſcopale.

Ils ne poſſèdent que deux cures en France, & l'une de ces deux cures eſt celle de Paſſy près de Paris. Ce bénéfice leur a occaſionné une conteſtation en 1773 avec M.^r le marquis de Boulainvilliers ſeigneur de l'endroit, repréſentant madame de Chahu dame de Paſſy & fondatrice de ce bénéfice. Il étoit dit par le titre de fondation paſſé les 4 & 5 mai 1672, que le ſupérieur de la communauté des Barnabites de la maiſon de ſaint Eloi à Paris indiqueroit à cette dame & à ſes ſucceſſeurs ſeigneurs de Paſſy, un religieux pour deſſervir la cure, & que la nomination ſeroit donnée aux religieux par cette dame & ſes ſucceſſeurs ſur l'indication : en conſéquence lorſqu'il fut queſtion de nommer en 1773 un nouveau curé à Paſſy, dom Noguères fut indiqué par ſon ſupérieur. M. de Boulainvilliers s'oppoſa à ſa priſe de poſſeſſion, quoiqu'il lui eût été préſenté pour avoir ſon agrément ; il prétendit être maître lui-même du choix du ſujet. Les Barnabites de ſaint Eloi prirent le fait & cauſe de leur religieux : ils firent voir qne la nomination laiſſée au ſeigneur de Paſſy n'étoit qu'un droit honorifique, & que ce ſeigneur ne pouvoit refuſer le ſujet qu'on lui préſentoit. Cette aſſertion fut appuyée de différens moyens tirés de pluſieurs actes concernant le bénéfice, & ſur-tout du fait de poſſeſſion ſuivant lequel jamais aucun curé de l'endroit n'avoit été autre que celui qui avoit été indiqué par ſon ſupérieur ; au moyen de quoi la conteſtation s'eſt terminée à l'avantage des Barnabites.

Leur manière de ſe gouverner eſt aſſez conforme à celle de la plupart des corps religieux :

ils ont un général qui fait ordinairement sa résidence à Rome ou à Milan, & ce général étend son autorité sur toute la congrégation. Chaque province a ensuite son supérieur particulier sous le titre de *provincial*. La congrégation tient un chapitre général tous les trois ans, & ce chapitre se tient alternativement à Rome & à Milan. C'est dans cette assemblée que se nomment tous les supérieurs généraux & particuliers ; mais l'autorité qu'on leur donne n'est que pour trois ans ; elle peut cependant leur être continuée dans un autre chapitre pour le même nombre d'années, mais il faut qu'elle cesse au bout de ce temps-là, excepté pour les maisons de noviciat où les supérieurs peuvent encore être continués pour trois années de plus.

L'ordre des Barnabites n'a jamais donné prise à la censure : la douceur de son gouvernement entretient parmi ses membres une union exemplaire. Ces religieux uniquement occupés de leurs devoirs ne se sont jamais mêlés de ces misérables disputes qui dans ces derniers temps affligeoient la religion. Leur étude principale est celle des sciences pour l'instruction des jeunes gens qui sont confiés à leurs soins dans les collèges, & l'on peut dire qu'ils s'acquittent de cette partie de leur institut avec autant de succès que de zèle. Leur congrégation a fourni à l'église nombre de prélats, & tout récemment dom de la Roque promu à l'évêché d'Eumènes ; ils ont eu en Italie plusieurs grands écrivains ; & de nos jours, en France, les pères Colomme, Mirasson & de Livoy se sont fait connoître par des ouvrages pleins de sagesse & d'érudition. (*Article de M. DAREAU avocat au parlement, de la société littéraire de Clermont-Ferrand.*)

BARON. Titre de dignité que porte ordinairement le gentilhomme propriétaire d'une baronnie.

On n'eſt pas d'accord ſur l'origine & la première ſignification de ce mot ; mais il eſt certain que ce titre déſignoit autrefois en France un grand du royaume. On le donnoit même aux ſaints comme un ſigne plus particulier du reſpect qu'on leur portoit. *Il fit ſes vœux*, dit Froiſſard, *devant le benoit corps du Baron St. Jacques.*

On voit dans Aimoin & dans quelques-unes de nos vieilles chroniques, que le roi haranguant les ſeigneurs de ſa cour ou de ſon armée, les appelle *mes Barons* (*).

Lorſque les ducs eurent uſurpé les droits de ſouveraineté, ils voulurent à l'exemple du roi, avoir leurs Barons, & ils érigèrent à cet effet en baronnie les terres poſſédées par leurs principaux vaſſaux.

Certains évêques avoient auſſi leurs Barons (**).

(*) Cette dignité de Baron étoit ſi conſidérable qu'un ancien manuſcrit dont parle Delaurière au mot chevalier, rapporte qu'il y avoit une règle conçue en ces termes : « Baron eſt celui qui a le haut-juſticier châtelain ſous lui, » & reſſortiſſant en ſa cour ; ou autrement, baron eſt celui » qui a à ſon fief bannières, ſes vaſſaux qui tiennent de » lui : *à la table d'un Baron ne ſied aucun s'il n'eſt che-* » *valier, prêtre ou clerc d'autorité* ». En effet nous voyons dans le continuateur Nangis, comme une exemple de cette règle, à l'occaſion du repas que Charles V roi de France donna à l'empereur Charles IV, & au roi des romains ſon fils : *fut l'aſſiette*, dit cet auteur, *telle que s'enſuit. L'évêque de Paris premier, le roi, le roi des romains, le duc de Berry, le duc de Brabant, le duc de Bourgogne, le duc de Bar ; & pour ce que deux autres ducs n'étoient pas chevaliers, ils mangèrent à une autre table.*

(**) » Les quatre Barons des évêques, *dit Chopin ſur la* » *coutume d'Anjou*, ſont tenus de les porter haut par le

D'Olive en ses questions notables rapporte que le Baron de Cessac vassal, & l'un des Barons de l'évêque de Cahors, est chargé par les droits de son fief lors de la première entrée de ce prélat dans la ville de Cahors, d'aller au-devant de lui à une certaine distance de cette capitale : lorsque le Baron a rencontré celui-ci, il met pied à terre, & là, nue tête, sans manteau, la jambe & le pied droit nuds avec une pantoufle, & après avoir salué l'évêque, il prend les rênes de la bride de la mule du prélat, le conduit en cet équipage à la porte de l'église cathédrale, puis au palais épiscopal où il sert le seigneur évêque à table durant son dîner ; ensuite il se retire & emmène la mule qui lui appartient ainsi que le buffet du prélat qui lui est aussi acquis à cause de cette soumission.

Le même auteur rapporte qu'à l'entrée de messire Etienne de Popion évêque de Cahors en 1604, cette cérémonie fut régulièrement observée par le Baron de Cessac ; mais comme le buffet en question n'étoit qu'en fayance, ce Baron prétendit qu'un tel *buffet n'étoit pas sortable à sa dignité ni à la qualité des parties.* Il se pourvut en justice ; sur quoi intervint sentence des requêtes du palais le 10 mai 1604, par la-

---

» milieu de la ville à leur première entrée en icelle ; & ces » Barons tiennent les premiers rangs entre la noblesse, soit » en séance, soit à accompagner l'évêque, ou à toucher » ou manier sa chaire. Ainsi lisons-nous que quelques Ba- » rons mouvans de l'évêque d'Autun jouissent de cette pré- » rogative ; que quand ils font cette office aux évêques leurs » seigneurs, ils ont préséance sur tous les nobles de l'évê- » ché. Chassanée, Autunois, les nomme les Barons de Sully, » de Luxiac, de la Motte-saint-Jean & Montpierreux ».

O iv

quelle l'évêque fut condamné à donner un buffet d'argent doré au Baron ou la légitime valeur, par estimation d'experts; & par l'estimation faite en conséquence, le buffet fut évalué à 3123 livres, ce qui fut confirmé par arrêt.

L'auteur cité nous dit encore qu'en l'année 1627, messire de Habert nouvellement pourvu de l'évêché dont il s'agit, ayant fait son entrée à Cahors sans avoir appelé messire Charles de Cassilhac, Baron de Cessac, celui-ci se pourvut aux requêtes du palais & demanda que l'évêque fût condamné à lui payer pareille somme de 3123 livres pour la valeur du buffet: sur quoi il y eut sentence le 22 février 1630, qui condamna le prélat à payer cette somme au Baron, à la charge par lui de se trouver à l'entrée plus solemnelle si l'evêque en vouloit faire une sans pouvoir prétendre d'autre droit; & sur l'appel de cette sentence, elle fut confirmée par arrêt du jeudi 5 juillet 1630, au rapport de M. de Rech.

Il y a actuellement au-dessus du titre de Baron, ceux de ducs, de marquis, de comte & de vicomte. Ce n'est pas qu'il n'y ait des Barons d'une naissance plus illustre que certains comtes ou marquis, &c.

Les terres érigées en baronnies ne se divisent ni ne se partagent, comme le remarque Chopin sur la coutume d'Anjou. C'est ce qu'a décidé un arrêt du parlement de Paris du 7 septembre 1571.

Par un autre arrêt du 10 février 1525, rapporté par la Rocheflavin, le parlement de Toulouse a jugé que des légitimes ne pouvoient être prises sur une baronnie lorsqu'il y avoit d'autres biens.

Suivant l'article 71 de la coutume de Tours,

nul ne peut se dire *seigneur* ou *Baron*, qu'il n'ait sous lui plusieurs châtellenies, ou deux pour le moins.

Une ordonnance rendue par Henri III en 1579 & rapportée par Corbin, veut qu'une baronnie soit composée au moins de trois châtellenies unies & incorporées ensemble pour être tenues à un seul hommage du roi (*).

Voyez *la bibliothèque du droit françois; l'indice des droits royaux & seigneuriaux par Ragueau; Chopin sur la coutume d'Anjou; les mémoires historiques & politiques d'Amelot de la Houssaye; d'Argentré sur la coutume de Bretagne; la Rocheflavin des droits seigneuriaux; d'Olive en ses questions notables; les vrais principes des fiefs; l'Oiseau, traité des seigneuries; les arrêts de Brillon, &c.* Voyez aussi les articles FIEF, NOBLESSE, PAIRIE, COMTÉ, DUCHÉ, MARQUISAT, JUSTICE, &c.

(*) *Ce prince rendit cette ordonnance pour se délivrer des importunités de ceux qui vouloient obtenir des titres de dignité pour des terres d'une étendue trop bornée. Voici ce qu'elle porte :* Défendons suivant l'arrêt de notre conseil-privé du 10 mars 1578, publier aucunes érections de seigneuries en nouvelles dignités, sinon que les seigneuries auxquelles sera attribuée nouvelle dignité, soient de qualité requise; à sçavoir, que la terre qui sera érigée en châtellenie, ait d'ancienneté haute-justice, moyenne & basse sur les sujets d'icelle, droit de four, marché, prévôté, péage & prééminence sur toutes églises étant au-dedans de ladite terre; que la baronnie soit composée de trois châtellenies pour le moins, qui seront unies & incorporées ensemble, pour être tenues à un seul hommage du roi; que le comte aura deux baronnies & trois châtellenies, aussi unies & tenues du roi; que le marquisat sera composé de trois baronnies & de trois châtellenies pour le moins ou de deux baronnies & de six châtellenies, unies & tenues comme dessus.

BARRACAN. Sorte de gros camelot.

La pièce de 22 aunes de Barracan ne doit à l'entrée des cinq grosses fermes que trois livres, lorsque cette étoffe a été fabriquée dans le royaume ; mais pour ne payer que ce droit, il faut produire un certificat en bonne forme qui justifie du lieu de la fabrique.

L'entrée des Barracans venant d'Angleterre est défendue par l'arrêt du conseil du 6 septembre 1701.

Les Barracans fabriqués chez l'étranger doivent pour droit d'entrée trente pour cent de la valeur & ne peuvent être introduits en France que par Calais & saint Valery, conformément aux arrêts du conseil des 20 décembre 1687 & 3 juillet 1692.

Voyez *les observations sur le tarif de 1664 ; le tarif de 1667 ; l'arrêt du conseil du 6 septembre 1701*, & les articles ÉTOFFE, CAMELOT, ENTRÉE, SORTIE, MARCHANDISES, SOU POUR LIVRE, &c.

BARRAGE, ou DROITS DE DOMAINE ET BARRAGE. On appelle ainsi des droits réunis que l'on perçoit à l'entrée de Paris sur diverses espèces de marchandises.

Le droit de domaine tel qu'il se perçoit, est composé de la réunion de quantité de droits très-anciens (*) qui se levoient chacun séparé-

(*) Ces droits sont ceux de haut ban ; de la grurie au charbon, du portage, du hallage & tonlieu des laines ; des coutumes du poisson d'eau douce & du comptage des œufs, beurre, fromage ; du hallage & tonlieu de potterie ; coutumes durant les foires de saint Germain & de saint Lazare ; de la journée aux tonneliers & tonlieux des cerceaux ; des coutumes de treillis, des bleds & avoines, des pieds fourchés & pieds ronds ; du hallage & tonlieu du fruit & de l'ai-

ment : ils ſont rappelés dans une déclaration du mois de février 1561, par laquelle ils furent réunis & fixés pour être levés enſemble, & ne plus faire qu'un ſeul droit ſous la domination de *droit royal & domanial ;* dans cette fixation fut compris le pariſis, ſou & ſix deniers pour livre.

Le Barrage paroît avoir été établi en 1638 : ce droit avoit originairement pour objet l'entretien du pavé de la ville & banlieue de Paris ; il tire ſon nom de ce que dans les différens paſſages par leſquels arrivoient les marchandiſes, il y avoit des barres qui ne ſe levoient qu'après que le droit avoit été acquitté : il étoit diviſé en ancien & en nouveau ; l'un & l'autre furent fixés par un tarif qui fut dreſſé en conſéquence d'une déclaration du premier février 1640.

Pluſieurs marchandiſes avoient été omiſes, ſoit dans ce tarif, ſoit dans celui de la déclaration du mois de février 1651, concernant le Domaine, ce qui donnoit lieu à des conteſtations multipliées ſur la perception de l'un & de l'autre droit : ce fut pour les faire ceſſer, que par une déclaration du 17 ſeptembre 1692, il fut arrêté un nouveau tarif dans lequel la fixation des droits de Domaine & Barrage fut faite en une ſeule quotité ſur chacune des marchandiſes & denrées qui y ſont aſſujetties, y compris l'augmentation du pariſis, ſou & ſix deniers pour livre.

---

grun ; de la coutume de quincaillerie ; du hallage & tonlieu de pelleterie, friperie, lingerie, toile, cannevas, fil chanvre, des draps, des huiles, ſuifs & graiſſes ; des coutumes des péages des ponts de Paris, Charenton & Maumolin ; du chantelage des coutumes des auvents, oſtevents & ſaillies & du bailliage de la halle, de la grève & autres lieux ; des coutumes de la boëte aux lombards ; des prudhommes des cordonniers ; de la poiré du roi & du rouage du petit-pont.

On suit encore aujourd'hui ce tarif (*) & l'on

(*) Tarif des droits de Domaine & Barrage avec le doublement qui se perçoivent aux entrées de la ville & des fauxbourgs de Paris sur les marchandises y spécifiées.

NATURE DES MARCHANDISES.	VOITURES, POIDS OU CHARGES.	QUOTITÉ DES DROITS. par terre l. s. d	par eau l. s. d.
Marchandises ouvrées ou manufacturées, comme draps, camelot., serges, tapisseries, chapeaux, bas, étoffes de soie filée, fleuret ouvré, &c.	Par charretée, chariot ou charette chargés de deux mille livres......	6.	
	Par charge de cheval ou mulet...	16.	
	Par charge de bête asine.......	10.	
	Pour deux mille livres pesant.....	....	7. 8. 4.
Fil de quelque qualité qu'il soit; toile, mousseline, & dentelle, coton filé, toile de coton, treillis, surfaix & sangles.	Pour charette ou chariot chargé de deux mille livres....	6.	
	Par charge de cheval ou mulet comme ci-dessus....	16.	
	Pour charge de bête asine.......	10.	
	Pour deux mille livres pesant desdites marchandises à la réserve de coton filé, toile de coton & surfaix.......	....	5. 1.
	Pour idem desdites coton filé & toile de coton....	....	6.
	Pour chaque grosse de surfaix....	....	1. 8.

perçoit les droits en question par doublement,

NATURE DES MARCHANDISES.	VOITURES, POIDS OU CHARGES.	QUOTITÉ DES DROITS. par terre. l. ſ. d.	par eau. l. ſ. d.
Marchandiſes non ouvrées ni manufacturées, comme de ſoie & laines écrues, fleuret non ouvré, filaſſe, chanvre, lin, coton, brin, bourre & corde.			
A l'exception des laines non filées, cotons & laines, chanvres & lins en maſſes & non apprêtés, poils de chameau & de chevreau venant des pays étrangers, ſoit par mer, ſoit par terre, qui ont été déchargés de tous droits dépendans de la ferme générale par arrêt du conſeil & les lettres-patentes du 12 novembre 1749, ſur leſquelles il n'eſt dû que les ſept ſous par quintal des droits des officiers, le vingtième de l'hôpital & les ſous pour livres.	Par charette ou chariot chargé de deux mille livres peſant..........	2.	
	Par charge de cheval ou mulet....	6.	
	Par charge de bête aſine.......	3.	
	Pour deux mille livres peſant....	....	2. 8.

ce doublement ayant été ordonné par la décla-

NATURE DES MARCHANDISES.	VOITURES, POIDS OU CHARGES.	QUOTITÉ DES DROITS.	
		par terre.	par eau.
		l. ſ. d.	l. ſ. d.
Fer, plomb, étaie, airain, cuivre, acier, laiton, fonte, ferraille, fil d'archal de fer & de fer blanc & de tous autres métaux.	Par charette ou chariot peſant deux mille livres.	2.	
	Par charge de cheval ou mulet comme ci-deſſus....	6.	
	Idem de bête aſine.	3.	
	Pour deux mille livres peſant. . . .	. . . .	1. 10.
Piſtaches, fruits cuits & confitures ſéches & liquides, roſſolis, vin de ſaint Laurent, muſcat d'Eſpagne & autres liqueurs emballées ou en bouteilles; eaux de la reine d'Hongrie, de Cette, de canelle & de toutes ſortes d'autres; ſyrops, eaux de forge & eaux minérales, ſavon, fromage, beurre, ſucre, caſſonade, poivre, gingembre, canelle, muſcade, gérofle, ris, chocolat, thé, caffé, ſorbec, cacao, vanille, tabac, ci-	Par charette ou chariot chargés de deux mille livres peſant.	2.	
	Par charge de cheval ou mulet. . .	6.	
	Par charge de bête aſine.	3.	
	Pour deux mille livres peſant deſdites marchandiſes à la réſerve de fromages d'Hollande, du houblon & des pipes à tabac.	. . . .	3. 7. 4.
	Pour chaque cent de pains deſdits fromages d'Hollande..	. . . .	1. 13. 8.
	Pour chaque baſche de houblon. . .	. . . .	16.
	Et pour dix groſſes de pipes à tabac.	. . . .	4.

ration du 7 juillet 1705 & par plusieurs autres

NATURE DES MARCHANDISES.	VOITURES, POIDS OU CHARGES.	QUOTITÉ DES DROITS. par terre. l. s. d.	par eau. l. s. d.
re, miel, jambons, anchois, sardines, thon, huitres marinées, encens, manne, séné, réglisse, chiendent, casse, azur, bois d'Indes, bois de Fustel, de Fernambouc & de Campêche, coupe rose, ceruse, dents d'éléphant ou yvoire, indigo, colle, plumes, salpêtre, souffre, assafœtida, sandragon, tamarin, arsenic, tartre, houblon, chardons, jonc, peaux de lapin & autres pelleteries fines de quelque nature & qualité qu'elles soient, cuirs dorés, peints & gaufrés & généralemens toutes autres sortes de merceries, quincailleries, drogueries & épiceries non exprimées ci-après.			

qui l'ont prorogé. La dernière loi publiée à ce

NATURE DES MARCHANDISES.	VOITURES, POIDS OU CHARGES.	QUOTITÉ DES DROITS. par terre. l. s. d.	par eau. l. s. d.
Huile, suif, chandelle, soude, noix-de-galle, citrons, grenades, oranges, amendes, capres, olives, pruneaux, figues, avelines, bray, goudron, baleine, os de seiche, alun, pastel, gueldre, cochenille, cornes de cerf & de bœuf, garance, gomme, marignette, mine de plomb, maganne, potasse, périgord, poix-grasse, sumac, sanguine, liéges, grabens, vendes, craie, ocre, blanc d'Espagne, litarges, porcelaine, fayances, crystaux, talons de bois, bobines, moules de boutons, cannes & roseaux.	Par charretée ou chariot chargé de deux mille livres comme ci-dessus....	2.	
	Par cheval ou mulet chargés comme ci dessus. . . .	6.	
	Par charge de bête asine comme ci-dessus.	3.	
	Pour deux mille livres pesant desdites marchandises...	. . . . . .	2. 8.
Cendres & gravelées.	Par voye.	1. 7.	1. 7.
Verre & bouteilles vuides.	Par charge de cheval ou mulet.	2. 8.	

sujet

sujet est un édit du mois de novembre 1771,

NATURE DES MARCHANDISES.	VOITURES, POIDS OU CHARGES.	QUOTITÉ DES DROITS.	
		par terre.	par eau.
Tuiles, briques, bardoise & terre à potier.	Par voye.	l. 11. s. d.	l. 5. s. 6. d.
	Par charge de cheval ou mulet....	2. 8.	
Cuirs forts de Hongrie & tous autres cuirs préparés.	Pour une charretée ou chariot chargés de deux mille livres.	2.	
	Par charge de cheval ou mulet....	6.	
	Par charge de bête asine.	3.	
	Par chaque douzaine de cuirs forts.	. . . .	16.
	Pour deux mille livres pesant lorsqu'ils ne se comprent pas.	. . . .	4.
Peaux de bœuf, vaches, chevaux, moutons, veaux, écrues ou à poil....	Pour une charrette ou chariot chargés de deux mille livres.	2. 2.	
	Pour chaque peau de bœuf ou vache, sur un cheval, mulet ou bête asine....	2.	
	Pour chaque peau de mouton ou veau à poil chargé de même.	4.	
	Pour chaque douzaine de peaux de vache tannées. . . .	. . . .	17.

ſuivant lequel on doit continuer de lever l

NATURE DES MARCHANDISES.	VOITURES, POIDS OU CHARGES.	QUOTITÉ DES DROITS.	
		par terre.	par eau.
		l. ſ. d.	l. ſ. d.
	Pour chaque groſſe de peaux de veaux.	....	17.
	Pour chaque douzaine de coupons.	....	1.
	Pour deux mille peſant de peaux de mouton, maroquin & autres petits cuirs qui ſe vendent au poids. ..	....	4.
Bordures. ...	Pour chaque groſſe.	1.	
Galons.	Pour douze paquets.	2.	
Pavés de marbres.	Pour chaque cent en compte. ..	6.	6.
Marée ou huîtres à l'écaille. ...	Pour une chartée ou fourgon. ...	11.	
	Par millier d'huitres à l'écaille. ...	......	2. 8.
Poiſſon de mer.	Par chartée ou fourgon chargés de poiſſon de mer ſec & ſalé, à la reſerve des anchois, ſardines, thon & huîtres marinées qui payent les droits de domaine & barrages comme les marchandiſes d'épiceries.	15.	

doublement dont il s'agit jusqu'à ce qu'il en soit autrement ordoné.

NATURE DES MARCHANDISES.	VOITURES, POIDS OU CHARGES.	QUOTITÉ DES DROITS. par terre	par eau.
		l. s. d.	l. s. d.
	Pour la charge d'un cheval desdites marchandises.	5.	
	Pour celle d'un bête asine.	3.	
	Pour chaque baril disdites marchandises.	. . . .	2. 8.
	Pour chaque millier de toutes sortes de molue arrivant en pille. . . .	. . . .	2. 4.
	Pour chaque tonneau boucault & gonne desdites molues & autres poissons secs & salés...	. . . .	13. 6.
	Pour chaque hambourg desdits poissons.	. . . .	5.
Poisson d'eau douce.	Pour une charette ou fourgon chargé de poisson d'eau douce. . . .	16.	
	Pour la charge d'un cheval. . . .	5.	
	Idem d'une bête asine.	3.	
	Pour une bascule ou boutique marnoise chargée dudit poisson.	. . . .	16. 4.

Ces droits se lèvent aux entrées de Paris sur

NATURE DES MARCHANDISES.	VOITURES, POIDS OU CHARGES.	QUOTITÉ DES DROITS. par terre. l. s. d.	par eau. l. s. d.
	Pour les autres boutiques chargées dudit poisson. . . .	....	10. 16.
	Pour un bouticard.	....	5. 8.
	Pour un demi-bouticard.	....	2. 14.
	Pour une botte dudit poisson. . . .	10.	
	Pour une demi-botte.	5.	
Œufs.	Pour un mannequin ou panier. . . .	1. 4.	3.
	Pour les grands paniers de Champagne.	....	5.
Noix vertes ou séches, noisettes & châtaignes.	Pour un sac. . .	2.	2.
Tan.	Pour un sac. . .	2.	2.
Cordes à puits.	Pour une charretée.	11.	
	Pour la charge d'un cheval ou muler.	2. 8.	
	Pour *idem* d'une bête asine.	2.	
Bois à ouvrer ou à bâtir, de sciage, de charonnage, charpente & autres de quelque nature & qualité qu'ils soient, cer-	Par charrette chargée d'une voie.	11.	
	Pour chaque voie venant par bateau. .	....	5. 6.
	Pour chaque train composé de 40 voies, outre les		

les marchandises spécifiées dans le tarif. Les

NATURE DES MARCHANDISES.	VOITURES, POIDS OU CHARGES.	QUOTITÉ DES DROITS. par terre.	par eau.
ceaux, échalats, bâtons de torche, manche à balais, bouleau, pelles, sabot, ozier, plan d'arbres, buis & autres espèces. . . .		l. s. d.	l. s. d.
	5 sous 6 deniers par voie, ci.	. . . .	18. 18.
	Pour une breslle faisant le tiers d'un train.	. . . .	6. 6.
Bois neuf ou flotté, falourdes, souchons, sarmens, & tous autres bois à brûler, fagots & cotterêts.	Pour une éclusée de bois de chêne, brin, solives, chevron & planches, de quelle qualité qu'elles soient, composées ordinairement de 24 voies...	. . . .	11. 6.
	Et quand lesdits bois arrivent par coupons, branches ou autremeent, ils payent par voie ci...	. . . . . .	9. 5.
	Pour une charrette ou chariot chargés d'une voie dudit bois à brûler, ou deux cens fagots ou cotterets de la grosseur ordinaire.	11.	
	Pour chaque voie dudit bois venant par eau.	. . . .	5. 6.
	Par chaque train, outre les 5 sous 6 deniers par voie ci.	. . . .	5. 8.

boissons & le pied fourché n'y sont point com-

NATURE DES MARCHANDISES.	VOITURES, POIDS OU CHARGES.	QUOTITÉ DES DROITS. par terre.	par eau.
		l. s. d	l. s. d.
Charbon de bois & de terre.	Pour chaque muid ou voie.	11	5 6
	Pour la charge d'un cheval ou mulet.	2. 6.	
	Pour celle d'une bête asine.	1.	
Foin.	Pour chaque cent de foin.	11.	5. 6.
	Pour la charge d'un cheval.	3.	
	Pour celle d'une bête asine.	1.	
Paille.	Par cent.	3.	5. 6.
	Pour la charge d'un cheval.	8.	
	Pour celle d'une bête asine.	4.	
Orge, avoine & autres grains, à l'exception du bled.	Pour une charrette ou chariot chargés de neuf septiers.	11.	
	Pour la charge d'un cheval.	2.	
	Pour celle d'une bête asine.	2.	
	Pour chaque muid.		5. 6.

Observez ici que par la déclaration du 5 février 1776, le roi a supprimé tous les droits établis dans la ville de Paris sur les bleds, méteils, seigles, farines, pois, féves, lentilles & ris; mais par une autre déclaration du 21 Mai suivant, sa majesté a déclaré que son intention

pris, les droits de domaine & de barrage faisant

---

n'avoit pas été de comprendre dans cette suppression les droits de domaine, barrage & autres autorisés sur les pois, féves, lentilles & ris, & dont la suppression n'est pas nommément exprimée dans la déclaration du 5 février; en conséquence il a été ordonné que l'adjudicataire des fermes & ses préposés continueroient de faire la perception de ces droits.

NATURE DES MARCHANDISES.	VOITURES, POIDS OU CHARGES.	QUOTITÉ DES DROITS. par terre. l. s. d.	par eau. l. s. d.
Lard frais......	Pour une charretée.........		
	Pour un cheval chargé de ladite marchandise....	2. 6.	
	Pour la charge d'une bête asine...	8.	
Volaille & gibier.........	Pour une charretée.......	7.	
	Pour la charge d'un cheval...	1. 4.	
	Pour celle d'une bête asine....	1.	
Cochons de lait, agneaux ou chevreaux.........	Par pièce...	6.	
Balais......	Pour la charge d'un cheval...	2. 8.	
	Pour celle d'une bête asine....	6.	

Outre les droits ci-dessus, il est du pour les droits de domaine ou d'arrivage de chaque batteau ou coche par eau, arrivant à Paris, chargé de quelques marchandises que ce soit, même de mar-

partie de la fixation qui a été règlée par l'ordon-

chandises exemptes & privilégiées, à la réserve néanmoins des bascules & autres boutiques de poisson d'eau douce,	l. s. d.	l. s. d.
SÇAVOIR:		
Pour les coches & autres bateaux de la grandeur ordinaire, & ceux appelés margotats, arrivant d'amont l'eau.	. . . . . .	5. 8.
Pour ceux de moindre contenance, vulgairement appellés flettes ou roues, arrivant aussi d'amont.	. . . . . .	2. 14.
Pour chaque bachot ou bille arrivant aussi d'amont.	. . . . . .	1. 10.
Et pour les bateaux portant travure & autres vulgairement appelés cabotières & besognes, arrivant d'aval.	. . . .	10. 16.
Pour ceux appelés petits chalans, flettes & grandes barquettes arrivant d'aval.	. . . .	5. 8.
Et pour les petites barquettes & bachots arrivant d'aval.	. . . . . .	2. 14.
Pour chaque coche, carosse ou charrette publique de messagerie.	19.	
Pour chaque carosse public à deux & quatre places servant pour la suite de la cour.	12.	
Pour un cheval ou mulet de messager chargé de ballots ou hardes.	5.	
Pour chaque cheval ou mulet de haras venant de quelques pays que ce soit. . .	13. 6.	
Lorsque ce sont des marchandises non sujettes au poids & que la voiture ou charge n'est pas complette, ou bien lorsque ce sont des marchandises sujettes au poids, & que la voiture pese plus ou moins de deux mille livres, les droits dans l'un & l'autre cas doivent être payés à proportion.		

nance de 1680 des droits d'entrée ſur les boiſſons ; à l'égard du pied fourché, le domaine & le Barrage eſt perçu ſuivant la déclaration du 3 mars 1693 rendue expreſſément pour cette eſpèce.

Les voituriers & autres qui font arriver par terre ou par eau des marchandiſes ſujettes aux droits de domaine & Barrage & à celui de poids le roi, ne peuvent le faire par terre que par les bureaux de recette de Saint-Victor, de Saint-Marcel, de Saint-Jacques, de Saint-Michel, des Carmes, de Saint-Germain, de la Conférence, de la barrière de Chaillot, du Roulle, de la Ville-l'Evêque, de Montmartre, de Sainte-Anne, de Saint-Denis, de Saint-Martin, du Temple, de la Croix Fauxbin, de Picpus & Rambouillet ; & par eau, par les bureaux de la Rapée, du port Saint-Paul & du port Saint-Nicolas, à peine de confiſcation & de cent livres d'amende.

Toutes les autres entrées & barrières de renvoi ſont déclarées faux paſſages, à l'exception de la barrière des Chantiers pour les menues denrées qui ſont apportées par les coches d'eau de Corbeil & de Villeneuve-Saint-Georges ſeu-

---

Les fruits cruds & autres fruits que ceux dénommés ci-deſſus, les herbages, ſablons, pierres, chaux & pavés ſont exempts des droits de domaine & barrage aux entrées.

A ces droits il faut ajouter ſuivant la nature des marchandiſes & denrées, les droits de poids-le-roi, les droits rétablis, ceux des officiers de police, le vingtième de l'hôpital & les ſous pour livre. Nous parlons de chacun de ces objets ſous le nom qui lui eſt propre.

lement. C'eſt ce que portent l'arrêt du conſeil & les lettres-patentes des 12 & 28 janvier 1723.

Les mêmes voituriers & autres ſont tenus à leur arrivée de déclarer dans ces bureaux d'entrée ce que contiennent leurs voitures & bateaux, & de repréſenter aux commis du fermier leurs lettres de voiture, leſquelles doivent contenir la qualité & quantité des marchandiſes, & le poids de celles qui ſont ſujettes au poids. Ces formalités doivent être remplies avant de décharger les marchandiſes, à peine de confiſcation tant de ces marchandiſes que des équipages qui ſervent à les conduire, & en outre de trois cens livres d'amende. Telles ſont les diſpoſitions de la déclaration du 17 août 1692 & de l'arrêt du conſeil du 20 ſeptembre 1746.

Ce même arrêt enjoint proviſoirement aux voituriers par eau de Rouen à Paris, de remettre au bureau du port Saint-Nicolas à l'inſtant de leur arrivée des inventaires des marchandiſes chargées dans leurs bateaux conformément à leurs lettres de voiture, à peine de confiſcation des bateaux & de trois cens livres d'amende pour chaque contravention, ſans préjudice de la confiſcation des marchandiſes non déclarées & de celles dont le poids ou le nombre excède ce qui eſt compris aux inventaires dont on vient de parler.

Les droits de domaine & Barrage, ainſi que ceux de poids le roi ne ſe lèvent point ſur les marchandiſes qui ne font que paſſer debout; à condition par les marchands, facteurs & commiſſionnaires ou voituriers, de faire leurs déclarations aux premiers bureaux de la recette des droits & d'y repréſenter les inventaires ou lettres de voiture, leſquels doivent être paſſés pardevant notaires au lieu du chargement, contenir la qualité, la quantité & le poids des marchandiſes, la demeure & le nom de celui à qui elles ſont adreſſées, à peine de trois cens livres d'amende & de confiſcation des marchandiſes dont la déclaration ſe trouveroit fauſſe dans la qualité, & de l'excédent de celles dont les déclarations ſeroient fauſſes dans la quantité. Ils ſont auſſi tenus de conſigner les droits aux bureaux d'entrée, ſauf à leur être rendus en juſtifiant par un certificat des commis du bureau de ſortie, que les marchandiſes ſont ſorties de la ville dans les trois jours francs, non compris celui de l'arrivée ni celui du départ, lequel certificat doit être apporté au plus tard dans huitaine à compter du jour de l'arrivée des marchandiſes, faute de quoi les droits conſignés appartiennent au fermier ſans qu'il ſoit beſoin qu'ils lui ſoient adjugés par ſentence ou arrêt; & les marchandiſes ſont même confiſquées ſi elles ſe trouvent après ce délai de huitaine en tout ou en partie dans les magaſins & boutiques.

Si après l'entrée des marchandiſes déclarées pour paſſer debout, les marchands veulent en changer la deſtination & les laiſſer pour la conſommation de la ville, ils ſont tenus d'en faire déclaration au bureau dans le même temps de huitaine, à peine d'une amende du triple du montant des droits.

Enfin après que le délai de huitaine eſt expiré, tous les certificats de ſortie & toutes les déclarations qu'ils pourroient rapporter ſont déclarés de nulle valeur.

C'eſt ce qui réſulte tant de la déclaration de 1692 que des arrêts du conſeil & lettres-patentes des 31 mai & 22 juin 1701, 18 mars & 18 avril 1713 & 12 mars 1726.

Il n'eſt accordé aucune déduction ſur le payement des droits pour l'emballage & les vaiſſeaux qui contiennent les marchandiſes.

Ces droits doivent être payés par toutes ſortes de perſonnes ſans diſtinction ni privilége.

Les ſecrétaires du roi, les entrepreneurs de la manufacture des fers blancs établie en Franche-Comté, ceux de la manufacture royale des glaces, les Minimes de Chaillot, les religieux de l'abbaye de S. Germain-des-Prez qui ſe diſoient exempts des mêmes droits en vertu de titres, ont été déboutés de leurs prétentions & condamnés à les payer.

Les habitans des maiſons détachées & des paroiſſes ſujettes aux entrées ſituées hors les barrières de Paris ont été aſſujettis aux droits dont il s'agit ſur les foins, ſainfoins, luzernes & regains, même du crû de leur terre qu'ils recueillent dans ces paroiſſes ou qu'ils y font venir. C'eſt ce que portent les déclarations de 1692 & 1736, ainſi que les arrêts du conſeil des 7 août 1703, 26 mars & 20 decembre 1718, 10 juin & 8 juillet 1727, 13 juillet 1728, 29 mai 1731 & 11 août 1733.

C'eſt à la chambre du domaine en premiere inſtance & par appel au parlement, que ſe portent les conteſtations qui arrivent ſur la perception des droits de domaine & Barrage, ainſi que de ceux de poids le roi. Ces droits ſont de l'attribution de cette chambre comme dépendans du domaine dont ils n'ont été détachés pour être joint à la ferme des aides, que parce qu'elle est plus à portée d'en faire la perception avec les autres droits d'entrée dont elle jouit.

Voyez *les mémoires sur les droits du roi; les déclarations des premier février 1640, 20 février 1651, 17 septembre 1692 & 7 juillet 1705; l'arrêt du conseil du 21 août 1638; les lettres-patentes du 12 novembre 1749; la déclaration du 13 mars 1693; l'arrêt du conseil & les lettres-patentes des 12 & 28 janvier 1723; le traité général des droits d'aides; les arrêts du conseil des 7 août 1703, 18 mars 1713, 26 mars & 20 décembre 1718, 10 juin & 8 juillet 1727, 13 juillet 1728, 29 mai 1731 & 11 août 1733; la déclaration du 11 mars 1736; les lettres-patentes du 11 août 1700 & du 22 juin 1701, &c.* Voyez aussi les articles ENTRÉE, PIED FOURCHÉ, POIDS LE ROI, DROITS RÉSERVÉS, ENTREPÔT, SOU POUR LIVRE, &c.

BARRE. On appelle ainsi en Lorraine une juridiction tenue par deux commissaires députés par le parlement, & dont les fonctions sont réglées par le titre 22 de l'ordonnance du duc Léopold du mois de novembre 1707.

Toutes les assignations doivent être données à la Barre de la cour à jour certain & compétent, conformément à l'article 11 du titre cité.

Suivant l'article 12, les commissaires députés à la Barre doivent rendre dans les causes, instances & procès civils seulement, les réglemens nécessaires à l'instruction de la procédure, soit pour renvoyer les parties à l'audience, leur ordonner de communiquer au parquet, les appointer à fournir griefs & réponses, renouveler les délais lorſque le cas le requiert & pour d'autres actes de pareille nature.

L'article 13 porte que les baux judiciaires des biens ſaiſis réellement, les enchères & adjudications d'immeubles & de fruits pendans par racines ſe feront par-devant les commiſſaires députés à la Barre.

On peut interjeter appel à la cour des ordonnances de la Barre. Dans ce cas l'appel ſe reçoit par ſimple requête & on renvoie la cauſe à l'audience pour y être plaidée avant toute autre, ou à la chambre du conſeil, ſi le cas le requiert. Telle eſt la diſpoſition de l'article 27 du titre cité.

On donne auſſi le nom de *Barre* à quelques autres juridictions & particuliérement à celle qui appartient au chapitre de l'égliſe métropolitaine de Paris.

Un édit du mois de février 1674 avoit réuni au châtelet les juſtices ſeigneuriales de Paris; mais par une déclaration poſtérieure du 14 août 1676 le roi excepta de la réunion ordonnée, la juridiction de la Barre du chapitre de Notre-Dame, relativement à l'étendue de l'égliſe, du parvis, du cloître & du terrein en dépendant. La même loi maintint les officiers du chapitre non-ſeulement dans le droit de juſtice ſur le terrein dont on vient de parler, mais encore dans celui de voierie : elle leur conſerva d'ailleurs le privilége de ne pouvoir être prévenus par les officiers royaux.

Une autre diſpoſition de la déclaration dont il s'agit, eſt que la Barre du chapitre de Notre-Dame de Paris a le droit d'exercer la baſſe juſtice pour les cens, rentes & autres redevances des maisons ou biens situés à Paris dans la censive des fiefs de cette église.

C'est dans la même juridiction qu'on relève les appellations des sentences rendues dans les autres justices du chapitre. A l'égard des sentences rendues à la Barre du chapitre, l'appel s'en porte directement au Parlement.

Voyez *l'ordonnance du duc Léapold de Lorraine ; l'édit du mois de février 1674 ; la déclaration du 14 août 1676 ; le dictionnaire des arrêts, &c.*

BARREAU en terme de palais signifie ce lieu, autour du parquet, que l'on ferme avec une barre de fer, & où sont les bancs des avocats qui ont des causes à discuter.

Ce mot se prend aussi pour l'ordre même des avocats, & c'est dans ce sens qu'on *dit que le Barreau a été consulté sur telle ou telle question.*

Le Barreau est pour nos avocats ce qu'étoit anciennement la tribune pour les orateurs à Rome ; c'est le champ où ils vont déployer tout le pouvoir de l'éloquence pour faire triompher la justice & la vérité. L'éloquence du Barreau a été parmi nous un des genres oratoires le plus difficile & le plus lent dans ses progrès. Il n'y a pas même un siècle qu'un discours au palais n'étoit qu'un récit ennuyeux de faits étrangers ; une abondance énorme de paroles, de citations inutiles, & sur-tout de passages latins ; un mêlange indécent du sacré & du profâne ; un assemblage bizarre des traits de l'histoire & de la fable ; un tissu ridicule de pointes & d'épigrammes, d'emblêmes & de figures. Les deux modèles qu'on eut à propoſer, & qu'on ſe garde bien aujourd'hui d'imiter, étoient le Maitre & Patru : l'un étoit diffus & ſans ordre, plus chargé d'autorités que de raiſons ; l'autre plus correct, mais froid, ſans mouvement, & preſque ſans ame & ſans vie.

Un meilleur genre s'eſt peu à peu formé à meſure que le goût des belles-lettres s'eſt introduit au Barreau. Il y a paru des orateurs qui y ont fait briller quelquefois la vive & mâle éloquence d'Athènes & de Rome. Les uns nous ont laiſſé des écrits dignes d'être conſervés, les autres ſe ſont contentés de la réputation dont ils jouiſſoient dans le temps, & il ne nous eſt reſté d'eux que le ſouvenir des grands talens qu'ils faiſoient paroître.

Il n'eſt pas donné à tous ceux qui ſe conſacrent au Barreau de s'y diſtinguer : le don de l'éloquence eſt un don particulier de la nature. Il faut avoir reçu une ame capable des plus grands mouvemens, un eſprit ſuſceptible des plus belles connoiſſances, & un extérieur propre à produire les plus vives impreſſions.

Du côté de l'ame, il faut être plein de grandeur, de courage & de ſenſibilité. L'avocat au Barreau eſt comme un ſoldat au champ de Mars : ſon zèle pour l'autorité des lois, pour la défenſe de ſon client, doit le mettre au-deſſus des craintes & des dangers ; & s'il n'a pas l'avantage de remporter la victoire, il faut qu'il ait du moins l'honneur d'avoir généreuſement combattu. Le rempart le plus ſolide qu'il puiſſe avoir en ſa faveur eſt celui d'une probité reconnue. On ne ſauroit croire combien eſt puiſſante cette perſuaſion

ſuaſion qu'on entend parler un homme de bien (*) : tout ce qu'il dit ſemble être le langage de la droiture & de la vérité ; on l'écoute avec le plus grand intérêt. Mais quelle différence lorſqu'il a la malheureuſe réputation d'être capable d'en impoſer ! quelque habile qu'il ſoit d'ailleurs, on ne voit plus en lui qu'un homme dangereux ; on ſe roidit d'avance contre tout ce qu'il peut dire de plus éloquent ; & dans ces momens où il enhardit le crime & fait trembler l'innocence, on voudroit s'il étoit poſſible le dépouiller de tous ſes talens.

Du côté de l'eſprit, il lui faut de la ſcience, de la juſteſſe & des ornemens.

Sa ſcience principale doit être celle que peut acquérir une étude profonde des lois & de la juriſprudence. Tout ce qu'il dit doit ſe rapporter à la loi ; c'eſt à ce centre unique qu'il doit continuellement ramener ſes juges & ſes auditeurs. La loi doit toujours lui être préſente à l'eſprit ; il doit la connoître dans tous ſes rapports, dans toutes ſes reſtrictions & ſes modifications ; en un mot, c'eſt la loi qui doit diriger ſes plans & ſes opérations.

Sa juſteſſe doit être celle d'une logique exacte pour démêler la vérité du menſonge, pour faire une juſte application des règles & des principes ; en un mot, pour parvenir à ſon but qui eſt la conviction.

Ses ornemens doivent être ceux d'un homme

(*) La probité de feu Me. Nouet célèbre avocat au parlement de Paris, étoit une des armes les plus redoutables de ſon éloquence. Son nom, dit M. d'Agueſſeau, étoit ſeul un préjugé de la bonté des cauſes qu'il défendoit.

familier avec les belles-lettres & les beaux arts: il faut, pour nous servir de l'expression de l'illustre d'Aguesseau, que les anciens orateurs lui donnent leur abondance, leur sublimité; les historiens leur ordre, leur simplicité; les poëtes leur élévation dans le génie, leur vivacité dans les images, leur hardiesse dans l'expression, & sur-tout ce nombre caché, cette secrette harmonie du discours qui, sans avoir la contrainte de la poésie, en conserve souvent les douceurs & les grâces. Il faut qu'il joigne la politesse des François au sel attique des Grecs & à l'urbanité des Romains; que comme s'il étoit transformé dans la personne des anciens, on reconnoisse en lui plutôt leur génie & leur caractère que leurs pensées & leurs expressions; & que l'imitation perfectionnant chez lui la nature, il parle comme Cicéron lorsque celui-ci imitoit Démosthènes, ou comme Virgile lorsque ce dernier s'approprioit adroitement les beautés d'Homère.

Mais tous ces talens ne suffisent pas encore: il faut de plus que la nature, comme nous l'avons dit, ait accordé à l'orateur certains avantages extérieurs sans lesquels il ne peut que difficilement réussir au Barreau. L'éloquence exige une prestance noble, une physionomie où viennent se peindre les affections de l'ame; un geste naturel & bien dirigé; une voix flexible & sonore; & tous ces dons, lorsqu'on ne les a pas naturellement, ne peuvent guères s'emprunter. Heureux l'avocat qui les possède tous ensemble: qu'il est beau de le voir au milieu d'un auditoire nombreux déployer tous les traits d'une élocution noble, grande & majestueuse, plein de fierté & de courage en faveur de la justice & de la vérité, affronter les dangers que peuvent former autour de lui le crédit & l'opulence, pour soustraire un innocent aux fureurs de la calomnie, & pour dénoncer ouvertement le crime & l'oppression ! Dans ces momens l'homme injuste pâlit ; il tremble que la même bouche qui tonne contre le coupable, ne s'ouvre un jour contre lui. L'homme vertueux au contraire se ranime dans la pratique du bien : si l'outrage le poursuit, il voit un défenseur qui saura employer pour lui son zèle & son ardeur. Tout le monde est saisi d'admiration & de respect : ce n'est plus un orateur qu'on s'imagine d'entendre, c'est une divinité qu'on croit descendue du ciel pour protéger les mortels malheureux. Chacun lui offre son encens & lui adresse ses vœux : on le poursuit, on l'environne ; & s'il s'échappe enfin de la foule qui le retient, on le poursuit encore par les acclamations les plus vives.

Tels sont les lauriers que l'avocat moissonne au Barreau, quand il s'y présente avec la recommandation du talent : mais avant de s'y montrer, il doit longtemps consulter ses forces. Ce n'est pas que toutes les causes qui se discutent au palais exigent les mêmes talens ; sans obtenir le premier rang au Barreau, on peut toujours s'y distinguer : toute cause bien défendue honore son défenseur ; on peut même dire qu'un grand avocat seroit aussi déplacé en soutenant une affaire de peu d'importance, qu'un avocat ordinaire le seroit en defendant une cause au-dessus de ses talens. Mais que ceux qui aspirent au titre d'orateur fassent bien attention qu'un avocat digne de ce titre par excellence est un homme rare, un homme précieux. Les orateurs que le Barreau de la capitale a possédés depuis un siècle seroient faciles à compter ; pour l'ordinaire celui qui n'est plus, laisse un long intervalle entre lui & l'orateur qui lui succède : il en est d'eux à-peu-près comme de ces astres fugitifs qui nous éclairent lorsqu'ils sont encore sur notre horison, mais qui une fois ayant disparu, ne se remontrent qu'après une longue suite d'années.

Quoique l'éloquence soit pour ainsi dire l'ouvrage entier de la nature, il faut pourtant convenir que l'art peut beaucoup le perfectionner. Nous ne nous proposons point de détailler ici toutes les règles qui peuvent convenir à l'éloquence du Barreau, nous nous bornerons simplement aux observations essentielles que voici :

La première est de se bien pénétrer du sujet que l'on doit traiter, & de le connoître dans toutes ses parties. Quand on ne possède une affaire que superficiellement, il n'est pas possible de la rendre avec tout l'avantage dont elle est susceptible ; il faut l'avoir étudiée, méditée, approfondie : *ce que l'on conçoit bien*, a dit un grand maître, *s'énonce clairement*, & cette maxime se vérifie tous les jours par l'expérience.

Quand une fois le sujet est bien conçu, la méthode exige qu'on se fasse dans l'esprit un plan de son discours, & qu'on y donne à toutes les parties un arrangement convenable. On doit prendre garde de ne pas mettre au milieu ce qui doit être au commencement, ni à la fin ce qui doit se trouver au milieu ; les choses doivent être distribuées de façon que ce qui a été dit entraîne nécessairement ce qui doit suivre, &

Que d'un art délicat les pièces assorties
Ne forment qu'un seul tout de diverses parties.

Pour y réussir, on doit commencer par une exposition exacte du fait & de ses principales circonstances; ensuite proposer la difficulté qui se présente a resoudre; établir les principes & les moyens sur lesquels on fonde l'opinion que l'on entend soutenir; réfuter les objections qui peuvent la combattre, & terminer par une récapitulation vive & serrée de tout ce qui a fait le sujet essentiel de la discussion.

En remplissant cette tâche, on doit éviter deux inconvéniens; l'un de ne pas dire tout ce qu'il faut, & l'autre de dire plus qu'il ne convient. Tout ce qui est étranger au sujet est insupportable; l'injure sur-tout déplaît infiniment. Les moyens que l'on emploie doivent particulièrement convenir à la cause, ceux qui n'y sont point applicables ne peuvent que l'affoiblir; mais en fait de moyens il faut être aussi soigneux de faire valoir ceux qui s'y rapportent, que d'écarter ceux qui ne peuvent faire aucune sensation: tous les jours on s'apperçoit que les juges se déterminent à la même décision par des motifs souvent tout différens.

A l'égard de la maniere de dire les choses, c'est ordinairement ce qui distingue l'avocat. Elles sont bien dites quand elles le sont avec le ton qui leur convient, que les transitions sont légères & comme imperceptibles, que la narration est coulante, que les termes sont propres, que le simple est noble, le beau naturel, le solide clair & précis. Les pensées les plus brillantes, les comparaisons les plus fleuries, les idées les plus ſublimes ne produiſent qu'un mauvais effet lorſque le ſujet ne les comporte pas. Au lieu d'embellir le diſcours, elles ne ſervent qu'à le rendre ridicule. La véritable éloquence eſt ſans fard ; elle plaît par ſa beauté naturelle (*).

Quelque plaiſant que ſoit le ſujet qu'on traite, on doit conſidérer que la cauſe eſt toujours ſérieuſe pour la partie. Il ne faut pas non plus mettre tant de gravité dans une affaire légère par elle-même ; mais s'il eſt permis de donner quelquefois du ridicule à ſa partie adverſe, on doit toujours éviter d'être bouffon. Rien de plus contraire à la dignité du Barreau que ces efforts continuels que l'on fait ſouvent dans certaines cauſes pour égayer un auditoire : les ris à la vérité ſont pour le peuple, mais les mépris ſont pour l'avocat.

La plaiſanterie ſeroit encore bien plus inſupportable dans les affaires qui préſentent le plus grand intérêt. Ce ſont les grands mouvemens de l'ame qui doivent ſe montrer, tout doit être ſérieux comme le ſujet même. Car enfin quelle idée les juges & le public auroient-ils d'une cauſe dont l'avocat ſe feroit un jeu ? Ciceron veut que le diſcours ſoit grand dans les maximes & dans l'expreſſion ; qu'il ſoit vif, animé, plein de chaleur, de ſentiment & de vérité (**) : leçon

(*) *Grandis, & ut ità dicam, pudica oratio placet, non maculoſa nec turgida, ſed quæ naturali pulchritudine exurgit.* Cic. de orat.

(**) *Omnium ſententiarum gravitate, omnium verborum ponderibus eſt utendum. Accedat oportet oratio varia, vehemens, plena animi, plena ſpiritûs, plena veritatis.* De orat. lib. 2.

d'autant plus recommandable qu'elle vient d'un maître qui nous a donné en même-temps le précepte & l'exemple.

Il eſt une autre ſorte d'éloquence au palais qui a ſes règles particulières & qui demande auſſi de vrais talens ; c'eſt la compoſition des *mémoires*. Ceux qui excellent dans cette partie ſont preſque auſſi rares que ceux qui poſſedent l'heureux don de la parole. Peut-être faut-il même plus de goût pour y réuſſir que dans une plaidoierie : dans la chaleur de l'action on fait grâce à bien des traits & à bien des négligences qu'on ne pardonne guères dans un mémoire. Il faut que tout y ſoit ſuivant la rigueur des règles & l'exacte vérité des principes ; que la clarté, la méthode, l'élégance & la préciſion s'y faſſent remarquer ; que les grands mouvemens y ſoient rendus avec majeſté, les paſſions avec énergie, les ſentimens avec délicateſſe ; & ſur-tout que l'érudition autrefois ſi faſtueuſe, ne s'y montre que pour le beſoin.

Les mémoires que l'on peut ſe propoſer pour modèles ne ſont pas auſſi communs qu'on pourroit ſe l'imaginer ; & les grands talens de la plume ne ſont pas plus que ceux de la parole, donnés à tous ceux qui s'occupent de la profeſſion du Barreau. Mais tous les objets qui ſont du reſſort de cette profeſſion ne demandent pas non plus des talens ſublimes. On a d'ordinaire aſſez de capacité, lorſqu'on ſait la diriger vers l'objet qui lui convient. Les grands ſuccès ne procurent pas toujours une grande eſtime, & l'eſtime eſt le premier avantage qu'on doive rechercher. La ſcience ſeule des lois a ſes couronnes ainſi que les autres talens : l'ordre des avocats n'eſt pas moins illuſtre par les hommes ſages & vertueux qu'il a produits, que par les défenſeurs éloquens qu'il a donnés aux foibles & aux malheureux. Qu'il n'y ait donc entre ceux qui le compoſent d'autre rivalité qu'à s'acquitter chacun dignement des fonctions où ſes talens l'appellent : qu'une grande modeſtie ſoit en même-temps une vertu commune à tous ceux qui ont l'avantage de réuſſir; que ſans ſonger à ce que l'on vaut, on ne s'occupe que du ſoin de devenir meilleur. Mais auſſi qu'une baſſe jalouſie ne ſoit point le partage de ceux qui ne peuvent atteindre un plus haut degré : qu'ils aiment aſſez la perfection des talens pour rechercher l'amitié de ceux qui ſe diſtinguent, & pour jouir ainſi en quelque ſorte de leur gloire en jouiſſant de leur eſtime & de leur attachement.

Il eſt encore un autre genre d'éloquence au Barreau tout différent de celui qui concerne l'avocat, & ce genre appartient ſpécialement à ceux qui ſont chargés du miniſtère public. Ce n'eſt plus cette chaleur, cette véhémence qui animoit l'avocat, qui l'agitoit, le tranſportoit ; c'eſt le langage modéré d'une philoſophie inſinuante qui ſoulage les eſprits & les rend attentifs aux oracles que va rendre la juſtice. Lorſque deux orateurs ont lutté l'un contre l'autre avec des armes égales, & que le public eſt incertain ſur le ſort du combat, avec quel intérêt n'écoute-t-on pas le magiſtrat qui diſcute à ſon tour les règles & les principes ; qui démêle la ſimplicité de l'artifice, la droiture de la mauvaiſe foi, la vérité du menſonge? ami de la loi, il la développe ſans la déchirer ; tranquille comme la loi, jamais ſes tranſports ne ſont ceux de la colère ; ferme comme la loi, il ne ſe laiſſe point fléchir par de vaines conſidérations ; ſage enfin comme la loi, il la reſpecte même dans ſes rigueurs. Pour lui rien n'eſt beau que le vrai ; la vérité fait l'objet de tous ſes ſoins ; & le triomphe le plus cher à ſon cœur, eſt celui d'en avoir défendu les intérêts avec courage & dignité. Qu'on étudie d'Agueſſeau, qu'on liſe Servan, qu'on écoute Séguier, on trouvera auprès d'eux les leçons & les modèles du genre qui convient à la partie la plus importante & la plus difficile de l'éloquence du Barreau.

Voyez les articles AVOCAT, GENS DU ROI. (*Article de M. DAREAU avocat au parlement, de la ſociété littéraire de Clermont-Ferrand*).

BARRIÈRE. On appelle ainſi dans les principales villes de France, & ſur-tout à Paris, des lieux où ſont établis les bureaux des entrées & où ſe payent les droits dûs par les marchandiſes deſtinées pour la conſommation de ces villes.

Le nom de Barrière vient de ce que les paſſages par leſquels arrivent les voitures & les marchandiſes ſujettes aux droits ſont traverſés par une barre de bois qui roule ſur un pivot & qui s'ouvre ou ſe ferme à la volonté du commis.

C'eſt aux Barrières que toutes les voitures & ceux qui ſont chargés de denrées compriſes dans les tarifs, doivent s'arrêter, ſouffrir la viſite & payer les entrées ; les commis ont même la permiſſion de viſiter les carroſſes, berlines & chaiſes des particuliers, pour voir s'il n'y a point de contrebande cachée ou de denrées ſujettes aux droits ; ce qu'ils font pareillement dans les porte-manteaux, valiſes & coffres dont on doit leur présenter les clefs. Ils saisissent & arrêtent les choses sujettes aux droits qu'on n'a point déclarées ou qui sont de contrebande conformément aux ordonnances. Dans ce dernier cas les marchandises restent confisquées ainsi que les voitures qui s'en trouvent chargées, & les autres denrées, hardes & marchandises avec lesquelles elles sont mêlées.

Pour la conduite & régie de toutes les Barrières où il y a des commis de la douane, il y a un commis ambulant qui parcourt continuellement les bureaux, & qui contrôle & vérifie les registres des commis, dont il rend compte ensuite au bureau de la ferme générale.

Comme on pourroit faire entrer en fraude diverses sortes de choses, particulièrement des vins, des eaux-de-vie, des toiles peintes & autres choses semblables, qui sont ou de contrebande ou sujettes aux droits, en les cachant dans des charettes & charriots de paille & de foin, ou dans ceux qui voiturent des balles de coton, de laine, de chanvre & d'autres matières molles & de grand volume, les commis ont à la porte de leur bureau des instrumens qu'ils nomment des *sondes*, dont ils se servent effectivement à sonder toutes les espèces de denrées dans lesquelles ils peuvent soupçonner que sont renfermées d'autres marchandises dont on veut cacher l'entrée au bureau.

C'est aux Barrières que se payent les droits d'entrée pour le vin, le pied fourché, les foins, les bois, les charbons, les fruits, la viande dépécée & presque pour tout ce qui est destiné à la consommation de Paris.

Les vins qui arrivent par terre à Paris doivent

entrer pas les portes de saint-Bernard, de la Conférence, de saint-Honoré, de Montmartre & du Temple ; & par les Barrières de saint-Victor, de saint-Marcel, de saint-Jacques, de saint-Michel, des Carmes, de saint-Germain, du Roulle, de la ville-l'Evêque, de saint-Anne, de saint-Denis, de saint-Martin, de la croix-Fauxbin, de Picpus & de Rambouillet.

Il est enjoint aux voituriers & autres chargés de la conduite des boissons, de s'arrêter à ces portes & Barrières, & il leur est défendu à peine de confiscation & de cent livres d'amende (qui peut être modérée jusqu'à vingt-cinq livres & non au-dessous, suivant la déclaration du 17 février 1688) de faire entrer aucune boisson par les autres portes ou Barrières : celles-ci sont déclarées faux passages (*).

Les voituriers par eau sont tenus sous les mêmes peines de confiscation & d'amende d'arrêter & garer leurs bateaux au ports de la Rapée, de saint-Paul, de la Tournelle & de la Conférence ; ce qui doit être exécuté à l'égard des coches par eau, soit qu'ils soient chargés ou non.

Il est défendu aussi sous les mêmes peines aux voituriers, soit par eau soit par terre, & à toute autre personne de faire arriver les boissons aux bureaux, portes & ports de la ville & des faux-

(*) Les lieux d'entrée du pied fourché & des viandes sont les barrières de saint Victor, saint Jacques, des Carmes, de saint Germain, du Roulle, de la Ville-l'évêque, de saint Antoine, sainte Anne, saint Denis, saint Martin, la Croix-Fauxbin, Picpus & Neuilly, & les portes de la Conférence, saint Honoré, Montmartre, saint Denis, saint Martin du Temple, & saint Antoine.

bourgs avant cinq heures du matin, & après huit heures du soir pendant les mois d'avril, mai, juin, juillet, août & septembre ; & dans les autres mois avant sept heures du matin & après cinq heures du soir.

Il est pareillement défendu aux commis des Barrières & aux portiers de la ville, de les ouvrir à heure indue, à peine d'être contraints au payement de la valeur du vin qu'ils auront laissé entrer, de cinq cens livres d'amende & de punition corporelle le cas échéant.

Il est permis au fermier de faire construire telles Barrières, clôtures, bureaux & fossés, & en telle lieu que bon lui semble, pour la sûreté & la perception des droits, à la charge que ses bureaux ne seront que de la grandeur convenable. Il peut en conséquence prendre l'emplacement dont il a besoin, en payant la valeur au propriétaire, de gré à gré, ou à dire d'experts. Il est même autorisé à prendre, soit à Paris soit dans les autres villes & lieux du royaume, telles maisons qu'il juge nécessaires pour y établir des bureaux de recette (à l'exception cependant des maisons occupées par les propriétaires) en payant le loyer sur le pied des baux, & en se conformant aux clauses y portées, à la charge par les propriétaires d'affirmer que ces clauses sont sincères & véritables, & s'il n'y a point de bail, à dire d'experts, sans que le fermier ni les propriétaires soient tenus d'aucune indemnité envers les locataires pour raison de leur déplacement.

Sa majesté a évoqué à son conseil tous les procès mus ou à mouvoir, au sujet des maisons servant de bureaux pour la régie des fermes en quelques cours & juridictions qu'ils soient portés.

C'est ce qui résulte de l'article 557 du bail de Forceville, & des arrêts du conseil des 15 septembre, 17 novembre & 15 décembre 1722, 23 août 1723, 24 avril & 31 juillet 1725, 16 janvier 1731, 12 septembre 1741, 2 septembre 1745 & 20 février 1753.

Voyez *l'ordonnance de 1680; les déclarations du 17 février 1688, & du 30 janvier 1714; l'arrêt du conseil du 16 décembre 1718; le traité général des droits d'aides; les baux de Legendre, de Carlier & de Forceville; les arrêts du conseil des 15 septembre, 17 novembre & 15 décembre 1722, 23 août 1723, 24 avril & 31 juillet 1725, 16 janvier 1731, 12 septembre 1741, 2 septembre 1745 & 20 février 1753*, &c. Voyez aussi les articles ENTRÉE, BÉTAIL, BARRAGE, PIED FOURCHÉ, DOUANE, COMMIS, BUREAU, VISITE, &c.

BAS. Vêtement fait de laine, de fil ou de soie qui se tricote à l'aiguille ou au métier, & dont on se sert pour couvrir le pied & la jambe.

Les Bas de soie, filoselle & fleuret venant de l'étranger ne peuvent entrer dans le royaume par mer que par le port de Marseille, & par terre par le Pont-de-Beauvoisin, à peine de confiscation des marchandises & équipages, conformément à l'article 4 de l'arrêt du conseil du 6 mars 1719.

Quant aux Bas de soie des provinces réputées étrangères, ils peuvent entrer dans les cinq grosses fermes par tous les ports & bureaux, en payant seulement les droits du tarif de 1664 (*),

(*) Ces droits sont de quinze sous par paire : les *grands Bas à renverser* doivent payer à proportion, & deux paires de canons doivent comme une paire de Bas.

pourvu que la fabrique de ces Bas soit justifiée par certificat.

Avant l'arrêt du 6 mars 1719 les Bas de soie ainsi que ceux d'estame & de laine venant des pays étrangers, destinés pour Lyon, ne payoient que moitié des droits suivant l'arrêt du 27 octobre 1667; mais suivant l'arrêt du 15 juin 1688, les droits du tarif de 1667 sont dus en entier, quoique les Bas soient destinés pour le compte des marchands & habitans de Lyon ou pour tout autre privilégié, au moyen de quoi ils sont exempts des droits de la douane de Lyon qu'ils payoient auparavant.

Les Bas d'estame & de laine ne peuvent non plus que les autres ouvrages de bonneterie étrangère être introduits dans le royaume que par les ports de Calais & de saint-Vallery, à peine de confiscation, tant des marchandises que des équipages & de cinq cens livres d'amende; c'est ce qui résulte des arrêts des 20 avril 1700 & 3 mai 1720; ensorte que l'on n'en doit point admettre l'entrée par d'autres endroits; & aux termes de ces mêmes arrêts & de ceux des 13 janvier 1670 & 15 février 1689 les commis établis dans ces ports doivent marquer ces ouvrages, d'un plomb, portant d'un côté une fleur de lys & de l'autre ce mot, *Callais* ou *saint-Vallery*.

La douzaine de paires de Bas d'estame & de Bas de laine venant de l'étranger doit pour droit d'entrée huit livres, conformément au tarif de 1667.

Les Bas de soie qui viennent de l'étranger doivent pour droit d'entrée, quarante sous par paire, conformément au tarif du 18 avril 1667.

Observez que quoique Marseille soit considérée comme une ville étrangère à l'égard des fermes, les Bas de laine ou d'estame qui s'y fabriquent ne sont néanmoins assujettis qu'aux droits du tarif de 1664 (*), lorsqu'ils sont apportés dans les cinq grosses fermes avec certificat. Ces droits sont de trois livres douze sous pour chaque douzaine de Bas à botter de laine, & de trois livres dix sous pour chaque douzaine de paire de Bas d'estame & de laine faits au fuseau.

Les Bas de chausses de drap de toutes sortes doivent par douzaine de paires une livre 16 sous.

Les Bas de coton venant de l'étranger doivent pour droit d'entrée quatre livres par douzaine de paires, conformément au tarif de 1667 : mais lorsque les Bas de cette espèce ont été fabriqués à Marseille ou dans les provinces réputées étrangères & que cela est prouvé par certificats, ils ne doivent que les droits du tarif de 1664 qui sont de quarante sous par douzaine de paires.

Suivant l'arrêt du conseil du 2 février 1762, les Bas de fil doivent pour droit d'entrée vingt pour cent. du cent pesant.

Comme les arrêts des 20 avril 1700 & 3 mai 1720 qui ont fixé par certains bureaux l'entrée des ouvrages de bonneterie étrangère, ne concernent que les ouvrages composés de laine, & qu'il n'y est fait aucune mention de ceux de fil ou de coton, ces derniers peuvent entrer par tous les bureaux conformément à la décision du conseil du 19 février 1724.

Les Bas & les autres ouvrages de bonneterie

(*) Il en est de même des Bas de laine ou d'estame fabriqués dans les provinces réputées étrangeres.

venant d'Angleterre sont prohibés & ne peuvent être introduits dans le royaume. C'est une disposition de l'arrêt du conseil du 6 septembre 1701.

Observez néanmoins que conformément à un ordre du conseil du 30 mai 1727, chaque étranger venant d'Angleterre peut faire entrer avec lui jusqu'à quatre ou cinq paires de Bas de fil, de laine & de soie destinés à son usage, & non pour en faire commerce : si ces Bas sont neufs les droits doivent en être payés sur le pied qu'ils sont fixés pour l'entrée des Bas venant de l'étranger.

Les Bas de peau venant de l'étranger doivent à l'entrée vingt pour cent de la valeur, suivant l'arrêt du conseil du 28 mai 1768.

Les Bas de peaux de mouton & de chèvres, passés en chamois doivent les droits de sortie des cinq grosses fermes comme mercerie.

Il en est de même des Bas de laine, de fil & de coton faits au fuseau & des Bas d'estame de toutes sortes.

Les Bas de chausse de drap & de serge doivent par cent pesant cinq livres pour droit de sortie, & les Bas de soie douze sous par livre.

Observez néanmoins que les droits de sortie fixés par le tarif ne concernent que les Bas des manufactures du royaume qui sont destinés à l'usage des provinces réputées étrangères : lorsque ces Bas passent directement chez l'étranger ils sont exempts de tout droit de sortie des cinq grosses fermes, conformément aux arrêts du conseil des 13 & 15 octobre 1743.

Voyez *les tarifs du mois de septembre 1664, & du mois d'avril 1667 ; les arrêts du conseil des 6 septembre 1701, 6 mars 1719, 27 octobre 1667, 15 juin & 10 septembre 1688, 15 février 1689,*

20 avril

20 avril 1700, 6 décembre 1667, 3 mai 1729, 13 septembre 1728, 10 février 1739, 17 janvier 1708, 13 janvier 1670, 19 février 1724, 2 février 1762, 13 juillet 1692, 13 & 15 octobre 1743, 28 mai 1768, &c. Voyez aussi les articles BONNETERIE, MERCERIE, ENTRÉE, SORTIE, MARCHANDISES, SOU POUR LIVRE, &c.

BASANE. Peau de mouton préparée dont on se sert ordinairement à couvrir des livres.

Les Basanes tannées venant de l'étranger doivent à toutes les entrées du royaume trois livres de la douzaine comme peaux de mouton passées en blanc ou jaune, conformément au tarif de 1667 & aux arrêts du conseil des 15 mars & 19 mai 1689 : mais les Basanes des provinces réputées étrangères ne doivent pour l'entrée dans les cinq grosses fermes que le droit fixé par le tarif de 1664, & qui est de six sous par douzaine.

Quant aux droits de sortie des Basanes, ils sont de six sous par douzaine conformément au tarif de 1664.

Voyez *les tarifs de 1664 & 1667 ; les arrêts du conseil des 15 mars & 19 mai 1689*, les articles ENTRÉE, SORTIE, MARCHANDISES, SOU POUR LIVRE, &c.

BASILIQUES. On appelle ainsi une collection des lois Romaines traduites en Grec par ordre de l'empereur Basile.

Voyez les articles CODE, DIGESTE, INSTITUTES, LOI, &c.

BASOCHE. C'est une juridiction tenue par les clercs des procureurs du parlement de Paris & de quelques autres tribunaux, pour connoître des différens qui peuvent s'élever parmi ces clercs & pour régler leur discipline.

Anciennement on ne connoiſſoit point en France de procureurs en titre d'office comme il y en a aujourd'hui. A l'exemple des peuples du Nord les François terminoient leurs procès par les armes, & prevenoient ainſi les lenteurs de la juſtice. Il fallut des réglemens ſans nombre & l'intervalle de plus de deux ſiècles pour anéantir cette méthode meurtrière : on trouve dans les capitulaires des preuves de cette vérité. L'autorité royale prévalut enfin : il fut enjoint aux particuliers de porter leurs plaintes aux tribunaux de la juſtice, dès-lors le miniſtere de ceux qui y étoient employés devint d'un grand ſecours pour ceux qui ignoroient la manière d'y procéder ; & c'eſt à ces gens exercés qu'on donnoit le titre de *clercs*, mot qui pris dans ſon ancienne ſignification veut dire *ſavant*, *docteur*, &c.

Dans la ſuite on jugea à propos d'ériger en titre d'office les fonctions de ceux qui ſecondoient les parties dans les tribunaux & qui aidoient à leur procurer la juſtice qu'elles y demandoient ; on choiſit parmi les clercs ceux qui avoient le plus de capacité pour ces ſortes de fonctions ; on leur donna une préférence excluſive ſur les autres clercs, & c'eſt delà que tirent leur origine les procureurs que nous voyons aujourd'hui.

A Paris le premier & le plus ancien tribunal étoit le châtelet : le nombre des clercs y étoit plus conſidérable que par-tout ailleurs. Ces clercs formoient entr'eux une communauté comme la forment aujourd'hui les procureurs, & cette communauté n'a pas laiſſé de ſubſiſter quoique les clercs n'aient plus été employés aux mêmes fonctions : ils ſe ſont maintenus comme des gens toujours capables de remplacer les procureurs & de leur succéder dans leurs offices ; mais au lieu de maîtres qu'ils étoient, ils ont été obligés de se rendre les compagnons des procureurs & de les aider de leur plume dans leurs opérations jusqu'à ce qu'ils soient devenus procureurs à leur tour. Voilà en abrégé l'idée de toute la différence qui se trouve aujourd'hui entre les clercs & les procureurs.

Basoche du Parlement, autrement dite du Palais.

Lorsque Philippe le Bel rendit son parlement sédentaire à Paris, il comprit qu'il étoit nécessaire qu'il s'y attachât des personnes en état d'y traiter les affaires. Le roi pour y attirer des clercs, voulut de l'avis même de son parlement qu'il y eût entr'eux un roi (*) avec une juridic-

(*) On a affecté de douter de l'érection de cette Basoche en *Royaume*, mais qu'on lise ce qui est rapporté à ce sujet dans l'histoire de Paris par Felibien, mise au jour par Lobineau : *tous*, dit cet auteur, *sont sous la puissance du roi de la Basoche, seul chef souverain de tous les suppôts de son royaume, c'est-à-dire, des clercs & praticiens de la cour de parlement & autres juridictions du ressort de cette cour.*

Le roi de la Basoche n'étoit pas le seul qui portât ce titre : on connoissoit le roi des arbaletriers, le roi d'armes, le roi des trésoriers, *rex arbalestrariorum*, *rex armorum*, *rex arcariorum*, *&c.* Le roi des violons ou des ménétriers a subsisté long-temps ; c'est tout récemment que ce titre a été supprimé.

On connoissoit encore le *roi des Ribauds*, qui selon du Tillet étoit le juge des délits commis à la suite de la cour par les mauvais garçons, & les filles ou femmes abandonnées. Sous Charles VI on l'appeloit le prévôt de l'hôtel. Mais il est bon d'observer que le titre de *roi* dans ce sens-là n'avoit d'autre signification que celle de *regent* ou de *chef*.

tion sous le titre de *royaume de la Basoche*, pou juger en dernier ressort tous les différends qu naîtroient de clerc à clerc tant en matière ci vile qu'en matière criminelle. Il permit en mê me temps d'établir des prévots & des juridic tions Basochiales dans les siéges royaux resso tissans au parlement de Paris, à la charge de foi & hommage envers le roi de la Basoche (* devant lequel devoient ressortir les appellatio des prévôts. Il fut dit aussi que le roi de Basoche feroit faire montre tous les ans à to les clercs du palais & à tous ses autres sujets suppôts (**).

La montre se faisoit chaque année sur la co vocation du roi de la Basoche qui envoyoit s ordres à ses princes & sujets avec command

---

(*) Le pouvoir d'établir des prévôts se prouve par l anciens registres de la Basoche : il s'y trouve deux arr d'enregistrement de lettres d'érection de juridiction bas chiale, l'un pour les clercs du siège royal de Loches, l'autre pour ceux de Chaumont en Bassigni. Ces enregistr mens sont des 14 & 21 fevrier 1586, ils sont même scell ainsi que les lettres, du sceau de la chancelerie de la B soche.

On reconnoît encore dans beaucoup de siéges du res sort du parlement de Paris des vestiges de ces ancienn érections. Il y a un prince de la Basoche à Angers: Guéret j'ai vu deux sentences présidiales rendues en fave des clercs de la Basoche.

(**) Il en étoit à peu près de ces montres comme d celles dont nous avons parlé à l'article *Ban & arrière-ba* Les érections de prévôté de Basoche se faisoient sous l titre de *Prince de la Basoche* portant foi & hommage a roi de la Basoche en son siège à Paris, avec obligation d'obéir à ses ordres & commandemens ; un arrêt de 152 fait mention que les clers basochiens de Poitiers tenoient *en foi & hommage du roi de la Basoche.*

ment de se trouver à Paris sous peine de grosses amendes en plusieurs bandes & compagnies, avec les habits & les livrées de leurs capitaines dont on fournissoit des modèles.

Ces montres (*) ou comparutions se faisoient en forme de carouzel : elles attiroient beaucoup de monde. Elles firent tant de bruit du temps de François I, que ce prince manda à son parlement qu'il vouloit voir *la montre du roi de la Basoche*, & qu'à cette fin il se rendroit à Paris à jour nommé.

Le roi de la Basoche sur l'avis qu'il en eut fit faire au parlement un requisitoire par l'avocat général (de la Basoche) tendant à ce qu'il plût à la cour de vaquer les deux jours suivans. Là-dessus, le procureur général du parlement remontra que l'équipage du roi de la Basoche étoit prêt & *d'un air triomphant ;* que le roi François I devoit se rendre le lendemain à Paris, & qu'attendu le grand nombre de suppôts de la Basoche qui devoient s'assembler au Palais, il seroit difficile à la cour de s'occuper de l'expéditon des affaires ; qu'en conséquence il adhéroit au requisitoire de l'avocat général du roi de la Basoche : sur quoi la cour ordonna par son arrêt du 25 juin 1540, que tout vaqueroit un jour ou deux. La montre se fit au jour marqué, & François I la vit : il y avoit sept à huit cens clercs.

En 1548, les habitans de la Guyenne s'étant

(*) Nous empruntons de Ferrières cette partie historique : elle est d'ailleurs conforme à ce que cet auteur a lui-même trouvé dans l'histoire de la Basoche qui a donné lieu à un recueil particulier de ses privilèges.

montrés mutins & rebelles envers Henri II au sujet de la gabelle, ce prince jugea à propos d'y envoyer le connétable de Montmorenci avec une armée considérable. Pendant qu'on faisoit la levée des troupes, le roi de la Basoche & ses suppôts s'offrirent au prince : ils furent acceptés : ils étoient euviron six mille homme. Ils firent si bien leur devoir qu'à leur retour le roi voulant reconnoître leurs services leur demanda qu'elle récompense ils desiroient : ils répondirent qu'ils n'en demandoient aucune, & qu'ils étoient toujours prêts à servir sa majesté par-tout où elle voudroit les envoyer (*).

Le roi content de cette réponse leur donna de son propre mouvement la permission de faire couper dans ses bois tels arbres qu'ils voudroient choisir en présence du substitut du procureur général aux eaux & forêts, pour servir à la cérémonie du mai qu'ils avoient coutume de faire planter tous les ans le dernier samedi du mois de mai devant le grand perron de la cour du palais, & pour fournir aux frais de cette cérémonie, il leur accorda tous les ans une somme à prendre sur les amendes ajugées au profit du roi tant au parlement qu'à la cour des aides, & cette somme se perçoit encore aujourd'hui. Le roi accorda de plus au trésorier & au receveur du domaine de la Basoche le droit de faire sceller gratuitement en la chancellerie du parlement une lettre de quelque prix que ce fût, & voulut que sur les arrêts rendus à la Basoche il fut expédié *gratis*

(*) Les historiens ont remarqué ce trait de générosité de la part des suppôts de la Basoche. Voyez le *recueil des privilèges de la Basoche & l'histoire du théâtre françois.*

des commiſſions. Il permit enfin au roi de la Baſoche & à ſes ſuppôts d'avoir dans leurs armoiries (qui ſont trois écritoires) timbre, caſque & morion pour marque de ſouveraineté, ainſi qu'il eſt expliqué au long dans les lettres de don qui leur en furent expédiées. Tous ces priviléges ſubſiſtent encore, à l'exception des commiſſions qui ne s'expédient plus aujourd'hui en la chancellerie du parlement qu'en payant les droits ordinaires.

Pour ce qui eſt du titre de *roi de la Baſoche* il fut ſupprimé par Henri III, qui voyant que le nombre des clercs alloit à près de dix mille ne voulut plus qu'aucun de ſes ſujets prît le nom de roi. Les droits du roi de la Baſoche ont paſſé depuis en la perſonne de ſon chancelier, dont les montres ont par la ſuite été réduites aux ſeuls officiers de la Baſoche & aux clercs du palais. Ces montres ont continué en pluſieurs compagnies juſqu'à l'année 1667; & depuis ce temps-là il n'a plus été queſtion que de cette eſpèce de cavalcade qui ſe fait tous les ans lorſqu'il s'agit d'aller faire marquer un arbre dans la forêt de Bondy pour la plantation du mai.

Le corps de la Baſoche eſt encore aujourd'hui une juridiction bien reconnue. Elle eſt compoſée d'un chancelier, de pluſieurs maîtres des requêtes (*), d'un grand audiencier, d'un référendaire, d'un procureur général, d'un avocat général, de quatre tréſoriers, d'un greffier, de quatre notaires & ſécrétaires de la cour Baſochiale, d'un premier huiſſier, de huit autres

(*) Pour être reçu maître des requêtes à la Baſoche, il faut avoir au moins quatre ans de cléricature.

huissiers & d'un aumônier qui a voix délibérative & séance après le grand audiencier & le référendaire, lesquels sont tous deux maîtres des requêtes extraordinaires.

Les procédures & les instructions se font à la Basoche par les clercs qui y sont reçus avocats (*) & qui y plaident pour les parties. Les audiences se tiennent les mercredis & les samedis dans la chambre de St. Louis entre midi & une heure. Le chancelier y préside, & en son absence le vice-chancelier ou le plus ancien maître des requêtes; mais pour faire un arrêt il faut qu'il y ait sept maîtres des requêtes outre celui qui préside. Les requêtes que l'on présente à la cour de la Basoche sont intitulées: *à nosseigneurs du royaume de la Basoche*. On emploie le papier timbré pour ces requêtes, ainsi que pour les autres actes de procédures qui s'y font.

(*) La forme de cette réception est à peu près comme celle d'un avocat au parlement, en voici la formule:

» Les chanceliers & officiers du royaume de la Basoche » du palais à paris, à tous ceux qui ces présentes lettres » verront, salut. Sur la présentation faite à la cour par » Me.... ancien avocat audit royaume, de la personne » de Me. Pierre-Antoine.... clerc au palais pour être admis » au serment d'avocat, oui sur ce.... avocat général, la » cour a reçu & reçoit ledit.... au serment d'avocat, & » l'invite à plaider. Fait & donné audit royaume de la » Basoche, l'audience tenant, le mercredi 27 avril 1768. » *Par la chambre*, signé.... *collationné*, &c «.

Cette matricule s'expédie en parchemin timbré, & au bas des signatures on ajoute ce qui suit.

» Vû par nous bâtonnier des avocats du royaume de la » Basoche du palais à Paris, pour être inscrit sur le pro» chain tableau, conformément aux règlemens généraux, » à Paris ce 3 mai 1769 *signé*.... «.

Les jugemens qui s'y rendent sont expédiés par le greffier sous ce titre : *la Basoche regnante en triomphe & titre d'honneur, SALUT ;* & à la fin on met : *fait audit royaume le .... &c.* Ces jugemens sont souverains & portent le nom d'arrêts ; de sorte qu'on ne peut se pourvoir contre ces mêmes jugemens que dans la juridiction où ils ont été rendus. On emploie à cet effet la requête civile laquelle se porte à l'ancien conseil qui se tient par le chancelier assisté des procureurs de la cour.

Le nombre des maîtres des requêtes de la Basoche n'est point fixe : il s'en fait tous les ans quatre qui sont les quatre trésoriers sortant de charge. Les avocat & procureur généraux restent toujours jusqu'à vacation de leur office.

Le chancelier ne règne qu'un an ; l'élection s'en fait tous les ans au mois de novembre (*). Il ne peut être choisi qu'entre les quatre plus anciens maîtres des requêtes, l'avocat & le procureur général, & le procureur de communauté. L'habit de cérémonie du chancelier est une robe & un bonnet ; les autres officiers portent en cérémonie l'habit noir, le rabat & le manteau.

Le chancelier ne peut être un homme marié ni un bénéficier. Il est obligé de donner un festin le jour de sa réception aux autres officiers ; c'est ce qu'ils appellent entr'eux *droits & devoirs.* On lui en donne acte à la fin du repas : mais ancien-

(*) Il y a un arrêt de règlement du 5 janvier 1636 rendu sur les conclusions de M. Bignon avocat-général, qui prescrit la forme de l'élection du chancelier de la *Basoche.*

nement avant qu'il pût obtenir cet acte, il falloit qu'il essuyât plusieurs contestations qui faisoient vider encore un grand nombre de bouteilles.

On sait par tradition que la Basoche jouissoit dans les premiers temps de quantité de droits & de privilèges (*), mais on ignore ce qu'el

---

(*) Il y a même apparence qu'elle pouvoit communiquer quelques-uns de ces droits aux autres Basoches qu'elle instituoit dans les siéges de son ressort. La Basoche d'Orléans suivant que l'atteste M. Jousse dans son commentaire sur l'édit des présidiaux est en possession de percevoir une somme de douze livres seize sous sur tous les officiers qui se marient dans l'étendue du Baillage d'Orléans : ce droit s'appelle *droit de ban*. Lorsqu'il survient quelques contestations à ce sujet, le présidial est dans l'usage de les terminer en dernier ressort.

Nous avons appris que la Basoche de Chartres suivant un acte de notoriété du siège de l'endroit, en date du 1[?] mars 1769, avoit droit de percevoir 1°. trente sous pour chaque lettre de *bec-jaune* accordée par le président à tous les clercs nouvellement reçus & travaillant chez les procureurs & les notaires de Chartres & chez les procureurs en l'élection. 2°. D'obliger chaque suppôt de la Basoche chacun suivant l'ordre de sa réception, d'offrir un pain à bénir à la messe qui se dit au palais tous les premiers dimanches de chaque mois. 3°. De percevoir trois livres quatre sous à chaque réception d'officiers dans le Bailliage, même des officiers de l'élection. 4°. Celle de cinq livres quatorze sous appelée *droit de ban*, à chaque mariage des personnes nobles ou roturières qui se célèbre ou dont les bans se publient dans l'une des paroisses de la ville, faubourg & banlieue de Chartres, à l'exception néanmoins des personnes qui sont du corps des marchands ou d'une communauté d'artisans; des domestiques, journaliers vignerons & de ceux qui faisant partie d'une communauté payent à cette communauté un droit de ban pour leur mariage 5°. d'avoir

ſont devenus les titres ; on croit qu'ils ont été brûlés dans l'incendie du palais. Un droit dans lequel la Baſoche s'eſt conſtamment maintenu eſt celui de donner aux clercs qui veulent ſe faire pourvoir d'un office de procureur au parlement le certificat néceſſaire pour atteſter leur temps d'étude & d'exercixe au palais. Les officiers de la Baſoche ont eu ſouvent des conteſtations avec les procureurs du parlement au ſujet de ces certificats. En 1711 la communauté des procureurs crut pouvoir donner un *admittatur* ſuffiſant à deux ſujets qui ſe préſentoient pour des offices de procureurs ſans que ces ſujets euſſent auparavant obtenu les certificats ordinaires de la Baſoche ; les officiers de cette juridiction formèrent oppoſition à cet *admittatur*, & ceci donna lieu à un procès. L'affaire fut plaidée & par arrêt du 7 ſeptembre 1713 les officiers de la Baſoche furent maintenus dans la poſſeſſion de vérifier le temps des dix années (*) de palais que doivent avoir ceux qui ſe préſentent pour être admis aux charges de procureurs en la cour ; en conſéquence il fut ordonné que les officiers de la Baſoche ſeroient tenus d'avoir un regiſtre paraphé dans toutes ſes pages

---

ſept places franches à tous les ſpectacles de la ville pour le préſident & les autres officiers de la Baſoche 6°. de faire la publication de tous les traités de paix ſous les drapeaux & à la tête des fouriers & gardes de la ville avec les inſtrumens ordinaires en pareilles cérémonies, & de porter les drapeaux devant le corps de l'hôtel de ville, lorſqu'il aſſiſte aux *Te Deum* qui ſont chantés en action de graces de quelques heureux événemens.

(*) Ces dix années ſont requiſes d'une manière expreſſe par un arrêt de règlement du 6 août 1697.

par le chancelier de la Basoche sur lequel ceux qui voudroient demeurer dans les études des procureurs en qualité de clercs, à l'effet d'acquérir le temps nécessaire pour être admis aux offices de procureurs seroient tenus de s'inscrire sans frais : qu'après le temps des dix années d'exercice & de travail en qualité de clercs, lorsqu'ils desireroient d'être admis à ces offices, il leur seroit délivré par les officiers de la Basoche un certificat où il seroit fait mention du jour qu'ils se seroient inscrits sur le registre ainsi que du temps qu'ils auroient travaillé en qualité de clercs depuis leur inscription, & que les procureurs seroient tenus de viser & de dater ce certificat dans leur *admittatur*.

Il fut dit en même temps par cet arrêt que dans le cas où les officiers de la Basoche refuseroient de délivrer le certificat en question, les récipiendaires pourroient se pourvoir à la communauté des procureurs, à l'effet d'y vérifier leur temps de palais, tant sur l'extrait de l'inscription qu'ils auroient faite sur le registre des officiers de la Basoche (*) que sur les procédures écrites de leur main dans les études des procureurs, ainsi que sur les certificats des procureurs chez lesquels ils auroient demeuré, & sur les autres témoignages qu'ils pourroient fournir; qu'ensuite si leur temps de palais étoit suffisamment établi, les procureurs pourroient leur donner leur *admittatur*, nonobstant le défaut de certificat (**).

(*) Les officiers de la Basoche par l'arrêt sont tenus de délivrer cet extrait à la première sommation & sans frais.

(**) Les certificats que les récipiendaires peuvent rappor-

Le même arrêt fit une exception pour le fils de procureurs & pour les avocats qui après avoir fait la profession auroient été mis au moins sur deux tableaux, & il fut dit que ceux-ci ne seroient astreints à rapporter ni leur inscription sur le registre des officiers de la Basoche, ni de certificat de ces officiers; mais ils ne furent pas déchargés de l'examen dont il est parlé en la note précedente.

Les officiers de la Basoche furent pareillement maintenus dans le droit & la possession de percevoir de chacun des récipiendaires quinze livres pour le droit de chapelle, lorsque le certificat de temps de palais leur seroit délivré; mais il fut fait défense à ces officiers de recevoir ni d'exiger d'autres droits des clercs & des récipiendaires à titre d'*entrée* ou de *sortie*, soit en argent, jettons ou repas, à peine d'interdiction de leurs fonctions à la Basoche pour la première fois, & de cinq cent livres d'amende; de mille livres en cas de récidive, & de privation pour toujours de leurs fonctions, même d'être déchus de pouvoir être admis aux offices de procureurs pour un temps ou pour toujours, ainsi qu'il seroit jugé par la cour.

Finalement il fut dit qu'en cas de plaintes sur l'inexécution de cet arrêt, les parties intéressées, les procureurs de communauté & les officiers de la Basoche se retireroient au parquet pour sur

---

ter des procureurs chez lesquels il ont travaillé ne doivent pas empêcher, est-il dit, l'examen que les procureurs ont accoutumé de faire du tems de palais des récipiendaires avant de leur accorder *l'admittatur*.

l'avis ou le requisitoire des gens du roi y être pourvu ainsi qu'il appartiendroit.

En 1730 les officiers de la Basoche crurent devoir prendre une délibération particulière pour exécuter d'une manière plus précise l'arrêt que nous venons de rapporter : ils prirent effectivement cette délibération & la présentèrent au parlement pour y être homologuée. La cour sur les conclusions du procureur général & sur le rapport du conseiller qui avoit été nommé à cet effet, ordonna par son arrêt du 24 mai 1730, que conformément à celui du 7 septembre 1713 dont nous venons de parler, tous ceux qui voudroient demeurer dans les études des procureurs en qualité de clercs, à l'effet d'acquérir le temps nécessaire pour être admis aux offices de procureurs, seroient tenus de s'inscrire comme il étoit dit sur les registres des officiers de la Basoche : qu'à l'égard de ceux qui par le passé avoient négligé de se faire inscrire, ils seroient tenus de le faire dans trois mois & de rapporter des preuves du temps où ils seroient entrés dans les études des procureurs dont il seroit fait mention à la suite de leur inscription, sinon qu'après ce temps passé ils seroient déchus de cette grace, & qu'ils ne seroient réputés demeurer chez les procureurs que du jour qu'ils se seroient inscrits.

Il fut en même temps ordonné que conformément à l'arrêt de la cour du 20 mars 1722, les procureurs de communauté au parlement seroient tenus d'avoir un registre coté & paraphé dans toutes ses pages par le conseiller rapporteur dont le greffier de la communauté seroit dépositaire, dans lequel registre le nom de chaque procureur seroit inscrit & où chacun d'eux feroit sa déclaration du nom des clercs qu'ils auroient chez eux, du lieu de leur naissance, du temps auquel ils seroient entrés chez eux; qu'ils y viendroient pareillement déclarer dans la suite jour à jour les clercs qui sortiroient de chez eux ainsi que ceux qui y entreroient, le tout sous les peines portées par l'arrêt du 20 mars 1722, & sans que les procureurs pussent donner leur *admittatur* aux clercs qui voudroient se faire recevoir aux offices de procureurs, ni que ces clercs pussent être reçus qu'en rapportant le certificat d'inscription sur le registre pendant le temps de dix années.

Comme cet arrêt d'homologation intéressoit les officiers de la Basoche, ils le firent lire & publier à leur audience; ils ordonnèrent en même temps qu'il seroit signifié à la communauté des procureurs, & que copies imprimées en seroient envoyées chez tous les procureurs du parlement (*).

(*) Voici quel est l'arrêt qui intervint à la Basoche au bas de celui du parlement.

» *Extrait des registres de la Basoche du palais à* » *Paris.* Sur ce que le procureur général a judiciairement » remontré à la cour (de la Basoche) qu'elle a obtenu » un arrêt de nos seigneurs de la cour du parlement le » 24 mai présent mois, portant homologation d'une déli- » bération par elle rendue le premier février 1730, que » pour l'exécution de cet arrêt il requéroit qu'il lui plût » ordonner qu'il seroit présentement lû & publié l'audience » tenante, par le greffier de la cour, qu'il seroit signifié » à la communauté des procureurs du parlement en la per- » sonne de leur greffier, pour qu'ils aient à s'y conformer; » & à tous les clers du palais en la personne de M. Bar- » bier leur procureur à ce qu'ils aient aussi à s'y conformer,

Il s'éleva en 1743 une nouvelle contestation au parlement entre la communauté des procureurs & les officiers de la Basoche au sujet d'une opposition que ceux-ci avoient formée à l'*admittatur* donné par la communauté des procureurs à M^e^. Nicolas Moreau de Premont. Cette contestation soutenue par beaucoup de procédures d

---

» & que même il soit imprimé à la diligence du trésorie » de la cour, à l'effet d'en envoyer copies imprimées che » tous les procureurs de la cour du parlement.

» La cour (de la Basoche) faisant droit sur le réquisitoir » du procureur général, ordonne que ledit arrêt de nos sei » gneur du parlement dudit jour 24 mai 1730 sera pré » sentement lû & publié par le greffier de la cour, l'au » dience tenante ; & après que lecture & publication e » ont été faites, ordonne que ledit arrêt sera signifié à l » communauté des procureurs du parlement, en la per » sonne de leur greffier, & à tous les clers du palais, e » la personne du sieur Barbier leur procureur à ce qu'il » aient à s'y conformer ; & qu'à la diligence du trésori » de la cour, ledit arrêt sera imprimé & copies imprimée » seront envoyées chez tous les procureurs de ladite cou » du parlement, pour qu'ils n'en puissent ignorer & aien » à s'y conformer. Prononcé en la chambre *saint Louis* » l'audience de la Basoche tenant le 27 mai 1730. *sig* » DAMINOIS, *greffier*. «

Nous sommes surpris qu'il n'ait point été parlé du *royaume* de la Basoche dans cet acte judiciaire, car les officier en parloient encore en 1770 dans une requête par eu donnée au parlement : *supplient humblement les chanceli & officiers du royaume de la Basoche*, &c.

Voici pareillement le préambule des significations qu'il firent faire :

» L'an 1770, le vingt-septième jour de janvier à la » requête des chanceliers & officiers *du royaume* de la » Basoche du palais à Paris, pour lesquels domicile est » élu en la maison & étude de Me.... procureur au par- » lement, sise, &c. «

part

part & d'autre, fut terminée sur les conclusions de M. l'avocat général Gilbert par un arrêt rendu en forme de réglement le 8 février 1744; en voici les principales dispositions.

Il fut d'abord ordonné par cet arrêt que le registre des inscriptions des clercs du palais qui avoit été déposé au greffe de la cour en exécution d'un arrêt du 12 juillet précédent y demeureroit définitivement, mais qu'il en seroit gratuitement délivré des extraits par le greffier lorsqu'il en seroit requis. Il fut dit en conséquence que dans un mois il seroit fait un nouveau registre d'inscriptions coté & paraphé par le premier officier de la Basoche & remis entre ses mains; que sur ce registre conformément à ce qui étoit prescrit par les arrêts de réglemens, & notamment par ceux des 7 septembre 1713, 24 mai 1730 & 21 janvier 1735, tous ceux qui voudroient demeurer dans les études de procureurs en qualité de clercs aspirans à des offices de procureurs seroient tenus de se faire inscrire; que les inscriptions seroient faites de suite sans aucun blanc avec la date du jour & du mois signées des clercs inscrits & du premier officier, avec mention du nom, du surnom & du pays de ceux qui se feroient inscrire, ainsi que du nom des procureurs chez lesquels ils seroient pour lors domiciliés.

Par cet arrêt il est fait défenses au premier officier de la Basoche de se dessaisir du registre pendant la durée de son exercice, & à tous autres officiers de recevoir les inscriptions, sinon en cas de maladie ou autre légitime empêchement du premier officier; & en ce cas il est dit que le registre sera remis au plus ancien officier pour ſigner les inſcriptions qui ſeront reçues par lui ſeul.

A l'égard des clercs qui à l'avenir devoient entrer chez les procureurs à l'effet d'acquérir le temps néceſſaire, il fut dit qu'ils ſeroient tenus de ſe faire inſcrire ſur le nouveau regiſtre, ſinon qu'ils ne pourroient être reçus aux offices de procureurs ; & que ſi dans la ſuite ils ſe faiſoient inſcrire, leur temps de palais ne couroit que du jour de leur inſcription (*).

Il fut dit enſuite que les clercs inſcrits ſur le nouveau regiſtre qui après leurs dix années d'inſcription voudroient être admis aux offices de procureurs, ſeroient tenus de dépoſer au greffe de la Baſoche ſous le certificat du greffier, les pièces juſtificatives de leur exercice dans les études des procureurs en qualité de clercs, depuis leur inſcription, afin de vérifier leur temps de palais tant ſur l'inſpection du nouveau regiſtre, que ſur les procédures écrites de leurs mains, ainſi que ſur les enregiſtremens par eux faits d'exploits ou de produit ſur les regiſtres de leurs procureurs, ſur les certificats de ceux-ci, ſur les extraits d'inſcription de leur nom dans les regiſtres que les procureurs de communauté doivent tenir ſuivant l'arrêt du 20 mars 1722 ; & comme cet arrêt ainſi que celui du 24 mai 1730, avoient été mal exécutés, les diſpoſitions en furent renouvelées avec injonction aux

(*) L'exception dont nous avons parlé pour les fils de procureurs & pour les avocats fut continuée ; mais les officiers eux mêmes de la Baſoche furent compris dans la règle & aſſujettis aux dix années d'inſcription ſur le nouveau regiſtre.

procureurs de s'y conformer sous telles peines qu'il appartiendroit, même *d'interdiction* : il fut ajouté que les procureurs de communauté seroient obligés d'y tenir la main & de donner tous les six mois à M. le procureur général un état par eux certifié véritable des noms des procureurs qui n'auroient pas satisfait à ces arrêts : il fut dit en même temps que ce qui seroit porté sur les registres que devoient tenir les procureurs de commonanté, ne dispenseroit point les clercs de leur inscription au registre de la Basoche.

A l'égard du certificat d'inscription & de vérification de temps de palais, il fut ordonné que les officiers de la Basoche seroient tenus de le délivrer aux clercs qui auroient dix années d'inscription, dans les trois jours du dépôt qu'ils auroient fait au greffe de la Basoche des pièces justificarives de leur temps de palais : que dans ce certificat il seroit fait mention du jour que les clercs se seroient inscrits, & du temps qu'ils auroient travaillé en qualité de clercs depuis leur inscription (*), sans que néanmoins ce certificat pût empêcher l'examen que les procureurs de communauté doivent faire de leur côté, du temps de palais des récipiendaires, ni dispenser ceux-ci des interrogations qu'ils sont dans le cas de subir sur la procédure & la pratique devant

(*) Cet arrêt conserve aux officiers de la Basoche la rétribution de 15 livres pour la délivrance du certificat. Cette somme doit être payée entre les mains du greffier qui est tenu d'en donner quittance : il est défendu de rien exiger au delà sous les peines portées par l'arrêt du 7 septembre 1713 & même d'être poursuivi extraordinairement.

les procureurs de communauté, conformément à ce qui est porté par un autre arrêt du 12 février 1717 (*).

Il est défendu aux officiers de la Basoche de donner une fausse date à l'inscription des clercs & de délivrer des certificats à ceux qui ne se seroient pas inscrits, sous peine tant contre les officiers que contre les clercs d'être déchus de pouvoir être admis aux officies de procureur, & même d'être poursuivis evtraordinairement le cas échéant. Il est dit en même temps que les procureurs de communauté ne pourront donner aux clercs leur *admittatur*, qu'on ne leur ait représenté le cerficat des officiers de la Basoche, & ce certificat doit être visé & daté dans cet *admittatur*.

Si les officiers de la Basoche refusent de délivrer les certificats d'inscription & de vérification de temps de palais, le réglement porte qu'il leur sera fait une sommation dans la personne de leur greffier, de le délivrer. Sur cette sommation les officiers sont tenus de déclarer les causes de leur refus ; s'ils en allèguent, les officiers de la Basoche & les récipiendaires doivent se retirer au parquet de Messieurs les gens du roi de la cour de parlement pour être ouïs & être ensuite statué sur les conclusions de M. le procureur général ainsi qu'il appartiendra. Si au contraire il n'y aucune cause de refus d'alléguée, les récipiendaires doivent se pourvoir en la communauté des procureurs à l'effet d'y vérifier leur temps

(*) Il résulte de cet arrêt que l'examen de la capacité n'est point de la compétence des officiers de la Basoche ; ils doivent se borner à l'examen du temps de palais.

de palais, tant sur l'extrait d'inscription qu'ils auront faite au registre de la Basoche (*) que sur les pièces requises pour la preuve du temps de palais ; c'est pourquoi le greffier de la Basoche est tenu de rendre les pièces qui lui ont été remises ; & si le temps de palais se trouve suffisamment établi, les procureurs de communauté peuvent donner leur *admittatur*.

Le même réglement porte comme celui de 1713, qu'en cas de plaintes sur l'inexécution de ce qu'il prescrit, les parties intéressées, le procureurs de communauté & les officiers de la Basoche se retireront au parquet des gens du roi, pour être pourvu sur leurs conclusions par la cour ; il est ordonné en même temps que ce réglement sera inscrit tant sur les registres de la communauté des procureurs que sur ceux de la Basoche ; qu'il sera imprimé pour être lu & publié tous les six mois dans cette même communauté & à l'audience de la Basoche ; que mention sera faite de cette lecture & publication sur les registres des uns & des autres, & qu'il sera envoyé tous les six mois à M. le procureur général un extrait de cette mention.

Voilà le dernier réglement qui ait été rendu concernant les droits & les prérogatives de la Basoche du palais. Ce réglement joint à nombre d'autres arrêts qui se sont perdus, ne permet pas de douter que cette Basoche ne soit une ju-

(*) Il ne faut pas confondre cet extrait avec le certificat ; la délivrance du certificat peut souffrir des difficultés, mais l'extrait doit toujours être délivré à la première sommation, & cela sans frais, conformément à l'arrêt du 7 septembre 1713. Cet extrait se délivre en papier commun.

ridiction encore bien établie. Il n'a pas dépendu des procureurs de l'anéantir; car dans tous les temps ils en ont cherché les moyens. En ne considérant que leur intérêt, ils ont toujours eu de la peine à supporter un corps qui en ne leur donnant la liberté de traiter de leurs offices qu'avec des sujets pris dans ce même corps, leur ôte souvent le moyen d'en tirer un meilleur parti en traitant indifféremment avec toutes sortes de personnes. Mais le parlement a toujours honoré la Basoche de sa protection. Mornac l'appelle le séminaire des procureurs. M. Marion avocat général dit dans un de ses plaidoyers que cet ancien établissement mérite d'être soutenu comme étant propre à former des sujets capables d'acquérir un jour la confiance du public. Au reste, nous l'avons déja observé, les clercs de la Basoche ont été les premiers procureurs qu'on ait connus : si aujourd'hui il n'est permis qu'à un certain nombre de ces clercs ayant titre d'officier de prêter juridiquement leur ministère aux parties, les autres clercs n'en restent pas moins attachés à la juridiction pour aider ceux qui sont devenus procureurs & les remplacer dans la suite; car c'est improprement qu'on les appelle *clercs de procureurs*; leur véritable titre est celui de *clercs du palais*, de *clercs du châtelet*, &c. C'est en cette qualité qu'ils sont admis à plaider devant M. le lieutenant civil sur les référés, & devant M. le juge auditeur; de sorte que les procureurs d'aujourd'hui ne sont exactement que d'anciens clercs de la Basoche admis à postuler dans les grandes affaires par préférence aux autres clercs & à leur exclusion : mais cette préférence n'empêche pas que ceux qui demeurent attachés à la juridiction, ne soient à leur tour préférables pour passer aux offices de procureurs; c'est le but de leur étude & de leurs travaux. Si on leur enlevoit cet espoir, il n'y auroit plus au palais que des scribes mercenaires qui tiendroient tout des procureurs & rien des réglemens; l'émulation cesseroit parmi eux, & le premier sujet qui se présenteroit pour remplacer un procureur, seroit nécessairement admissible par l'impossibilité d'en trouver de plus capables & de mieux instruits.

C'est pour maintenir cette préférence en leur faveur, que les clercs de la Basoche du palais eurent une contestation en 1770 avec Me. Calviniac qui vouloit être procureur au parlement. Me. Calviniac manquoit de quelques années d'inscription pour completter son temps d'exercice au palais; il n'en fallut pas davantage aux officiers de la Basoche pour lui refuser le certificat dont il avoit besoin. Cependant comme Me. Calviniac avoit fait de bonnes études dans les colleges, qu'avant de venir à Paris il s'étoit exercé dans la pratique au bailliage & au présidial d'Aurillac, lieu de sa naissance, suivant les certificats qu'il en rapportoit & des officiers du siège & des procureurs, il crut que le peu qu'il lui manquoit pour completter son temps de palais ne devoit pas être pour lui un obstacle à profiter de l'occasion qui s'étoit présentée de traiter d'un office de procureur au parlement; en conséquence il crut devoir se mettre en règle, & pour cet effet, il commença par donner sa requête (*)

(*) *Formule de la procédure que l'on tint en cette occasion.* « A nos seigneurs du royaume de la Basoche. »

aux officiers de la Basoche, tendante à ce que le certificat qu'il demandoit lui fût accordé. Cette requête fut répondue du chancelier qui commit Me. Geoffroi pour la vérification. Me. Geoffroi fit son rapport, & Me. Calviniac fut débouté de sa demande (*).

Me. Calviniac se pourvut au parlement (**),

» Supplie humblement Pierre Antoine Calviniac avocat » en la cour (de la Basoche) ».

» Qu'il vous plaise ordonner que vérification sera faite » de son temps de palais, & en conséquence que son certificat lui sera délivré en la maniere accoutumée à la » charge des honneurs & devoirs, & vous ferez bien. *Signé* » Calviniac.

» Commis Me. Geoffroi, maître des requêtes ordinaires, » à Paris ce 18 décembre 1769. *Signé* Herbin ».

(*) « Extrait des registres du royaume de la Basoche du » palais à Paris. Du 20 décembre 1769.

» Sur le réquisitoire fait par Pierre Antoine Calviniac » ancien clerc au palais à ce qu'il plût à la cour ordonner » que vérification seroit faite, &c.... Vû la requête con» tenant ledit réquisitoire, les pièces y attachées, ensem» ble les conclusions du procureur général auxquelles Bois» seau substituant le procureur de la communauté des clercs » a adhéré; oui le rapport de Me. Geoffroi, maître des » requêtes à ce commis, tout considéré : LA COUR déboute » ledit Calviniac de son réquisitoire. Ordonne que les pièces » par lui représentées seront déposées au greffe après avoir » été paraphées par premiere & dernière par ledit Me. Geof» froi, pour en être dressé procès-verbal. *Signé* par la cham» bre, Vinchon ».

(**) A nosseigneurs de parlement.

« Supplie humblement Pierre Antoine Calviniac ancien » clerc au palais.

» Qu'il vous plaise ordonner que les officiers de la Basoche » du palais seront tenus de délivrer au suppliant son certifi» cat de temps de palais, & ce dans le jour, si non & faute » de l'avoir fait dans ce délai, ordonner que l'arrêt à inter-

Les parties furent entendues au parquet & renvoyées à l'audience par arrêt du 16 février. L'affaire portée à l'audience, elle y fut sérieusement discutée. Me. Calviniac n'avoit pas à la vérité tout le temps d'inscription requis par les règlemens, mais parce qu'il avoit fait de bonnes études, qu'il avoit travaillé au présidial d'Aurillac, qu'il avoit rempli au parlement la place

---

» venir vaudra le certificat, qu'en conséquence les procu-» reurs de communauté seront tenus de lui délivrer leur *ad-» mittatur* sur ledit arrêt, & vous ferez bien. *Signé* Danjou » (procureur) ».

» Les officiers de la Basoche ouis au parquet, ou leur » conseil, ferai ce que de raison. *Signé* Joly de Fleury ».

Signification aux officiers de la Basoche.

L'an 1770, le 13 janvier à la requête du sieur Pierre-Antoine Calviniac, ancien clerc au palais, demeurant, &c.... pour lequel domicile est élu en l'étude de Me. Pierre-Jean Danjou, procureur au parlement demeurant, &c.... je.... huissier, &c.... me suis transporté dans la rue.... paroisse de.... au domicile de Me. Vinchon greffier de la juridiction de la Basoche, où étant & parlant à.... j'ai signifié en sa personne à MM. les chancelier & officiers de la Basoche du palais à Paris, la requête présentée par ledit sieur Calviniac à nos seigneurs de parlement & l'ordonnance rendue sur icelle par M. le procureur général, & en conséquence leur ai donné assignation à se trouver lundi prochain 15 janvier présent mois au parquet de MM. les avocats généraux du parlement à 10 heures du matin pour, avec Me. Boissou avocat du requérant communiquer à M. Seguier avocat général de la cause d'entre la parties, à peine, &c. Et afin que MM. les officiers de la Basoche n'en ignorent, j'ai laissé à leur greffier copie tant de la requête & de l'ordonnance dont il s'agit, que du présent exploit en parlant comme dessus, leur déclarant au surplus que ledit Me. Danjou procureur occupera pour le requérant sur la présente assignation.

de maître clerc pendant nombre d'années chez les procureurs le plus en réputation, & notamment chez Me. Danjou; qu'au fond il avoit toute l'expérience que l'on pouvoit desirer dans un sujet qui se présentoit pour être reçu procureur, la cour crut devoir entrer dans ces considérations; & par arrêt du 21 du même mois de février 1770, il fut dit que *pour cette fois seulement & sans tirer à conséquence*, les officiers de la Basoche seroient tenus de délivrer à M. Calviniac son certificat de temps de palais, sinon que l'arrêt vaudroit le certificat. Et comme les officiers de la Basoche paroissoient s'écarter des règlemens qui les concernoient, notamment de celui de 1744 (*), il leur fut fait défenses de délivrer à l'avenir aucun certificat, à moins qu'on ne leur eût justifié de dix années consécutives d'inscription & de travail dans les études des procureurs de la cour, & d'exiger d'autre droit que celui de 15 livres porté par les règlemens. Il leur fut enjoint en même-temps de faire faire plus exactement que par le passé lecture tous les six mois à l'audience de la Basoche de l'arrêt de 1744 & d'en certifier M. le procureur-général. Il fut ajouté qu'il seroit envoyé tous les ans à la rentrée de la saint Martin dans toutes les études des procureurs de la cour, un extrait imprimé de ce même arrêt, auquel les clercs seroient tenus de se conformer.

Peu de temps après les officiers de la Basoche

(*) On prétendoit qu'ils étoient faciles à donner des certificats, lorsqu'on avoit l'attention de les intéresser; Me. Calviniac leur en faisoit des reproches, & cette circonstance n'aida pas peu la cour à se déterminer en sa faveur.

eurent une autre contestation à essuyer avec Me. Garrot procureur au présidial de Bourges.

Me. Garrot avoit traité de l'office de procureur au parlement avec Me. Bernard de Presle ; & il croyoit qu'il lui suffisoit d'avoir exercé en qualité de procureur pendant près de douze ans dans un bailliage & dans un présidial, pour n'avoir pas besoin d'un certificat de la Basoche. Mais les clercs qui pensoient différemment, formèrent opposition à son *admittatur*. Ils firent voir que si les procureurs de province pouvoient entrer en concurrence avec eux, ce seroit les frustrer d'une expectative seule capable de les animer dans leurs travaux pour le service du palais : ils observèrent que quelle que pût être la capacité particulière de Me. Garrot, cette capacité ne remplissoit pas le vœu des règlemens qui exigent impérieusement dix années de cléricature au palais, & que si la capacité seule étoit un motif suffisant pour y déroger, ce motif entraîneroit nécessairement dans la suite la destruction du privilège de ceux qui outre la capacité, avoient de plus le temps d'exercice requis. Cependant comme Me. Garrot se trouvoit dans des circonstances particulières, qu'il étoit père de famille, & qu'il avoit traité d'une charge qui lui coûtoit cher, que le refus de l'admettre entraînoit la ruine de sa fortune ; que d'ailleurs il avoit anciennement travaillé comme clerc au parlement ; qu'il avoit eu un long exercice dans un présidial, que ses mœurs & sa capacité étoient attestées par les officiers mêmes sous les yeux desquels il avoit travaillé, la cour crut devoir en cette occasion se relâcher de l'austérité de la règle ; & sans tirer à conséquence, il fut dit par l'arrêt qui intervint, que M^e. Garrot pourroit poursuivre les provisions de son office sur *l'admittatur* des procureurs de communanté, lequel tiendroit lieu pour cette fois de certificat des officiers de la Basoche.

Basoche du châtelet.

Les clercs du châtelet de Paris forment entr'eux une communauté distincte de celle des clercs du palais, c'est-à-dire du parlement. Elle est même plus ancienne que celle-ci, parce que, comme nous l'avons déja observé, il n'y avoit anciennemeut à Paris d'autre juridiction que celle du châtelet. Cette communauté des clercs du châtelet a aussi sa Basoche, & il y a apparence qu'elle tient son institution du premier roi de la Basoche du palais, lequel avoit droit d'en établir dans tous les tribunaux du ressort du parlement. Son chef porte le nom de *prevôt*; il a le privilège ainsi que le trésorier de la compagnie, d'être reçu procureur quoiqu'il n'ait pas encore les dix années de cléricature qu'on exige pour les autres suppôts.

Cette Basoche avoit été fort négligée depuis un certain temps, lorsque les procureurs au châtelet cherchèrent à la détruire entièrement en 1757; mais leurs efforts ne firent que ranimer l'ardeur des clercs à la soutenir. Ceux-ci fouillèrent dans leurs anciens monumens, & ils y trouvèrent nombre de pièces toutes propres à constater l'existence d'un corps dont les procureurs avoient fait un problême (*). Ils trou-

(*) Me. Ribert avocat au parlement nous a communiqué un mémoire in-fol. à la fin duquel sont imprimées tout au long les pièces justificatives de l'existence de cet Basoche.

vèrent même dans les statuts de la communauté des procureurs homologués par sentence du 14 mars 1726, des preuves du fait que ces procureurs cherchoient à contester. Il est dit en ces termes par l'article 27 de ces statuts : « Aucun » ne sera reçu en la charge de procureur qu'il » n'ait été clerc dix ans ; & pour le justifier, sera » tenu de représenter des certificats des procu» reurs chez lesquels il aura demeuré, *s'il n'a été » prévôt ou trésorier de la Basoche* ».

Cette contestation de la part des procureurs parut fort déplacée aux yeux des magistrats du châtelet. Les clercs réclamèrent l'autorité du tribunal ; ils demandèrent qu'il fût fait entr'eux & les procureurs un règlement qui pût fixer invariablement leurs prétentions respectives. Le châtelet après avoir pris connoissance des pièces produites de part & d'autre, crut ne pouvoir mieux faire que de se modeler sur les arrêts de règlement qui avoient été rendus entre les procureurs au parlement & les clercs de la Basoche du palais, sauf à y ajouter les modifications qui convenoient aux clercs du châtelet. En conséquence le châtelet forma ce règlement par une sentence du 2 août 1757, & voici quelles en sont en substance les dispositions.

Article 1. Aucun ne doit être reçu procureur au châtelet qu'il n'ait demeuré & travaillé pendant dix années entières & consécutives en qualité de clerc, chez les procureurs au châtelet ; & pour constater ce temps d'exercice, les officiers de la Basoche doivent avoir un registre sur lequel ceux qui veulent acquérir le temps d'étude sont obligés de se faire inscrire.

Article 2. Les inscriptions doivent être faites

ſans aucun blanc d'intervale, datées en toutes lettres du jour & du mois qu'elles ſe font, & ſignées des clercs qui s'inſcrivent ainſi que du premier officier de la Baſoche, avec mention du nom, du ſurnom & du pays de ceux qui ſont inſcrits, enſemble des noms des procureurs chez leſquels ils demeurent lors de leur inſcription.

Article 3. Il eſt fait défenſes à tous clercs, même aux officiers de la Baſoche autres que le premier, de recevoir ces inſcriptions, ſi ce n'eſt en cas de maladie ou autre légitime empêchement du premier officier, & en ce cas les inſcriptions peuvent être reçues par le plus ancien officier ſubſéquent.

Article 4. Le regiſtre doit être renfermé au châtelet dans une armoire ou dans un coffre dont la clef doit être entre les mains du premier officier, & cet officier ne peut s'en deſſaiſir ni déplacer le regiſtre ſous quelque prétexte que ce puiſſe être; mais en cas de légitime empêchement, la clef doit être remiſe au plus ancien officier, & l'état du regiſtre doit être alors conſtaté par le commiſſaire de la compagnie, ce qui doit pareillement s'obſerver à chaque mutation du premier officier.

Article 5. Les clercs qui veulent acquérir le temps d'étude ſont obligés, comme il a été dit, de ſe faire inſcrire; & leur temps ne commence que du jour de leur inſcription dont il doit leur être délivré un extrait par le greffier de la Baſoche.

Article 6. Chaque clerc eſt tenu de renouveler tous les ans ſon inſcription dans les trois mois qui suivent la saint Nicolas d'été (*) ; & à cet effet rapporter des preuves de sa demeure & de son travail chez les procureurs en qualité de clerc pendant l'année, pour au préalable la vérification en être faite par les officiers de la Basoche, tant sur les extraits d'inscription qui lui auront été délivrés par le greffier de la Basoche, que sur les procédures écrites de sa main dans les études des procureurs, sur les registres qui peuvent se tenir dans les études, sur les certificats de travail donnés par les procureurs, sur les extraits d'inscription faite de son nom dans les registres que les procureurs de communauté doivent tenir suivant l'arrêt de règlement du 21 mars 1722 (**) ; & mention doit être faite de cette vérification dans l'acte de renouvellement d'inscription dont le greffier de la Basoche doit lui délivrer un extrait.

Article 7. Pour l'exécution de l'article précédent, les procureurs de communauté sont tenus conformément à l'arrêt en question, d'avoir un registre entre les mains du greffier de la communauté, où le nom de chaque procureur doit être inscrit, & dans ce registre chaque procureur est obligé de déclarer le nom des clercs qu'il a chez lui, le lieu de leur naissance, le temps où ils sont entrés dans son étude, de continuer à déclarer ainsi dans la suite jour par jour, les clercs qui entreront & qui sortiront; & s'ils n'ont aucun clerc, de le déclarer pareillement, & cela sous telle peine qu'il appartiendra. Il est enjoint

(*) La saint Nicolas d'été est le 9 mai.

(**) Cet arrêt comprend les procureurs au châtelet, & ordonne qu'il sera publié dans leur communauté.

aux procureurs de communauté de tenir la main à l'exécution de cet article & de donner tous les six mois au procureur du roi un état par eux certifié véritable des noms des procureurs qui n'auront pas satisfait à cette obligation, pour y être contraints ainsi qu'il sera jugé à propos, le tout néanmoins sans que la déclaration portée sur le registre de communauté puisse tenir lieu de l'inscription qui doit être faite au registre de la Basoche.

Article 8. Il doit être payé vingt sous pour chaque inscription ordonnée par l'article 6, & cette somme doit être remise au greffier qui en doit donner quittance.

Article 9. Les clercs qui veulent se faire pourvoir d'offices de procureurs au châtelet, doivent représenter aux officiers de la Basoche les extraits d'inscriptions & de vérification qui leur ont été délivrés d'année en année pendant le temps requis, de laquelle représentation il doit leur être délivré un certificat par ces officiers.

Article 10. Les procureurs de communauté ne peuvent donner leur *admittatur* qu'ils n'aient vu le certificat des officiers de la Basoche, & ce certificat doit être visé & daté dans l'*admittatur*. Malgré ce même certificat, les procureurs de communauté ont toujours le droit de faire l'examen accoutumé du temps d'étude du récipiendaire.

Article 11. Si les officiers de la Basoche refusent de délivrer les certificats d'inscription & de vérification du temps d'étude, il doit leur être fait par un huissier audiencier du châtelet en la personne du procureur général & du greffier

fier de la Basoche, une sommation de délivrer ces certificats ; & lors de cette sommation, les officiers sont tenus de déclarer les causes de leur refus.

Article 12. S'il y a des causes de refus alléguées, les officiers de la Basoche & les récipiendaires doivent se retirer en la chambre du conseil de messieurs du châtelet, la compagnie assemblée, pour être statué sur les causes de ce refus avec les gens du roi.

Article 13. S'il n'y a point de causes d'alléguées, les récipiendaires doivent s'adresser à la communauté des procureurs, à l'effet d'y vérifier leur temps d'étude sur la représentation des extraits d'inscription & de vérification qui auront été délivrés chaque année à ces récipiendaires ; & si leur temps d'étude se trouve suffisamment établi, les procureurs de communauté peuvent donner leur *admittatur*.

Article 14. Les fils de procureurs sont sujets ainsi que les autres clercs à la nécessité de l'inscription & de la vérification pendant cinq ans (*), & si après ce temps ils ont cessé leur état de clercs, soit en s'absentant, soit en quittant le châtelet pour prendre un autre état ou pour aller s'établir ailleurs, messieurs du châtelet se réservent d'y pourvoir, ainsi qu'à l'égard de ceux qui n'ayant pas encore rempli les cinq années, se trouvent dans le cas de succéder aux offices de leurs pères, vacans par mort ou par démission.

Article 15. Les clercs qui après dix années

(*) Ce temps de cinq années étoit déjà requis par une sentence de réglement du 21 mars 1647.

d'inscription ne se sont pas fait pourvoir, sont tenus de continuer sans interruption leur demeure & leur travail chez les procureurs au châtelet, & à cet effet de se faire inscrire tous les ans, mais sans frais. Il est pourtant dit que ceux qui après avoir rempli leur temps, auront discontinué leur état pour prendre un autre exercice ou pour aller s'établir ailleurs, pourront se présenter pour être admis aux offices de procureurs, pourvu que lors de la discontinuation de leur état ils aient fait leur déclaration sur le registre de la Basoche qu'ils entendent conserver le droit à eux acquis par leur temps d'étude, & qu'ils puissent justifier devant les officiers de la Basoche lorsqu'ils se présenteront pour avoir un certificat, qu'ils ont exercé depuis ce temps-là des fonctions analogues à celles de procureur.

Article 16. En concurrence de réception, l'ancien clerc qui n'a pas discontinué son état de clerc, doit avoir la préférence sur celui qui s'est absenté, pour être reçu avant lui.

Article 17. Il est défendu aux officiers de la Basoche de faire de fausses inscriptions ou de les antidater, ainsi que de délivrer de faux extraits ou de faux certificats, sous peine tant contre ces officiers que contre les clercs qui en feroient usage, d'être déchus de pouvoir être admis aux offices de procureurs, & même d'être poursuivis extraordinairement si le cas y échet.

Article 18. Ceux qui portent l'épée au préjudice des défenses faites par les règlemens, ne peuvent être réputés clercs ni être admis aux charges de procureurs. Les officiers de la Basoche sont tenus de veiller à l'exécution de ces règlemens; & si l'on s'en écarte, ils doivent en faire mention fur le regiſtre à côté de l'inſcription des contrevenans, & même déclarer dans les certificats d'inſcription & de vérification qu'ils délivrent aux récipiendaires, s'il y a plainte ou non contre eux ſur le regiſtre.

Article 19. S'il ſurvient des démêlés au ſujet de l'inexécution du préſent règlement, les parties intéreſſées, les procureurs de communauté & les officiers de la Baſoche doivent ſe pourvoir à la chambre du conſeil du châtelet, la compagnie aſſemblée, à l'effet d'y être par elle pourvu ſur les concluſions du procureur du roi.

Article 20. Il fut dit par cet article que la ſentence qui portoit le règlement dont il s'agit ici, ſeroit lue & publiée au parc civil, conſignée dans les regiſtres des publications & des bannières, inſcrite ſur les regiſtres tant de la communauté des procureurs que de la Baſoche; lue & publiée tous les ſix mois, tant en la communauté des procureurs, qu'à l'audience de la Baſoche; qu'il ſeroit fait mention de cette lecture & publication ſur les regiſtres des uns & des autres, & qu'il ſeroit remis tous les ſix mois au procureur du roi des extraits de cette mention. Il fut ajouté que cette même ſentence ſeroit imprimée & qu'il en ſeroit envoyé des exemplaires aux procureurs & aux clercs.

Les procureurs mécontens de ce règlement ſe crurent fondés à ſe pourvoir par appel au parlement, ſous prétexte que le châtelet n'avoit pas le droit de faire des règlemens; mais leurs moyens à cet égard ne furent point accueillis: on fit voir qu'avant que le parlement fût rendu ſédentaire, le châtelet régloit de ſon autorité tout ce qui pouvoit concerner la police de ſon tribunal; qu'il falloit distinguer entre les règlemens généraux qui peuvent concerner la grande police de plusieurs juridictions & les règlemens particuliers qui ne s'appliquent qu'à des usages locaux; que les règlemens de la première espèce n'appartiennent en effet qu'au parlement, mais que pour ce qui étoit de la police particulière dans un siège à l'égard de ceux qui y sont attachés, on pouvoit d'autant moins disputer le droit dont il s'agissoit au châtelet, qu'il l'avoit toujours exercé par une suite de sa possession primitive, sans que le parlement le lui eût jamais contesté. Qu'au surplus dans le cas actuel le règlement qu'on attaquoit devoit d'autant moins offenser la cour, que le châtelet s'étoit presqu'entièrement modelé sur les arrêts & règlemens qu'elle avoit rendus entre les procureurs & les clercs du parlement; qu'enfin, à considérer ce règlement en lui-même, on n'y trouvoit rien que de très-sage & de très-conforme à ceux de la cour dont il renouveloit ou développoit les dispositions. Il n'en fallut pas davantage, & les procureurs succombèrent dans leur appel.

La Basoche du châtelet a pris une nouvelle consistance depuis ce temps-là : elle tient ses audiences, observe ses règlemens & veille à la conservation de ses droits. Elle eut à essuyer en 1762 une contestation avec un clerc qui aspiroit à une charge de procureur au châtelet. Ce clerc n'avoit pas les dix années d'exercice requises par les règlemens chez des procureurs au châtelet; il avoit passé une partie de son temps dans l'étude d'un procureur au parlement, & il étoit question de savoir si ce temps devoit lui être compté,

Les officiers de la Basoche du châtelet soutenoient que ce clerc n'ayant pas fait tout son temps chez les procureurs au châtelet, devoit être refusé, & messieurs du châtelet le jugèrent ainsi; mais sur l'appel au parlemeut, la cour pensa différemment; & par arrêt du 17 février 1762, il fut dit que le temps de demeure & de travail chez le procureur au parlement seroit compté à ce clerc pour completter les dix années entières prescrites par les règlemens.

Dans les sièges où il n'y a point de Basoche, ce sont les procureurs qui donnent à l'aspirant le certificat de cléricature nécessaire pour obtenir des provisions. Le temps de cette cléricature est ordinairement fixé à cinq ans pour les présidiaux & les bailliages. On ne fait même pas difficulté d'admettre ceux qui ont travaillé dans un autre siège du ressort du même parlement, pourvu qu'ils rapportent un certificat de cléricature. Mais dans les sièges où il y a une Basoche, les clercs ne souffrent d'admission que pour ceux qui ont travaillé dans le siège auprès duquel cette Basoche se trouve établie.

Ceux qui de l'état de notaire veulent passer à celui de procureur, n'ont pas besoin de certificat: comme notaires ils sont présumés avoir commencé par se mettre au fait de la procédure & avoir suffisamment travaillé pour acquérir les connoissances nécessaires à un procureur.

Il existe une vieille prétention entre la Basoche du châtelet & la Basoche du palais, qui vraisemblablement ne sera pas sitôt terminée. La Basoche du châtelet se croit en droit de juger souverainement; la Basoche du palais prétend au contraire qu'elle a seule ce droit, & que les jugemens de la Basoche du châtelet, ainsi que des autres Basoches du ressort du parlement, peuvent se relever par appel devant elle. La Basoche du châtelet se regarde comme la première établie en France & comme aussi ancienne que le tribunal même. Suivant la copie d'un ancien jugement, on voit quelle prend ces qualités : *La Basoche souveraine & primitive de France, règnante en titre & triomphé d'honneur au châtelet de Paris*, & delà elle conclut que ses jugemens ne sont point susceptibles d'appel.

La Basoche du palais prétend qu'un pareil intitulé n'a jamais pu nuire à ses droits; qu'en prenant les choses dans leur origine avant la fixation du parlement à Paris, les clercs du châtelet ne formoient qu'une communauté sans juridiction, & que celle qu'ils ont aujourd'hui ne peut émaner que de l'ancien roi de la Basoche qui avoit droit d'établir des prévôts dans les sièges du ressort de ce même parlement ; qu'il est tout-à-fait vraisemblable qu'il en a ainsi usé pour la Basoche du châtelet, puisque son chef porte le titre de *prévôt*, & que dès-lors cette juridiction, ainsi que les autres juridictions de cette nature qui se trouvent dans différens sièges du ressort du parlement, est dans le cas de relever par appel devant la Basoche du palais.

S'il est permis de dire notre façon de penser à cet égard, il semble effectivement d'après les pièces qui nous ont passé sous les yeux, que l'indépendance qu'affecte aujourd'hui la Basoche du châtelet est tout-à-fait déplacée, & que quelque longue que puisse être sa possession de juger souverainement, cette possession n'a pas pu détruire l'eſpèce d'hiérarchie fondamentale que l'on découvre dans l'inſtitution de la Baſoche du palais.

Il y a une Baſoche au châtelet d'Orléans ainſi que nous l'avons déja fait remarquer. Elle ſe ſoutient, & eſt auſſi jalouſe de ſes prérogatives que peut l'être des ſiennes celle du châtelet de Paris; elle eſt compoſée des clercs des notaires & des procureurs; mais nous ignorons ſi elle affecte la même indépendance que celle du châtelet de Paris à l'égard de la mère Baſoche du palais. Il y en avoit une anciennement à Lyon, mais elle fut ſupprimée par un édit de 1653.

Il en exiſte une à Rouen ſous le titre de *régence;* elle a ſes lois particulières; ſes privilèges ſont ſous la protection du parlement auquel elle eſt attachée.

On connoît auſſi celle du parlement de Toulouſe: il a même été parlé dans les feuilles publiques de 1775 des marques de joie qu'elle a données au ſujet du rétabliſſement des anciens magiſtrats de ce tribunal.

Baſoche de la chambre des comptes.

Une Baſoche d'une eſpèce particulière eſt celle de la chambre des comptes à Paris : elle ſe nomme le *haut & ſouverain empire de Galilée.* On ne ſait pas trop dans quel temps ont été jetés les fondemens de cet empire : ſi ce ſont les premiers clercs attachés à cette chambre qui l'ont fondé, il y a apparence que ſon origine eſt auſſi ancienne que la chambre même. On a remarqué que dès l'an 1344 il y avoit des procureurs à la chambre des comptes. Le chef de l'empire de Galilée ne prend que le titre de *chancelier*, &

ceux qui viennent après lui se bornent à la simple qualité de *maîtres des requêtes.*

Observations sur les Basoches.

Quoi qu'il en soit de toutes ces dénominations qui nous paroissent aujourd'hui fort singulières, il est pourtant vrai de dire que ces sortes d'établissemens ont eu un motif d'utilité qui subsiste encore. La profession du procureur n'a point de cours d'étude publics comme celle de l'avocat (*) ; il faut donc que les jeunes gens s'attachent à ceux qui exercent celle-là pour acquérir une certaine capacité ; & rien de mieux pour les forcer en quelque façon à l'exercice qui leur convient, que les Basoches dans les lieux où elles sont établies. Ce sont de petits séminaires pour eux : les objets sur lesquels roule l'exercice de leur juridiction ne sont pas à la vérité bien importans ; mais ils servent d'aiguillon à des talens naissans ; l'esprit se développe en les traitant ; ils excitent l'émulation. Une discussion d'affaires de peu de conséquence dispose la junesse à savoir les instruire en grand, même à les décider (**). Les clercs réunis en société sont plus attentifs sur eux-mêmes : ils peuvent être jaloux de mériter les premières places de leur juridiction, & dès-lors redoubler

(*) Peut-être seroit-il à desirer qu'il y eût des écoles publiques pour la pratique comme il y en a pour le droit.

(**) L'empereur Justinien compare la milice de la robe à celle de l'épée : par une suite de cette comparaison, pourquoi n'assimileroit-on pas les exercices de la jeunesse dans les petits tribunaux dont nous parlons, à ces camps qui ont lieu de temps à autre pour former la jeunesse militaire?

de travail pour acquérir plus de capacité. D'ailleurs en entretenant une ſorte de dépendance entre les clercs & les procureurs, il peut en réſulter un plus grand bien pour la juſtice. Si les procureurs donnoient ſeuls le certificat de temps d'étude, ils le donneroient ſouvent à de jeunes gens peu inſtruits au préjudice de ceux qui ont droit à une préférence par leur capacité : l'envie de multiplier les concurrens pour la vente de leurs offices les feroient paſſer légérement ſur le temps d'étude requis. Il falloit auſſi que les clercs ne puſſent pas abuſer de leur droit de donner ce certificat, & c'eſt à quoi il paroît que les réglemens ont ſagement pourvu, ſoit en autoriſant les procureurs à vérifier s'il n'y avoit point de ſupercherie, ſoit en indiquant les moyens de remédier à un refus injuſte & déplacé. Ce ſont ſans doute ces conſidérations qui ont engagé les magiſtrats à protéger les petits tribunaux dont il s'agit, & qui les engageront toujours vraiſemblablement à les maintenir dans leurs prérogatives : d'ailleurs il ſemble que ce qui porte un caractère d'antiquité mérite particuliément d'être ménagé, ſur-tout lorſqu'il n'y a point d'abus à le laiſſer ſubſiſter.

Comme il ne ſe préſente pas ſouvent des affaires ſérieuſes à traiter dans les Baſoches, il eſt d'uſage dans ces ſortes de tribunaux d'en imaginer pour entretenir l'exercice de la juridiction & pour ſe former à la plaidoirie, à la diſcuſſion. Il eſt comme de fondation à la Baſoche du palais d'y plaider tous les ans une cauſe ſolemnelle un des jours gras, depuis neuf heures juſqu'à midi ; & c'eſt pour cela qu'on l'appelle la *cauſe graſſe*. Le ſujet eſt inventé : il porte ordinairement sur un fait de séduction ou sur le mécontentement d'un mari. La pudeur y étoit très-peu ménagée anciennement : M. le premier président de Lamoignon donna des ordres pour qu'on y mît plus de décence, & depuis ce temps-là on y a plaidé ces sortes de causes avec plus de circonspection.

Dans l'un des registres de la Basoche du châtelet de Paris on trouve une sentence du 6 décembre 1694, par laquelle il fut ordonné qu'un enfant seroit *séquestré & conduit avec sa nourrice en la maison d'un clerc* officier de la Basoche, lequel par provision seroit tenu de payer cent vingt-cinq livres par quartier, pour la nourriture de la nourrice & de l'enfant, *sauf à faire droit en définitive.*

Il est d'autant plus permis de plaider de ces sortes de causes dans les Basoches, que le même usage se trouve introduit dans quelques bailliages & qu'il s'y pratique encore. On remarque une de ces causes grasses dans un des plaidoyers de Henrys en qualité d'avocat du roi au bailliage de Montbrison. Il s'agit dans cette cause de l'état de l'enfant né d'une femme qui sous prétexte de l'impuissance de son mari avoit fait déclarer son mariage non valablement contracté, & qui cependant étoit enceinte lors de la séparation. M. Henrys se joue de son sujet ; il compare l'affaire au jeu de *tric-trac ;* il la suit d'un bout à l'autre en se servant toujours des termes propres à ce jeu.

L'usage de plaider des causes de cette nature dans des bailliages doit d'autant moins surprendre, qu'il étoit introduit dans les cours souveraines. M. Expilly qui fut d'abord avocat général au parlement de Grenoble, qui y devint ensuite premier président, porta la parole en qualité d'avocat général dans une cause grasse plaidée le jour du mardi-gras 1605 (*). Il s'agissoit de savoir si un enfant né six mois après le mariage consommé devoit être tenu pour légitime. M. Expilly dit lui même qu'on ne peut blâmer l'usage introduit de ces sortes de causes pourvu qu'on ne passe point les bornes de la décence. Il est raisonnable suivant lui de s'égayer quelquefois sur des sujets plaisans pour se délasser l'esprit, & il s'appuie à cet égard de l'exemple des plus grands personnages & des philosophes mêmes les plus sévères de l'antiquité, dont les travaux étoient de temps en temps suspendus par des délassemens de cette espèce.

Il nous reste à observer que l'état de clerc membre d'une Basoche, n'est point un état déterminé dans l'ordre social ; il n'est ni attributif de domicile, ni ne porte avec lui aucune dérogeance. Il s'agit seulement de s'instruire, & il est permis à l'homme de qualité ainsi qu'au simple roturier d'acquérir toutes sortes de connoissances. (*Article de M. DAREAU, avocat au parlement, de la société littéraire de Clermont-Ferrand.*)

BASSE JUSTICE. C'est une justice seigneuriale qui n'a que le dernier degré de juridiction.

On l'appelle aussi *justice foncière* ou *censière* ou *censuel*, parce que le bas justicier connoît des cens & rentes & autres droits dûs au seigneur.

Le juge qui exerce la Basse Justice connoît

(*) Cette cause se trouve dans ses *plaidoyers* (plaid. VIII.)

aussi des matières personnelles entre les sujets du seigneur, jusqu'à la somme de soixante sous parisis.

Il connoît pareillement de la police, du dégât fait par les animaux, des injures légères & autres délits dont l'amende n'excède pas dix sous parisis.

Si le délit mérite une amende plus forte le juge doit en avertir le haut justicier, & en ce cas il prend sur l'amende qui est adjugée six sous parisis.

Il peut faire arrêter dans son district tous les délinquans, & pour cet effet avoir sergent & prison; mais il doit aussi-tôt faire conduire le prisonnier au haut justicier avec l'information, & ne peut pas décréter.

Il connoît des censives du seigneur & de l'amende de cens non payé; il peut du consentement des parties faire faire mesurage & bornage entr'elles.

Lorsqu'on porte devant le moyen ou le haut justicier une action dont la connoissance est attribuée au bas justicier celui-ci peut la revendiquer: mais ceci ne doit s'observer qu'autant que le seigneur haut justicier n'a ni titre ni possession qui l'autorise à exercer le droit de prévention.

Dans quelques coutumes on distingue deux sortes de Basses Justices; l'une qui est générale ou personnelle pour connoître de toutes les causes civiles & criminelles entre les sujets du seigneur, jusqu'à concurrence de ce qui vient d'être dit; l'autre qu'on appelle simplement juridiction basse, particulière ou foncière, laquelle ne regarde que la connoissance du fonds qui relève du fief ou de l'*étroit fonds* comme dit la coutume de Poitou, c'est-à-dire, des causes réelles qui regardent le fonds du fief & les droits qui en peuvent venir au seigneur, comme le payement des lods & ventes, la notification & exhibition des contrats & autres causes concernant son fief..

L'appel de la Basse Justice ressortit à la haute Justice.

Au reste on observera que les coutumes qui parlent des droits & de la compétence des Basses Justices, ne sont nullement uniformes; ainsi il faut se conformer sur cette matière à ce que chaque coutume prescrit dans son ressort.

Voyez *Boucheuil sur la coutume de Poitou; Loiseau traité des seigneuries; les actes de notoriété du châtelet de Paris; les coutumes d'Artois, d'Anjou, du Maine, de Poitou & de Lorraine; Brodeau sur la coutume de Paris, &c.* Voyez aussi les articles JUSTICE, JURIDICTION, HAUT JUSTICIER, AMENDE, APPEL, PRÉVENTION, &c.

BÂTARD. Celui qui est né d'une conjonction illicite.

On distingue plusieurs sortes de Bâtards. Ceux qui sont nés de deux personnes libres & qui pourroient se marier ensemble sont appelés *Bâtards simples.*

On appelle *Bâtards adultérins*, ceux qui sont nés d'une ou de deux personnes mariées. Et *Bâtards incestueux*, ceux qui sont nés d'un père & d'une mère auxquels il est défendu de se marier ensemble à cause du lien de parenté ou d'affinité par lequel ils sont unis.

On qualifie aussi de *Bâtards incestueux*, les enfans des personnes consacrées à Dieu par le vœu de chasteté.

Dans l'ordre de la nature la condition des Bâtards & des enfans légitimes est la même, parce qu'ils sont tous enfans du même sang ; mais elle est inégale dans le droit civil qui prononce contre les Bâtards non-seulement l'incapacité de succéder à leur père, mais même de recevoir de lui des dons & legs considérables : on regarde ces sortes de personnes comme n'étant d'aucune famille & n'ayant point de parens : c'est la loi civile qui établit cette différence entre les Bâtards & les légitimes ; c'est elle seule qui leur impose une peine à cause de la faute de leur père.

M. Brussel dans son traité de l'usage général des fiefs, observe qu'anciennement en France c'étoit une maxime généralement reçue, que les Bâtards fils d'une femme de corps d'un seigneur appartenoient à ce seigneur en vertu de la règle du droit Romain, *partus ventrem sequitur*, & que par la même raison le fils d'un homme serf & d'une femme libre ou franche, étoit libre & franc comme sa mère.

Il y avoit cependant plusieurs provinces du royaume où tous les Bâtards indistinctement étoient traités comme serfs ; & par cette raison ils ne pouvoient se marier sans la permission de leurs seigneurs : ils ne pouvoient tester & leurs successions appartenoient à leurs seigneurs par droit de main-morte.

« Et ne peut (portoit l'article 6 de l'ancienne » coutume de Laon) un espave, ni Bâtard, tester » ni faire testament, & par icelui ne disposer de » ses biens fors que de 5 sous. »

Le seigneur succédoit à tout Bâtard décédé

dans l'étendue de sa châtellenie, sans hoirs & sans lignage; on en exceptoit néanmoins les provinces immédiatement soumises au roi dans lesquelles le Bâtard & l'aubain ne pouvoient appartenir à d'autre seigneur qu'au roi, ainsi qu'il est prouvé par le chapitre 30 du livre 2 des établissement de Saint Louis.

Lorsque le Bâtard décédoit sans hoirs, les héritages qu'il laissoit appartenoient aux différens seigneurs dans les seigneuries desquels ils étoient situés, & c'est encore ce qui est justifié par le chapitre 97 du livre premier des établissemens de Saint Louis.

Ce chapitre donne néanmoins la faculté au Bâtard d'*aumôner ses meubles* par testament, & à la femme de prendre son douaire sur les meubles; sur quoi on observe que ces établissemens furent faits en 1270, conformément aux usages de Paris & d'Orléans; & que dans les autres provinces les Bâtards ne pouvoient encore faire aucune disposition, puisque le droit de tester leur fut contesté en 1329; ce ne fut qu'alors qu'il fut jugé qu'ils pouvoient disposer librement de leurs biens par testament.

M. Lefebvre de la Planche prétend que du temps de François I, les Bâtards n'avoient point encore la faculté de tester: il cite à ce sujet une ordonnance de ce prince de 1534, dans laquelle par un privilége particulier, il fut permis aux Bâtards hommes d'armes ou archers, quoique non légitimés, de tester & de disposer de leurs biens, d'où il tire la conséquence qu'en général les Bâtards n'avoient point cette faculté.

L'ordonnance de Philippe le Bel de 1301 prouve qu'alors & avant 1329, les choses étoient sur ce pied dans les terres des barons & des autres seigneurs qui jouissoient pleinement de la justice ; il n'est nullement parlé dans cet article des testamens des Bâtards ; il est uniquement défendu aux collecteurs établis par le roi d'exploiter dans les terres des barons & autres seigneurs ayant toute manière de justice, les biens des aubains & des Bâtards décédés, que la possession du roi à cet égard n'ait été constatée de la manière prescrite par cette ordonnance.

L'ordonnance de Louis Hutin du mois de mai 1315 intervenue sur la supplique des nobles de Champagne, qui alléguoient plusieurs griefs contre les anciens usages, coutumes & libertés de cette province, prouve que les seigneurs hauts justiciers de Champagne & de Brie étoient encore en possession d'avoir la main-morte des Bâtards nés des femmes de corps, de condition serve, de leurs seigneuries & qui étoient domiciliés.

« Sur ce qu'ils disoient (porte l'article 4 de » cette ordonnance) que les nobles qui ont toute » justice en leurs terres ont accoutumé d'user & » jouir des Bâtards nés ou venus & demeurans » en leur justice, & de toutes épaves de quelque » condition qu'elles soient, & d'avoir les tailles » & les main-mortes des Bâtards & la connois- » sance des épaves, nous leur avons accordé & » octroyé les choses dessus dites, quant aux Bâ- » tards nés de leurs femmes de corps en leurs » terres où ils ont toute justice, & non d'autres » ni autrement. »

C'étoit déja une restriction à l'ancien exercice des droits des seigneurs, puisque hors le cas porté

par

par cette ordonnance ils paroissoient n'avoir rien à prétendre aux successions des Bâtards.

Mais les choses changèrent de face, & Charles VI dans ses lettres-patentes du 5 Septembre 1386 dit des Bâtards comme des aubains, qu'il avoit été reconnu en son conseil d'après l'examen des ordonnances, jugemens & usages qu'en son comté de Champagne lui appartenoient de son droit tous les biens, meubles & immeubles des uns & des autres, en quelque justice qu'ils fussent domiciliés & qu'ils vinssent à décéder & en quelque lieu que leurs biens fussent situés ; il défend à ses commissaires d'admettre les parties à prouver une possession contraire ; il évoque tous les procès concernant cette matière qui étoient alors pendans aux requêtes du palais, au châtelet ou ailleurs, & en renvoie la connoissance aux commissaires.

Il paroît que dès-lors il étoit établi comme un usage constant, qu'à l'égard des Bâtards décédés sans hoirs légitimes, leur succession appartenoit au roi, & que les seigneurs hauts justiciers n'y pouvoient rien prétendre qu'autant que ces Bâtards étoient nés, domiciliés & décédés dans leurs terres. Cet usage est attesté par l'auteur du grand coutumier qui vivoit sous ce règne : voici comment il s'explique : « au roi appartient » la succession de tous les Bâtards, soit clercs ou » laïcs ; toutefois aucuns hauts justiciers en ont » joui ; mais avant qu'ils doivent avoir la suc- » cession des Bâtards il convient qu'il y ait trois » choses concourantes ensemble ; 1°. que les » Bâtards ou Bâtardes soient nés en leurs terres ; » 2°. qu'ils y soient demeurans ; 3°. qu'ils y tré- » passent, *alias non audientur.* »

Ces trois conditions ſont encore requiſes aujourd'hui pour que les ſeigneurs hauts juſticiers puiſſent réclamer la ſucceſſion des Bâtards, & elle appartient au roi ſi ces trois circonſtances ne concourent pas enſemble.

L'article 473 de la coutume de Bretagne donne les acquêts du Bâtard qui meurt ſans enfans légitimes au ſeigneur ſur le territoire duquel l'acquiſition eſt faite, pourvu qu'il ait *obéiſſance & moyenne juſtice;* & l'article 474 donne les meubles en quelque lieu qu'ils ſoient ſitués, au ſeigneur du domicile. Hevin dans ſes queſtions féodales dit que la ſucceſſion des Bâtards en Bretagne n'eſt pas un attribut du fief ou de la ſimple baſſe juſtice, & que pour y prétendre il faut exercer au moins la moyenne juſtice. il rapporte un acte de notoriété par lequel il eſt dit que le ſeigneur féodal auquel eſt dûe l'obéiſſance & qui a moyenne juſtice, recueille la ſucceſſion du Bâtard mort domicilié dans ſon fief; ſavoir, les meubles en entier en quelque lieu qu'ils ſoient, & les immeubles ſitués ſur ſon fief ſans qu'il ſoit beſoin que le Bâtard y ait pris naiſſance.

Néanmoins il a été décidé par un arrêt définitif rendu le 9 mai 1716 au rapport de M. Dreux en la grand'chambre du parlement de Paris, contre M. Viſdelou ſeigneur de St. Gilles, qui réclamoit une Bâtardiſe comme ſeigneur & au profit de M. de Cancer de Pignan donataire du roi, que le droit de Bâtardiſe appartient au roi en Bretagne, à moins que les trois conditions rapportées ci-deſſus ne concourent en faveur du ſeigneur : en conſéquence la ſentence de la chambre du domaine du 30 juin 1712, par laquelle la ſucceſſion étoit adjugée au domaine du roi, fut confirmée sans s'arrêter à l'intervention & demande des états de Bretagne, qui étoient intervenus en faveur du seigneur. Cet arrêt a été rendu après une ample instruction & sur l'intervention de M. le procureur général pour soutenir le droit du roi.

Il est vrai que les états de Bretagne étant encore intervenus depuis dans une instance pendante au conseil pour soutenir les dispositions de la coutume de la province, il a été rendu un arrêt du conseil le premier juillet 1737, par lequel pour faire droit sur la demande de l'inspecteur général du domaine, tendante à ce qu'il soit décidé par forme de réglement que dans la coutume de Bretagne, de même que dans le reste du royaume, les successions des Bâtards décédés sans enfans & *ab intestat* appartiendront au roi, à moins que trois cas ne concourent; savoir que le Bâtard soit né, domicilié & décédé dans la justice du seigneur qui réclame sa succession, il a été ordonné que les pièces & mémoires tant de l'inspecteur général du domaine, que des députés & procureur général syndic des états de Bretagne, seront remis entre les mains de M. le contrôleur général des finances pour y être pourvu par le roi, ainsi qu'au cas appartiendra.

Nous ne voyons pas que la question ait encore été décidée au conseil; mais en attendant il faut suivre la décision de l'arrêt du 9 mai 1716, conforme au droit commun sur cette partie.

M. Boulenois a fait une savante dissertation sur cette matière dans ses questions mixtes, pour savoir si dans les coutumes qui n'exigent pas les trois conditions, le roi doit être préféré au seigneur. Il établit que la règle est en faveur du roi tant par rapport aux coutumes qui n'ont point de disposition sur la Bâtardise, que pour celles qui la déferent au haut justicier sans exiger ces conditions ; il fait voir que cette règle doit être suivie soit qu'on prenne la chose dans les principes, soit qu'on l'envisage du côté du défaut de droit de la part des seigneurs qu'il montre n'en avoir jamais joui que par usurpation & sur de faux prétextes ; & comme la concession ne leur en a été faite que dans le cas du concours des trois conditions, les coutumes n'ont pu ni dû être rédigées qu'en conformité : à ce sujet M. Boullenois prouve que les coutumes ne peuvent en aucune façon préjudicier aux droits du roi, parce que le roi n'est pas censé les approuver & confirmer contre ses propres intérêts.

Il y a des coutumes où les Bâtards sont traités plus favorablement que dans d'autres : celle de Valenciennes les admet à la succession de la mère, & l'ancienne coutume de Saint-Omer contenoit la même disposition qui a été retranchée dans la nouvelle.

En Dauphiné le droit de Bârardise n'a pas lieu : on y suit la disposition du droit Romain qui admet la mère & les plus proches parens maternels à la succession des Bâtards. Un arrêt du parlement de Grenoble du 8 juillet 1662, a donné la succession d'un Bâtard aux plus proches parens maternels du défunt à l'exclusion de l'engagiste du domaine.

Il y a d'ailleurs un cas où le roi ni les seigneurs ne succèdent point aux Bâtards ; c'est lorsqu'un mari survit à sa femme Bâtarde, ou une femme à son mari Bâtard & qu'il n'y a point d'enfans : la ſucceſſion du prédécédé eſt déférée au ſurvivant en vertu du titre *unde vir & uxor*, qui a lieu en France (*). Mais il faut remarquer que cette règle ne s'obſerve pas envers les étrangers non naturaliſés, & que le ſurvivant des conjoints ne peut exclure le roi du droit d'aubaine.

Au ſurplus les Bâtards ſont capables de toutes ſortes de contrats; ils peuvent diſpoſer librement de leurs biens, ſoit entre-vifs, ſoit par teſtament, & exercer toutes ſortes d'actes de citoyens; mais ils ne peuvent prétendre dans la ſucceſſion de leur père & de leur mère que de ſimples alimens, & ne ſauroient tenir de leurs diſpoſitions que des donations ou des legs qui ſeroient même reſtreints s'ils étoient trop conſidérables : ce qui eſt réglé à cet égard dépend des circonſtances plus favorables ou plus odieuſes de leur naiſſance.

Obſervez à ce ſujet que ſi le père & la mère naturels ne s'étoient point occupés du ſoin d'établir leur Bâtard, & qu'ils ne lui euſſent rien accordé pour alimens, il ſeroit en droit d'exiger d'eux une rente annuelle à cet égard : il pourroit même intenter pour cet effet une action contre les héritiers de ſon père & de ſa mère. C'eſt ce qui réſulte de différens arrêts, & entr'autres d'un du parlement de Paris rendu le 19 juillet 1752 & rapporté dans la collection de juriſprudence. Par cet arrêt la cour confirma une ſentence du châtelet qui avoit adjugé une penſion alimentaire de 800 livres à la fille naturelle du

(*) Baſnage ſur l'article 46 de la coutume de Normandie, prétend que le titre *unde vir & uxor* ne produit aucun effet dans cette province. Poullain dit qu'il en eſt de même pour la Bretagne.

ſieur Bonnier de la Moiſſon tréſorier des états de Languedoc. Cette fille qui à l'âge de quinze ans ſe trouvoit dénuée de tout ſecours, avoit été oubliée dans le teſtament de ſon père. La cour lui adjugea en outre 20000 livres payables par les héritiers du ſieur Bonnier de la Moiſſon lorſqu'elle s'établiroit.

Un Bâtard peut ſe marier ſans le conſentement de ſon père & ſans celui de ſa mère ; le parlement l'a ainſi jugé par arrêt du premier février 1662 en faveut de Claude Malville contre Catherine Roche ſa mère qui avoit été établie ſa turrice. Cet arrêt eſt rapporté dans le journal des audiences.

Comme les Bâtards ont un rapport plus immédiat avec leur mere qu'avec leur pere, c'eſt ordinairement celle-là que la juſtice charge à l'excluſion de celui-ci, de l'éducation de ces ſortes d'enfans. Cette règle n'eſt toutefois ſuivie qu'autant que la mere paroît plus propre que le pere à remplir cet objet. Il arrive même, quand les juges n'ont confiance ni dans le pere ni dans la mere, qu'ils ordonnent que leur enfant ſera placé chez un maître de penſion ou dans un couvent juſqu'à un certain âge. Le châtelet le jugea ainſi par ſentence du 17 juillet 1758, relativement à l'éducation de la fille naturelle du nommé Perſon acteur de l'Opéra. Le pere & la mere vouloient, à l'excluſion l'un de l'autre, être chargés de l'éducation de cette fille ; mais il fut ordonné qu'elle ſeroit miſe dans un couvent & que le pere payeroit ſa penſion. Cette eſpèce eſt rapportée dans la collection de juriſprudence.

On lit auſſi dans le même ouvrage, que le 20 août 1760, on plaida à la chambre criminelle, du châtelet la question de savoir à qui d'un pere adultère ou de la mere naturelle l'éducation de deux enfans devoit être confiée, & que par sentence du même jour il fut ordonné que l'un des enfans, qui étoit un garçon âgé de quatre ans, seroit placé dans une pension, & que l'autre qui étoit une fille encore en nourrice, y resteroit jusqu'à ce qu'elle fût en âge d'être placée dans une communauté. Le pere qui étoit domicilié en Amérique, fut condamné par la même sentence, à payer une pension alimentaire de 500 livres à chacun de ces enfans & à donner caution en France pour assurer ce payement. Cette sentence fut confirmée par arrêt du 10 mars 1761; mais l'auteur de la collection de jurisprudence remarque qu'aucune des parties n'en avoit appelé quant au chef qui concernoit l'éducation. L'objet de l'appel étoit de faire infirmer la disposition de la sentence qui assujetissoit le pere à donner caution.

Lemême principe d'humanité qui veut que le pere & la mere fournissent des alimens à leur enfant quoique bâtard, assujetit celui-ci à en fournir de son côté à son pere & à sa mère, s'ils sont dans l'indigence : c'est pourquoi ils peuvent à cet égard, intenter contre lui la même action que les lois ont accordée en cas pareil au pere & à la mere légitimes.

Comme l'incapacité des Bâtards n'est fondée que sur la loi civile, c'étoit autrefois une maxime reçue que les lettres de légitimation qui leur étoient accordées par le prince adoucissoient à leur égard la rigueur de cette loi & les rendoit capables de succéder au défaut d'héritiers légitimes, tant à leurs père, mère, frères & sœurs naturels, qu'à tous leurs autres parens tant paternels que maternels qui avoient demandé ou consenti à la légitimation & qui les avoient reconnus pour être de leur famille.

Ils avoient cet avantage sur les Bâtards simplement avoués & non légitimés, que ces derniers étoient exclus de toute succession de leurs parens naturels, quoiqu'ils prissent le nom de leur pere, même leurs armes, à la vérité avec quelque marque ou distinction; & lorsque leur pere étoit noble, ils jouissoient de tous les privilèges de la noblesse qu'ils transmettoient à leurs descendans: c'étoit d'après l'usage qui étoit alors reçu, que Loiseau & Bacquet ont décidé en faveur des Bâtards légitimés, tant pour la succession que pour les donations: leur opinion étoit suivie au temps qu'ils ont écrit; mais sous le règne de Henri IV, on commença à donner atteinte aux droits dont les Bâtards avoient joui jusqu'alors.

Au chapitre de l'ordre du Saint-Esprit tenu à Rouen le 7 janvier 1697, M. le chancelier remontra au roi que dans les statuts il n'y avoit point d'article qui fit mention si les Bâtards étoient capables d'entrer dans cet ordre: sa majesté, de l'avis des cardinaux, prélats, princes commandeurs & officiers, déclara & ordonna que nuls Bâtards ne pourroient être reçus ni entrer dans l'ordre sinon ceux des rois lorsqu'ils auroient été reconnus & légitimés.

L'article 26 de l'édit du mois de mars 1600, contenant règlement sur le fait des tailles, ordonna que les Bâtards, quoiqu'issus de peres nobles, ne se pourroient attribuer le titre & la qualité de gentilshommes, s'ils n'obtenoient des lettres d'anobliſſement fondées ſur quelque grande conſidération de leur mérite ou de leurs parens & vérifiées où il appartiendroit.

Par l'article 197 de l'ordonnance de Louis XIII du mois de janvier 1629, il fut ordonné que les Bâtards des gentilshommes ne ſeroient point tenus pour nobles; & que dans le cas où ils auroient été anoblis, eux & leurs deſcendans ſeroient obligés de porter dans leurs armes une barre qui les diſtinguât d'avec les légitimes, & qu'ils ne pourroient prendre les noms des familles dont ils ſeroient iſſus, que du conſentement de ceux qui y auroient intérêt.

Les Bâtards privés par ces nouvelles lois de la nobleſſe de leur père, le furent encore par une juriſprudence qui s'établit alors, de la capacité de ſuccéder à leur père & à leur mère, quoique légitimés par les lettres du prince leſquelles n'eurent plus d'autre effet que celui de couvrir le vice de leur naiſſance; & effectivement ces lettres ne ſont plus néceſſaires qu'aux Bâtards des rois & des princes, parce qu'elles marquent la reconnoiſſance du père & aſſurent leur état dans le haut degré où il plait au ſouverain de les placer.

Lorſqu'un Bâtard légitimé meurt ſans enfans, ſa ſucceſſion ne peut être réclamée que par droit de bâtardiſe & en conformité des principes que l'on vient d'établir.

Il en eſt autrement des ſucceſſions des enfans légitimés des Bâtards, elles ne peuvent être priſes que par déshérence, à défaut de parens légitimes capables de ſuccéder.

On a agité la queſtion de ſavoir ſi le fermier du domaine recueillant à titre de bâtardiſe la succession d'un ingénieur qui étoit capitaine ou lieutenant réformé, pouvoit demander les appointemens qui lui étoient dus lors de sa mort; & l'on a décidé que dès le temps de Louis XIV il a été établi pour maxime, que lors du décès les ordonnances de relief d'appointement des grades de capitaine & de lieutenant devenoient inutiles pour tout le temps que l'officier n'avoit pas touché de son vivant, attendu que ces objets lui étoient personnels & ne passoient point à ses héritiers; ensorte que personne ne peut réclamer après la mort de l'officier cette partie qui devient nulle de droit; mais que s'il étoit dû des appointemens en qualité d'ingénieur en fonctions, on pourroit les demander.

Lorsque le survivant des conjoints recueille en vertu du titre *unde vir & uxor* la portion des conquêts qui appartenoit au Bâtard prédécédé, doit-il en payer le droit de centième denier? Le conseil après avoir jugé en 1734 & 1740 pour la négative, a décidé le 6 juillet 1758 que le droit étoit dû.

Les seigneurs haut justiciers ou seigneurs de fief auxquels il est adjugé des immeubles par droit de bâtardise, en doivent payer le droit de centième denier comme de tous ceux qui leur viennent par droit de déshérence ou de confiscation.

Mais les immeubles adjugés directement au roi par les mêmes droits de déshérence, de bâtardise ou de confiscation, ne sont pas sujets au droit de centième denier. La raison en est que le souverain doit être exempt des charges qui ne sont imposées que pour son usage: les prises de possession de ces biens ne sont pas même sujettes au contrôle; le conseil l'a ainsi décidé le 19 mai 1726.

Le fils naturel peut comme un fils légitime, poursuivre l'assassin de son pere, & obtenir en conséquence des dommages & intérêts par forme de réparation civile.

Dans le droit canonique le défaut de naissance rend les Bâtards irréguliers, parce que le crime qui les a fait naître est une espèce de tache qui ne s'efface point; d'ailleurs on appréhende que ceux qui ne sont pas nés en légitime mariage n'imitent l'incontinence de leur pere & de leur mere.

Observez toutefois qu'avant l'onzième siècle la bâtardise n'étoit point mise au rang des irrégularités; les Bâtards pouvoient être ordonnés sans dispense quand ils n'imitoient pas leurs peres dans leur incontinence.

Lorsque les Bâtards entrent dans un cloître & qu'ils y font profession, ils peuvent recevoir tous les ordres sans dispense. C'est qu'on suppose que le zèle & la piété que le Bâtard fait paroître en se retirant dans un monastère, effacent la tache de sa naissance & sont des garans de sa chasteté.

Celui qui est illégitime n'a besoin que de la dispense de son évêque pour recevoir les ordres mineurs, de même que pour tenir des bénéfices simples.

Le pape accorde des dispenses de cette espèce d'irrégularité pour les ordres majeurs, quand ceux qui les demandent ont d'ailleurs toutes les qualités requises.

L'enfant qui est légitimé par un mariage subséquent ou par la bonne foi de son père ou de ſa mère qui croyoient leur mariage valable dans le temps que l'enfant a été conçu, quoique le mariage fût nul, n'eſt point irrégulier par le défaut de naiſſance; mais celui qui n'a été légitimé que par des lettres du prince, a beſoin d'une diſpenſe de l'évêque pour les ordres mineurs, & d'une diſpenſe du pape pour recevoir légitimement les ordres majeurs.

Les enfans qui ont été expoſés ne ſont pas préſumés Bâtards. On a ſouvent expoſé des enfans nés en légitime mariage, comme on le voit par l'exemple de Moïſe & de pluſieurs autres. Dans le doute, il faut prendre le parti qui tend à déclarer un enfant légitime.

Voyez Bruſſel dans ſon traité de l'uſage général des fiefs; les établiſſemens de ſaint Louis; l'ordonnance de Philippe-le-Bel de 1301; celle de Louis Hutin du mois de mai 1315; les lettres patentes du 5 ſeptembre 1386; les mémoires ſur les droits du roi; l'édit du mois de mars 1600, l'ordonnance de Louis XIII du mois de janvier 1629; Bacquet, du droit de bâtardiſe; les arrêts de Maynard, de Boniface & de Chorier; Baſnage ſur la coutume de Normandie; les plaidoyers de Servin; Carondas en ſes réponſes; le journal des audiences; Ricard traité des donations; Brodeau ſur Louet; Boullenois dans ſes queſtions mixtes, M. Lefevre de la Planche en ſon traité du domaine; les œuvres de Deſpeiſſes; les mémoires du clergé, Piales, traité des collations; les lois eccléſiaſtiques de France, &c. Voyez auſſi les articles MARIAGE, LÉGITIMATION, INCESTE, ADULTERE, ALIMENS, AUBAINE, DÉSHÉRENCE, CONCUBINAGE, SUCCESSION, GROSSESSE, CENTIEME DENIER, DISPENSE ORDRE, IRRÉGULARITÉ, BÉNÉFICE, &c.

BATEAU. Sorte de petit vaiſſeau dont on ſe ſert ordinairement ſur les rivières & ſur lequel on charge diverſes ſortes de marchandiſes ou denrées pour les tranſporter d'un lieu dans un autre.

La conſtruction & le nom des Bateaux ſont différens, ou ſelon les uſages pour leſquels ils ſont deſtinés, ou ſelon les provinces dans leſquelles ils ſont conſtruits.

Les Bateaux de Seine ſont de grands bâtimens, longs & forts, avec le cordage aſſez élevé, qui viennent de Rouen & de la rivière d'Oiſe, & qui ſervent ordinairement à faire de grandes voitures de bois à brûler & d'épiceries. On les nomme des *foncets*.

Les Bateaux qui viennent de la Loire s'appellent des *chalands*. Ils ſont étroits, médiocrement longs & peu élevés, à cauſe des canaux & des écluſes par leſquels il faut qu'ils paſſent pour arriver à Paris. Ils ſervent à voiturer les vins & les autres productions & marchandiſes des provinces voiſines de la Loire & de l'Allier.

Les Bateaux de la rivière de Marne conſervent le nom de cette rivière & ſont nommés *Bateaux Marnois*. Ils ſont plats & de moyenne grandeur. Leur charge conſiſte ordinairement en vins, en grains & en bois de la province de Champagne.

Les Bateaux-coches, plus connus ſous le nom de coches d'eau, ſont de grands Bateaux couverts qui ſervent particulièrement ſur la rivière de Seine à la commodité des voyageurs & pour le tranſport de toutes ſortes de marchandiſes. Les principaux ſont les coches de Sens, d'Auxerre, de Montreau & de Fontainebleau, ou Valvin.

On appelle *Bateau de foin*, *Bateau de fagots*, *Bateau de bois*, *Bateau de charbon*, *Bateau de bled*, *Bateau de vin*, &c. Les Bateaux qui sont chargés de ces sortes de marchandises.

L'ordonnance de Louis XIV du mois de décembre 1672 contient divers articles concernant les lieux où doivent s'arrêter les Bateaux chargés de marchandises qui arrivent à Paris, lorsqu'il n'y a point de place pour les recevoir dans les ports. Il y en a d'autres pour le débaclage des mêmes Bateaux lorsqu'ils ont été vidés & dechargés : & d'autres encore pour les Bateaux naufragés & coulés à fond dans les ports, aussi bien que pour l'enlèvement, la marque & la vente de leurs débris.

Quelques articles de cette ordonnance réglent le rang des Bateaux en pleine rivière, soit en descendant, soit en montant : quelques autres, ce qui doit se pratiquer aux passages des ponts & pertuis.

Il y en a d'autres pour le temps de l'entrée des Bateaux dans les ports, pour la déclaration de leur arrivage, de la décharge des marchandises qui y sont contenues, & des hypothèques ou recours que les marchands peuvent avoir sur les Bateaux pour mécompte, perte ou autres accidens arrivés aux marchandises par la faute des conducteurs, voituriers & maîtres des Bateaux; & l'on y voit en quel cas les Bateaux n'en sont point responsables, ou quand le maître en peut faire cession.

Enfin il y a des articles qui marquent le temps que les Bateaux doivent tenir port, suivant la qualité des marchandises qui sont dessus.

On peut lire sur ces matières du commerce

par eau, les chapitres 1, 2, 3, 4, & 16 de l'ordonnance citée.

Voyez auſſi les articles BATELIER, BAC, COCHE D'EAU, VOITURIER PAR EAU, MAITRE DES PONTS ET PERTUIS, NAUFRAGE, CHABLEUR, DÉBACLEUR, VAISSEAU, &c.

BATELIER. Celui qui fait métier de conduire un bateau. On le dit plus ordinairement des maîtres paſſeurs d'eau de Paris. Les autres Bateliers qui ſont chargés de la conduite des foncets, chalands, coches d'eau, & autres grands bateaux deſtinés au tranſport des marchandiſes, s'appellent communément mariniers ou compagnons de rivière.

Les maîtres Bateliers ou paſſeurs d'eau de Paris, y ont toujours formé une eſpèce de corps & communauté qui avoit ſes officiers, ſes ſtatuts, ſa confrérie, ſes priviléges & ſes apprentis : ce corps toutefois n'étoit pas du nombre des grandes communautés des arts & métiers qui ſubſiſtoient dans Paris avant l'édit du mois de février 1776, & il n'avoit point été érigé en corps de jurande.

Les dépenſes des longues guerres qui ont duré preſque autant que le règne de Louis XIV, ayant obligé à chercher des fonds extraordinaires dans la création de divers offices, on créa vers la fin du XVIIe ſiècle, les maitres Bateliers de Paris, ſous le nom d'officiers paſſeurs qui furent réduits au nombre de vingt.

Ces offices ſont héréditaires, mais les paſſeurs prennent toujours leurs lettres du prévôt des marchands, prêtent ſerment entre ſes mains, & ſont tenus comme auparavant d'obſerver & exécuter les ordonnances de la ville.

Deux syndics ont soin des affaires de ce nouveau corps & doivent se trouver journellement, l'un au port S. Paul & l'autre au port S. Nicolas, pour veiller à ce que le public soit bien servi & les ordonnances ou statuts règulièrement observés.

Le veuves jouissent des offices & des priviléges qui y sont attachés & ont part à la bourse commune. Il y a dans chaque port un maître & un bureau établi pour faire la recette, & rendre compte chaque jour des deniers reçus.

Les principaux statuts de cette communauté, (si l'on peut appeller de la sorte quelques articles de règlemens qui leur ont été donnés par le prévôt des marchands & les échevins, à la juridiction & police desquels ils sont soumis) sont contenus dans les quatre derniers articles du cinquième chapitre de l'ordonnance de la ville de 1672, dont on a parlé ci-dessus.

Le premier de ces quatre articles qui est le septième du chapitre, ordonne: Qu'aucun ne sera reçu au métier de maître passeur d'eau, qu'il n'ait fait apprentissage chez un maître pendant deux ans & qu'il n'ait fait expérience devant les maîtres; ce qui doit être attesté par ceux-ci au prévôt des marchands & aux échevins lors de la réception de l'apprenti à la maîtrise.

Le deuxième enjoint aux maîtres passeurs d'avoir des flettes garnies de leurs avirons & crocs en nombre suffisant, aux endroits désignés par le prévôt des marchands & les échevins, pour passer ceux qui se présentent depuis le lever du soleil jusqu'au coucher, avec défenses de passer pendant la nuit à peine d'amende; pour le payement

ment de quoi leurs flettes peuvent être saisies & même vendues si cela est ordonné.

Le troisième porte que quand il y aura cinq passagers, ce nombre sera suffisant pour que les Bateliers les passent sans en attendre davantage; il est défendu à ceux-ci d'exiger d'autros droits ou salaires que ceux qui leur sont attribués par le prévôt des marchands & les échevins à peine de concussion.

Enfin le dernier de ces quatre articles déclare les maîtres Bateliers passeurs d'eau, responsables de toutes les pertes & exactions arrivées dans leurs bateaux conduits par leurs compagnons & garçons, & les condamne solidairement avec eux à la restitution des choses perdues & au payement des amendes encourues.

BÂTIMENT. Édifice construit de pierres, de bois, de marbre, &c.

Le Bâtiment étant toujours l'accessoire du fonds sur lequel il est construit, il s'ensuit que ceux qui bâtissent sur un sol dont ils ne sont point propriétaires, ne bâtissent point pour eux mais pour le propriétaire. Cependant s'ils ont bâti de bonne-foi croyant que le terrein leur appartenoit, les lois veulent qu'ils puissent demander le payement du prix des matériaux & de la main-d'œuvre.

Il suit du même principe, que si après avoir légué une terre, le testateur y faisoit construire quelques Bâtimens, ils appartiendroient au légataire comme faisant partie du fonds, à moins que le testateur n'en eut disposé autrement.

Pareillement, si l'on construit des Bâtimens sur l'héritage de l'un des conjoints aux dépens de la communauté, ces Bâtimens appartiennent à celui des conjoints qui est propriétaire de l'héritage, sauf à indemniser l'autre conjoint à proportion de ce qu'il en aura couté à la communauté pour bâtir.

Lorsque des enfans recueillent à titre de douaire la moitié des héritages que la coutume leur attribue, ils doivent prendre les Bâtimens comme ils sont, & les créanciers n'ont aucune action à intenter contre eux pour raison des dépenses qui ont pu être faites depuis le mariage pour augmenter ces Bâtimens. Carondas & Papon rapportent un arrêt du 7 septembre 1601 qui l'a ainsi jugé.

Ceux qui héritent des propres d'une succession prennent pareillement, sans être tenus d'aucune récompense, les Bâtimens que le défunt a construit sur ces propres : si le prix de ces Bâtimens se trouve encore dû, chaque héritier est tenu d'en payer une part proportionnée à celle qu'il prend dans la succession. C'est ce qui résulte d'un arrêt de règlement rendu par le parlement de Paris le 3 août 1688.

Ce que nous venons de dire s'applique aussi à l'aîné qui reçoit pour préciput le Bâtiment construit sur le fief. Il ne doit rien payer aux puînés pour ce Bâtiment. C'est l'avis de Dumoulin ; & Auzanet rapporte un arrêt du 27 mars 1626 qui l'a ainsi décidé.

Lorsqu'un Bâtiment est possédé par deux différens propriétaires, dont l'un a le bas & l'autre le-dessus, ils peuvent faire l'un & l'autre ce qu'il leur plaît dans la portion qu'ils possedent, pourvu toutefois qu'ils ne se causent point de préjudice l'un à l'autre tant pour la commodité que pour la solidité ; par exemple, celui qui a la partie inférieure de la maison n'y pourroit pas faire une forge parce qu'il incommoderoit le propiétaire de la partie supérieure : le parlement l'a ainsi jugé par arrêt du 26 janvier 1672. De même celui qui a la partie inférieure de la maison ne peut pas changer de place ni de situation les tuyaux de ses cheminées, ni en faire de nouveaux où il n'y en avoit point, & ainsi des autres changemens ou nouveautés qui passeroient au travers de la portion de maison appartenante à l'autre propriétaire.

L'article 216 de la coutumé d'Auxerre porte que *si le bas d'une maison appartient à un particulier & le haut à un autre; celui à qui appartient le bas est tenu de construire & entretenir tous les murs de la maison jusqu'à l'étage qui appartient à l'autre particulier, & de fournir les poutres, solives & aires du plancher supérieur de la partie qui lui appartient, & le propriétaire du haut est tenu seulement du carreau au-dessus du plancher & du restant des murs ainsi que de la couverture de la maison, & seront tenus pareillement chacun de la montée ou escalier dans les étages à eux appartenant.* C'est pourquoi si un particulier n'étoit propriétaire que du rez-de-chaussée & des caves d'une maison, il ne contribueroit point à l'escalier, il ne seroit tenu que de la descente des caves.

Les coutumes de Montargis, de Nivernois, de Bourbonnois, d'Orléans, de Berry, de Bretagne, &c, disent toutes la même chose: ainsi par la disposition de ces coutumes, chacun des propriétaires entretient seulement les murs des étages qui lui appartiennent, & les propriétaires du haut ne contribuent point à la partie inférieure des murs quoiqu'elle leur ſerve d'appui & de ſoutien, & ils ne payent point de charges.

Suivant ces coutumes l'égalité des charges eſt aſſez bien gardée entre les propriétaires; celui de la partie inférieure de la maiſon ſupporte à la vérité la charge & le fardeau de la partie ſupérieure de cette maiſon; mais pour le dédommager, le propriétaire de la partie ſupérieure eſt tenu d'entretenir ſeul à ſes frais la couverture en entier, charpente & tuile ou ardoiſe, ce qui eſt une charge ſujette à un entretien continuel qui équivaut en quelque façon à celle du propriétaire du bas de cette maiſon. L'entretien des murs des étages de la maiſon lorſqu'il s'agit d'y faire travailler, eſt à la vérité d'une plus grande dépenſe que celui de la couverture; mais il n'arrive pas ſi ſouvent, l'entretien de la couverture étant continuel & le ſeul pour lequel ou faſſe des marchés à l'année.

Si le propriétaire de la ſurface a un paſſage au-deſſus de la voûte de ſon voiſin, il doit, dit Deſgodets, faire réparer & entretenir le pavé de ſon paſſage à ſes dépens & empêcher que l'eau ne pénétre cette voûte; mais ſelon la remarque de Goupy, cela n'eſt vrai que lorſque ce paſſage conduit à une cour ou à un chantier, ou place vague dont les eaux ſortent par ce paſſage; car ſi les eaux de la cour ou du chantier & place vague ne paſſent point par ce paſſage & qu'elles ſe perdent dans les terres, ce propriétaire n'eſt pas tenu de faire paver au-deſſus de la voûte de ſon voiſin, s'il ne le veut: il n'en eſt pas de même s'il y a une cuiſine au-deſſus de cette voûte; le propriétaire de cette cuiſine eſt tenu de faire paver pour empêcher les eaux de sa cuisine de pénétrer la voûte & de l'endommager.

S'il s'agissoit dans les maisons ainsi partagées de faire des étayemens ; par exemple, s'il étoit nécessaire de reprendre sous œuvre la partie inférieure d'une de ces maisons & qu'il fût nécessaire pour cet effet d'étayer la partie supérieure, il est question de savoir aux dépens de qui se devroient faire ces étayemens : il semble que ce devroit être aux dépens du propriétaire de la partie supérieure qui est celle qui a besoin d'être soutenue ; cependant les coutumes citées ayant assujeti le propriétaire de la partie inférieure de cette maison à entretenir seul à ses dépens les murs de cette partie inférieure, quoiqu'ils supportent la partie supérieure, il faut conclure que ce qui occupe la place de ces murs doit être aussi fait aux dépens du même propriétaire de la partie inférieure, & par conséquent le propriétaire du haut de cette maison ne doit point contribuer aux étayemens.

Lorsqu'un Bâtiment menace ruine & que le propriétaire néglige de le faire démolir ou du moins étayer, il peut y être obligé par les officiers qui exercent la police : le voisin même est en droit de se pourvoir pour être autorisé à faire faire la démolition ou les étayemens nécessaires aux frais du propriétaire négligent.

Tout propriétaire est obligé de réparer le dommage occassionné par la chute de son Bâtiment, sans que pour cela il soit nécessaire d'avoir constitué en demeure ce propriétaire en le sommant ou en l'avertissant de travailler à détourner le danger. Cette règle toutefois ne doit pas être suivie quand la chute du Bâtiment n'a eu lieu que par une force majeure telle qu'un débordement, ou un ouragan, &c.

Si le Bâtiment dont la chute a causé du dommage appartient à plusieurs maîtres, ils ne répondront pas solidairement de ce dommage & chacun d'eux n'en sera tenu qu'à proportion de la part qu'il avoit dans le Bâtiment tombé.

Les maçons & les charpentiers qui ont construit un Bâtiment, doivent garantir pendant dix ans la durée de leur ouvrage : c'est à quoi les a astreints parmi nous la jurisprudence des arrêts: c'est pourquoi si dans le cours des dix années postérieures à la construction d'un Bâtiment on remarque des défauts considérables dans la charpanterie ou la maçonnerie, l'ouvrier dont ils sont le fait, est tenu de les réparer à ses frais : on l'oblige même à répondre du dommage auquel ces défauts auront d'ailleurs pu donner lieu. En vain pour s'exempter de la garantie dont il s'agit, le maçon ou le charpentier offriroit de justifier que son ouvrage est conforme aux plans & devis ; il ne seroit point écouté : la raison en est que tout plan & devis doit s'exécuter selon les règles que l'art a établies relativement à la solidité qu'il convient de donner à un Bâtiment quelconque.

Quant aux autres ouvriers qui contribuent à la construction des Bâtimens, ils ne sont garans de leurs ouvrages que pendant un an à compter du jour que les ouvrages ont été achevés, & cette garantie ne s'étend qu'à la façon & à la qualité des matières employées & non à ce qui peut s'user ou se rompre par violence. Tel est l'avis de Desgodets.

On a agité la question de savoir si un entrepreneur qui en construisant un Bâtiment n'a point observé les règles de l'art & ne s'est point conformé aux plans & devis, peut-être obligé par le propriétaire à une nouvelle construction nonobstant la preuve que le Bâtiment est construit de manière à pouvoir durer long-temps : deux arrêts que nous allons rapporter d'après la collection de jurisprudence, ont prononcé sur cette matière : l'un a été rendu au parlement le 3 août 1746, & l'autre au grand conseil le 23 septembre 1758. Voici l'espèce du premier :

» Les supérieurs du séminaire connu sous le » nom des Trente-trois à Paris, étoient convenus » avec Janiot, maître maçon, qu'il construiroit » à leur maison deux murs de face d'une certaine » épaisseur, un mur de refend, &c. conformé- » ment aux règles de l'art : Janiot s'étoit con- » formé au devis quant à l'épaisseur ; mais con- » tre les règles de l'art, il avoit paré les murs de » pierres de tailles & enchassé des moellons » dans le milieu du mur. En un mot il y avoit » des défauts de construction tels que les uns » pouvoient se réparer, mais les autres ne le » pouvoient pas sans démolition.

» Le tiers-expert nommé par la cour pour faire » la visite en présence de M. Severt, conseiller- » commissaire, disoit dans son rapport, *que les* » *ouvrages étoient moins solides & de moindre* » *durée que s'ils eussent été construits conformé-* » *ment aux règles de l'art ; qu'il étoit à présumer* » *que le séminaire aimeroit mieux qu'ils fussent* » *sans défaut & les payer suivant les prix portés* » *au devis, que de profiter d'une diminution de* » *prix qui ne rassure point contre l'avenir ; mais* » *que l'indemnité résultante du défaut de bonne*

» *construction n'étoit pas de la mission de lui* » *expert, &c.*

» Par l'arrêt cité du 3 août 1746, la cour a » condamné le séminaire à payer les ouvrages, » non sur le pied fixé par le devis, mais suivant » l'estimation qui en avoit été faite.

» L'arrêt a de plus ordonné que sur le prix des » ouvrages, il seroit déduit 3315 livres pour les » malfaçons réparables sans démolition, 620 li- » vres pour les ouvrages non-finis, & 6000 livres » à quoi la cour a arbitré l'indemnité & les » dommages résultans de mal façons irréparables » sans démolition & reconstruction.

« L'autre arrêt est intervenu au grand con- » seil, entre les religieux de St. Martin-des- » champs & Louis le Tellier entrepreneur de » Bâtimens. Dans cette espèce, le Tellier avoit » entrepris la construction d'un Bâtiment très- » considérable à saint Martin-des-champs; par » le devis dans lequel on avoit donné à l'entre- » preneur d'anciens Bâtimens pour modele, il » s'étoit soumis à travailler en conformité des » règles de l'art, & les règles de l'art ne permet- » tent pas de faire des murs de moellons parés » de pierres de taille, comme avoit fait le Tel- » lier. Mais les experts avoient constaté par leur » rapport que, quoique contre les règles de » l'art, ces murs fussent bâtis en moellons parés » extérieurement de pierres de taille, ils pou- » voient néanmoins durer une longue suite d'an- » nées attendu leur épaisseur.

« Les religieux, dont l'objet avoit été de faire » un Bâtiment très-solide, & pour eux, & pour » ceux qui leur succéderoient durant une longue » suite d'années, demandoient que le Tellier fût » tenu de démolir & de reconstruire les Bâti-

» mens pour les rendre conformes à l'art ; c'est » à quoi il devoit régulièrement être condamné ; » parce que quoiqu'il y eût de la limousinerie » dans les murs proposés pour modèles, cela » ne l'autorisoit pas à faire les nouveaux murs » en moellons parés de pierres de taille, contre » les règles de l'art, dont il n'est pas permis aux » entrepreneurs de s'écarter même avec le con- » sentement des propriétaires.

« Le Tellier avoit d'ailleurs promis par le de- » vis de se conformer à ces règles : il supposoit » même s'y être conforme ; car dans le mémoire » même de la bâtisse qu'il avoit fourni, il de- » mandoit le payement des murs comme s'ils » eussent été faits de pierres de taille en plein, » & cela le rendoit répréhensible.

« Cependant comme de semblables démoli- » tions & reconstructions auroient ruiné le Tel- » lier, & qu'il paroissoit par les rapports, que » les Bâtiments, tels qu'ils étoient, pouvoient » être reçus & durer long-temps, le grand con- » seil a condamné les religieux à payer à le » Tellier les ouvrages qu'il avoit faits, non pas » suivant le prix fixé par les devis & marché, » mais eu égard à la nature des ouvrages & à » l'estimation qu'en avoient faite les experts par » leur rapport sur le pied courant au temps de » la construction.

« Le grand conseil n'a point prononcé de dom- » mages intérêts contre le Tellier. Mais quoi- » qu'il fût créancier des moines, aux termes » des rapports & des appréciations adoptés par » l'arrêt, il a été condamné à payer la totalité » du coût des procès verbaux des experts, » montant à plus de 1000 livres & aux trois » quarts des dépens, qui formoient encore un

» objet très-considérable : on a apparemment » regardé ces condamnations comme tenant lieu » des dommages & intérêts qu'il devoit naturel» lement supporter ».

Les ouvriers qui ont bâti, réédifié ou réparé une maison doivent être préférés pour leurs salaires à tout autre créancier sur le prix qui provient de la vente des Bâtimens auxquels ils ont travaillé. Mais il faut pour cet effet que ces ouvriers se soient conformés au règlement fait par le parlement sur cette matière & dont voici le dispositif :

« Ce jour, la cour, toutes les chambres as» semblées, en délibérant sur le compte rendu » par MM. les commissaires, de leur travail au » sujet du règlement concernant les privilèges » des ouvriers, a arrêté & ordonné que les ar» chitectes, entrepreneurs, maçons & autres » ouvriers employés pour édifier, reconstruire » ou réparer les Bâtimens quelconques, ne » pourront prétendre à être payés par privi» lège & préférence à d'autres créanciers du » prix de leurs ouvrages sur celui des Bâtimens » qu'ils auront édifiés, reconstruits ou réparés » à l'avenir à compter du jour de la publication » du présent arrêt, qu'autant que par un expert » nommé d'office par le juge ordinaire à la re» quête du propriétaire, il aura été préalable» ment dressé procès verbal à l'effet de constater » l'état des lieux relativement aux ouvrages » que le propriétaire déclarera avoir dessein de » faire & que les ouvrages après leur perfection » & dans l'année de leur perfection auront été » reçus par un expert pareillement nommé d'of» fice par ledit juge à la requête, soit du pro» priétaire, soit des ouvriers, collectivement ou

» séparément, en présence les uns des autres, » ou eux dûment appelés par une simple sommation, desquels ouvrages ladite réception sera » faite par ledit expert par un ou plusieurs procès verbaux suivant l'exigence des cas, lequel expert énoncera sommairement les différentes natures d'ouvrages qui auront été » faits, & déclarera s'ils ont été bien faits & » suivant les règles de l'art; permet au juge ordinaire de nommer suivant sa prudence pour » ledit procès verbal de réception, le même » expert qui aura fait la première visite. Ordonne pareillement qu'à l'avenir ceux qui auront prêté des deniers pour payer ou rembourser les ouvriers des constructions, reconstructions & réparations par eux faites, ne » pourront prétendre à être payés par privilège » & préférence à d'autres créanciers, qu'autant » que ponr lesdites constructions, reconstructions » & réparations, les formalités ci-dessus prescrites auront été observées; que les actes d'emprunts auront été passés pardevant notaire & » avec minutes, & feront mention que les sommes prêtées sont pour être employées auxdites » constructions, reconstructions & réparations » ou au remboursement des ouvriers qui les auront faites, & que les quittances des payemens » desdits ouvrages porteront déclaration & subrogation au profit de ceux qui auront prété » leurs deniers, lesquelles quittances seront » passées pardevant notaires & dont il y aura » minute, sans qu'il soit nécessaire de devis & » marchés ni d'autres formalités que celles ci-dessus prescrites. Ordonne en outre que le » présent arrêt sera imprimé, lu, publié & affiché partout ou besoin sera, & copies colla-

» tionnées, envoyées aux bailliages & séné-
» chaussées du ressort, pour y être lu, publié &
» régistré ; enjoint aux substituts du procureur
» général du roi d'y tenir la main & d'en certi-
» fier la cour dans le mois. Fait à Paris en par-
» lement, toutes les chambres assemblées, le 18
» août 1766 ».

Pour prévenir les inconvéniens du trop grand accroissement de Paris, il a été fait en différens temps des défenses de bâtir des maisons dans les fauxbourgs & hors des portes de la ville : Louis XIV par sa déclaration du 30 avril 1672 renouvela ces défenses, imposa des taxes considérables sur ceux qui avoient bâti au-delà des limites réglées en 1638, & ordonna qu'il seroit marqué de nouvelles limites dont l'étendue seroit désignée par des bornes posées pour cet effet. Mais la manière dont il fut procédé en exécution de cette déclaration n'ayant pas rempli l'objet que l'on s'étoit proposé, Louis XV par sa déclaration du 8 juillet 1724 enregistrée au parlement le 4 août suivant, a de nouveau fixé l'étendue de la ville & des fauxbourgs de Paris. Cette loi permet aux propriétaires des maisons & places situées dans l'intérieur de la ville, de les bâtir de telle manière qu'ils le jugeront à propos, en observant les règlemens, avec défenses d'ouvrir aucune rue nouvelle sous quelque prétexte que ce soit, à l'exception de celles qui sont désignées dans l'article 4. Il est aussi défendu aux propriétaires des maisons & places situées dans les fauxbourgs d'ouvrir aucune rue, & de bâtir aucune maison à porte cochère, autres que celles qui existoient lors de la fixation de l'étendue des mêmes fauxbourgs, sans pouvoir en augmenter les Bâtimens, à l'exception toutefois des établis ou hangars destinés à l'usage des laboureurs ou artisans; il est seulement permis aux propriétaires de bâtir de petites maisons à boutiques & petites portes, pourvu qu'elles ne soient élevées que d'un étage au-dessus du rez-de-chaussée, à peine pour chaque contravention de 3000 livres d'amende contre les propriétaires, de démolition & confiscation des matériaux, de réunion de la place au domaine du roi, & de 1000 livres contre les ouvriers.

Le 29 janvier 1726, le roi Louis XV a donné une autre déclaration en interprétation de la précédente, par laquelle il est défendu de faire bâtir dans les fauxbourgs de Paris aucun édifice, que préalablement le plan n'en ait été approuvé & ordonné par les officiers du bureau des finances, & par le prévôt des marchands & les échevins de la ville, avec defenses en outre de détruire les portes cochères qui existoient lors de l'étabissement des limites.

Par une troisième déclaration du 28 septembre 1728, le roi Louis XV a permis aux tanneurs de faire construire tels Bâtimens qu'ils jugeroient à propos pour leur commerce, en observant les anciens règlemens, & aux conditions que les Bâtimens qui auront face sur la rivière de Bievre, dite des Gobelins, ne pourront être élevés que de trente pieds depuis le rez-de-chaussée du terrein jusqu'à l'entablement, & que le grenier sera à claire voie & ne pourra dans la suite être fermé de cloisons, murs de refend ou autrement; & à la fin de cette déclaration le roi a ordonné qu'il seroit fait état des maisons servant en tannerie, pour qu'on n'en pût augmenter le nombre.

Depuis ces déclarations, personne ne peut bâtir dans les fauxbourgs de la ville de Paris, aucun édifice où il n'y en avoit point précédemment, sans la permission du bureau des finances & sans celle du bureau de la ville. Pour obtenir ces permissions, on fait dresser des plans & élévations, conformément à la déclaration du 8 juillet 1724, en ne donnant de hauteur à ces Bâtimens qu'un étage quarré au-dessus, soit en mansarde ou autrement, que l'on présente ensuite aux mêmes bureaux qui accordent la permission de faire construire ces Bâtimens, en ne donnant que 23 à 24 pieds de hauteur, depuis le rez-de-chaussée jusqu'au dessus de l'entablement, avec un comble en mansarde dans lequel on peut pratiquer des logemens.

Une déclaration du 5 septembre 1684 a défendu aux religieux mendians de Paris d'entreprendre aucun Bâtiment dont la dépense excédât quinze mille livres, sans en avoir obtenu la permission par des lettres-patentes qu'ils doivent faire enregistrer au parlement d'après l'avis du lieutenant de police, du procureur du roi au châtelet, du prévôt des marchands & des échevins de Paris, & sans avoir rempli les autres formalités qu'on a coutume d'observer en cas pareil.

Et à l'égard des Batimens dont la dépense est au-dessus de trois mille livres & au-dessous de quinze mille, la même déclaration veut que ces religieux ne puissent entreprendre de les construire avant d'en avoir obtenu la permission par arrêt du parlement qui ne doit la leur accorder qu'en grande connoissance de cause & d'après les formalités dont on vient de parler.

Par une autre déclaration du 31 janvier 1690, il eſt défendu aux marguilliers d'emprunter de l'argent à intérêt ou à fonds perdu, pour réparer & augmenter des égliſes ou pour faire de nouveaux Bâtimens, même du conſentement de la communauté, à moins que le roi n'ait accordé des lettres patentes pour autoriſer l'emprunt & que les lettres n'aient été enregiſtrées au parlement: ſi les marguilliers contreviennent à cette loi, ils ſont tenus en leur propre & privé nom de la dette qu'ils ont contractée; & ceux qui ont prêté doivent être obligés de reſtituer les intérêts qu'ils ont reçus de l'égliſe, ſauf leurs recours contre le marguillier qui a fait l'emprunt.

Les ſtatuts des maîtres ſerruriers de Paris leur avoient défendu d'entreprendre de conſtruire des Bâtimens pour les rendre les clefs à la main: mais comme ces ſtatuts ſe trouvent abrogés par l'édit du mois de février 1776 qui a ſupprimé les jurandes, la défenſe ne ſubſiſte plus.

Le 27 mai 1770, le roi a donné une déclaration concernant l'adminiſtration de ſes Bâtimens. Cette loi a été enregiſtrée à la chambre des comptes de Paris le 30 juin ſuivant; voici ce qu'elle porte:

» ARTICLE PREMIER. Les ordonnances intervenues ſur le fait de nos Bâtimens & notamment les déclarations des 5 février 1608, 7 juin 1708 & 6 octobre 1716, ſeront exécutées; & en conſéquence il ſera rapporté des devis, adjudications, procès-verbaux de réception des ouvrages que nous avons ordonnés, s'il n'eſt par nous déclaré dans les ordonnances de payement que leſdites formalités n'ont pu être obſervées pour les cauſes

» & ainſi qu'il eſt énoncé par l'article VII de » la déclaration du 7 juin 1708.

» II. Lorſque les formalités ci-deſſus preſcri- » tes n'auront pu être obſervées ſoit par la na- » ture des ouvrages & réparations à faire, ſoit » par la célérité que leſdites réparations auront » exigé, il en ſera fait mention dans les ordon- » nances que nous ſignerons pour le payement » deſdits ouvrages & les payemens en ſeront » faits ſur les mémoires & toiſés réglés & arrê- » tés par notre premier architecte & les officiers » des Bâtimens conformément & par propor- » tion aux derniers devis & adjudications qui » auront été faits & pour des ouvrages de même » nature ; leſquels mémoires ainſi réglés & ar- » rêtés ſeront rapportés lors du dernier & final » payement, ſans qu'ils puiſſent être exigés ſur » les payemens ordonnés à compte, de quelque » ſomme qu'ils ſoient & de quelque nature que » ſoient les dépenſes.

» III. Conformément à l'article V de la décla- » ration du 7 juin 1708, voulons que les états » & ordonnances de payement qui ſeront expé- » diés contiennent les ſommes qui pourront avoir » été ordonnées à compte, & que les mots » *premier à-compte*, ſoient libellés & mention- » nés dans la première ordonnance de paye- » ment, ce qui ſera rappelé & continué dans » les ſuivantes juſqu'au final payement.

» IV. Nous avons validé & approuvé par ces » préſentes, validons & approuvons tous les » contrats d'acquiſitions de maiſons, terreins » ou héritages qui ont été faits & paſſés juſqu'à » préſent pour nous & en notre nom tant par » le ſieur marquis de Marigny, directeur géné-

» ral

» ral de nos bâtimens, que par le sieur Tournehem, le sieur Orry & autres qui ont précédemment rempli ladite place : voulons & entendons qu'au jugement du compte de nos bâtimens de l'année 1762, il soit rapporté un état certifié du sieur marquis de Marigny de toutes les acquisitions qu'il saura avoir été faites pour l'usage de nos bâtimens, jardins & capitaineries jusqu'au premier janvier 1769, lequel état fera mention de celles desdites acquisitions qui ont été employées à leur destination & de celles qui ne l'ayant point été ou ne l'ayant été qu'en partie peuvent nous être de quelque utilité par fermages, loyers ou autrement : voulons pareillement qu'à l'avenir & à compter de l'année 1769, il soit rapporté annuellement un pareil état qui contiendra les nouvelles acquisitions qui auront pu avoir été faites pour nosdits bâtimens pendant ladite année & si elles ont été employées ou non à leur destination ; & en outre l'état de toutes les anciennes acquisitions qui en tout ou portion peuvent nous produire quelques revenus.

» V. Voulons & entendons que toutes les acquisitions que nous jugerons à propos de faire pour raison de nos bâtimens & jardins, même pour raison de plantations dans les capitaineries de nos chasses soient faites pour nous & en notre nom par le sieur marquis de Marigny directeur général de nos bâtimens, jardins, arts & manufactures de France & ceux qui pourront ci-après remplir ladite place, que nous avons commis & autorisé, commettons & autorisons à l'effet d'en passer tous

» contrats & actes à ce nécessaires, après cependant que l'estimation desdites maisons, terres & héritages en aura été faite par les officiers de nos Bâtimens sans préjudice néanmoins des acquisitions que nous jugerons à à propos de faire faire par d'autres personnes que le directeur général de nos Bâtimens.

» VI. Aussitôt que lesdits contrats auront été passés nous voulons que lorsque le prix principal porté par iceux excédera la somme de quatre mille livres, que les formalités prescrites par l'édit du mois de juillet 1693, soient observées ; & à l'égard des parties de quatre mille livres & au-dessous voulons qu'elles ne puissent être exigées, dérogeant à cet effet audit édit du mois de juillet 1693; entendons néanmoins qu'audit cas il ne puisse être fait aucun remboursement de la totalité ou portion du prix contenu auxdits contrats lorsqu'il n'excédera pas quatre mille livres que deux ans après le jour où nous serons entré en possession & jouissance des maisons & héritages ; à l'effet pendant ledit temps de pouvoir par les créanciers & autres intéressés dans les ventes qui nous auront été faites, faire toutes les saisies, oppositions & autres actes nécessaires pour la conservation de leurs droits entre les mains des trésoriers de nos Bâtimens qui seront tenus d'y avoir égard & qui donneront en marge de la quittance de remboursement leur certificat qu'il n'y a entre leurs mains ni saisies ni oppositions subsistantes.

» VII. En se conformant par les trésoriers de nos Bâtimens aux dispositions de l'article précédent, voulons qu'ils soient valablement dé-

» chargés & que les payemens qu'ils auront faits » soient passés & alloués sans difficulté ; pourront néanmoins les gens de nos comptes pour » les acquisitions au dessus de quatre mille livres » de prix principal dispenser comme par le passé » ceux qui se pourvoiront pardevant eux de » l'observation des formalités prescrites par ledit » édit de juillet 1693, lorsqu'il leur sera justifié » d'un emploi ou pour autres causes qui leur » paroîtront justes & raisonnables.

» VIII. Il sera fait recette a notre profit dans » les comptes des trésoriers de nos Bâtimens, » des loyers & fermages des portions de terreins, » maisons & héritages qui auront été acquis pour » nos Bâtimens & jardins qui n'auront point en- » core été employés à leur destination ou qui » l'ayant été peuvent encore avoir quelque pro- » duit ; & la recette en sera adm se & passée » sur les états ou ordonnances que nous signe- » rons & les ampliations des quittances qui en » seront délivrées par les trésoriers des Bâti- » mens, sans qu'il puissent être forcés en recette » pour tout ce qui ne sera pas employé dans » lesdits états & ordonnances : entendons néan- » moins, à l'égard des recettes ordinaires dont » il doit être compté annuellement qu'il soit rap- » porté des baux de fermages ou loyers, s'il y » a lieu, ou que dans nos ordonnances de re- » cette, il soit énoncé qu'il n'y en a point eu ; » & à l'égard des recettes extraordinaires nous » voulons qu'il soit rapporté des adjudications s'il » y a lieu d'en faire ou que nos ordonnances » contiennent les causes pour lesquelles il n'y en » auroit point eu.

» IX. Les contrôleurs de nos Bâtimens seront

» tenus de contrôler les quittances comptables
» qui seront délivrées par les trésoriers de nos
» Bâtimens tant aux gardes de notre trésor
» royal qu'aux autres comptables de qui ils au-
» ront des fonds à recevoir dont ils tiendront
» un registre chacun dans leur année d'exercice,
» lequel registre ils remettront au greffe de la
» chambre des comptes en la manière accoutu-
» mée, & en rapporteront acte justificatif avec
» la quittance de leurs gages, & ce à compter
» de la présente année 1770 les dispensant pour
» les années antérieures à ladite année 1769 de
» rapporter ledit acte de remise de leur registre
» de contrôle.

» X. Pour éviter tous abus dans la percep-
» tion des pensions que nous jugerons à propos
» d'accorder à aucuns officiers ou employés de
» nos Bâtimens voulons & entendons qu'à l'a-
» venir les états ou ordonnances pour le paye-
» ment desdites pensions contiennent les noms
» de baptême desdits pensionnaires.

» XI. Nous maintenons & confirmons notre
» académie de peinture & sculpture dans les
» droits dont elle a toujours joui, de répartir
» entre les membres qui la composent tant aca-
» démiciens qu'honoraires le montant de la ca-
» pitation pour laquelle le corps de l'académie
» est compris dans le rôle de la capitation des
» officiers des Batimens que nous arrêtons en
» notre conseil ; en conséquence voulons & or-
» donnons que les reprises qui ont été rayées
» au compte de la capitation des Batimens de
» l'année 1756, montans à trois mille cinq cens
» trente huit livres six sous soient rétablies &
» passées de la même manière qu'elles l'ont été

» dans l'état au vrai arrêté en notre conseil con-
» formément aux lettres patentes en forme de
» déclaration du 19 décembre 1713, que nous
» voulons être exécutées, sans qu'il puisse être
» exigé d'autres pièces que celles rapportées
» sur l'état au vrai arrêté en notre conseil.

» XII. Voulons au surplus que toutes les in-
» jonctions faites au jugement des comptes des
» Bâtimens des années 1756 & 1758 & des an-
» nées suivantes soient levées purement & sim-
» plement; comme aussi que les édits, déclara-
» tions & réglemens intervenus sur le fait des
» Bâtimens, soient exécutés en ce qui n'est
» contraire à ces présentes. Si donnons en man-
» dement, &c. «

Un arrêt du conseil du 29 mars 1773 a ordonné que l'entretien, les réparations, les constructions & reconstructions des Bâtimens où les parlemens & les autres cours ou juridictions royales tiennent leurs séances, seroient à l'avenir à la charge des villes où ces cours & juridictions sont établies, ce qui doit avoir lieu à Paris & à Lyon comme dans les autres ville. Les dispositions de cet arrêt s'étendent à l'entretien & au renouvellement des meubles nécessaires aux mêmes cours & juridictions, ainsi qu'aux réparations, entretien & reconstructions des Bâtimens destinés au logement des premiers présidens dans les lieux où il y en a d'affectés à cet effet. Il doit en être usé de même à l'égard des constructions, entretien, réparation des prisons ou sont renfermés les criminels détenus en vertu des arrêts & jugemens des cours & juridictions royales.

Le même arrêt porte que lorsque les villes ne

seront pas en état de faire face aux dépenses dont il s'agit, sa majesté sur les mémoires qu'elles lui adresseront, leur procurera les moyens d'y pourvoir.

Voyez les coutumes de Paris, d'Auxerre, de Montargis, de Nivernois, de Bourbonnois, d'Orléans, de Berry & de Bretagne; les lois des Bâtimens par Desgodets & les notes de Goupy; les déclarations des 30 avril 1672, 18 juillet 1724, 29 janvier 1726, & 28 septembre 1728; la collection de jurisprudence; les déclarations des 3 septembre 1684, & 31 janvier 1690; l'arrêt du conseil du 29 mars 1773, &c. Voyez aussi les articles MUR, MAISON, AMORTISSEMENT, RÉPARATIONS, FABRIQUE, COMMUNAUTÉ, MAIN-MORTE, &c.

BÂTONNIER. C'étoit ci-devant c'est-à-dire avant l'abolition des maîtrises, un titre de distinction dans différens corps & dans différentes confrairies ou communautes. On appeloit ainsi celui qui étoit décoré de ce titre, ou parce qu'on le prenoit autrefois parmi les plus anciens, parmi ceux qui commençoient à faire usage du bâton, ou parce qu'on lui donnoit une espèce de bâton pour marquer l'empire ou le commandement qu'il avoit sur tous les membres de sa compagnie.

Au palais on appelle *Batonnier*, un ancien avocat nommé parmi ceux qui sont sur le tableau pour veiller à la discipline du barreau. Dans plusieurs sieges de province cet avocat porte le titre de *syndic*; dans d'autres ses fonctions sont dévolues au plus ancien de l'ordre, qu'on appelle le *doyen* (*).

(*) Au présidial de Poitiers & au présidial de Guéret, le

Les usages à cet égard ne sont point les mêmes dans toutes les cours & dans tous les sièges du royaume. Les avocats se régissent néanmoins par-tout, suivant les lois les plus propres à entretenir parmi eux la régularité, l'émulation & l'estime. Le Bâtonnier qu'ils se nomment a pour fonction principale de maintenir l'harmonie si nécessaire entre tous ceux qui courent ensemble la carrière du Barreau, d'étouffer les germes de division, d'écarter les fausses rivalités, de prévenir les scandales, & de mettre habituellement sous les yeux de ses confrères le devoir & l'honneur.

Les talens, la sagesse, & la fermeté doivent le caractériser. Il doit toujours être prêt à aider de ses conseils ceux de ses collègues qui ont recours à ses lumières. C'est dans les délibérations surtout qu'il peut plus particulièrement montrer sa sagesse & son expérience, lorsque les esprits étant agités il sait leur commmuniquer ce calme que lui conserve toute sa raison; & quand la discipline se relâche, il n'est pas moins recommandable, lorsqu'il a assez de courage pour s'élever contre les désordres & pour corriger tout ce qui blesse la probité, l'honneur & la décence.

C'est au Bâtonnier qu'il appartient de convoquer les assemblées de l'ordre; c'est lui qui les préside. Mais avant d'en venir à une assemblée,

---

avocats se nomment un Bâtonnier. A Guéret le Bâtonnier est en place pour trois ans : son élection se fait à la saint Yves; il faut qu'il ait vingt ans de matricule pour parvenir à ce titre. Indépendamment du Bâtonnier, les avocats ont encore un syndic garde dépositaire des archives de la compagnie.

il eſt aſſez d'uſage qu'il examine en comité avec les commiſſaires qu'on lui donne, ſi les motifs des délibérations propoſées ſont de nature à mériter une convocation.

Dans nombre de ſièges les avocats tiennent des regiſtres de leurs délibérations, & ceci paroît convenable ; dans d'autres tout ſe paſſe verbalement ; c'eſt encore l'uſage qui ſert de règle en cette occaſion.

Le Batonnier au Parlement de Paris eſt le chef d'une communauté établie entre les avocats & les procureurs ; il change tous les ans au mois de mai ; & lorſqu'il vient à décéder dans le courant de ſon exercice, il eſt remplacé par le Bâtonnier précédent juſqu'au mois de mai ſuivant que ſe fait la nomination accoutumée.

Anciennement lorſqu'un office venoit à vaquer dans une juſtice inférieure, ou que celui qui l'exerçoit étoit tombé dans l'interdiction, on donnoit au Bâtonnier des avocats une commiſſion pour aller l'exercer juſqu'à ce qu'il y eût un nouveau titulaire ou que le juge interdit fût réhabilité. Voyez ce qui a été dit à ce ſujet à l'article AVOCAT.

Lorſqu'il ſurvient des altercations entre la magiſtrature & le barreau, c'eſt ordinairement le Bâtonnier aſſiſté quelquefois de deux anciens, qui avec MM. les gens du roi cherche à concilier les eſprits. Il lui faut en cette occaſion, comme on peut le penſer, beaucoup de prudence & d'adreſſe pour ſauver la profeſſion des traits de l'autorité d'un tribunal. Mais une choſe à laquelle il doit particulièrement s'employer, c'eſt à empêcher la ceſſation du ſervice de ſes confrères au barreau. On ſait que c'eſt ordinairement leur ressource lorsqu'ils s'apperçoivent qu'on veut donner atteinte à leurs prérogatives, à leur indépendance ; il doit toujours leur remontrer que les torts qu'on peut avoir envers eux, ne sauroient jamais les dégager de l'espèce de vœu qu'ils ont fait à la justice, de la défendre au milieu des plus grands dangers, & même aux dépens de leur liberté.

Voyez les articles AVOCAT, RADIATION, &c.
(*Article de M. DAREAU, avocat, &c.*)

BATTEUR d'or & d'argent. Ouvrier qui, à force de battre ces métaux sur le marbre, les réduit en feuilles très-légères & très-minces propres à être appliquées sur d'autres métaux, & le plus souvent sur le bois.

Les Batteurs d'or & d'argent formoient ci-devant à Paris une communauté soumise à la juridiction de la cour des monnoies. Cette dépendance étoit établie par plusieurs édits de 1551, 1554, 1570, 1635, 1658, & notamment par un arrêt du conseil du 12 octobre 1610.

Il avoit été donné en 1554, 1584 & 1586 plusieurs ordonnances pour la régie, la police & l'administration de cette communauté. La cour des monnoies avoit réuni les dispositions de ces ordonnances en forme de règlement & de statuts, & en avoit prescrit l'exécution à cette même communauté par un arrêt du 24 juillet 1695.

Quoique cette communauté ne soit pas exceptée de l'abolition générale des maîtrises qui a eu lieu par l'édit du mois de février 1776, ceux qui exercent cette profession ne sont pas dispensés de se conformer aux règlemens émanés de la cour des monnoies à l'égard de tous ceux qui travaillent sur l'or & l'argent ; en conséquence les Batteurs ne doivent travailler que depuis cinq heures du matin jusqu'à huit du soir. Ils peuvent laisser *de remède* (*) à l'or fin un quart de karat, & à l'argent quatre grains ; mais leurs feuilles doivent être de la grandeur de l'échantillon qui est au greffe de la cour des monnoies. Ils ne peuvent employer d'or & d'argent pour leur métier que ce qui leur est déterminé par cette cour, & ils doivent travailler leurs feuilles d'or au titre de 23 karats $\frac{26}{32}$, & celles d'argent à onze deniers 18 grains.

Ils doivent tenir de leur main un registre exact de toutes les matières d'or & d'argent qu'ils vendent ou qu'ils achètent en œuvre, en masse ou autrement, & faire mention du nom & du surnom des personnes avec lesquelles ils ont fait les ventes ou les achats, ainsi que du prix convenu, afin de pouvoir représenter ce registre lorsqu'ils en sont interpellés ; c'est ce que leur prescrit l'ordonnance de 1549.

Il leur est défendu par une déclaration du 25 octobre 1669, d'avoir dans leurs maisons aucun fourneau propre à faire des essais, & d'affiner aucune matière d'or ou d'argent sous peine d'amende arbitraire ; mais par un arrêt du conseil du 29 avril 1773, revêtu de lettres-patentes registrées en la cour des monnoies le 22 janvier suivant, les Batteurs d'or de la ville de Lyon ont été autorisés d'avoir des laboratoires garnis de forges, fourneaux, soufflets, creusets & d'autres ustensiles ou instrumens propres à épurer l'or d'af-

(*) Terme de monnoie qui signifie ce que l'on retranche du fin à porportion de l'alliage.

finage & destinés aux ouvrages de leur fabrique par l'intermède de l'antimoine ou du sublimé corrosif, à la charge par ces ouvriers de faire aux juges-gardes ou autres officiers de la monnoie, des déclarations exactes des lieux où ils placeroient leurs laboratoires, afin qu'on pût dresser procès-verbal, & cela sans frais, des emplacemens d'alors & de ceux qui auroient lieu par la suite en cas de changement de domicile ou de nouvelle construction. Au surplus, il a été fait défenses à ces mêmes ouvriers de se mêler du fait des affinages autrement qu'en ce qui concerne leur métier. Les motifs de cet arrêt ont été de faciliter aux Batteurs d'or le moyen de donner à leurs ouvrages une perfection qui fait la base principale du succès des étoffes les plus riches, des galons & de toutes les espèces de tissus ou broderies dans lesquels on emploie des traits dorés.

Des arrêts du conseil des 9 avril 1685 & 10 novembre 1691, & une déclaration du 25 octobre 1689 défendent expressément à toutes personnes d'apporter des pays étrangers, même des principautés enclavées dans le royaume, aucun trait battu ni fil d'or & d'argent pour les négocier; ces règlemens défendent pareillement à tout ouvrier, doreurs, peintres & autres qui se servent d'or battu, d'en employer d'autre que celui que façonnent les Batteurs d'or, ainsi qu'à tous marchands & autres de s'immiscer de vendre de l'or en feuilles, à peine de confiscation, d'amende & de poursuites à l'extraordinaire (*).

(*) Quoique la maîtrise des Batteurs d'or n'ait point été

Un arrêt du conseil d'état du 21 février 1736, en renouvelant les mêmes dispositions, interdit l'entrée de l'or, argent ou autres métaux battus en feuilles ou broyés, & défend d'en employer d'autres que ceux qui auront été achetés des Batteurs d'or de Paris, à peine de confiscation & de cinq cens livres d'amende, dont le tiers doit appartenir aux dénonciateurs ou aux commis qui auront saisi les objets de contravention; & en cas de récidive, il doit être procédé par la voie extraordinaire contre les contrevenans (*).

Quoique les ouvrages des Batteurs d'or ne soient pas susceptibles de l'empreinte du poinçon, on ne laisse pas de leur faire payer les droits de marque & de contrôle comme pour les autres ouvrages d'or & d'argent.

Voyez *les lois citées, & le traité des monnoies.* (*Article de M. DAREAU, avocat, &c.*)

BAUDRIER. Bande de cuir ou d'étoffe qu'on met en écharpe & qui sert à porter l'épée.

Suivant le tarif de 1664, chaque Baudrier en broderie d'or & d'argent fin, doit à l'entrée des cinq grosses fermes vingt sous; & s'il n'est que galonné d'or ou d'argent fin, douze sous. Les mêmes droits sont dus à la sortie des cinq grosses fermes pour entrer dans les provinces réputées étrangères.

Il n'est dû que six sous pour chaque Baudrier frangé, galonné, piqué & doublé de soie.

A l'égard des Baudriers de toute autre sorte

---

conservée, la sûreté publique ne laisse pas d'exiger encore l'exécution de ces règlemens.

(*) Voyez la note précédente.

sans or, argent ni soie, ils doivent comme mercerie, douze livres dix sous par cent pesant.

Observez que les Baudriers de toute espèce sont prohibés à la sortie pour l'étranger, comme munitions de guerre. C'est ce qui résulte de l'article 3 du titre 8 de l'ordonnance de 1687 & de l'article 392 du bail de Carlier.

Voyez *les observations sur le tarif de 1664; l'ordonnance du mois de février 1687, sur le fait des cinq grosses fermes; l'arrêt du 11 février 1762*, & les articles ENTRÉE, SORTIE, MARCHANDISES, SOU POUR LIVRE, &c.

BAYETTE. Sorte d'étoffe de laine.

Les Bayettes de la Flandre françoise & des autres pays réputés étrangers ne doivent à l'entrée des cinq grosses fermes que le droit fixé par le tarif de 1664, qui est de quatre livres par pièce de vingt aunes pour les Bayettes simples, & de quinze livres par pièce de cinquante aunes pour les Bayettes doubles au grand coq.

A l'égard des Bayettes qui viennent de la Flandre étrangère & des autres pays étrangers, excepté l'Angleterre, elles doivent, savoir, les Bayettes simples, vingt livres par pièce de vingt-cinq aunes; & les Bayettes doubles, 60 livres par pièce de cinquante aunes. Avant les arrêts du conseil des 20 décembre 1687 & 3 juillet 1692 qui ont établi ces droits, les Bayettes simples ne devoient que dix livres par pièce, & les doubles trente livres.

Remarquez que conformément aux arrêts des 8 novembre & 23 décembre 1687, 3 juillet 1692 & 27 mars 1731, les Bayettes venant de l'étranger ne peuvent entrer dans le royaume que par Calais & saint Vallery, à peine de confiſcation des marchandiſes, vaiſſeaux, voitures, équipages, & de trois mille livres d'amende.

Remarquez auſſi que conformément à l'arrêt du conſeil du 6 ſeptembre 1701, les Bayettes venant d'Angleterre ne peuvent entrer dans le royaume, ſous peine, en cas de contravention, de confiſcation de ces étoffes & des vaiſſeaux ou autres bâtimens de mer qui les auront apportées, & de trois mille livres d'amende contre les marchands françois qui les auront reçues.

Les Bayettes des manufactures du royaume qui ſortent des cinq groſſes fermes pour les provinces réputées étrangères, doivent pour droit de ſortie, trois livres par cent peſant.

Lorſque ces étoffes ſortent des cinq groſſes fermes par les bureaux de Châlons & ſainte Menehould pour les villes & pays de Metz, Toul & Verdun, elles ſont exemptes de tout droit de ſortie conformément à l'arrêt du conſeil du 25 janvier 1716.

Et les Bayettes des manufactures du royaume jouiſſent de la même exemption lorſqu'elles ſont deſtinées à paſſer directement chez l'étranger. C'eſt ce qui réſulte de l'arrêt du conſeil du 13 octobre 1743, lequel preſcrit les formalités à obſerver en pareil cas.

Voyez *les lois citées*, & les articles ÉTOFFE, ENTRÉE, SORTIE, MARCHANDISES, SOU POUR LIVRE, &c.

BAYONNE. Ville de France avec titre de vicomté, capitale du pays de Labour, unie à la couronne par Charles VII au mois de ſeptembre 1451.

Par un arrêt du conſeil du premier mars 1735, la dame de la Mothe, veuve de Me. Bertrand de

Puilh avocat, a été condamnée au payement du droit de franc-fief d'un domaine appartenant à ses enfans. Elle avoit refusé de payer ce droit sur le fondement que son mari & elle avoient toujours résidé à Bayonne ; & elle prétendoit que les habitans de cette ville étoient exempts du droit, attendu que par arrêt du 20 avril 1694, ces habitans furent déchargés de tout droit de franc-fief & maintenus dans leurs privilèges au moyen d'une certaine somme qu'ils avoient payée ; mais ce n'étoit qu'un abonnement.

Les maire, échevins & jurats de Bayonne ont ensuite pris fait & cause des bourgeois & habitans de cette ville, inquiétés pour droit de franc-fief ; ils ont dit que les habitans jouissoient de l'exemption de ce droit lorsque la ville étoit sous la domination des anglois ; que cette ville ayant ensuite passé sous la domination de la France, Charles VII confirma les bourgeois dans tous leurs privilèges, & nommément dans l'exemption du droit de franc-fief ; que ces privilèges ont été confirmés de règne en règne, même par les lettres-patentes du feu roi du mois de mai 1717 ; qu'ils ont pour motifs l'avantage de la France, d'autant qu'au moyen des rapports que cette ville se trouve avoir avec l'Espagne, elle est la seule propre à former & entretenir avec cette puissance un commerce infiniment fructueux pour l'état.

Le fermier a opposé la révocation des privilèges de toutes les villes pour le droit de franc-fief ; que les habitans de Bayonne n'avoient été déchargés de ce droit en 1694, qu'au moyen d'un abonnement ; & que les les lettres-patentes de 1717 ne font aucune mention du droit de franc-fief; enfin que ce droit eſt fondé ſur les lois de l'état les plus poſitives. Il y a eu différentes réponſes & répliques de part & d'autre.

Par arrêt du conſeil du 11 novembre 1749, ſans s'arrêter à l'oppoſition des maire & échevins de Bayonne, à l'arrêt du conſeil du premier mars 1735, ni à leurs demandes dont ils ont été déboutés, ſa majeſté a ordonné que cet arrêt ſeroit exécuté ; & en conſéquence, que les habitans roturiers de la ville de Bayonne ſeroient tenus de payer les droits de franc-fief des fiefs & biens nobles par eux poſſédés, aux différens ſous-fermiers auxquels ils ſe trouveroient dûs pour le temps de leur poſſeſſion ou nouveaux affranchiſſemens ; à quoi faire ils ſeroient contraints par les voies ordinaires & accoutumées.

On appelle *coutume de Bayonne*, en droit local qui ſe lève ſur toutes les marchandiſes & denrées qui y ſont ſujettes à l'entrée & à la ſortie des bureaux de Bayonne & du pays de Labour : la moitié de ce droit, dont l'origine n'eſt point connue, appartient à la maiſon de Gramont, à laquelle elle a été donnée en échange du comté de Blaye ; l'autre moitié appartenoit anciennement à la ville de Bayonne ; mais par un arrêt du conſeil du 24 mai 1664, elle a été réunie aux fermes générales.

La coutume de Bayonne ſe paye à l'entrée & à la ſortie, à raiſon de trois & demi pour cent du prix des marchandiſes ; cependant lorſque dans l'intervalle de l'entrée à la ſortie elles n'ont point changé de main, elles ne payent à la ſortie qu'un & demi pour cent.

Les

Les bourgeois de Bayonne & de saint Jean-de-Luz sont exempts de cet impôt à l'égard de toutes les marchandises destinées pour leur compte ; les autres habitans du pays de Labour n'en sont exempts que pour celles qui sont destinées à leur usage.

Voyez les lois citées ; le dictionnaire raisonné des domaines ; les mémoires sur les droits du roi, &c.

BÉARN. Province de France située aux pieds des Monts-Pyrénées : elle a pour capitale Pau ville qui a donné naissance à un de nos rois les plus chéris.

Cette province qui est un pays d'états, faisoit anciennement partie du duché de Gascogne : elle fut cédée par inféodation avec le titre de vicomté, à l'un des fils du duc de Gascogne, sous le règne de Louis-le-Débonaire.

En 1286, Marguerite de Béarn épousa Roger-Bernard comte de Foix & lui apporta pour dot la vicomté de Béarn. Cette princesse devoit encore avoir pour héritage le comté de Bigorre, mais comme plusieurs le lui disputèrent, un arrêt rendu au parlement de la Toussaints en 1292 ordonna que le roi de France le tiendroit en sequestre.

Ce comté de Bigorre fut long-temps répété par les comtes de Foix, successeurs de Marguerite de Béarn, mais ils ne l'obtinrent qu'en 1423, que Charles VII le rendit à Jean, comte de Foix & de Bigorre & vicomte de Béarn, à la charge que s'il venoit à décéder sans enfans ce comté retourneroit à la couronne de France.

Les successeurs de Jean rendirent hommage au roi pour ce comté qui passa en 1482 à Catherine de Foix héritière des états de François

Phœbus son frère, roi de navarre, comte de Foix & de Bigorre & vicomte de Béarn. Cette princesse mourut en 1517 après avoir épousé en 1484 Jean sire d'Albret.

De ce mariage naquit Henri d'Albret, père de Jeanne d'Albret qui réunit sur sa tête la couronne de Navarre, les Comtés de Foix & de Bigorre & la vicomté de Béarn. Cette princesse avoit épousé Antoine de Bourbon duc de Vendôme, & devint mère de Heuri IV, qui étant monté sur le trône en 1589, réunit à la couronne de France les domaines que ses parens lui avoient transmis. Divers édits, tant de ce prince que de son successeur, ont confirmé cette réunion.

Il falloit entrer dans ces détails pour faire connoître plus particulièrement deux anciens droits domaniaux dont nous allons parler : l'un est établi en Bigorre sous le nom de *gabelle*, & l'autre qu'on appelle *foraine*, se perçoit en Béarn.

Le premier fut créé en 1502 pour être levé sur les marchandises qui passent en Bigorre. Il a toujours été compris dans la ferme des domaines ; c'est pourquoi il ne doit pas être confondu avec les droits de traite attribués à la ferme générale & réglés par le tarif de 1664: ceux-ci ont d'abord été réduits & enfin un arrêt du conseil du 13 octobre 1743 les a entièrement supprimés. Le droit de gabelle se perçoit sur chaque quintal de marchandise, à raison de vingt-huit sous huit deniers, non compris les sous pour livre. Il n'a jusqu'à présent souffert aucune altération ni réduction.

Le second, c'est-à-dire le droit de *foraine*,

fut établi en 1552 pour être perçu sur les marchandises & denrées qui entrent dans le Béarn ou qui en sortent. On l'a réglé à deux pour cent de la valeur des marchandises.

Ce droit avoit été modéré en 1563 par la reine Jeanne de Navarre, mais il fut rétabli à son taux originaire par des lettres patentes de Louis XIII du 11 Février 1630.

Un arrêt du conseil du 24 avril 1688, apporta quelque modification à ces lettres patentes ; il fut bien dit que le droit en question se percevroit sur le pied du tarif de 1553 ; mais on exempta de ce droit les marchandises, les bestiaux & les denrées qui entreroient dans le Béarn pour l'usage & la consommation des habitans ; & pour prévenir les fraudes à ce sujet il fut ordonné qu'on en feroit une déclaration au premier bureau de la traite foraine : au reste pour que les marchands ne fussent inquiétés ni retardés par aucune vérification, il fut dit qu'ils en seroient crus sur leur déclaration, & qu'en conséquence les commis leur délivreroient la *billette* autrement dite *passe-avant*, sans autre rétribution pour ces commis que de six deniers pour tous frais de chaque déclaration. Il fut ajouté que si les voituriers ou d'autres manquoient à faire la déclaration ordonnée, ils encourroient une amende de dix livres pour la première contravention, de vingt pour la seconde, & de cinquante pour la troisième avec confiscation des marchandises.

Comme ce droit de *foraine* est domanial, il a été excepté de l'xemption accordée par des lettres patentes de 1717, des droits d'entrée & de sortie sur les marchandises qui y sont dénommées, & qui concernent ſoit les provinces des cinq groſſes fermes ou celles qui ſont réputées étrangères ; & cette exception a été notamment renouvelée par un arrêt du conſeil du 30 juin 1733, par lequel ſa majeſté en rappelant d'autres précédens arrêts, déclare qu'elle n'a jamais entendu accorder aucune décharge des droits domaniaux qui pouvoient avoir quelque rapport à ceux qu'elle avoit ſupprimés, attendu leur nature, leur deſtination & leur modicité.

Le droit de gabelle étant tout-à-fait diſtinct de celui de foraine, ils doivent être perçus l'un & l'autre ſur les mêmes marchandiſes lorſqu'elles paſſent par le Bigorre & par le Béarn : c'eſt une conſéquence de ce que ces deux provinces ont formé chacune une ſouveraineté particulière.

Les habitans du Béarn ſe ſont prétendus pendant quelque temps exempts des droits d'amortiſſement & de nouvel acquêt : les jurats & les cemmunautés laïques poſſédoient des fonds & des uſages pour leſquels ils n'avoit rien été payé ; on fit une recherche de ce qui pouvoit être dû à ce ſujet : les ſyndics des états de la province conteſtèrent ſur les recherches ; mais par un arrêt du conſeil du 15 juillet 1749, ils furent déboutés de leur demande en exemption, & il fut dit qu'ils fourniroient des déclarations exactes des bien fonds qu'ils avoient acquis depuis le premier ſeptembre 1715, ainſi que de ceux d'ancienne poſſeſſion dont ils avoient l'uſufruit, & cela pour parvenir à une liquidation des droits reclamés. Ces déclarations furent ordonnées à peine de 300 livres d'amende ; elles ſe firent, & les droits furent enſuite abonnés par un arrêt du 29 mai 1753 à mille livres par an, à compter depuis 1715.

Quant au droit de lods & ventes, il a souvent occasionné des contestations entre les habitans du Béarn & les officiers de la chambre domaniale de ce pays-là. Henri d'Albret en 1433 donna des lettres-patentes à des commissaires pour faire rentrer dans son domaine les usurpations dont il avoit souffert pendant les guerres précédentes : il leur enjoignit d'assujettir toutes les villes ainsi que tous les bourgs & villages de la province à payer les lods de toutes les ventes *amoureuses & rigoureuses*, (*) à moins qu'on ne justifiât de titres valables d'exemption.

En 1630 les officiers de la chambre des comptes de Pau exerçant alors la juridiction du domaine, représentèrent au roi que différens bourgs & villages s'étoient insensiblement soustraits au droit de lods & ventes au péjudice des intérêts de sa majesté ; & en conséquence ils supplièrent d'ordonner que ce droit fût dorénavant perçu dans toutes les villes, bourgs & villages du pays, comme étant du fief de sa majesté sans aucune réserve ni exception. Le roi répondit que toutes les terres de la province seroient censées relever de lui, & qu'on payeroit les lods & ventes & les autres droits seigneuriaux quand le cas y echéroit, à moins qu'on ne représentât des titres d'exemption.

Le domaine de Béarn se trouvant avoir souffert beaucoup d'altérations en 1672, il fut nom-

(*) On nomme ventes *amoureuses* dans le Bearn celles qui se font volontairement ; & ventes *rigoureuses* celles qui sont forcées, telles que les ventes par décret.

mé des commissaires pour le rétablir; & leur commission dura jusqu'au 14 décembre 1686, qu'il plût au roi de la révoquer. Quoique cette commission fût faite pour faire rentrer les droits du roi, on ne laissa pas de recevoir des communautés beaucoup de déclarations qui y étoient contraires. La communauté de Gan entr'autres avoit surpris la religion des commissaires & elle étoit parvenue sur le fondement d'une très-longue possession à se faire déclarer exempte du droit de lods & ventes *amoureuses*, droit que dans cette communauté on appelle *capsos*. Sa déclaration reçue fut pour elle un prétexte de refuser de les payer; elle se réunit à plusieurs autres communautés pour rendre sa cause plus favorable; elle fit même agir le corps des états de la province. Ceci donna lieu à une ample instruction, par l'évenement de laquelle il fut dit au conseil par un arrêt du 29 juin 1686, que cette communauté ainsi que toutes les autres de la province de Béarn, payeroient les lods de toutes les ventes volontaires ou forcées qui avoient eu lieu depuis 29 années, à moins qu'il n'y eût des titres particuliers d'exemption.

Il n'en falloit pas davantage pour confirmer d'une manière bien certaine qu'afin de jouir de l'exemption des lods dans le Béarn, il étoit nécessaire de représenter un titre particulier d'exemption. Cependant un nommé Pierre Campagne membre de la communauté de Ponsondessus, ne laissa pas, il y a quelques années, de se prétendre exempt sur le fondement d'une longue possession, & sur ce que les commissaires dont nous avons parlé, avoient reçu ses déclarations faites avec la clause d'exemption,

& encore ſur ce que le parlement de Pau en avoit admis une ſemblable par arrêt du 4 février 1732.

Rien ne fut négligé de la part du receveur général des domaines pour faire payer le droit dont il s'agiſſoit. Il rappela les anciennes lettres-patentes & l'arrêt du conſeil rendu contre la communauté de Gan ; il forma oppoſition à l'arrêt du parlement de Pau ; mais par un autre arrêt de la même cour du 18 ſeptembre 1752, le receveur fut déclaré non-recevable, & ſubſidiairement mal fondé dans ſon oppoſition.

Cette affaire étoit de trop grande conſéquence pour qu'on laiſſât ſubſiſter les deux arrêts dont on excipoit. Elle fut portée au conſeil : l'inſpecteur général des domaines y fit valoir d'une manière claire & préciſe tout ce qui avoit ſervi de motif aux recherches du receveur. Les obſervations de l'inſpecteur furent communiquées à Pierre Campagne & au ſyndic de ſa communauté ; il y eut une réponſe de leur part ; mais ſans s'arrêter aux déclarations anciennement faites devant les commiſſaires, ni aux deux arrêts du parlement de Pau qui furent caſſés & annullés, le roi par un arrêt contradictoire de ſon conſeil du 23 août 1757, ordonna que conformément aux lettres-patentes & aux autres réglemens dont nous avons parlé, Pierre Campagne & les autres habitans de ſa communauté payeroient les lods & ventes des acquiſitions par eux faites depuis vingt-neuf années, ſoit que les contrats en fuſſent volontaires ou forcés, à moins qu'on ne rapportât un titre d'exemption pour les ventes volontaires des biens ruraux ſeulement ; au moyen dequoi il ne peut plus y avoir de prétexte raisonnable pour se soustraire à défaut de titre, à un droit aussi clairement établi que celui dont il s'agit.

Il nous reste à dire deux mots des *jurats* de la province du Béarn : ce sont des officiers qui exercent la magistrature du pays. Ils sont quelquefois la fonction de notaires ; mais lorsqu'ils reçoivent les actes qu'ils ont droit de recevoir, ils sont obligés, à peine de nullité, de les rapporter aux notaires sans qu'il leur soit permis de rien exiger pour ce rapport. Les actes que ces jurats reçoivent sont sujets au contrôle dans la quinzaine à leur diligence, suivant que l'a décidé un Arrêt du conseil du 29 avril 1721 ; il n'y a que les actes de dépôt chez les notaires qui soient dispensés du contrôle, & cela seulement lorsque ces actes ne contiennent aucune disposition différente de celles des piéces déposées.

Les fonctions des jurats s'étendent mêmes aux actes qui sembleroient ne devoir appartenir qu'aux huissiers, puisque l'arrêt dont il s'agit contient une espèce de règlement pour le contrôle des protêts, des sommations & des autres actes de cette nature qu'ils peuvent faire en leur qualité de *jurats*.

Ce sont aussi ces jurats qui reçoivent les baux des biens & des octrois des villes & des communautés de la province. Il y a certains actes dans le pays qui demandent un enregistrement particulier qu'on appelle *insinuation ;* ce sont encore les jurats qui procèdent à cette insinuation, laquelle n'a rien de commun avec l'insinuation laïque dont on n'est pas plus dispensé dans le Béarn que dans les autres provinces du royaume. L'insinuation qui est de la compétence des jurats, porte avec elle le caractère d'un jugement; c'est ce qui fait que les expéditions de ces sortes de jugemens d'insinuation doivent être scellés avant qu'on les délivre : l'arrêt du 29 Avril 1721 fixe le droit de scel en cette occasion, sur le pied de la seconde classe du tarif de 1708.

Nous n'oublierons pas d'observer à l'égard du contrôle des exploits que les habitans du Béarn s'en étoient crus dispensés; mais par un arrêt du conseil du 18 octobre 1672, rendu entre les députés des états de Béarn & le fermier du contrôle des exploits, il fut ordonné qu'ils feroient contrôler le premier exploit fait à leur requête dans quelque instance que ce fût ; & que ce contrôle auroit lieu pour toutes sortes d'exploits, quand même le demandeur se désisteroit de son action.

Voyez *Mainard sur ce qu'il rapporte de la principauté de Béarn ; le traité des offices de Joly ; la généalogie des seigneurs du Béarn par Lescun ; les histoires des comtes de Foix, de Béarn & de Navarre par Obliagaray ; le stile de la justice du pays de Béarn imprimé à Orthez en 1663 ; le dictionnaire des domaines, &c.* Voyez aussi les articles AMORTISSEMENT, NOUVEL ACQUÊT, FRANC-FIEF, CONTRÔLE, DOMAINE, LODS ET VENTES, JURATS, &c.

BEAUJOLOIS. Province de France, dont Villefranche est la capitale dans la généralité de Lyon.

C'étoit une baronnie que tenoit anciennement en fief le connétable de Bourbon, & qui après sa mort fut réunie à la couronne. Elle appartient aujourd'hui patrimonialement à la maison d'Orléans, comme lui étant venue de la succession de mademoiselle de Montpensier.

Il y eut en 1560 une transaction passée entre Charles IX & Louis duc de Bourbon, homologuée au parlement le 25 juin 1561, par laquelle il fut réglé que le duc jouiroit de tous les droits de justice dans le Beaujolois; mais que les amendes & confiscations prononcées pour crime de leze-majesté appartiendroient au roi, & que la justice seroit administrée au nom de sa majesté par des officiers qu'elle auroit pourvus d'après la nomination du duc. M. le duc d'Orléans jouit dans cette province des droits d'insinuation & de centième denier.

A l'égard des droits de franc-fiefs, ils ont souvent été disputés, sous prétexte d'anciens priviléges consignés dans des lettres-patentes du mois d'août 1490 données par Charles VIII. Un maître particulier des eaux & forêts du Beaujolois & un bourgeois de Ville-franche ont donné plus particulièrement occasion dans ces derniers temps à examiner ces prétendus privilèges. On les faisoit remonter à d'autres lettres-patentes accordées au mois de novembre 1465, par Louis XI au duc de Bourbon baron du Beaujolois; & l'on disoit qu'en 1693 Louis XIV avoit accepté une somme de trois cens mille livres des habitans de la généralité de Lyon dont le Beaujolois fait partie pour les maintenir dans leurs privilèges, qu'en conséquence par une décision du conseil du 29 décembre 1723, confirmée par une autre décision de l'année suivante, ils avoient été déclarés exempts du droit réclamé.

Mais il fut observé de la part du fermier que

les motifs qui avoient fait accorder aux ducs de Bourbon les privilèges en question, avoient cessé par la mort du dernier duc sans enfans mâles; que d'ailleurs des exemptions semblables emportant l'aliénation d'un droit inaliénable de sa nature, la prétention des habitans du Beaujolois ne pouvoit plus avoir aucun fondement depuis la révocation générale des exemptions de cette espèce; révocation qui avoit eu lieu par divers édits & déclarations; que Bacquet dans son traité du droit de franc-fief établit que ces habitans sont sujets au droit, & qu'il rapporte même un jugement rendu contr'eux le 20 avril 1581, par les commissaires nommés pour la recherche & le recouvrement des droits de franc-fief; que l'arrêt du 17 novembre 1693, qui avoit accepté l'offre des habitans de la ville de Lyon, & des provinces de Lyonnois, Forez & Beaujolois, de la somme de 300000 livres pour être déchargés de la recherche du franc-aleu, & pour avoir la liberté de posséder des fiefs sans payer aucun droit de franc-fief, portoit à la vérité que la province de Beaujolois demeuroit confirmée dans l'exemption entière du droit de franc-fief; mais que ce ne pouvoit être qu'une suite du payement que cette province avoit fait de 15245 livres en conséquence de la déclaration du 20 juin 1656 pour être confirmée à perpétuité dans l'exemption du droit de franc-fief, &c.

Sur cette contestation, le maître particulier & le bourgeois dont on a parlé, furent condamnés par un arrêt du conseil du 10 octobre 1758, à payer le droit de franc-fief réclamé, sauf à eux à se pourvoir devant l'intendant de

Lyon, pour le faire modérer, supposé qu'il se trouvât excéder la valeur d'une année du revenu des biens nobles pour lesquels ce même droit étoit exigé.

Voyez *les déclarations des 29 décembre 1652, 20 juin 1656 & 9 mars 1700 ; les édits du mois d'août 1692 & du mois de mai 1708 ; le dictionnaire des domainss ; Henrys, &c.* Voyez aussi les articles DOMAINE, FRANC-FIEF, &c.

BEDEAU. C'étoit autrefois un sergent dans une juridiction subalterne. Ce mot dérive du latin *Bidellus* qui lui-même a été employé pour signifier la verge dont ces sergens se servoient en touchant ceux qu'ils citoient devant le juge.

On entend aujourd'hui par *Bedeaux*, ces bas officiers servans qu'on employe dans les universités, dans les chapitres, dans les paroisses, dans les confréries, pour écarter la foule & pour conduire certaines personnes aux offrandes, aux processions, &c.

Dans les universités, on appelle *huissier porte-masse*, le principal Bedeau qui marche devant le recteur & les facultés. Les Bedeaux y reçoivent leur admission du recteur : c'est à lui aussi qu'il appartient de les destituer lorsqu'ils ne font pas leur devoir. Ils sont dans le cas de jouir des privilèges de l'université auprès de laquelle ils sont attachés. Un édit de Louis XIV du mois de septembre 1661 portant confirmation d'exemption de taille, d'aides, de subsides, d'imposition, de collecte, de logement de gens de guerre, de tutelle, curatelle & autres charges publiques en faveur de l'université de Paris & de ses suppôts, y comprend ses officiers & *serviteurs*, & leur attribue droit de committimus tant en demandant qu'en défendant devant le prévôt de Paris ou son lieutenant conservateur des privilèges de l'université.

Les Bedeaux qui avoient les capacités requises pour posséder des bénéfices, étoient autrefois compris dans les rôles des expectans que les universités envoyoient au pape; mais aujourd'hui que la plupart de ces Bedeaux sont des gens de métier ou des gens mariés, on ne songe plus à les mettre au rang des bénéficiers.

Dans les chapitres où l'on a coutume d'employer des Bedeaux pour le service divin, on agitoit autrefois la question de savoir si ces Bedeaux pouvoient se défaire de leur office sans simonie à prix d'argent. La raison de douter étoit que leur place étoit une espèce de bénéfice; mais comme on a depuis reconnu que ces Bedeaux n'avoient rien de spirituel dans leurs fonctions, on tient aujourd'hui pour maxime que leurs places peuvent se céder ou se donner à prix d'argent. L'auteur du dictionnaire des cas de conscience le décide de même.

C'est aussi parce qu'il n'y a rien de spirituel d'attaché aux fonctions des Bedeaux, que les contestations qui peuvent naître au sujet de leur institution ou de leur destitution, ne sont point de la compétence de l'official.

La paroisse d'Auneau, paroisse considérable du diocèse de Chartres, a une fabrique qui entretient deux Bedeaux. Le premier marguillier de cette fabrique mécontent d'un des Bedeaux, prit la robe de celui-ci & l'emporta chez lui pour marquer la destitution qu'il faisoit de ce particulier. Le curé peu satisfait de ce coup d'autorité porté sans sa participation, fit assigner le marguillier à l'officialité; & par sentence, il fut dit que la robe seroit rendue au Bedeau, avec défenses aux habitans d'instituer ou de destituer un Bedeau sans la participation de leur curé.

Il y eut appel comme d'abus de cette sentence: M. Gilbert avocat général, fit voir que l'official n'avoit pu ordonner la restitution de la robe; que la contestation qu'elle avoit occasionnée étoit une affaire survenue entre des personnes laïques pour une cause purement temporelle & qui n'intéressoit en aucune manière le service divin; qu'un Bedeau étoit un laïque, & que comme tel il n'étoit point justiciable du juge d'Eglise. Ce fut par ces considérations que par l'arrêt qui intervint le 18 juillet 1736, il fut dit qu'il y avoit abus dans la sentence de l'official de Chartres. Les parties furent renvoyées devant le plus prochain juge laïque & le curé condamné aux dépens.

Par les règlemens qui sont intervenus depuis concernant l'administration des fabriques & des paroisses, & notamment par celui qui fut homologué par arrêt du 2 avril 1737 pour l'église de saint Jean en Grève à Paris (*), il est dit par l'article 52 de ce même règlement, que les Bedeaux seront *choisis & congédiés par l'assemblée ordinaire du bureau.*

L'article 60 porte « que le curé & les mar-

(*) Comme ce règlement est fort sage, la jurisprudence l'a adopté pour toutes les paroisses auxquelles il peut s'appliquer.

» guilliers en charge seront tenus de veiller à ce » que les Bedeaux s'acquittent de leurs fonctions » avec exactitude, qu'ils portent honneur & » respect aux curés & marguilliers en charge & » autres ecclésiastiques, & à toutes sortes de » personnes sans exception ; qu'ils soient assidus » à leurs devoirs & fonctions, aux offices des » fêtes annuelles & solemnelles, des dimanches » & fêtes d'obligation ; à conduire ceux qui se- » ront chargés de faire la quête du prédicateur, » & généralementt à tout ce qui est de leurs » fonctions ; ensemble à ce qu'ils distribuent fidé- » lement dans l'église du pain beni à tous ceux » qui assistent à la messe paroissiale & qu'ils suivent » exactement le rang & l'ordre des habitans de » la paroisse pour leur porter les chanteaux à » l'effet d'être fournis par chacun de ces habitans » les pains qui doivent être offerts pour être » bénis ». Et a fin que le bureau veille à ce que chaque habitant s'acquitte de ce devoir à son tour, il est enjoint aux Bedeaux par l'article 62, d'avertir le marguillier en charge deux ou trois jours avant de porter le chanteau », des noms, » qualités & demeures de ceux qui sont en tour » de rendre les pains à bénir.

Au cas que les Bedeaux manquent à remplir leur devoir, qu'ils se conduisent avec irrévé- rence ou qu'ils donnent lieu à quelque autre plainte légitime, il est dit par l'article 61 du même règlement, « qu'il y sera statué dans l'as- » semblée ordinaire, soit par le retranchement » d'une partie de leur rétribution pour un temps, » soit en leur ôtant aussi leur robe pour quelque » temps, soit en la leur ôtant pour toujours ».

Les appointemens d'un Bedeau sont-ils saisissables par ses créanciers ? On peut répondre qu'ils ne méritent pas plus de faveur que les gages des domestiques ; & il a été jugé par plusieurs arrêts, notamment au parlement de Paris, le 24 octobre 1726 & le 17 fevrier 1763, que les gages des domestiques pouvoient être saisis.

Si les Bedeaux commettoient quelque délit dans les lieux où ils exercent leurs fonctions, ils seroient dans le cas d'être punis avec toute la rigueur dent on use envers les domestiques infidèles. (*Article de M.* DAREAU *avocat au parlement.*)

BEFFROI, C'est ainsi qu'on appelle la charpente particulière qui est destinée dans un clocher à soutenir ou suspendre les cloches.

Quoique les seigneurs décimateurs soient tenus de la réparation du clocher, lorsqu'il est construit sur le chœur de l'église paroissiale, ils sont néammoins dispensés de réparer la charpente uniquement destinée à porter les cloches, parce que les cloches étant spécialement pour l'usage des habitans & à leur charge, on juge que le Beffroi qui les supporte & sans lequel il ne seroit pas possible de les faire sonner, doit pareillement concerner ces mêmes habitans.

Voyez les loix des bâtimens & les annotations; la jurisprudence canonique; le gouvernement temporel des paroisses, &c. Voyez aussi CLOCHER, RÉPARATIONS, DÉCIMATEUR, &c. (*Article de M.* DAREAU, *avocat &c*).

BÉGUINES. C'étoit anciennement une société de filles dévotes qui portoient un habit particulier sans faire de vœux en religion. Quelques auteurs attribuent l'établissement de ces filles à

sainte

ſainte Begue, & c'eſt delà qu'on prétend que vient leur dénomination de *Béguines ;* leur inſtitution a commencé en Flandres ſur la fin du douzième ſiècle.

Parmi ces filles dévotes, il y en eut une qui en 1274 paſſa pour avoir le don de prophétie. On l'appeloit la *Béguine de Nivelle.* Le roi Philipp-le-Hardi l'envoya conſulter au ſujet de la reine Marie de Brabant qu'il avoit épouſée en ſecondes nôces & qu'il ſoupçonnoit d'avoir empoiſonné ſon fils aîné qu'il avoit eu d'une première femme. On ne tarda pas à reconnoître que cette fille n'avoit d'autre don que celui d'en impoſer. Ses compagnes dans la ſuite furent accuſées de pluſieurs erreurs ſur les myſtères de la réligion & ſur les ſacremens; le pape Clément V les proſcrivit. Mais Jean XXII crut devoir rétablir quelques unes de ces ſociétés ſous le même nom par une conſtitution qui ſe trouve inſérée dans le corps du droit canon. Saint Louis fit bâtir une maiſon à Paris où il fonda des places pour un grand nombre de ces filles. Philippe III leur fit des legs conſidérables ; mais Philippe-le-Bel ne voulut plus qu'il y en eût en France. De ſorte qu'on n'en voit guères actuellement que dans la Flandres où elles ſont encore tolérées.

On appelle auſſi improprement *Béguines*, certaines filles dévotes qui vivent en communauté ſous l'habit de religieuſes ſans faire de vœux ſolemnels. Le nombre en eſt aſſez répandu en France. Ces filles ſont ordinairement conſacrées ou au ſoulagement des malades ou à l'inſtruction des jeunes perſonnes du ſexe. On leur donne différens noms : on appelle les unes, *sœurs de la charité ;* les autres, *sœurs grises ;* quelques autres, *sœurs de l'instruction chrétienne.* Toutes ces filles rendent plusieurs services, & elles sont protégées par le gouvernement. Comme elles ne font point de vœux solemnels, rien n'empêche qu'elles ne changent d'état & qu'elles ne soient toujours capables des effets civils.

Voyez *l'histoire de France ; les lois ecclésiastiques ; le dictionaire canonique, &c.* (*Article de M. DAREAU, avocat au parlement, &c.*)

BÉNÉDICTIN. C'est un religieux de l'ordre de saint Benoît.

Il y avoit près de deux cens ans que la vie monastique étoit introduite dans la partie orientale de la chrétienté par saint Antoine, par saint Pacôme, par saint Basile & par saint Augustin, lorsque saint Benoît après avoir longtemps vécu dans la solitude, écrivit sa règle pour le monastère qu'il avoit fondé au mont Cassin entre Rome & Naples. Cette règle fut approuvée en 595 par saint Grégoire le Grand dans un concile tenu à Rome ; & comme elle étoit moins austère que celles qui jusqu'alors avoient paru dans les pays Orientaux, elle fut trouvée sage dans l'Occident : elle fut particulièrement adoptée en Angletere. On la reçut aussi en France, & elle y a servi de base aux règles particulières de la plupart des ordres religieux qui se sont formés depuis dans cette partie du monde chrétien.

Le travail des mains & l'édification par la pratique des bonnes œuvres, furent particulièrement recommandés par saint Benoît à ses religieux. Ceux-ci fidèles observateurs de ses leçons ne tardèrent pas à devenir possesseurs de pluſieurs propriétés d'une vaſte étendue au moyen des défrichemens auxquels ils s'employèrent. L'hommage que l'on rendoit à leurs vertus acheva de les enrichir par les dons qu'ils recevoient de toute part des fidèles. Mais les guerres qui affligèrent la France ſur la fin de la première race, causerent un grand relâchement dans la diſcipline de ces religieux. Cependant ſous Charlemagne, la France ayant été un peu rétablie, la règle ſe rétablit auſſi par les ſoins de Saint-Benoît d'Aniane, à qui Louis le débonnaire donna enſuite une autorité générale ſur tous les monaſtères du royaume.

Ce ſaint abbé chercha à mettre une concordance entre la règle de ſaint Benoît & toutes les autres règles monaſtiques qui exiſtoient pour lors. Ce fut lui qui donna les inſtructions ſur leſquelles on dreſſa vers l'an 817, le grand règlement d'Aix-la-Chapelle inſéré dans les capitulaires de nos rois, & il fut dit qu'on l'obſerveroit auſſi exactement que la règle de ſaint Benoît.

Mais l'ordre ſe ſentit toujours de ſon premier relâchement : le travail des mains fut mépriſé ſous prétexte d'étude & d'oraiſon ; les abbés ne ſongèrent plus qu'à profiter des biens des monaſtères pour ſe produire avec éclat dans le monde ; ils affectèrent de ſe mettre au rang des évêques ; leur crédit même alla juſqu'à ſe faire admettre avec eux dans les parlemens ; enſuite les courſes des Normands achevèrent de tout ruiner, & la diſcipline touchoit à ſon dernier degré d'anéantiſſement lorſque parut ſaint-Odon homme recommandable par ſon zèle & ſes vertus. Ses premiers ſoins furent de relever la diſpline monastique dans la maison de Cluni, abbaye de la province de Bourgogne, fondée en 910 par Guillaume le pieux, duc d'Aquitaine & comte d'Auvergne. Ce sage réformateur ranima la règle de saint Benoît, y ajouta quelques modifications & prit l'habit noir. Sa réforme fut embrassée par un grand nombre de religieux pour lesquels on fonda de nouveaux monastères. On fit choix de quelques-uns d'entr'eux pour porter la réforme dans d'autres anciens monastères, ce qui s'effectua en les mettant sous la dépendance de l'abbé de Cluni : le fameux monastère de Luxeuil dans la Franche-Comté fut de ce nombre.

La maison de Cluni fut mise par le titre de sa fondation sous la protection spéciale de saint Pierre & du pape, avec défenses à toutes les puissances séculières & ecclésiastiques de troubler les moines dans la possession de leurs biens, ni de les gêner dans l'élection de leur abbé. On voulut de plus, que cet abbé fût appelé l'*abbé des abbés*, même sans égard pour celui du Mont-Cassin à qui ce titre sembloit convenir plus légitimement. Les abbés de Cluni se prétendirent donc exempts de la juridiction des évêques ; ils cherchèrent même à étendre ce privilège aux monastères de leur dépendance. Ainsi la premiére congrégation de plusieurs maisons unies sous un chef immédiatement soumis au pape, pour ne faire qu'un corps, ou comme nous disons aujourd'hui un ordre religieux, fut celle de Cluni.

La discipline rétablie dans cette congrégation auroit dû se soutenir, & vraisemblablement elle s'y fût maintenue, si l'on n'avoit trop songé à s'aggrandir : il fut question de nouveaux établisſemens : il fallut envoyer les ſujets les plus zélés pour les former, & ces établiſſemens ſe multiplièrent au point que l'ordre, ſous le gouvernement de Maurice de Montboiſſier connu ſous le nom de Pierre le vénérable, mort en 1157, comptoit près de deux mille maiſons ſous ſa dépendance, ſoit en Allemagne, en Pologne & en Eſpagne, ſoit en Angleterre & en Italie, ſoit en France & dans les pays Orientaux. Il n'en fallut pas davantage, & au bout de moins de deux ſiècles, la diſcipline ſe trouva encore fort relâchée. Saint Odon n'exiſtoit plus ; mais ſaint Robert abbé de Molême, qui avoit fondé la maiſon de Citeaux en 1098, exiſtoit encore. Tous ſes ſoins ſe portèrent à donner un nouveau luſtre à la vie monaſtique. Il fit reprendre dans cette maiſon la règle de ſaint Benoît à la lettre ſans aucune modification. On ſe remit au travail des mains; le ſilence le plus exact devint une loi, & il fut défendu de s'écarter du monaſtère. On renonça même à toutes ſortes de privilèges & de diſpenſes, de crainte que l'envie de les ſoutenir ne fût une nouvelle occaſion de ſe relâcher. Saint Robert prit l'habit blanc, & le nom de *moines blancs* fut ſpécialement donné à ceux de Citeaux, comme celui de *moines noirs* avoit été donné à ceux de Cluni. Il voulut que toutes les fondations, les dîmes, les revenus qui avoient été uſurpés ſur les curés leur fuſſent rendus; que ceux qui ſeroient nommés ſupérieurs fuſſent dépouillés des habits pontificaux, de la croſſe, de la mitre, de l'anneau & de tous les ornemens que le luxe & la vanité avoient introduits dans les cloîtres.

Juſques-là Citeaux étoit la ſeule maiſon où ſe

pratiquât la réforme. Le nombre des religieux s'y étant accru au point que cette maison ne pouvoit plus les contenir, saint Etienne pour lors troisième abbé, fut obligé de les envoyer former de nouveaux monastères. C'est de cette migration que se formèrent en 1114 les abbayes de la Ferté, diocèse de Châlons sur saône, & de Pontigny diocèse d'Auxerre. Celles de Clairvaux & de Morimond se formèrent l'année d'après; & ce sont ces quatre abbayes qu'on appelle les quatre filles de Citeaux.

Les monastères qui avoient embrassé la réforme de Citeaux se réunirent & formèrent cet ordre particulier qu'on appelle *de Citeaux*. Ils firent entr'eux en 1119 un statut d'union qui fut nommé *la carte de charité*. Il fut rédigé par saint Etienne & par les quatre nouveaux abbés : c'est pour cela que Clément IV les appela les architectes de l'ordre de Citeaux.

L'ordre de Citeaux s'accrut considérablement en peu de temps par l'admiration des vertus qui s'y pratiquoient; il s'étendit par toute l'Europe : en moins de 57 ans il eut cinq cens maisons particulières. Mais comme la réforme de Citeaux ne se fit que par de nouveaux sujets dont les anciens moines de saint Benoît & de Cluni ne voulurent pas suivre l'exemple, l'ordre de Citeaux fait aujourd'hui une classe entièrement à part (*) Et comme l'illustre saint Bernard, abbé de Clairveaux, est celui qui s'est le plus distingué dans l'ordre de Citeaux, les religieux

(*) Il ne participe point à l'association des congrégations de saint Benoît pour les bénéfices, il faut pour cela une translation expresse d'un ordre dans l'autre.

de ce même ordre portent le nom de *Bernardins.*

Vers le quatorzième ſiècle les moines étant preſque tous tombés dans le relâchement, ceux de Citeaux ne ſurent pas plus s'en préſerver que les autres. Les abbés voulurent vivre en ſeigneurs comme des prélats ; leur exemple fut bientôt imité dans les monaſtères par les officiers ; & c'eſt delà que ſont venus la plupart de ces offices qu'on appelle *clauſtraux* ou bénéfices réguliers.

L'ordre de Cluni & l'ordre de Citeaux étoient donc à-peu-près dans le même degré de relâchement, lorſque le concile de Trente fit des règlemens pour la réformation des moines. L'ordre de Cluni (*) s'empreſſa de les exécuter, & la fameuſe réforme de ſaint Maur fut l'heureux fruit de ces ſages règlemens. C'eſt cette pieuſe & ſavante congrégation que Grégoire XV confirma en 1621 ſous le nom de *ſaint Maur.* Elle s'étoit formée en 1613 par les ſoins de Jean Renaud abbé de Saint-Auguſtin de Limoges, des moines de la congrégation de Saint-Vannes, laquelle avoit commencé dans la Lorraine en 1597. Le principal auteur de la réforme fut dom Darbouze : ce religieux ſuccéda au cardinal de Guiſe ; ſes talens & ſes vertus lui valurent d'être élu abbé régulier de Cluni.

Comme tous les religieux de cet ordre ne jugèrent pas à propos d'adopter la réforme, le corps fut diviſé en deux branches, dont l'une eſt

(*) Nous ne parlerons plus dans cet article de l'ordre de Citeaux qui forme aujourd'hui l'ordre des Bernardins ; nous renvoyons à cet effet à l'article *Bernardin.*

connue ſous le nom d'ancienne obſervance, & l'autre ſous celui d'obſervance réformée. Il y a une grande différence entre le régime de l'une & de l'autre, même pour les habits : cependant ces deux obſervances n'ont qu'un même chef qui eſt l'abbé de Cluni, lequel prend le titre d'*abbé ſupérieur général & adminiſtrateur perpétuel de tout l'ordre de Cluni* (*) : mais depuis qu'un eccléſiaſtique ſéculier a pu poſſéder en commende l'abbaye de Cluni, les religieux réformés ont cherché à ſe gouverner ſéparément de ceux de l'ancienne obſervance. Ils n'ont point voulu qu'un abbé étranger eût ſur eux la même autorité qu'avoit auparavant un abbé régulier. Pour repréſenter parmi eux cet abbé régulier, ils ſe nomment un ſuperieur, & cette nomination ſe fait par les définiteurs de leur obſervance. Ce ſupérieur a la même autorité qu'un abbé ; autorité d'autant plus légitime, qu'il la tient du chapitre géneral qui ſe convoque tous les trois ans à ce ſujet le troiſième dimanche après pâques. Au moyen de quoi l'abbé commendataire de Cluni, quoique chef de tout l'ordre des Bénédictins, n'eſt regardé par les réformés que comme un chef honoraire. Cet abbé ne laiſſe pourtant pas d'avoir ſur eux bien des prérogatives : car ſi dans l'intervalle d'un chapitre à l'autre leur ſupérieur vient à decéder, ils ſont obligés de recourir à lui pour avoir permiſſion de s'aſſembler à l'effet d'en nommer un autre pour le temps intermédiaire ; & ce ſupérieur nommé ne peut entrer en exercice de ſa place qu'après

(*) L'abbé de Cluni en cette qualité eſt conſeiller né au parlement de Paris.

avoir obtenu de l'abbé des lettres d'approbation ou d'attache, qu'on appelle lettres *de vicariat.* Sur quoi il eſt bon de remarquer que toutes les fois qu'on s'adreſſe à lui ou pour une convocation ou pour des lettres d'attache, il ne peut point refuſer ce qu'on lui demande, ſuivant qu'il a été jugé par un arrêt du grand conſeil du 30 mars 1705, attendu qu'on ne s'adreſſe à lui en pareille occaſion que par déférence.

A l'égard des religieux de l'ancienne obſervance, qu'on appelle plus particulièrement *Cluniſtes*, l'abbé commendataire a ſur eux la même autorité que s'il étoit abbé régulier. C'eſt de ces religieux qu'il peut ſe dire *l'adminiſtrateur perpétuel :* ils reconnoiſſent ſa juridiction ; il eſt exactement leur chef & leur ſupérieur général.

Les Bénédictins réformés cherchèrent dans le ſiècle paſſé toutes les occaſions d'étendre leur réforme aux monaſtères de l'ordre de Cluni, afin d'opérer par la ſuite une pleine & entière union ; ils avoient obtenu nombre de bulles qui ſembloient leur préparer cette voie, & ceci même faiſoit naître des conteſtations dans les tribunaux. Louis XIV pour trancher toute difficulté à ce ſujet, rendit une déclaration au mois de juin 1671, par laquelle il fut dit que dorénavant les religieux des ordres réformés ne pourroient être établis dans les monaſtères qui n'avoient point accepté la réforme, & qu'il n'y ſeroit fait aucune union ſans au préalable avoir obtenu des lettres-patentes de ſa majeſté, à peine de nullité, &c.

Cinq ans après, en 1676, l'ordre de Cluni obtint des lettres-patentes à l'effet d'un congrès pour cette réunion. L'ordre s'aſſembla à Paris au collège de Cluni, & il s'y tint un chapitre général en présence des commissaires du roi. Après bien des discussions, on convint d'adopter d'anciens statuts rédigés en 1458 par Jean de Bourbon pour lors abbé de Cluni. Mais les uns, ceux de l'ancienne observance, ne voulurent les recevoir qu'avec les modifications que le relâchement y avoit introduites : les autres, ceux de l'observance réformée, ne voulurent rien retrancher de l'austérité de ces mêmes statuts ; au moyen de quoi les esprits ne purent pas se concilier.

La différence que l'on remarque entre ces deux observances a donc exigé que chacune d'elles traitât de ses affaires séparément. C'est ce qui fait que l'une & l'autre ont leurs définiteurs particuliers qui lors de la tenue des chapitres généraux prennent leurs délibérations sans que ceux de l'ancienne communiquent avec ceux de la nouvelle observance. Ce n'est que lorsqu'il s'agit de l'intérêt de l'ordre entier, que les uns & les autres se réunissent dans le même définitoire pour la cause commune.

Comme l'autorité *législative*, s'il est permis de se servir du terme, réside dans les chapitres généraux de l'ordre, l'abbé y est lui-même soumis ainsi que les religieux. Il y a plus, c'est qu'il peut recevoir des corrections dans ces chapitres, & même y être déposé lorsqu'il est essentiellement en faute ; on peut voir à ce sujet des bulles de Grégoire IX & de Nicolas IV qui le veulent ainsi. C'est ce qui fait que le gouvernement de l'ordre de Cluni participe beaucoup du gouvernement aristocratique.

Les deux observances ont dès-lors cela de

commun qu'elles tiennent dans le même temps leur chapitre sous le même chef chacune par l'entremise de ses définiteurs qui sont au nombre de quinze. C'est dans ce chapitre que se nomment les supérieurs de chaque maison, supérieurs qui ne sont que pour trois ans en place parmi les religieux reformés, en observant cependant que dans un autre chapitre ils peuvent être continués pour trois autres années; mais après ce temps là il faut que la supériorité passe à un autre religieux, sauf à la rendre, si on le juge à propos, à celui qui l'exerçoit auparavant. Il en est de même du supérieur principal, qu'on appelle *vicaire général* : son autorité n'est que pour trois ans, à moins que dans un nouveau chapitre il n'ait été continué pour trois autres années.

Pour ce qui est des maisons de l'ancienne observance, les supérieurs peuvent y être continués aussi longtemps qu'on le veut; c'est ce qui fait qu'ils y sont presque toujours à perpétuité. Il y a sans doute apparence que les réformés ont regardé cette continuation comme pouvant être la cause d'un relâchement dans la discipline, puisqu'ils se sont fait une loi de ne la point tolérer.

Après la nomination des supérieurs, on procéde à celle des visiteurs. Les visiteurs sont des officiers chargés de veiller à l'exécution de ce qui a été arrêté dans le chapitre. Mais avant qu'ils exercent aucune fonction, il faut que les décrets du chapitre aient reçu la sanction du prince par des lettres-patentes enregistrées. Observez au sujet des visiteurs, qu'il a été décidé dans un chapitre général de l'ordre tenu en octobre 1693, confimé par un bref du pape suivi de lettres-patentes enregistrées au grand conseil, où l'ordre a ses causes commises, qu'aucun religieux, pas même un prieur de communauté, ne peut intenter de procès sans en avoir obtenu la permission du visiteur de la province.

Lorsqu'il y a des difficultés pour l'exécution de ce qui a été arrêté dans un chapitre, on a recours au syndic de chaque observance; c'est ce syndic qui est chargé de faire toutes les démarches & toutes les poursuites nécessaires pour procurer aux décrets capitulaires leur exécution. Les syndics de ces deux observances sont appelés à raison de leurs fonctions, *procureurs généraux*: ils sont créés en même temps pour se charger des affaires qui peuvent concerner chaque membre de l'ordre en particulier dans les cas où ce membre ne peut agir par lui-même. Mais il est bon d'observer qu'il est dû à ces syndics une taxe par forme de rétribution sur les bénéfices simples & même sur les maisons conventuelles de l'ordre. Anciennement on varioit sur le plus ou le moins qu'on devoit leur accorder; les contributions n'étoient pas égales, & ceci occasionnoit des discussions. Pour les faire cesser, il fut arrêté un rôle dans le chapitre général qui se tint en 1738, & l'exécution en fut ordonnée, suivant que le fait remarquer Denisart, par un arrêt contradictoire rendu entre les procureurs généraux des deux observances le 5 février 1744. Malgré que ce rôle fût arrêté, M. de Saint-Albin archevêque de Cambrai ne laissa pas de refuser cette taxe qu'on lui demandoit comme prieur commendataire de Saint-Martin-des-champs ; mais il fut condamné à la payer, ajoute le même arrêtiste par un arrêt du grand conseil du 22 février 1747.

A l'égard des difficultés qui peuvent survenir relativement au régime d'une maison dans les temps intermédiaires d'un chapitre à l'autre, comme il seroit trop longtemps d'attendre la tenue d'une assemblée générale pour les résoudre, il se tient dans cet intervalle à Cluni un conseil particulier (*) composé des quatre anciens religieux de cette abbaye qu'on appelle les *quatre senieurs*, & de ceux qui y exercent des fonctions en qualité d'officiers ; c'est dans ce conseil que se décident provisoirement tous les points sur lesquels on est en contestation dans chaque maison particulière.

Il s'est élevé dans ces dernier temps plusieurs contestations dans la congrégation de saint Maur qui ont donné lieu à divers réglemens, parmi lesquels on remarque un fameux arrêt du conseil du 6 juillet 1766. Cet arrêt en ordonnant que des lettres-patentes du 10 septembre 1610, & du mois d'août 1618 seroient exécutées suivant leur forme & teneur, ainsi que la bulle de Grégoire XV du 27 mai 1621, celle d'Urbain VIII du 21 janvier 1627 & les lettres d'attache qui les accompagnent en date du 15 juin 1631, a ordonné en même-temps que par provision les déclarations sur la règle de saint Benoît & les constitutions de la congrégation de saint Maur rédigées & approuvées en 1642 par le chapitre général de cette congrégation, & confirmées

(*) On l'appelle le *conseil de la voûte* parce qu'il se tient dans un endroit voûté.

au chapitre général de 1645 feroient exécutées aux charges, claufes & conditions portées par cet arrêt qui eft en 42 articles.

Comme la réforme de la congrégation de faint Maur auroit fouffert bien des difficultés s'il n'avoit pas été permis à cette congrégation de conferver les bénéfices que fes religieux poffédoient, Urbain VIII & Louis XIII permirent aux religieux de cette même congrégation de pofféder des bénéfices dépendans non-feulement des monaftères où leur réforme feroit introduite, mais encore des autres monaftères de l'ordre de faint Benoît, même de la congrégration de Cluni, fans être obligés d'y réfider, quelque réfidence que ces bénéfices puffent exiger par leur fondation. Mais fuivant la bulle d'Urbain VIII, ces religieux ne peuvent recevoir par eux-mêmes les revenus de ces bénéfices, & ces revenus appartiennent à la congrégation; ils font obligés de donner leur procuration au procureur-général de leur obfervance, à l'effet de régir & d'adminiftrer leurs prieurés & bénéfices, d'en toucher les revenus & de les employer fuivant l'ordre des fupérieurs majeurs. Ils ne peuvent même pas fe tranfporter fur les lieux fans la permiffion expreffe & par écrit des fupérieurs majeurs, ni folliciter & accepter aucun bénéfice quel qu'il puiffe être fans cette permiffion. C'eft ce qui a été confirmé par un arrêt du grand confeil rendu le 17 février 1758, entre dom Boudinot, procureur-général, & dom Peru, pourvu du prieuré de faint Savinien du Port.

Cet arrêt n'a point paru à Denifart une décifion puifée dans les bons principes; il eft contraire, dit-il, à l'obligation imposée par l'église à tous les bénéficiers sans distinction, de veiller eux-mêmes à l'acquit des charges dont leurs bénéfices peuvent être tenus; & malgré le serment que font sur l'autel les Bénédictins réformés de laisser en commun les revenus de leurs bénéfices, il prétend que ce serment ne les dispense pas de remplir ce que les canons prescrivent aux bénéficiers. Mais cet auteur montre ici un peu trop de zèle pour la discipline canonique. Les statuts de l'église ne sont nullement blessés en ce que des religieux qui ont fait vœu de n'avoir rien en propre abandonnent tout à leurs supérieurs : leur premier devoir est de pratiquer leur règle, & c'est l'observer que d'obéir, & observer en même-temps les canons, que de mettre tous les revenus en commun, & de laisser à un homme préposé à cet effet le soin des charges du bénéfice, de crainte que le religieux bénéficier ne soit trop distrait de l'esprit de son état par les soins particuliers auxquels il faudroit qu'il se livrât. D'ailleurs les canons ont bien autant de confiance à une maison entière pour le gouvernement d'un bénéfice, qu'à un simple religieux.

Il n'en est pas de même de l'ancienne observance : quoiqu'il soit vrai de dire que des religieux sont obligés à raison de leur vœu de pauvreté, de rapporter à une masse commune tous les revenus des bénéfices dont ils peuvent être pourvus, & que la chose ait été jugée sur ces principes par un arrêt du grand conseil du 16 septembre 1682, les religieux non-réformés, autrement dits les *Clunistes*, ne s'en sont pas moins maintenus dans l'usage d'administrer perſonnellement les bénéfices dont ils ſont pourvus; & comme les ſtatuts de Jean de Bourbon le leur permettent, les cours qui ne cherchent point à renchérir ſur la diſcipline introduite par un homme auſſi reſpectable, tolèrent cet uſage.

Dans la congrégation de ſaint Maur, non-ſeulement on ne peut pas, comme nous venons de l'obſerver, jouir perſonnellement de ſon bénéfice, mais on ne pouvoit même pas anciennement ſe démettre du bénéfice dont on étoit pourvu ſans le conſentement des ſupérieurs majeurs. A la faveur de ces précautions qui perpétuoient les bénéfices parmi eux, les collateurs ordinaires, les indultaires & les gradués n'y avoient pas beaucoup d'eſpérance. C'eſt ce qui fit que par un édit du mois de novembre 1719, il fut permis à ces religieux de réſigner leurs bénéfices en faveur de perſonnes capables ſans le conſentement de leurs ſupérieurs.

Il étoit encore permis aux Bénédictins de Saint-Maur de recevoir des réſignations de bénéfices de l'ancienne obſervance ſous la réſerve de penſions égales à la totalité des revenus; mais par un édit du mois d'avril 1721, il fut réglé qu'aucun religieux *de l'étroite obſervance* ne pourroit accepter ſous aucun prétexte, des collations ni des proviſions de prieurés conventuels, offices clauſtraux ou autres titres de maiſon de *l'ancienne obſervance* ſans avoir obtenu des lettres-patentes & les avoir fait enregiſtrer dans les cours de parlement; & encore fut-il ajouté qu'elles ne ſeroient accordées qu'après avoir préalablement pris l'avis de l'abbé de Cluni chef général de l'ordre.

Il y avoit un autre inconvénient qui s'oppoſoit fort

fort au droit des collateurs ordinaires, des indultaires & des gradués; c'étoit la difficulté de connoître le lieu de la résidence des vrais titulaires, & d'empêcher la prévention en cour de Rome. Pour remédier à cet inconvénient, il fut réglé par l'édit du mois de novembre 1719, que les titulaires des bénéfices dans la congrégation de saint Maur pourvus avant l'édit, à quelque titre que ce fût, feroient leur déclaration en personne tant au greffe des officialités des diocèses, qu'à celui des bailliages ou sénéchaussées, de la situation des bénéfices, du lieu de leur demeure actuelle, des titres de possession dont ils seroient tenus de fournir copie, du revenu du bénéfice, du nom du fermier & de celui des différentes paroisses où s'étendoient les droits & les biens dépendans du bénéfice. Il fut ajouté que cette déclaration auroit lieu toutes les fois que le religieux bénéficier changeroit de domicile; & afin que les résignations, les permutations & les collations ne fussent pas secrettes dans les maisons des Bénédictins, il fut dit en même-temps qu'on n'en pourroit effectuer aucune pour quelque bénéfice que ce fût, soit du même ordre ou d'un ordre différent, qu'elles ne fussent suivies de lettres-patentes dûment enregistrées; & que faute de les avoir obtenues dans les trois mois, & d'avoir fait dans le même délai la déclaration ordonnée, les bénéfices seroient impétrables comme vacans.

Sur quoi il est bon de remarquer que par une déclaration postérieure du premier février 1720, il fut dit qu'au lieu de ces déclarations en personne dont nous venons de parler, au greffe des officialités & des juges royaux de la situation des bénéfices, les religieux bénéficiers feroient seulement tenus de comparoître devant le juge royal dans le ressort duquel seroit situé le monastère où ils feroient leur résidence, pour en présence du juge & assistés du prieur du monastere, (qui doit attester la signature & la vérité des titres), passer leur procuration spéciale en double minute devant notaire : cette procuration doit être signée de celui qui fait la déclaration & de son prieur, & ensuite légalisée par le juge.

C'est ordinairement au prieur ou à un autre religieux que se donne cette procuration, en conséquence de laquelle il comparoît en personne tant au greffe des officialités des diocèses, que devant le premier officier des bailliages où sont situés les bénéfices. On doit joindre suivant ce réglement à la déclaration, la procuration en minute du titulaire, dont le prieur doit pareillement attester la vérité par sa signature, & le tout doit être mis au greffe de la juridiction royale d'où dépendent les bénéfices, sans préjudice à l'exécution du surplus de l'édit de 1719, qui a été renouvellé par un arrêt du grand conseil rendu en forme de réglement le 15 avril 1752.

Denisart prétend que les Bénédictins anglois qui possèdent des bénéfices en France ont été affranchis de ces formalités par une déclaration du 22 août 1736 ; mais il se trompe : la seule différence à cet égard est que si les bénéficiers sont absens hors du royaume, le prieur du monastère où ils faisoient leur résidence est tenu de donner pour eux la procuration qu'ils auroient donnée eux-mêmes, sauf aux bénéficiers à la réitérer trois mois après leur retour.

Pour qu'un Bénédictin réformé puisse se faire transférer dans une maison de l'ancienne observance, il ne lui faut pas moins qu'un rescrit de la cour de Rome : c'est ce qui est établi par un arrêt du conseil du 22 septembre 1728, revêtu de lettres-patentes enregistrées au grand conseil. Ce rescrit doit ensuite être présenté au supérieur général pour avoir son consentement par écrit. Si le supérieur le refuse, le religieux doit se pourvoir à la diète, & sur le refus de la diète au chapitre général prochain. Ce n'est qu'après avoir épuisé ces formalités qu'il peut demander devant le juge d'église la vérification des causes pour lesquelles il requiert sa translation.

Anciennement l'Abbaye & le territoire de Cluni n'étoient d'aucun diocèse. Urbain II en avoit fixé les limites avec défenses à tout évêque de les violer. Cependant l'évêque de Mâcon jugea à propos de réclamer contre ce privilége en 1737, & par arrêt du conseil du 15 avril 1744, cite dans la collection de jurisprudence, le roi sans s'arrêter aux demandes de l'abbé de Cluni a maintenu l'évêque de Mâcon dans le pouvoir exclusif d'exercer la juridiction épiscopale dans la ville & dans le territoire de Cluni.

Lors de l'introduction de la commende dans l'ordre de Cluni, il y a eu des contestations au sujet des charges concernant les monasteres, & dont il étoit juste que les premiers commendataires ainsi que les premiers prieurs réguliers titulaires s'acquittassent, à moins qu'ils n'aimassent mieux abandonner le tiers-lot. Il fut réglé dans un chapitre général de l'année 1678, suivi de lettres-patentes du mois d'avril de l'année d'apres, que jusqu'à un abandon de ce tiers-lot il seroit payé une double menſe ou une penſion proportionnée aux dépenſes extraordinaires qui ſe préſentoient. Cette penſion fut refuſée par un prieur commendataire qui vouloit ſe borner à payer ſix livres par jour pour contribuer à la dépenſe de celui qui ſeroit député pour le chapitre général, ſi mieux on aimoit l'en acquitter pour cinquante livres tous les ans. Ceci occaſionna une conteſtation par l'événement de laquelle ce prieur qui étoit l'abbé Ozanne prieur commandataire de Lihons dans le Santerre, fut condamné par un arrêt du grand conſeil du 16 mai 1735 à payer trois cens livres par an au lieu des cinquante qu'il propoſoit (*). L'auteur de la collection de juriſprudence obſerve qu'il fut rendu le 6 février 1744 un ſemblable arrêt au même tribunal contre dom Roger en faveur de dom Esbrayat prieur clauſtral de ſaint Martin de Layrac.

A l'égard des dîmes, l'ordre de Cluni avoit droit aux novales à proportion des anciennes: il y a à ce ſujet pluſieurs arrêts du grand conſeil & du parlement dont il eſt inutile de rapporter les eſpèces, actuellement que les choſes ſont réglées à cet égard par l'édit du mois de mai 1768 concernant les portions congrues.

Les Bénédictins de l'une & de l'autre obſervance peuvent étudier dans les univerſités, obtenir des degrés, requérir & poſſéder des bénéfices; mais il faut du moins aux Religieux réformés une permiſſion particulière des ſupé-

(*) Cet arrêt juge en même temps que malgré la commende, les moines n'en ont pas moins le droit de faire chaſſer ſur les terres du commendataire.

rieurs majeurs ; ils ne suffiroit pas qu'ils eussent celle du supérieur local ; c'est ce qui a été jugé, suivant que le fait remarquer Denisart contre dom Bonnet, par un arrêt du grand conseil du 19 décembre 1735. Il fut fait défenses à ce religieux de faire aucun usage de ses grades.

Lors de la réforme, les offices claustraux furent supprimés dans la congrégation de saint Maur & réunis aux menses conventuelles. Tous ces offices subsistoient dans le reste de l'ordre de saint Benoît ; mais par une bulle du 15 juillet 1772 demandée au pape Clément XIV par le feu roi & suivie de lettres-patentes du 14 août de la même année dûment enregistrées, ces offices ont été supprimés ; en conséquence il a été dit que toutes les chapelles claustrales, places monacales & offices claustraux qui étoient pour lors possédés par des réguliers demeureroient éteints de plein droit lorsqu'ils viendroient à vaquer par mort, démission ou autrement, sans pouvoir être obtenus & possédés à l'avenir en titre, sous quelque prétexte que ce fût, & que les droits & revenus en dépendans seroient réunis & incorporés à perpétuité aux menses conventuelles, ou à défaut de menses aux prieurés & autres bénéfices en titre, à la charge par ceux qui profiteroient des réunions, d'acquitter les fondations dont ces offices pouvoient être tenus.

Voyez *l'histoire des ordres monastiques ; une déclaration du mois de juin 1671 ; un édit du mois de novembre 1719 ; une déclaration du premier février 1720 ; une autre déclaration du 22 août 1736 ; un arrêt du conseil d'état du 6 juillet 1766 ; les lettres-patentes données le 14 août 1772 sur une bulle de Clément XIV ; les loix ecclésia-*

ſtiques ; le dictionnaire canonique ; la collection de juriſprudence, &c. Voyez auſſi les articles ABBÉ, BÉNÉFICE, EXEMPT, RELIGIEUX, &c. (*Article de M. DAREAU, avocat au parlement*, &c.)

BENEDICTINES. Ce ſont des religieuſes qui vivent cloîtrées ſous une règle approchante de celle de ſaint Benoît. Elles regardent ſainte Scholaſtique ſœur de ce patriarche, comme la fondatrice de leur ordre. Leur état en France n'a été bien aſſuré qu'en 1618. Elles ont ordinairement une abbeſſe pour ſupérieure.

Voyez *l'hiſtoire des ordres monaſtiques ; le dictionnaire canonique*, &c. Voyez auſſi ABBESSE, RELIGIEUSE, &c. (*Article de M. DAREAU, avocat, &c.*)

BENÉDICTION pris ici en matière canonique, eſt une cérémonie eccléſiaſtique qui ſe fait pour en rendre le ſujet ſacré ou vénérable. Les livres ſaints nous ont tranſmis beaucoup de ces cérémonies qui ſe pratiquoient ſous l'ancienne loi.

Il n'appartient pas à toute ſorte d'eccléſiaſtiques de faire certaines Bénédictions : celles qui ſont accompagnées de quelque onction, & que pour cela on appelle *conſécrations*, ſont réſervées à l'ordre épiſcopal. Telles ſont le ſacre des rois & des reines, du calice & de la patène, des égliſes & des autels fixes ou portatifs. On a encore réſervé aux évêques la Bénédiction des abbés & des abbeſſes, des chevaliers & des ſaintes huiles.

Les autres Bénédictions qui leur appartiennent, mais pour leſquelles ils peuvent commettre des eccléſiaſtiques, ſont la Bénédiction des corporaux & des napes d'autel, des ornemens ſacerdotaux, des croix, des images, des cloches, des cimetières. Ils peuvent encore commettre pour la réconciliation des églises profanées.

Les ecclésiastiques réguliers prétendent n'avoir pas besoin de la permission de l'évêque pour consacrer les calices, pour bénir les ornemens d'église, les images & les corporaux; mais par un réglement fait à l'assemblée du clergé tenue à Paris en 1645, il fut dit par l'article 28, en parlant des religieux qui seroient nouvellement établis, qu'ils ne pourroient ni eux ni d'autres ecclésiastiques inférieurs aux évêques consacrer des calices, quelques priviléges qu'ils pussent avoir. Il fut ajouté par l'article 29 que ceux qui ont un privilége particulier de bénir des ornemens d'église, des images & des corporaux, ne pourroient le faire que chez eux, & pour le service de leurs maisons: qu'à l'égard des oratoires & des cimetières, ils ne pourroient pas plus les bénir que réconcilier des églises sans la permission par écrit de l'évêque diocésain (*).

Les Bénédictions qui sont de la compétence des prêtres sans le consentement des évêques, sont celles des fiançailles, des mariages, des fruits de la terre, de l'eau mêlée de sel, &c.

Le pontifical Romain donne des formules de

(*) Malgré ces défenses il y a des abbés dans certains ordres qui se prétendent en droit de faire de ces Bénédictions qui participent de la consécration pour l'usage de leurs monasteres; mais il faut comme l'a remarqué l'auteur du *traité des droits des évêques sur les exempts*, 1°. que la bulle qui fait leur titre soit autorisée suivant l'usage du temps où elle a été donnée; 2°. que l'exercice ne s'en étende pas au-delà de l'ordre en faveur duquel elle a été accordée; 3°. que l'abbé soit crossé & mitré.

toutes sortes de Bénédictions ; mais chaque ecclésiastique est obligé de suivre les formules qui lui sont indiquées par le rituel du diocèse où il exerce son ministère.

Les évêques & les prêtres sont aussi dans l'usage de donner des Bénédictions sur le peuple. Le droit d'en donner la main levée avec le signe de la croix accompagné de prières n'appartient qu'aux évêques. Les prêtres n'en peuvent donner de cette manière qu'en célébrant la messe, en faisant des prières solemnelles, & en administrant les sacremens ; & encore doivent-ils observer de ne pas se servir de la formule *sit nomen domini benedictum, &c. humiliate vos ad benedictionem.* Cette formule est réservée aux évêques.

Plusieurs abbés, par un privilége émané du saint siège, ont comme l'évêque le droit de bénir le peuple d'une manière solemnelle ; mais ils ne peuvent faire usage de ce droit que dans leurs propres églises, après les vêpres, la messe & les matines. Ils ne peuvent donner de Bénédictions en particulier, dans les rues & hors de leurs églises, à l'exemple des évêques ; cela leur est défendu par un décret de la sacrée congrégation du 24 août 1609. Et comme c'est une règle en matière de Bénédiction, que celui qui est dans un ordre inférieur ne bénisse point le peuple en présence d'un autre ecclésiastique plus élevé que lui en dignité, les abbés ne peuvent jouir de leur privilége à cet égard en présence d'un évêque ou d'un autre prélat supérieur, s'ils n'en ont une permission particulière du pape.

Il y a encore une Bénédiction qui se donne au

prédicateur avant qu'il commence son sermon; cette Bénédiction a fait le sujet de plusieurs procès entre les curés primitifs & les vicaires perpétuels; mais il a été jugé que les jours où les curés primitifs peuvent officier, ils sont en droit à l'exclusion du vicaire perpétuel de donner cette Bénédiction. Un arrêt du grand conseil du 21 octobre 1675 l'a ainsi jugé en faveur des religieux de l'abbaye de Notre-Dame de Mouzon, ordre de saint Benoît, congrégation de saint Vanne, curés primitifs de saint Martin de la même ville, contre le vicaire perpétuel de cette paroisse. Les religieux ont été maintenus par cet arrêt dans le droit de donner la Bénédiction au prédicateur quand ils s'y trouvent. Les abbés commendataires ont aussi le même droit dans leurs églises, suivant un arrêt du 1er. septembre 1671, rendu en faveur de l'abbé de saint Mesmin d'Orléans.

Quant à la Bénédiction que l'on donne aux abbés après leur élection & confirmation, cette Bénédiction, comme nous l'avons annoncé, est de la compétence des évêques diocésains; cependant les abbés de l'ordre de Vallombreuse suivant Tamburin peuvent être bénis par quelque prélat que ce soit: le même auteur ajoute, ainsi qu'il a été observé à l'article *Abbé*, que Jean abbé de Cîteaux obtint du pape le privilége de bénir lui-même les abbés & les abbesses de son ordre. Mais il en est à-peu-près parmi nous de la Bénédiction des abbés par rapport à celui qui doit la leur donner comme de leur élection & de leur confirmation: c'est à l'évêque que cette Bénédiction appartient de droit commun. Elle lui est notamment réservée par une déclaration de la congrégation des rits du mois de décembre 1631.

On trouve dans le pontifical la forme de la Bénédiction des abbés. Elle diffère suivant qu'elle doit se faire d'autorité apostolique en vertu d'un rescrit ou de l'autorité de l'ordinaire. Au reste cette Bénédiction n'ajoute rien au caractère de l'abbé. On ne la regarde même pas comme nécessaire, & dans l'usage les abbés commendataires ne sont pas bénis. Il est pourtant vrai de dire que quelques canonistes, tels que Tamburin & Felinus prétendent que l'abbé doit demander cette Bénédiction dans l'année & qu'elle ne peut se donner qu'un jour de fête; mais on ne la regarde comme nécessaire que lorsque l'abbé veut exercer quelques fonctions spirituelles attachées à son caractère, comme celles de conférer des ordres à ses religieux; car s'il ne s'agissoit que de les bénir, il pourroit le faire sans être béni lui-même. Il peut à plus forte raison jouir des revenus attachés à son abbaye sans avoir passé par cette formalité: mais si une fois l'abbé a reçu la Bénédiction, il peut être promu à une autre abbaye sans qu'il soit nécessaire d'en revenir à cette cérémonie qui ne se réitère point.

Les abbesses sont ainsi que les abbés sujettes à une Bénédiction dont la formule se trouve dans le pontifical Romain: elles doivent la recevoir de l'évêque diocésain. Les procès-verbaux de Bénédiction d'abbés ou d'abbesses sont compris dans la premiere section de l'article premier du tarif du 29 septembre 1722, & dans l'article 4 de l'arrêt du conseil du 30 août 1740, qui en fixent le droit de contrôle à cinq livres.

Le premier capitulaire fait à Aix-la-Chapelle en 789, défend aux abbés de donner des Bénédictions publiques avec l'imposition des mains & le signe de la croix sur la tête des hommes ; & de donner le voile a leurs religieuses en se servant de la Bénédiction sacerdotale.

Il y a encore dans l'église une autre sorte de Bénédiction : c'est celle qui se fait en montrant aux fidèles l'Eucharistie avec des signes de croix. Les prêtres ont pouvoir de donner cette Bénédiction ; mais ils ne doivent le faire qu'aux jours marqués par l'église. Quand les fidèles la desirent dans d'autres temps, il faut pour cela une permission particulière de l'évêque, de crainte de la rendre moins respectable en la rendant trop fréquente. On doit éviter sur-tout d'aller donner cette Bénédiction sur les bords de la mer pour détourner une tempête ou auprès d'un incendie pour le faire cesser : comme JESUS-CHRIST, ainsi que l'observe sagement l'auteur des loix ecclésiastiques, n'est pas obligé de faire des miracles chaque fois que les hommes en demandent, il suffiroit souvent que sa présence ne changeât rien à l'ordre des choses, pour que cette circonstance diminuât le respect qu'on lui doit, & fût pour les héritiques & les impies un sujet de dérision.

Une Benédiction assez familière au saint père, est celle qu'il donne par écrit à tous les fidèles au commencement de ses bulles en ces termes : *salutem & apostolicam Benedictionem.* Salut & Bénédiction apostolique. Il omet cette Bénédiction quand il écrit à ceux qui sont hors du sein de l'église. Quand elle est adressée à quelqu'un qui se trouve dans les liens de l'excommunication, celui-ci est présumé en être aussi-tôt relev par ces paroles de bienveillance & de charité. Le pape envoie quelquefois cette Bénédictio apostolique à ceux qui sont à l'article de la mort. Les évêques ne sont pas dans cet usage.

Une autre Bénédiction très-remarquable, est la Bénédiction nuptiale que reçoivent ceux qui se marient. Le concile de Trente exhorte l'époux & l'épouse à ne point habiter ensemble la même maison avant d'avoir reçu du prêtre la Bénédiction dans l'église. Il veut que cette Bénédiction soit donnée par le propre curé, & que nul autre que lui ou l'ordinaire ne puisse accorder à un autre prêtre la permission de la donner, nonobstant tout privilége & toute coutume, même de temps immémorial, que le concile regarde plutôt comme un abus que comme un usage légitime. Ce même concile ajoute que si quelque curé ou autre prêtre, soit régulier ou séculier, étoit assez téméraire pour marier ou bénir des fiancés d'un autre paroisse que la leur sans la permission du curé de cette paroisse, quand même il allégueroit à cet égard un privilége particulier ou une possession de temps immémorial, il demeureroit de droit *suspens* jusqu'à ce qu'il fût absous par l'ordinaire du curé qui devoit être présent au mariage ou duquel on devoit recevoir la Bénédiction.

L'article 3 de l'édit du mois de mars 1697 concernant les formalités qui doivent être observées dans les mariages, veut qu'il soit procedé extraordinairement contre les prêtres ou curés qui s'écartent à cet égard des dispositions du concile de Trente, & qu'outre les peines canoniques que les juges d'église peuvent prononcer contre eux, ceux qui seront bénéficiers, soient privés pour la première fois de la jouissance de tous les revenus de leurs bénéfices pendant trois ans, à la réserve simplement de ce qui leur sera absolument nécessaire pour leur subsistance, ce que l'édit a fixé (dans ce temps-là) à six cent livres dans les plus grandes villes, & à trois cent livres par-tout ailleurs; & il est dit que le surplus des revenus sera saisi à la requête des procureurs de sa majesté pour être employés en œuvres pies suivant qu'elles seront déterminées par le prélat diocésain. Si les prêtres contrevenans ne sont point bénéficiers, ils doivent pour la première fois être bannis pour trois ans; & s'ils sont réguliers, ils doivent être envoyés dans un monastère de leur ordre tel que leur supérieur le leur assignera hors des provinces d'où ils seront bannis pour y demeurer renfermés pendant le temps déterminé sans y avoir aucune charge ni fonction, non plus qu'aucune voix active ou passive. En cas de récidive, il est dit que le bannissement sera de neuf ans pour les uns comme pour les autres, sauf à prononcer de plus grandes peines s'ils se sont prêtés à la célébration d'un mariage fait à la suite d'un rapt de violence.

Les curés ainsi que les ordinaires, peuvent déléguer des prêtres pour la Bénédiction du mariage. Le vicaire dûment institué dans une paroisse, est regardé comme commis de plein droit par le curé; celui-ci néanmoins peut se réserver ce droit ou le retirer quand il l'a donné. Le vicaire commis par le curé peut aussi commettre un prêtre pour la Bénédiction nuptiale, à moins que ceci ne lui ait été défendu; mais lorsqu'il commet, la commission ne peut s'exercer que dans la paroisse où il est vicaire, parce que le vicaire n'a la juridiction du curé que dans l'étendue de sa paroisse. Au reste le prêtre commis par le vicaire ne peut pas en commettre un autre; c'est le cas de la regle qu'un délégué ne peut pas en déléguer un autre (*).

Les curés ont prétendu que l'ordinaire ne pouvoit point commettre des prêtres contre leur gré pour la Bénédiction des mariages de leurs paroisses; mais le contraire a été décidé dans une assemblée du clergé de France tenue en 1655; l'évêque est regardé comme le premier curé de toutes les églises de son diocèse.

Quand les François sont à la suite d'un ambassadeur du roi dans un pays hérétique où il n'y a pas d'église catholique, l'aumônier peut alors légitimement donner la Bénédiction nuptiale, en observant les mêmes regles que celles qui s'observent en France. C'est sur ces principes qu'un mariage qui avoit été célébré dans la maison d'un ambassadeur par un jésuite son aumônier dans une ville hérétique où les catholiques n'avoient point d'église, a été jugé valable par un arrêt du parlement de Paris du 29 mars 1672. Le même tribunal refuse néanmoins ce privilége aux aumôniers de vaisseau : il leur a fait défenses par un arrêt du 16 février 1673 de célébrer aucun mariage sans la permission de l'évêque ou des curés.

(*) Il semble qu'on pourroit appliquer l'exception au vicaire lui-même, à l'égard du curé, mais on se tromperoit : le vicaire est moins regardé comme un délégué que comme un associé du curé pour l'exercice des fonctions qui peuvent etre communes à l'un & à l'autre.

C'eſt ſur le même exemple que l'on décide que les mariages des ſoldats du roi ne peuvent être bénis valablement par l'aumônier du régiment, à moins que le régiment ne ſoit depuis un temps conſidérable dans un pays où il n'y a point d'égliſe catholique.

La forme de la Bénédiction nuptiale eſt déterminée par le rituel de chaque diocèſe. Une grande queſtion qui a beaucoup exercé les docteurs en 1712, eſt de ſavoir ſi cette Bénédiction nuptiale eſt de l'eſſence du ſacrement de mariage. Cette queſtion ſera particuliérement agitée à l'article MARIAGE où elle ſe rapporte naturellement. En attendant, nous obſerverons ſeulement que cette Bénédiction peut ſe donner par-tout ailleurs qu'à la face des autels, lorſque certaines conſidérations l'exigent. On prétend même que les curés ſont maîtres de juger de la convenance, ſans recourir à une permiſſion de l'évêque.

Voyez *les inſtitutes au droit canonique ; le traité des droits des évêques ſur les exempts ; les mémoires du clergé ; les loix eccléſiaſtiques ; l'édit de 1697 ; le recueil de juriſprudence canonique ; le dictionaire canonique*, &c. (*Article de M. DAREAU, avocat*, &c.)

BÉNEFICE, BÉNÉFICIER. Les canoniſtes appellent *Bénéfice*, le droit attribué à un clerc de jouir durant ſa vie des revenus de certains biens conſacrés à Dieu à cauſe de l'office ſpirituel dont ce clerc eſt chargé par l'autorité de l'Egliſe. Et *Bénéficier* celui qui poſſède un Bénéfice.

Cet article eſt diviſé en quatre parties principales : la première traite de l'origine des Bénéfices : la seconde explique la nature & les propriétés des Bénéfices : la troisième concerne la division des Bénéfices ; & la quatrième a pour objet les règles qui s'appliquent aux Bénéfices pris collectivement & considérés sous des rapports généraux.

De l'origine des Bénéfices. Durant les sept premiers siècles de l'église, le nom de *Bénéfice* ne fut usité dans le sens que nous le prenons, ni par les écrivains ecclésiastiques ni par les auteurs profanes. Il fut à la vérité employé par les Latins ; mais c'étoit pour signifier une grâce, un bienfait accordé gratuitement. L'usage restreignit ensuite ce mot à la désignation des fonds ou héritages dont les empereurs Romains gratifioient leurs officiers & leurs soldats pour les exciter à défendre contre les incursions des barbares les provinces de l'empire. On appella *Bénéficiers* ceux qui possédoient des fonds de cettre espèce. Tel fut, comme nous l'apprend Sévère Sulpice, le père de saint Martin, qui pour obéir à la loi du prince, obligea son fils à s'enrôler contre son gré.

Dans l'origine ces Bénéfices n'étoient qu'à vie & l'état en conservoit la propriété : mais par la suite il fut permis aux pères de les faire passer à leurs enfans sous la condition que ceux-ci serviroient l'état comme avoient fait ceux-là. Il y avoit dans chaque province entre les mains du gouverneur, un livre où s'inscrivoient ces sortes de concessions & les noms des Bénéficiers. Au reste il ne faut pas confondre ces Bénéficiers militaires avec les appariteurs ou satellites des magistrats, qu'on a quelquefois désignés sous ce nom, comme le prouve particuliérement l'édit

que

que Maximien publia vers la fin de ſa vie en faveur des chrétiens.

Cet uſage des empereurs romains d'accorder des Bénéfices aux militaires étoit devenu fort commun du temps de ſaint Auguſtin qui vivoit au commencement du cinquième ſiècle. Dans un de ſes ſermons ce père parle de ces ſortes de conceſſions comme d'une choſe très-ordinaire.

Nos rois, même ceux de la première race, imitèrent les empereurs romains : Aimoin dans ſon hiſtoire en rapporte un exemple remarquable à l'égard d'un des principaux officiers de Clovis nommé Aurélien, à qui ce prince donna pour récompenſe de ſervices le château de Melun avec le duché, c'eſt-à-dire le gouvernement des environs à titre de Bénéfice. Ils donnèrent auſſi pluſieurs Bénéfices aux évêques, aux abbés & aux abbeſſes ; & on les appela *Bénéfices royaux* pour les diſtinguer de ceux qui venoient de la libéralité des particuliers. Charlemagne parle de ces Bénéfices royaux dans ſes capitulaires.

Vers le ſeptième & le huitième ſiècles, l'égliſe à l'exemple des rois accorda aux clercs occupés du ſervice des autels la jouiſſance de ces fonds pour les faire ſubſiſter ; & alors s'introduiſirent dans l'ordre eccléſiaſtique les termes de *Bénéfice* & de *Bénéficièrs* avec la ſignification qu'ils ont aujourd'hui. Voilà l'étymologie du mot *Bénéfice ;* il faut maintenant conſidérer la choſe qu'il repréſente.

Dans les premières années de l'établiſſement de l'égliſe, non-ſeulement les miniſtres de l'évangile, mais encore tous les fidèles ne poſſédoient rien en propre & tout étoit en commun entre eux, comme nous l'apprend ſaint Luc au chapitre 4 des actes des apôtres. Les chrétiens prévoyant les persécutions des païens, vendoient leurs héritages & en mettoient le prix entre les mains des apôtres. Il faut néanmoins convenir que cette vie commune ne s'étendit pas au delà des murs de Jérusalem qui est le véritable lieu de l'origine extérieure de l'église naissante. Elle cessa même aussi-tôt que le grand nombre des fidèles en eût rendu l'usage difficile ; mais les fidèles donnoient toujours une partie considérable de leurs biens pour servir à la subsistance des ministres de l'église & des pauvres.

Les apôtres s'employèrent d'abord eux-mêmes à la distribution des aumônes que faisoient les fidèles : mais dans la seconde assemblée qu'ils tinrent à Jérusalem ils se déchargèrent de l'embarras que cette distribution leur causoit, & instituèrent pour prendre ce soin sept diacres, dont saint Etienne fut le chef.

Cet établissement des diacres s'étendit bientôt dans toutes les provinces où les apôtres fondèrent des églises, & personne n'étoit admis à cette charge ecclésiastique, non plus qu'à celle d'évêque & de prêtre que par le suffrage commun des fidèles.

On voit qu'avant le règne de Constantin l'église possédoit des fonds, puisqu'en 302 Dioclétien & Maximien ordonnèrent la confiscation de ses immeubles ; ce qui toutefois n'eut point d'exécution.

L'empereur Constantin ayant embrassé la religion chrétienne & mis fin aux persécutions que les fideles avoient éprouvées l'église acquit de grandes richesses, non-seulement par les libéralités des princes, mais encore par celles des particuliers.

Le nombre des clercs étoit réglé : il n'y avoit point d'ordination vague & chacun étoit attaché par son ordination à une église particulière aux biens de laquelle il participoit proportionnément au service qu'il lui rendoit. Mais comme l'opinion commune de ces temps-là étoit que tout le bien de l'église appartenoit aux pauvres, les clercs qui étoient riches n'en pouvoient rien prendre pour eux & n'y avoient droit que quand ils avoient abandonné leur patrimoine à l'église & aux pauvres. C'est ainsi, comme le remarque l'auteur de l'histoire ecclésiastique, qu'en usèrent saint Paulin, saint Hilaire d'Arles & saint Germain d'Auxerre.

Les conciles mêmes vouloient que les clercs gagnassent leur subsistance par le travail de leurs mains plutôt que ce qu'ils la prissent sur un bien consacré à l'usage des pauvres. Il est vrai que ce n'étoit là qu'un conseil & non un précepte.

A l'imitation des apôtres, les évêques d'Occident confièrent dans les premiers siècles l'administration des biens temporels de leurs églises aux premiers diacres qu'on appela depuis *archidiacres* & les en firent économes perpétuels, & quelquefois cependant momentanées ; car dans quelques endroits on les changeoit de cinq ans en cinq ans ; c'est pourquoi les actes de quelques conciles des cinquième & sixième siècles parlent d'économes distingués des archidiacres.

En Orient, ces économes étoient ordinairement prêtres & étoient pareillement établis par les évêques auxquels ils rendoient compte tous les ans.

Saint Fulbert évêque de Chartres nous apprend dans sa lettre au clergé de l'église de Paris, que quand un évêque établissoit des économes, ils devoient lui prêter serment de fidélité, c'est-à-dire, de lui être soumis.

Tout cela prouve que dans les commencemens, les évêques étoient les maîtres de disposer suivant leur volonté des revenus qui provenoient des terres données à l'église. C'est ce qui faisoit dire en 412 à saint Cyrille patriarche d'Alexandrie, que l'évêque ne devoit rendre compte qu'à Dieu seul des revenus de l'église & des oblations & qu'il pouvoit en disposer librement, pourvu qu'il n'aliénât ni les meubles ni les immeubles. Cette autorité absolue n'est pas marquée d'une manière moins sensible par saint Ambroise, qui se contente d'enjoindre aux évêques d'orner avec décence le temple du Seigneur, de donner aux pauvres & aux étrangers de quoi subsister, de n'être ni trop prodigues ni trop serrés dans les distributions qui se font aux clercs, sans déterminer la portion des revenus ecclésiastiques que l'évêque doit employer à des œuvres de piété.

La piété & le désintéressement des évêques étant venus à diminuer, l'église se vit obligée de partager ses revenus en un certain nombre de portions & de destiner chaque portion aux œuvres de piëté dont ils étoient chargés avant ce partage.

Quelques écrivains ont prétendu que le premier auteur de la loi qui ordonna ce partage fut le pape Sylvestre : ils se fondent sur une fausse décrétale de ce pape ; mais tous les savans regardent avec raison cette pièce comme supposée, ainsi que toutes celles qui portent le nom des souverains pontifes jusqu'à Sirice : aussi ne trouve-t-on dans les monumens de l'antiquité ecclésiastique aucun vestige du partage dont il s'agit avant le pape Simplicius qui monta sur le trône pontifical en 467. Ce pontife ayant appris que Gaudence évêque d'Aufinio, n'observoit point les règles canoniques dans le partage des revenus ecclésiastiques, ordonna qu'on laisseroit à cet évêque un quart des revenus de l'église d'Aufinio pour son entretien, un autre pour distribuer aux clercs de son diocèse, & que les deux autres quarts seroient remis entre les mains du prêtre Onager; l'un pour l'entretien des églises & des bâtimens, & l'autre pour la subsistance des pauvres. Le pape Gelase successeur de Simplicius, en confirmant ce partage en quatre portions, tant des revenus fixes que des oblations, laissa aux évêques l'admnistration des deux parties destinées à l'entretien des bâtimens & aux aumônes; mais il les avertit en même temps qu'ils commettroient un sacrilège s'ils en employoient quelque chose à leur profit particulier. Ce pape dit ailleurs que l'évêque a lui seul la quatrième partie des revenus de l'église, parce qu'il doit recevoir les étrangers & secourir les prisonniers. Les revenus des biens qui avoient été donnés à l'église depuis peu de temps devoient entrer dans ce partage, comme ceux des anciens domaines: saint Grégoire reprit sévérement les évêques de Sicile qui avoient introduit un usage contraire. Les conciles d'Agde, d'Orléans, de Tarragone, de Prague de Tolède, justifient que les revenus ecclésiastiques étoient partagés dans les Gaules & en Espagne à peu près de la même manière qu'en Italie. On lit même dans les actes d'un concile tenu au Mexique vers la fin du pénultième siècle, que cette distribution fut renouvelée par l'autorité du pape & du roi d'Espagne & qu'elle s'observe encore aujourd'hui dans tous les diocèses de ce nouveau continent. Le réglement fait à ce sujet porte « que les dîmes seront partagées en » quatre portions, dont la première sera appli» quée à la mense de l'archevêque, & la seconde » à celle des chanoines & des autres Bénéficiers » de la cathédrale. Que sur les deux autres il » sera prélevé un neuvième pour le roi en recon» noissance de son droit de patronage & de sou» veraineté, & que le surplus sera distribué aux » fabriques & aux hôpitaux du diocèse. »

Quant à la répartition de la portion destinée à l'entretien des clercs, l'évêque en assignoit une certaine partie à chaque église, & le premier titulaire la divisoit entre ses co-opérateurs relativement au mérite, au rang, à l'assiduité & au travail de chacun. Le concile d'Agde ordonna de retrancher du nombre des clercs ceux qui négligeroient leurs fonctions, & de ne leur donner aucune part dans les distributions. Il prescrivit au contraire de donner une rétribution plus forte à ceux qui s'appliqueroient avec plus de zèle au service de l'église.

Parmi nous, la coutume de diviser les oblations en quatre parts étoit déja abrogée sous la première race de nos rois : l'évêque prenoit la moitié des oblations faites aux églises de la ville, & le tiers seulement de celles qui se faisoient aux églises de la campagne. Le surplus se partageoit entre les clercs attachés au service de ces églises. Au surplus, cette pratique relative aux oblations n'empêchoit pas que l'évêque ne disposât des dîmes & des revenus de l'église selon les canons. C'eſt ce que juſtifie le concile d'Orléans tenu en 511.

Il faut remarquer que cette règle générale ne s'étendoit pas aux biens d'égliſe qui étoient de peu de conſéquence. Les évêques laiſſoient la jouiſſance de ceux-ci à des clercs, & cette jouiſſance que ces clercs conſervoient pendant toute leur vie, leur tenoit lieu des rétributions auxquelles ils avoient droit de prétendre pour les ſervices qu'ils rendoient à l'égliſe. Le pape Symmaque écrivant en 513 à ſaint Céſaire évêque d'Arles, lui diſoit qu'un évêque ne pouvoit aliéner aucune partie des biens de l'égliſe; mais qu'il avoit la liberté d'accorder la jouiſſance de quelques terres à des clercs, à la charge qu'après leur mort les fonds retourneroient à l'égliſe.

Baronius regarde cette lettre comme le premier monument que l'hiſtoire eccléſiaſtique nous ait tranſmis ſur les Bénéfices tels que nous les voyons aujourd'hui, c'eſt-à-dire, conſidérés comme des fonds accordés aux eccléſiaſtiques pour en jouir durant leur vie ſeulement, & à la charge de rendre à l'égliſe les ſervices ſpécifiés par les canons ou par les fondations.

Après avoir ainſi attribué des terres ou des fonds à des eccléſiaſtiques pour en jouir pendant leur vie, on ne tarda pas à introduire l'uſage de donner pour toujours à certaines égliſes divers héritages dont les revenus étoient deſtinés à ſervir de rétributions aux clercs attachés à ces égliſes. Le troiſième concile de Tolède fait des défenſes expreſſes de révoquer les donations de ce genre faites par les évêques aux égliſes & aux paroiſſes de leurs diocèſes. Sous nos rois de la ſeconde race, les dîmes appartenoient déja à l'église de la paroisse où les fruits avoient été produits. Les capitulaires avoient réglé que le curé partageroit ces dîmes en quatre parties, dont l'une devoit être assurée à l'entretien de l'église; une autre aux prêtres qui la desservoient y compris le curé; la troisième aux pauvres & la quatrième à l'évêque qui devoit l'employer à des œuvres de piété. Les conciles vouloient que les évêques se fissent rendre compte du temporel des églises paroissiales, pour qu'ils fussent informés si les curés ne s'écartoient pas des obligations qui leur étoient imposées.

C'est à peu près dans le même temps que se fit le partage des biens destinés à l'évêque & aux chanoines qui faisoient l'office dans son église cathédrale. On distingua la mense épiscopale de celle du chapitre.

Cette division fut d'un mauvais exemple pour tous les chapitres en général. Pendant que les ecclésiastiques vivoient entr'eux en commun, il y avoit plus de régularité dans leur conduite & plus d'émulation pour s'instruire dans la partie qui les concernoit. Après la division faite, l'ignorance s'empara d'eux & occasionna les plus grands desordres. On sentit qu'il n'y avoit que la vie primitive qui pût y remédier. Les évêques & les princes séculiers mirent tout en œuvre pour la rétablir & l'on y réussit. Elle dura jusques vers la fin du dixième siècle que la ferveur des chanoines se rallentit de nouveau. On se dégoûta encore une fois de la vie commune & l'on songea à vivre séparément.

Le partage des biens des chapitres étoit dès-lors comme de droit commun; & il étoit regardé comme tel en France & dans les états voisins au commencement du treizième siècle. Dans ce partage cependant tous les chapitres ne suivirent pas la même forme : les uns firent deux portions de tous leurs revenus ; l'une fut destinée à l'entretien de leur église & de leurs bâtimens, & l'autre se subdivisa entr'eux par égalité. Dans d'autres chapitres, ce ne furent pas les revenus qu'on divisa, ce fut les fonds dont on assura une portion à chaque canonicat ou prébende : c'est de cette sorte de division qu'est résultée l'inégalité qu'on remarque entre les prébendes de quelques églises cathédrales & celles de plusieurs églises collégiales. Quoi qu'il en soit, on voit par le tableau que nous venons de présenter l'origine des cures & celle des autres Bénéfices séculiers, notamment des canonicats : voici actuellement quelle est l'origine des Bénéfices réguliers.

La vie des solitaires & des religieux étoit si édifiante dans les premiers temps de l'église, que chacun se faisoit une sorte de loi d'augmenter leurs revenus par des libéralités particulières. Ceux qui entroient dans un monastère y consacroient leur patrimoine, & ceux qui vivoient dans le monde cherchoient à participer aux prières & aux vertus de ces illustres pénitens en leur faisant des dons considérables.

L'abbé, c'est-à-dire le chef de chaque monastère, avoit l'administration de tous les biens qui y étoient attachés. Son soin principal étoit de veiller aux besoins des pauvres & de ceux qui imploroient ses secours. Mais les meilleures institutions dégénèrent avec le temps : les abbés dans la suite se regardèrent comme les maîtres de tous les biens qui leur étoient confiés : ils les faisoient souvent servir à entretenir un luxe peu convenable à leur état (*) en se produisant avec faste dans le monde : ils commencèrent à s'inquiéter peu de la subsistance de leurs religieux. Le désordre alla si loin que ceux-ci murmurèrent & demandèrent un partage entr'eux & leur abbé (**). On connoît de ces partages depuis le treizième siècle : la manière de les faire ne fut pas uniforme ; mais ce qu'il y a de plus généralement connu, c'est que les abbés s'approprièrent une moitié des revenus & abandonnèrent l'autre moitié aux moines.

Quand les moines virent que leur abbé avoit sa portion distincte, ils songèrent aussi entr'eux à s'approprier sous différens titres ou pour mieux dire sous différens prétextes, une portion de cette moitié qui étoit faite pour rester en commun. L'un s'appropria des revenus particuliers en qualité de *trésorier* ; l'autre en qualité de *sacristain* ; celui-ci comme *cellerier* ; celui-là comme *infirmier*, &c. Ceux qui n'avoient pas assez d'intrigue étoient obligés de se borner à des pensions modiques. Ces différens titres formèrent dans la suite des *offices* qu'on nomma *Bénéfices claustraux*, parce qu'ils s'exerçoient dans les cloîtres, c'est-à-dire dans l'intérieur des monastères.

Il y eut parmi les moines d'autres *Bénéfices* hors du cloître & dont voici l'explication : ceux qui étoient occupés dans l'intérieur des monastères à remplir des offices claustraux, ne pouvoient pas en même tems veiller à l'administration

(*) Voyez à ce sujet les articles *Bénédictin*, *Bernardin* & *Biens d'Eglise*.

(**) Voyez les articles *Mense Abbatiale* & *Partage des Biens d'Église*.

de leurs biens de campagne. Pour obvier à cet inconvénient on envoyoit dans une ferme (*) un certain nombre de religieux dont le principal avoit le titre de *prieur* ou de *prévôt*, c'eſt-à-dire de *prépoſé*. Ces religieux célébroient l'office divin dans ces endroits pour leurs cultivateurs : l'abbé les rappelloit au monaſtère quand il le jugeoit à propos, & leur faiſoit rendre compte de leur adminiſtration.

Cet uſage de les rappeler au monaſtère ſe perdit inſenſiblement par la facilité qu'eurent quelques abbés de leur laiſſer des obédiences à vie & de les établir gouverneurs perpétuels des biens qui en dépendoient. Le pape Innocent III ſentit combien un uſage ſemblable étoit contraire à la régularité de la diſcipline monaſtique ; mais le mal étoit invétéré : l'exemple de l'abbé & des officiers clauſtraux qui s'étoient emparés des biens dont ils avoient l'adminiſtration, fut tel que ceux qui régirent ces obédiences les regardèrent de leur côté comme des Bénéfices dont on ne devoit pas les dépouiller dès qu'ils en étoient pourvus (**).

(*) On appeloit cette ferme une *obédience*, pour ſignifier que ceux qui s'y tranſportoient y alloient pour obéir à leurs ſupérieurs.

(**) On fut obligé de tolérer cet abus : on chercha ſeulement à le rendre moins irrégulier en défendant de conférer de ces eſpèces d'obédiences qui prirent dans la ſuite le nom de *prieurés*, ou de *prévôtés*, à d'autres clercs qu'à des religieux profés âgés au moins de vingt ans : c'eſt ce qui fut arrêté l'an 1312 au concile de Vienne. Il fut en même temps enjoint à tous les prieurs, ſous peine de privation de leurs bénéfices, de ſe faire ordonner prêtres après avoir acquis l'âge compétent à cet effet, & de reſider dans leurs prieurés avec

A l'égard des *Bénéfices-cures* concernant les ordres réguliers, il faut remarquer que quelques-uns de ces Bénéfices étoient des paroisses avant qu'ils tombassent entre les mains des moines, & que les autres ne sont devenus cures que depuis que les monastères en ont été les maîtres. Pour ce qui est des Bénéfices anciens voici comment ils sont parvenus à des religieux & à des chanoines réguliers. Lorsqu'un évêque étoit embarrassé pour faire desservir une paroisse, soit à défaut d'ecclésiastiques séculiers ou autrement, il abandonnoit cette paroisse avec tous les revenus qui en dépendoient à un monastère ; l'abbé y envoyoit un de ses religieux pour y faire les fonctions curiales, ou il commettoit un prêtre séculier si son monastère étoit sous la règle de saint Benoît, qui défend à ses religieux de se mêler du service de ces sortes de Bénéfices. Quant aux autres Bénéfices qui sont devenus cures entre les mains des moines, ils se sont formés dans ces endroits dont nous venons de parler & qu'on appelloit *ferme* ou *obédience*. Les religieux y célébroient l'office divin; les domestiques & tous ceux qui demeuroient dans la ferme à laquelle on donnoit quelquefois le nom de *grange* (*) y assistoient ; ensuite on permit au prieur de leur administrer les sacre-

---

défense de s'en absenter sans cause légitime ; mais ce qu'il y a de particulier, c'est qu'il fut ajouté que si les abbés ne conféroient pas ces prieurés & les autres Bénéfices réguliers dans le temps prescrit aux collateurs par le concile de Latran (de l'an 1179), l'évêque du lieu où le Bénéfice étoit situé pourroit en disposer.

(*) Ce terme est particulièrement usité dans l'ordre des Prémontrés.

mens. Cette permission s'étendit aux personnes qui s'établirent aux environs de la grange sous prétexte qu'elles en dépendoient comme domestiques en qualité de colons. Peu à peu l'habitation devint plus considérable, & par ce moyen ce qui n'étoit simplement qu'un oratoire dans l'origine, devint une église paroissiale & un titre perpétuel de Bénéfice : les *prieurés-cures* d'aujourd'hui sont d'anciens Bénéfices de cette nature. Quoiqu'en général les moines aient trouvé le secret d'ériger en Bénéfice ce qui auparavant n'étoit confié qu'aux soins d'autant d'administrateurs amovibles, il y a pourtant des monastères où les prieurs n'ont point abusé de cette confiance : toujours soumis à leurs supérieurs ils se rendent à leurs ordres & ne refusent jamais de leur rendre un compte exact de leur administration (*).

Après avoir établi l'origine des Bénéfices ecclésiastiques, il convient d'en considérer la nature & les propriétés.

De la nature & des propriétés des Bénéfices ecclésiastiques. Il suit de la définition que nous avons précédemment donnée d'un Bénéfice ecclésiastique, qu'il n'en existe point qu'il n'y ait un revenu temporel & des fonctions spirituelles qui y soient

(*) Dans la congrégation de saint Maur, les religieux peuvent bien posséder des prieurés simples & d'autres Bénéfices qui ne sont point à charge d'âmes mais ce ne sont à proprement parler, que de simples titres : ils ne peuvent point recevoir par eux-mêmes les revenus de ces bénéfices ; ces revenus se rapportent à la mense commune, & les supérieurs sont en droit de prescrire au titulaire telle maison de résidence qu'ils jugent à propos de lui désigner. Voyez à ce sujet l'article *Bénédictin.*

annexés. C'est pourquoi quand l'église acccorde à un clerc le pouvoir d'exercer les fonctions principales du ministère sacré, si elle n'attache point de revenu à ce pouvoir ce clerc n'a point de Bénéfice. Mais quoiqu'il faille des biens temporels pour constituer un Bénéfice, il ne laisse pas d'être spirituel ou du moins inséparablement annexé à quelque chose de spirituel, tel que le droit de célébrer la messe, d'administrer les sacremens, ce qui fait qu'on ne peut, sans se rendre coupable de simonie, le vendre, l'échanger ou le mettre dans le commerce comme les autres biens. Les canons décident que les biens, soit meubles ou immeubles qu'on offre à Dieu, acquièrent par-là une espèce de consécration qui rend en quelque manière sacrilèges ceux qui en abusent. Plusieurs conciles, & même celui de Trente, appellent les Bénéfices *le bien de Dieu, le patrimoine de Jesus-Christ.* C'étoit apparemment pour cette raison qu'autrefois on ne souffroit pas que les laïques en eussent l'administration ou les fissent valoir, même en qualité de fermiers.

La jouissance du Bénéfice à perpétuité, c'est-à-dire, pendant la vie de celui qui en est pourvu, est aussi un caractère essentiel à cette sorte de bien : ainsi les Bénéficiers ne sont point amovibles, c'est-à-dire qu'ils ne peuvent pas être destitués au gré & par la seule volonté de ceux qui les ont institués. Telles sont les dispositions des conciles de Sardique, de Carthage, de Plaisance, de Clermont, de Nismes, de Châlons, de Constance, & en général de tous ceux qui permettent aux clercs vexés par leurs évêques dans leurs Bénéfices, de se pourvoir par appel devant le métropolitain; ce qui auroit été inutile, ſi ceux-ci avoient eu le droit de dépouiller ceux-là.

Ces déciſions furent oppoſées aux tentatives que firent quelques particuliers dans les aſſemblées du clergé de 1680 & de 1700, pour rendre les curés amovibles, & Louis XIV les adopta dans ſa fameuſe déclaration de 1686, par laquelle il ordonna que toutes les paroiſſes dont les cures avoient été unies aux menſes des chapitres & autres communautés eccléſiaſtiques, ſeroient à l'avenir deſſervies par des vicaires perpétuels, à la place des amovibles qui les avoient deſſervies juſqu'alors. Cela eſt d'autant plus juſte, que l'expérience a fait connoître combien l'état fixe & certain d'un Bénéficier chargé du ſoin des ames, étoit utile à l'égliſe, & combien au contraire une amovibilité purement arbitraire lui étoit préjudiciable. C'eſt d'après ces vues que les cardinaux prépoſés à l'explication du concile de Trente, décidèrent que nonobſtant toute coutume, même immémoriale, les Bénéfices cures ne devoient ſe donner qu'à perpétuité, parce qu'il ſe formoit entre le curé & ſon égliſe un mariage ſpirituel qui ne devoit pas avoir moins de ſtabilité que celui qui ſe contracte entre l'homme & la femme. C'eſt auſſi en conformité de ces principes, que par arrêt du 8 mars 1660, le parlement de Paris déclara abuſive la proviſion de la cure du Chemin, ſituée à une demi-lieue d'Alençon, que le frère bernardin Goujon, cordelier, avoit obtenue en cour de Rome, avec la clauſe qu'il pourroit être révoqué *ad nutum*. Il eſt vrai que M. l'avocat-général Bignon qui porta la parole dans cette affaire, fit voir que la clause dont on vient de parler n'étoit pas le seul moyen qui rendoit le cordelier incapable de posséder la cure du Chemin; mais il établit en même-temps que cette clause étoit abusive & contraire à la jurisprudence des arrêts, suivant laquelle, dit-il, *les titulaires des Bénéfices devoient être certains & non destituables.*

Cette opinion, qu'on doit regarder la perpétuité du titre comme le caractère propre des bénéficiers, a été consacrée par un arrêt rendu au parlement d'Aix le 19 août 1688, lequel a jugé que les clercs du chapitre de Saint-Remi, diocèse d'Avignon, prenoient mal-à-propos la qualité de Bénéficiers, attendu qu'il étoit porté expressément par le titre de leur fondation, que *s'ils venoient à manquer à leur devoir, le chapitre pourroit disposer de leurs places comme il le jugeroit à propos.*

Navarre étend encore plus loin le principe sur l'inamovibilité des Bénéficiers. Il soutient qu'un évêque n'est pas même en droit d'ériger en Bénéfice une fondation faite à condition que le titulaire sera amovible au gré du collateur & du patron. En effet, le tribunal de la rote l'a ainsi décidé par une sentence qui se trouve dans la pratique bénéficiale de Pyrrhus Corradus. Cependant il ne faut pas tirer delà la conséquence que les cures régulières ne sont pas de vrais Bénéfices: car quoique les sujets qui en sont pourvus puissent être rappelés au cloître par les supérieurs réguliers, elles peuvent être permutées ou résignées comme les cures séculières: la raison en est que l'amovibilité de ces cures n'est qu'accidentelle & vient de la qualité des

des sujets qui en sont pourvus, lesquels s'étant engagés par leurs vœux à une obéissance absolue, sont censés résigner leurs Bénéfices entre les mains de leurs supérieurs lorsque ceux-ci les rappellent au monastère (*).

Les Bénéfices ne peuvent être accordés qu'à des clercs tonsurés, attendu que celui qui n'est pas tonsuré demeure toujours laïque & n'est pas proprement ministre de l'église. Les ultramontains soutiennent à la vérité que le pape peut, par la plénitude de sa puissance, donner des Bénéfices à de purs laïques; mais cette doctrine n'est point admise en France. On y souffre néanmoins qu'il confère des Bénéfices, même séculiers, à des religieux qui n'ont jamais été tonsurés, tels que les chevaliers de l'ordre de Malte; mais il ne les confère qu'en commende & en vertu des privilèges extraordinaires accordés à cet ordre.

Le pape assure aussi quelquefois des Bénéfices considérables à des enfans qui ne sont pas même

---

(*) C'est d'après ce principe que M. l'avocat général Bignon portant la parole le 17 décembre 1652 sur la question de savoir si les cures régulières étoient sujettes au droit de depôts envers les archidiacres de l'église de Soissons, s'expliqua dans ses conclusions en ces termes :

» Et quoique les religieux fassent serment de quitter » leurs cures & de retourner à l'abbaye *ad nutum* du supé- » rieur; que l'ordre leur succède *jure peculii*; que les reli- » gieux capitulairement assemblés en députent un autre aussi- » tôt que le dernier possesseur est décédé; il y a néanmoins » toujours un point & un moment de vacance. Et aujourd'hui » les cures régulières ne sont plus simples commissions & » obédiences, mais titres & bénéfices formés en la personne » des pourvus, capables d'êtres résignés, permutez, sujets » aux décimes comme les cures séculières.

en état d'être tonsurés. Il accorde à cet effet des bulles & nomme un administrateur qui retient une partie des revenus du Bénéfice, & applique le surplus à l'enfant jusqu'à ce qu'il ait atteint l'âge nécessaire pour être tonsuré & pour obtenir la provision, soit en titre ou en commende. C'est ainsi que cela se pratiqua en 1478 envers dom Alphanse, fils naturel du roi de Castille, auquel les sollicitations du roi d'Arragon obtinrent de Sixte IV l'archevêché de Sarragosse. On en usa de même sous Paul V en 1615, lorsque les abbayes de Fécamp, du mont Saint-Michel, &c. furent accordées au fils du duc de Guise qui avoit au plus trois ans. M. de Berulle fut nommé administrateur de ces Bénéfices, à la charge d'en rendre compte à l'évêque de Paris. Ce fut aussi de cette manière que Clément X accorda l'abbaye de Bonport en 1670 au comte de la Marche, qui n'avoit que deux ans; & l'on a vu Clément XII donner au fils cadet du roi d'Angleterre, un bref d'éligibilité pour toutes sortes de Bénéfices, quoiqu'il ne fût pas encore tonsuré. Au reste, comme ces sortes de dispositions renferment une véritable réserve défendue par les lois du royaume, elles ne peuvent avoir lieu en France qu'en vertu de lettres-patentes du roi dûment enregistrées.

L'objet principal de l'érection des Bénéfices est le culte divin : c'est pourquoi on ne les accorde aux clercs qu'à la charge de remplir les fonctions spirituelles que l'église attend d'eux. Ainsi une fondation quoique faite à perpétuité en faveur d'un ecclésiastique chargé d'enseigner aux autres le chant ou les cérémonies de l'église, n'est pas un véritable Bénéfice, parce que la fonction d'enseigner ces choses n'est pas au rang des fonctions spirituelles.

La cause principale des pensions ecclésiastiques n'étant pas le service divin, elles ne sont pas non plus réputées Bénéfices, quoique l'église y ait annexé l'obligation de réciter le petit office de la vierge, & qu'elles n'aient été instituées dans l'origine que pour la subsistance des clercs. Il faut dire la même chose tant des hôpitaux dont le revenu n'est destiné qu'à l'entretien des pauvres, que des monastères qui n'ont été fondés que pour y faire pénitence, & dont les supérieurs n'ont été long-temps que de simples laïques.

Il est vrai que quelques auteurs, & particulièrement Fromageau, ont mis au rang des vrais Bénéfices les places monacales des religieux de plusieurs maisons non réformées qui ont renoncé à la vie commune, & jouissent chacun en particulier d'une certaine portion des biens du monastère : mais cette opinion n'est pas fondée : aussi ne permet-on pas en France à ces religieux de disposer de leurs places, soit en les résignant ou en les permutant, comme cela est permis aux titulaires des abbayes ou des prieurés, à qui la qualité de Béneficiers ne peut être contestée. M. Catelan rapporte deux arrêts du parlement de Toulouse rendus en 1686 & 1687, qui défendent la résignation de ces sortes de places monacales, parce que ceux qui la font demeurant toujours religieux de la maison où ils ont fait profession, & le nombre des places ou des portions y étant fixé, il faut qu'il y en ait autant que de profès.

La même décision doit s'appliquer aux places

de chanoinesses des chapitres de Remiremont; d'Epinal, de Poussay, de Bouxières, de Maubeuge, que des filles possèdent sans qu'elles aient fait aucun voeu; places que du Hallier met avec raison au rang des simples prestimonies. Les maisons de ces chanoinesses paroissent avoir été originairement des monastères, la plupart de l'ordre de saint Benoît; du moins, le P. Mabillon prétend en fournir des preuves solides à l'égard du chapitre de Remiremont en Lorraine. Dans la vérité, ces chapitres ne sont aujourd'hui que d'honnêtes retraites de filles qui n'ont renoncé à aucune portion de leur patrimoine, & qui n'ont retenu de leur ancien institut que le seul office divin dont elles s'acquittent en commun au choeur (*).

On ne doit pareillement pas mettre au rang des Bénéfices les prébendes que nos rois & quelques seigneurs possèdent dans certaines églises. La raison en est que les véritables Bénéfices ne peuvent être possédés que par des clercs, ou du moins par des personnes ecclésiastiques. C'est pourquoi Fagnan observe que les rois &

(*) L'histoire occidentale de Jacques de Vitri nous apprend jusqu'où, du temps de cet auteur, ces filles avoient poussé le relâchement. On y lit qu'à l'imitation des chanoines séculiers, elles avoient renoncé au nom même de moniales ou de religieuses pour prendre celui de chanoinesses & de dames; qu'elles ne vouloient plus recevoir parmi elles que des filles de qualité, préférant la noblesse du siècle à celle de la vertu; qu'elles portoient les habits & les ajustemens les plus mondains, avoient des appartemens séparés où elles faisoient bonne chère, & que quelques-unes après s'être enrichies du patrimoine de Jesus-Christ poussoient la licence jusqu'à se marier.

les ſeigneurs qui poſſèdent de pareilles prébendes, ne peuvent pas pour cela entrer au chapitre pour nommer à des Bénéfices, ni pour d'autres actes eccléſiaſtiques que les véritables chanoines ont ſeuls la faculté d'exercer. Le droit de ceux-là ſe réduit à partager avec ceux-ci les revenus de la menſe capitulaire, à occuper une place dans le chœur, à y aſſiſter à l'office, &c.

On ne doit pas non plus regarder comme des Bénéfices les principalités des collèges. En effet, ce ne ſont que de ſimples adminiſtrations qui tiennent même plus du temporel que du ſpirituel. C'eſt pourquoi on ne permet pas en France de les réſigner en faveur de qui que ce ſoit. Cette juriſprudence eſt particulièrement établie par l'article 8 de l'ordonnance de Blois, qui porte que *les ſupérieurs, ſénieurs, principaux & bourſiers* (*) *ne pourront réſigner leurs dits états & charges, ſoit au dedans du temps introduit pour icelles tenir par les ſtatuts & fondations, ni après icelui temps expiré.* Chopin rapporte un arrêt du 21 janvier 1562 qui, d'après ces principes, a décidé qu'on ne pouvoit pas ſe faire pourvoir d'une principalité de collège en cour de Rome, ſoit par prévention ou autrement. Il s'agiſſoit dans cette eſpèce de la principalité du collège de Bourgogne.

Par un autre arrêt du 14 ſeptembre 1678, le parlement de Paris confirma cette juriſprudence

(*) On voit par cette ordonnance que la même règle eſt établie à l'égard des bourſes des collèges quoique le nom de *Bénéfice* leur ſoit donné dans pluſieurs actes de fondation, & ſingulièrement dans celui que Jeanne, reine de Navarre, paſſa en 1304 pour le collège de ſon nom qui eſt à Paris.

en jugeant que le principal du collège de la Marche qui avoit requis la cure de Saint-Germains l'Auxerrois en qualité de gradué, n'étoit pas rempli par sa principalité, attendu qu'elle n'étoit pas un véritable Bénéfice. Cette affaire souffroit néanmoins plus de difficulté que celle de la première espèce que nous avons rapportée : car l'évêque de Paris qui, en exécution de la fondation, confère de plein droit cette principalité, se sert dans ses provisions des termes usités dans les autres provisions de Bénéfice, & se trouve obligé de la donner à un prêtre auquel il ne peut ensuite plus l'ôter.

Les prestimonies sont dans une autre classe. Il en est qu'on doit regarder comme de véritables Bénéfices; mais en général elles n'ont pas cette qualité. La raison en est qu'elles ne sont, pour la plupart, que de pieuses fondations que les évêques n'ont jamais érigées en titre, & dont les familles des fondateurs disposent à leur gré en faveur de pauvres étudians ou de quelques prêtres qu'on charge à perpétuité de célébrer un certain nombre de messes par année ou par mois. Quoi qu'il en soit, il est certain 1°. qu'on peut en posséder plusieurs sans dispense, attendu qu'elles ne font naître aucune incompatibilité; 2°. qu'elles ne donnent pas lieu à la simonie, comme l'a jugé le parlement de Toulouse par arrêt du 18 février 1650, en faveur d'un ecclésiastique qui en avoit obtenu une par argent, & qui pour cela n'en fut pas dépouillé; 3°. qu'elles ne peuvent point être unies à de véritables Bénéfices, comme le prouve un arrêt du 6 juillet 1542, par lequel le parlement de Paris cassa l'union qu'on avoit faite à la chapelle Notre-Dame de Compiègne, d'une eſpèce de preſtimonie dont le titulaire étoit obligé d'acquitter pluſieurs meſſes dans cette chapelle.

Au reſte, Navarre prétend que dans le doute les preſtimonies doivent être préſumées Bénéfices, ſurtout quand on les a données ſous ce nom & en cette qualité pendant quarante ans. C'eſt ce que Lotterius dit avoir été décidé par le tribunal de la Rote ; & le parlement de Paris paroît s'être conformé à cette déciſion dans l'arrêt qu'il rendit le 13 juillet 1634 au ſujet de deux preſtimonies fondées en 1565 par Jean Damanzé chanoine & chamérier de l'égliſe de Saint-Jean de Lyon.

Ce qui vient d'être dit des preſtimonies ne doit pas s'appliquer aux rectoreries ou maîtriſes des hôpitaux, deſquelles les titulaires ſont tenus de célébrer l'office divin dans ces hôpitaux ou d'y adminiſtrer les ſacremens aux pauvres. On ne peut toutefois pas douter que pluſieurs de ces rectoreries ne ſoient de véritables Bénéfices ; mais comme l'établiſſement de la plupart provient du bien des pauvres, on ne les traite pas favorablement. C'eſt pourquoi ſi ceux qui ſont pourvus de ces rectoreries ne conſtatent pas clairement par des titres authentiques & primordiaux qu'elles ſont de véritables Bénéfices, on doit les réduire à l'état de commiſſions amovibles. C'eſt ce qui réſulte d'un arrêt rendu au parlement de Paris le 3 décembre 1629, relativement à l'hôpital de la ville de Cormeſſy du diocèſe de Reims. Jean Frontaud, dévolutaire, & le frère Charles Rolland, religieux, conteſtoient pour ſavoir auquel des deux appartiendroit la rectorerie de cet hôpital : les habitans de

Cormessy intervinrent dans la cause & soutinrent que cette rectorerie n'étoit pas un Bénéfice en titre : ils ne produisoient pas pour cela le titre de la fondation ; & cependant on leur opposa en vain un pouillé, fait depuis plus de cent ans, sur lequel la rectorerie dont il s'agit étoit au nombre des Bénéfices que l'archevêque conféroit de plein droit ; la cour déclara nulle la provision que le frère Rolland avoit obtenue.

Un autre arrêt du 5 juin 1684 jugea en conformité du précédent à l'égard de la rectorerie de l'hôpital de Troies.

Enfin cette jurisprudence se trouve formellement établie par la déclaration du 24 août 1693, laquelle a enjoint aux commissaires nommés pour l'exécution des édits concernant les hôpitaux, *de n'avoir aucun égard aux provisions en titre de Bénéfice qui pourroient avoir été obtenues des hôpitaux, maladreries & autres lieux de pareille qualité, nonobstant la multiplication des collations successives, durant un temps immémorial, & toute prescription contraire, si les pourvus ne justifient que le titre du Bénéfice a été établi dans le temps des fondations.*

Quelques canonistes, & particulièrement Garcias, ont mis au rang des véritables Bénefices, les commanderies des ordres militaires ; mais on pense différemment en France, & le contraire y a été jugé par différens arrêts relativement à l'ordre de Malte. On a fait voir que ces commanderies n'étoient que de pures commissions que le grand maître donnoit pour l'administration des biens de l'ordre.

Il faut enfin, pour caractériser un Bénéfice, qu'il ait été établi par l'église, c'est-à-dire, par ses prélats (*) : c'est à eux seuls qu'appartient le droit d'ériger en titre, & de *spiritualiser*, disent les canonistes, les fondations des fidelles, en y annexant la faculté & l'obligation d'exercer le ministère sacré. C'est pourquoi M. Roye a dit dans ses prolégomènes sur le droit de patronage, que ce droit étant spirituel, il ne pouvoit y avoir de patronage dans une chapelle que l'évêque n'avoit point érigée. Au reste, quand le titre d'érection ne paroît pas & qu'on ne peut le représenter, on en présume l'existence si l'on justifie qu'il y ait eu trois institutions données consécutivement par l'évêque durant quarante ans & que la fondation y soit qualifiée de Bénéfice. Ce principe a été adopté dans l'arrêt rendu par le grand conseil le 30 juin 1666 en faveur des religieux de Marmoutiers, au sujet d'un office claustral, que l'abbé disoit n'être qu'une pure commission. D'autres arrêts de différens tribunaux ont aussi jugé en conformité du même principe.

Lorsque les charges d'un Bénéfice ne sont pas connues, & que ni l'usage ni aucun titre ne les indiquent, c'est à l'évêque diocésain à les régler proportionnément au revenu de ce Bénéfice. Le concile tenu à Narbonne en 1551 veut que si ce revenu est modique, le titulaire fasse dire au moins quatre fois par an la messe, soit dans

(*) Lotterius prétend que le droit d'ériger un Bénéfice est tellement réservé aux évêques qu'il ne peut être exercé ni par les abbés, ni par les généraux d'ordre, ni par quelqu'autre ecclésiastique que ce soit, à moins qu'il n'ait juridiction épiscopale ou quasi-épiscopale.

l'église où il est fondé, soit dans celle de la paroisse où il est situé.

Division des Bénéfices. Les Bénéfices se divisent d'abord en séculiers & en réguliers.

Sous cette première division, sont comprises toutes les différentes espèces de Bénéfices qui sont dans l'église. En effet les bénéfices séculiers sont la papauté, l'évêché, les dignités des chapitres, même celle de cardinal & de patriarche, les canonicats, les prieurés-cures, les vicairies perpétuelles, les simples cures, les chapelles, & généralement tous les Bénéfices à titre perpétuel, possédés par les clercs séculiers.

Les *Bénéfices réguliers* sont l'abbaye en titre, les offices claustraux qui ont un revenu affecté, comme le prieuré conventuel en titre, les offices de chambrier, aumônier, hospitalier, sacristain, celérier & autres semblables.

Les *Bénéfices séculiers* sont simples ou doubles; les *Bénéfices réguliers* sont aussi simples ou doubles, masculins ou féminins, possédés en titre ou en commmende : les uns & les autres sont collatifs ou électifs, incompatibles ou compatibles, libres ou assujettis, dignités ou ordinaires, laïques ou ecclésiastiques, consistoriaux ou non consistoriaux.

Le *Bénéfice séculier simple* est celui qui n'est chargé d'aucun gouvernement sur le peuple ni sur le clergé, & qui est exempt de toute administration.

Les canonistes soudivisent les Bénéfices simples en *Bénéfices vraiment simples* & en *Bénéfices simples serviles.* Les premiers ne sont chargés que de quelques prières; les autres imposent un service, comme de dire des messes, d'aider à chanter dans un choeur & autres choses semblables.

Quand le Bénéfice demande la prêtrise, on l'appelle sacerdotal : quand il exige un service journalier dans une église, on le dit sujet à résidence.

On doit mettre au rang des Bénéfices simples en général les canonicats ou prèbendes qui ne sont pas dignités, les chapelles, & tous les Bénéfices qui n'ont ni administration, ni juridiction, ni même aucun office qu'on appelle personnat dans les chapitres.

On appelle *Bénéfices doubles* ceux qui sont chargés de quelque administration. On en distingue de deux sortes ; ceux qui donnent avec l'administration quelque droit de juridiction, & ceux qui ne donnent absolument que la seule administration de quelque partie des biens de l'église, ou l'exercice de certaines fonctions avec quelques droits honorifiques.

De la première espèce sont les premières dignités de l'église, même des chapitres, & les cures en général. Les personnats, les offices & les dignités, même de certains chapitres, forment la seconde.

Parmi les Bénéfices qui outre l'administration donnent une juridiction, on distingue encore ceux dont la juridiction n'est que correctionnelle & ceux qui ont une juridiction pénitentielle. Les premières dignités des chapitres sous quelque nom qu'elles soient connues ont ordinairement la première de ces juridictions ; le pape, les évêques & les curés sont toujours revêtus de l'une & de l'autre.

Les *Bénéfices simples réguliers* sont les prieurés que des séculiers tiennent en commende quand il y a conventualité dans le lieu du prieuré ; ou sans commende quand il n'y a point de conventualité.

Les *Bénéfices doubles réguliers* sont l'abbaye en titre & les offices claustraux en exercice, tels que le prieuré conventuel ou claustral.

La distinction des Bénéfices masculins & féminins ne peut se faire que de ceux qui sont réguliers, & dont l'origine est commune aux ordres religieux des deux sexes.

Un Bénéfice régulier est possédé en titre, quand il est possédé sans commende par un religieux qui en exerce toutes les fonctions, selon la nature du Bénéfice ou suivant les règles de l'ordre dont il dépend.

On dit au contraire qu'un Bénéfice régulier est pôssédé en commende quand un clerc séculier le posséde avec dispense de la régularité. On pourroit faire la même distinction des Bénéfices séculiers respectivement aux religieux qui les possédent quelquefois avec dispense de la sécularisation ; mais les exemples en sont plus rares, & même on ne souffre plus en France qu'un religieux posséde en commende un Bénéfice séculier.

On appelle *Bénéfices compatibles*, deux ou plusieurs Bénéfices qu'une seule & même personne peut posséder à la fois : & *Bénéfices incompatibles* ceux au contraire qu'une personne ne peut posséder ensemble.

Les *Bénéfices collatifs* sont ceux qui sont simplement à la nomination d'un collateur ; si le collateur ne confère que sur la présentation d'une autre personne, le Bénéfice est alors en patronage.

Les *Bénéfices électifs* sont ceux qui sont donnés par la voie du suffrage & du choix ; si le choix doit être confirmé pour la validité de la collation, le Bénéfice s'appelle *Bénéfice électif-confimatif.* Et si l'élection n'a pas besoin d'être confirmée, le Bénéfice est qualifié d'*électif-collatif* ou *mixte*, selon quelques-uns qui veulent faire entendre par ce terme que la forme des provisions participe en ce cas de l'élection & de la collation, ce que d'autres étendent mal à propos à l'institution sur présentation.

Les Bénéfices libres ou assujettis peuvent être considérés sous différens rapports : on peut se représenter la liberté ou la servitude d'un Bénéfice relativement à la forme des provisions, par rapport aux réserves ou grâces expectatives dont il peut être chargé, soit de la part du pape & de ses mandataires, soit de la part des expectans François.

On peut entendre aussi par *Bénéfice libre*, celui qui est exempt de la prévention du pape, d'un patronage, d'une redevance ou pension, &c.

On appelle *Bénéfices ordinaires*, ceux qui ne sont ni prélatures ni dignités.

On appelle *Bénéfices laiques*, ceux qui sont à la collation du roi ou de quelques particuliers. Et *Bénéfices ecclésiastiques*, ceux dont le collateur est ecclésiastique.

Les *Bénéfices consistoriaux* sont ainsi nommés parce que le pape n'en a accordé les provisions qu'après une délibération faite dans le consistoire des cardinaux. De ce nombre sont tous les grands Bénéfices, tels que les évêchés, les abbayes & autres dignités.

En France on appelle en général, *Bénéfices consistoriaux*, ceux dont le roi a la nomination en vertu du concordat fait entre le pape Léon X & François Ier.

Des règles qui s'appliquent aux Bénéfices pris collectivement & considérés sous des rapports généraux. Les Bénéfices séculiers ne peuvent être possédés que par des ecclésiastiques séculiers, & les Bénéfices réguliers ne peuvent être conférés qu'à des religieux.

Dans le doute un Bénéfice est présumé séculier. C'est ce que le tribunal de la Rote a jugé par différentes sentences rapportées par Rebuffe. C'est aussi ce qui résulte de divers arrêts, & entr'autres de celui que le parlement de Paris rendit le 5 mai 1708 au sujet d'une cure du diocèse de Châlons de laquelle deux ecclésiastiques, l'un séculier & l'autre régulier, s'étoient fait pourvoir en cour de Rome.

Il faut que la tonsure du clerc qu'on pourvoit d'un Bénéfice, lui ait été donnée par l'évêque diocésain ou par un autre évêque en vertu d'un démissoire. Au surplus quand les lettres de tonsure font mention de l'existence du démissoire, il n'est pas nécessaire de le représenter. C'est ce qu'a jugé le parlement de Paris par arrêt du 4 septembre 1690 rendu au sujet du prieuré de Sainte-Avoye de Beaulieu.

Il faut aussi que le bénéficier ait l'âge requis par les canons, pour posséder l'espèce de Bénéfice dont il est pourvu, sinon ses provisions seroient nulles.

Il n'y a que les gradués en théologie ou en droit canon qui puissent être légitimement pourvus des dignités des églises cathédrales & des premières dignités des églises collégiales. C'est pourquoi la nomination d'un clerc non gradué seroit nulle.

Il faut remarquer qu'on ne doit reconnoître comme gradués capables de pouvoir être pourvus de certains Bénéfices, que ceux qui ont étudié dans une université fameuse pendant le temps prescrit par les ordonnances du royaume & par les statuts de l'université où les degrés ont été accordés après que le gradué a subi les examens & soutenu les thèses suivant les règlemens. Le roi dispense quelquefois du temps des études de droit ceux que l'on présume s'être instruits en particulier, à condition qu'ils donneront les preuves de leur capacité en subissant les examens & en soutenant les thèses. Ces dispenses s'accordent par des lettres-patentes que l'on fait enregistrer au parlement dans le ressort duquel est l'université à laquelle on doit se présenter pour obtenir les degrés. Telles sont les dispositions de la pragmatique sanction, de l'édit de décembre 1606, & de la declaration du 6 décembre 1736.

Le sieur Leblanc ayant obtenu en cour de Rome des provisions du doyenné de l'église collégiale de Montaigu, elles furent déclarées abusives par un arrêt du 10 juillet 1703, parce que Leblanc avoit pris des degrés en droit sans avoir étudié pendant le temps prescrit par les ordonnances. Le parlement faisant droit sur les conclusions de M. le procureur général, déclara nulles les lettres de degrés qui avoient été données à Leblanc : il lui défendit de s'en servir, & à l'université d'Angers d'accorder des degrés à ceux qui n'auroient pas satisfait à tout ce que prescrivent les ordonnances & les règlemens. Il en doit être usé de même relativement aux facultés de théologie, & l'on doit déclarer nuls par rapport aux Bénéfices, les degrés qu'on y obtient sans avoir étudié pendant le temps prescrit par les statuts de l'université dans laquelle on se prétend gradué, à moins que le gradué n'ait obtenu du roi une dispense de temps d'étude.

Les étrangers qu'on appelle Aubains ne peuvent posséder des Bénéfices en France, même avec une dispense du pape; parce que l'intérêt de l'état est le fondement de cette loi : mais le roi accorde aux étrangers des lettres de naturalité par lesquelles il les dispense. Il suffit d'obtenir ces lettres après avoir été pourvu du Bénéfice, attendu que les ordonnances ne déclarent point nulles les provisions accordées aux étrangers; mais qu'elles défendent seulement de les mettre en possession, de leur accorder la jouissance des fruits, & de leur laisser exercer les fonctions attachées au Bénéfice. C'est ce qui résulte de l'édit de Charles VII du mois de mars 1431, de la déclaration du mois de janvier 1681, & de l'article 39 des libertés de l'église gallicane.

Ceux qui sont nés sujets des états envers lesquels le droit d'aubaine n'a point lieu en France, & qui peuvent posséder des biens immeubles dans le royaume, y peuvent aussi tenir des Bénéfices sans dispense, pourvu que leur patrie ne soit point en guerre avec la France dans le temps qu'ils prennent possession du Bénéfice, ou qu'ils qu'ils se soient établis dans ce royaume avant la guerre. Cette exemption du droit d'aubaine s'acquiert par des traités de paix ou par des édits particuliers qui tiennent lieu de lettres de naturalité.

Le roi par ses lettres-patentes du 22 octobre 1775, enregistrées au parlement le 26 janvier 1776, a ratifié une convention faite le 14 octobre précédent avec la cour impériale au sujet des Bénéfices réguliers dépendans des abbayes situées respectivement en France & dans les pays Bas-Autrichiens. L'objet de cette convention a été de remédier aux inconvéniens que pouvoit produire l'exclusion des sujets de l'une des deux puissances, relativement à la jouissance des Bénéfices réguliers situés sous l'autre, & aux embarras auxquels les abbayes des deux dominations pouvoient être exposées par les difficultés que pouvoit faire naître la légalité des unions des Bénéfices qui en dépendent. Cette convention qui contient neuf articles, est ainsi conçue :

Article premier. « Les abbés ou autres » supérieurs des abbayes des deux dominations, » pourront désormais nommer librement pour » les prévôtés, prieurés ou autres Bénéfices ré- » guliers dépendans de ces abbayes qui ne don- » nent qu'une supériorité amovible à leur vo- » lonté, tels de leurs religieux légitimement » profès du chef-lieu qu'ils jugeront convenir, » sans égard si ces religieux sont nés sujets de la » puissance sous la domination de laquelle les » prévôtés, prieurés ou autres Bénéfices régu- » liers sont situés.

« II. Quant aux prévôtés, prieurés ou autres » Bénéfices réguliers qui sont en titre & dont

» les abbés ou autres ſupérieurs des abbayes diſ-
» poſent pour la vie du titulaire, ils ne pourront
» y nommer que des religieux nés ſujets du ſou-
» verain ſous la domination duquel les prieurés,
» prévôtés ou Bénéfices réguliers en titre ſont
» ſitués; ou s'ils en préſentoient quelques-uns qui
» fuſſent nés ſous une domination différente,
» ces derniers ſeront tenus, comme par le paſſé,
» de prendre des lettres de naturalité, avec
» congé de poſſéder leſdits Bénéfices.

» III. Il eſt convenu expreſſément que dans
» ce dernier cas, les pourvus deſdits Bénéfices
» ne pourront prendre poſſeſſion en vertu de
» la ſimple nomination des abbés collateurs,
» moyennant la formalité unique de repréſenter
» l'acte de leur nomination au tribunal ſupérieur
» du lieu où ces Bénéfices ſont ſitués; qu'il leur
» ſera accordé le terme de ſix mois, à compter
» du jour de cette priſe de poſſeſſion, pour im-
» pétrer des lettres de naturailté, & que ces
» lettres leur ſeront accordées ſans difficulté
» ſur la propoſition des miniſtres reſpectifs.

« IV. A l'exception des cas énoncés en l'ar-
» ticle 2, les religieux nommés par les abbés ou
» autres ſupérieurs des abbayes en ayant le droit,
» pourront prendre poſſeſſion des prévôtés,
» prieurés ou autres Bénéfices réguliers dont il
» aura été diſpoſé en leur faveur, moyennant la
» ſeule formalité de faire enregiſtrer auparavant
» l'acte de leur nomination au tribunal ſupérieur
» du lieu où les Bénéfices ſont ſitués, & l'enre-
» giſtrement ſera certifié par une ſimple note
» d'un des greffiers ou ſecrétaires du tribunal,
» couchée ſur l'acte de nomination.

» V. Quant aux religieux conventuels que les

» abbés envoient dans les prévôtés & dans les » prieurés pour y demeurer sans qualité & sans » être chargés d'aucune autorité ni administra- » tion, sous la direction des prévôts ou des » prieurs, soit que ceux-ci soient en titre ou » amovibles à volonté, ils ne seront tenus à au- » cune des formalités prescrites par les arti- » cles précédens ; il suffira qu'ils soient religieux » profés du chef-lieu, & qu'ils aient été envoyés » dans lesdits prieurés ou prévôtés par leur supé- » rieur légitime.

» VI. Sa majesté très-chrétienne & sa majesté » l'impératrice-reine apostolique n'entendent pas » néanmoins que, par les articles précédens, il » soit apporté aucun changemeut ou innovation » à la nature des diverses espèces de places, offi- » ces où Bénéfices dont il y est fait mention, » soit par rapport à leur amovibilité ou par rap- » port a d'autres circonstances ; à l'égard de » quoi les abbés & supérieurs des maisons réli- » gieuses des dominations respectives demeure- » ront dans les mêmes droits, usages & posses- » sions dans lesquels ils étoient avant la présente » convention.

» VII. Les prévôtés, prieurés ou autres Bé- » néfices réguliers dépendans actuellement des » abbayes de l'une domination, mais situés sur » le territoire de l'autre, seront tenus à perpé- » tuité & en vertu de la présente convention, » pour légalement & irrévocablement unis & » incorporés auxdites abbayes ; ensorte que dans » aucun temps, ni dans aucun cas, ces unions » ou incorporations ne pourront être attaquées » par qui que ce soit, du chef d'aucun défaut

» quelconque, ſoit d'omiſſion de formalités ou » autres.

» VIII. La préſente convention aura ſon effet » à l'égard de toutes les abbayes des pays-bas » autrichiens poſſédant des Bénéfices réguliers » ſous la domination françoiſe, dans quelque » province du royaume qu'ils ſoient ſitués, & » pareillement en faveur de toutes les abbayes » ſoumiſes à la domination du roi très-chrétien, » qui poſſédent des Bénéfices réguliers dans » quelque province ou diſtrict que ce ſoit des » pays-bas autrichiens. Elle ſera enregiſtrée de » part & d'autre dans les cours & tribunaux » ſupérieurs de juſtice, pour ſervir déſormais » de loi & de règle fixe & immuable à perpé- » pétuité.

» IX. Les préſens articles ſeront ratifiés par » les hautes parties contractantes; & l'échange » des ratifications ſe fera dans l'eſpace de ſix » ſemaines, à compter du jour de la ſignature, » ou plutôt ſi faire ſe peut.

En foi de quoi, nous, miniſtres plénipoten- » tiaire de ſa majeſté le roi très-chrétien, & de » ſa majeſté l'impératrice-reine apoſtolique, » avons ſigné la préſente convention, &c.

Pour tenir un Bénéfice régulier en titre, il faut avoir fait profeſſion de la règle qu'on obſerve dans le monaſtère d'où dépend le Bénéfice & être dans le même ordre : la diverſité des congrégations & des généraux n'empêche pas que des religieux ne ſoient réputés du même ordre. C'eſt la raiſon pour laquelle un bénédictin de la congrégation de ſaint Maur peut tenir un Bénéfice dépendant d'un monaſtère de l'ordre de Cluni, ſoit mitigé, ſoit réformé.

Les religeux mendians qui ont été transférés dans d'autres ordres religieux, même du consentement du pape, ne peuvent tenir aucun prieuré, Bénéfice & administration dans l'ordre où ils ont été transférés. Cela a été ainsi réglé pour réprimer les mendians qui se font transférer par des vues d'intérêts ou de vanité. Le pape accorde souvent des dispenses à ces mendians tranférés pour tenir des Bénéfices. Mais ces dispenses ne sont pas suffisantes pour leur conserver le Bénéfice, à moins qu'elles ne soient confirmées par des lettres patentes dûment enregistrées. Il y a des congrégations régulières dont les sujets ne peuvent être pourvus de Bénéfices de leur congrégation, que du consentement du supérieur général de l'ordre, & d'autres congrégations dont les sujets qui sont capables de posséder des Bénéfices séculiers, ne peuvent cependant en être pourvus que du consentement des supérieurs de la congrégation. C'est ce qui résulte des dispositions du concile de Vienne de l'an 1312, de l'ordonnance de Charles VII de l'an 1443, & de la déclaration du 25 janvier 1718.

Par l'arrêt du 30 juin 1642, maître Jacques Rousseau fut maintenu dans la possession de la cure de saint Martin des Noyers, en conséquence d'un dévolut qu'il avoit pris sur Louis Pelletier religieux cordelier, qui avoit été transféré dans l'ordre de saint Augustin en vertu d'un bref du pape sans avoir eu de dispense particulière pour tenir des Bénéfices de l'ordre dans lequel il avoit été transféré. Cet arrêt est dans le premier volume du journal des audiences.

Un religieux mendiant peut être pourvu d'un évêché qui est un Bénéfice séculier ; & même étant évêque, il peut tenir d'autres Bénéfices simples séculiers & des Bénéfices réguliers en commende, parce que l'épiscopat le décharge des observances monastiques, excepté pour le droit de succéder à ses parens.

Le concile de Trente permet de conférer les Bénéfices réguliers aux clercs séculiers qui souhaitent de faire profession dans l'ordre, avec la clause *cupienti profiteri*. Comme ce concile ne réserve point au pape cette espèce singulière de provision, les collateurs ordinaires devroient avoir le droit d'en accorder en France comme ils en donnent en d'autres pays.

Quand on donne des provisions d'un Bénéfice régulier à un clerc séculier à condition de se faire religieux dans les six mois, s'il manque à exécuter la condition, le Bénéfice devient vaçant & impétrable dès que les six mois, à compter du jour de la provision, sont expirés. Il y en a un arrêt du 11 mars 1647 rapporté dans la deuxième centurie de Soefve.

Le pape est reconnu pour être le seul en droit de conférer des Bénéfices en commende. Il peut néanmoins accorder cette faculté à d'autres collateurs en leur octroyant à cet effet un indult ; mais cet indult, qui est purement une faveur, doit être spécial & revêtu de lettres-patentes enregistrées. Sur quoi observez que cette faveur ne s'étend pas au-delà des cas pour lesquels elle est accordée : ainsi quand il n'est permis de conférer qu'en continuation de commende, on ne peut pas donner à un séculier le Bénéfice vacant par la mort d'un régulier, parce qu'on ne pourroit pas dire alors que ce fût en continuation de commende dès que le Bénéfice n'étoit pas dans ce tems-là en commende.

Il faut distinguer à l'égard du pape, entre commende simple & commende avec clause de retour. Lorsqu'un Bénéfice a été conféré plusieurs fois par le pape en commende simple, c'est-à-dire sans la clause de retour, on tient pour maxime constante dans ce Royaume qu'il est obligé de le conférer lorsqu'on le lui demande en continuation de commende, & que ce seroit de sa part un abus de son autorité de s'y refuser, par la raison que l'ayant déja plusieurs fois conféré en commende, c'est en quelque sorte en avoir changé l'état par les provisions qu'il en a accordées. Cependant rien n'empêche qu'au moment où il vient de vaquer, les collateurs ordinaires ne puissent le conférer à un régulier, & alors le Bénéfice rentrant dans son état, le pape peut refuser la commende.

Lorsqu'au contraire le pape confère le Bénéfice avec la clause de retour en règle à la première vacance du Bénéfice, cette clause produit cet effet, que si le séculier qui le demande omet de faire mention que la commende cessoit au précédent titulaire, ses provisions sont absolument nulles; & ce qu'il y a de rigoureux en pareil cas, c'est qu'elles ne peuvent point lui servir de titre coloré ni le mettre à couvert du dévolut, même après une possession paisible de trois années, par la raison que le pape n'est pas censé lui avoir accordé le Bénéfice autrement qu'il ne devoit l'accorder, & il falloit un renouvellement de commende dès que la première étoit expirée; c'est ce qui a été jugé au parlement de Paris par un arrêt du 11 juillet 1674, rapporté au journal du Palais.

Obſervez au ſujet des réguliers, qu'il ne faut pas confondre avec eux les membres de certaines congrégations où l'on ne fait aucune profeſſion de la vie religieuſe : tels ſont les pères de l'Oratoire & de la Doctrine chrétienne ; ils ne ſont point capables par leur état de poſſéder des Bénéfices réguliers autrement qu'en commende ou avec le vœu de ſe faire religieux, ſuivant ce que nous venons d'obſerver.

Il y a des Bénéfices qui ſont deſtinés à des perſonnes nobles ; d'autres qui le ſont à des prêtres nobles ou non-nobles, d'autres aux chantres & aux enfans de chœur d'une égliſe. Lorſque la deſtination eſt marquée, le pape lui-même ne peut y contrevenir, ſi les ſtatuts ou les titres qui marquent cette deſtination ſont homologués. Cependant ſi le cas de la réſignation n'étoit pas prévu, une réſignation admiſe par le pape en faveur d'une perſonne qui n'auroit pas la qualité requiſe n'en ſeroit pas moins valable ; il ſuffiroit qu'elle eût d'ailleurs les qualités exigées de droit commun pour que le pape qui eſt cenſé ne s'être jamais dépouillé du droit de pourvoir une perſonne ayant les qualités ordinaires, eût pu valablement admettre une ſemblable réſignation. La choſe a été ainſi jugée par un arrêt du 18 juillet 1573 que rapporte Chopin dans ſon traité de la *police ſacrée.* Cette juriſprudence a été encore la même au ſujet d'une chapelle de ſaint Germain l'Auxerrois affectée aux chantres & aux choriſtes de cette égliſe, ſuivant qu'on le remarque par un arrêt qu'on trouve au journal des audiences.

Indépendamment des qualités qu'il faut avoir pour posséder un Bénéfice, il est bon d'observer que la moindre irrégularité suffit pour empêcher d'en être pourvu. On regarde comme nulles les provisions qu'obtiennent ceux qui sont excommuniés, ceux qui sont *suspens*, & même ceux qui sont accusés en matière criminelle jusqu'à ce qu'ils soient renvoyés absous. Un gradué décreté de prise-de-corps avoit requis un Bénéfice vacant dans un mois affecté aux gradués nommés; il étoit le plus ancien, mais parce qu'il étoit décreté, sa requisition fut jugée nulle par un arrêt du grand conseil en conformité de la jurisprudence établie dans ce tribunal par trois autres arrêts, dont le plus récent avoit été rendu contre un résignataire le 5 mars 1660. Remarquez que ce résignataire avoit été renvoyé absous de l'accusation intentée contre lui dans le tems même qu'on plaidoit sur la validité de la résignation qui lui avoit été faite, & que cette circonstance n'opéra rien en sa faveur. Un simple décret d'ajournement personnel auroit en cas pareil le même effet que le décret de prise de corps, parce que dans nos mœurs un décret d'ajournement personnel suppose une tache dans la conduite de l'ecclésiastique, & qu'il faut être exempt de tout soupçon légitime d'irrégularité pour posséder un Bénéfice.

Un autre obstacle à l'admission aux Bénéfices, est le défaut de légitimité du côté de la naissance. Des lettres de légitimation de la part du Prince ne suffisent pas; il faut une dispense de l'évêque pour les Bénéfices simples & les canonicats des collégiales; à l'égard des Bénéfices-cures, des Bénéfices sacerdotaux, des canonicats des cathédrales & des dignités, il faut que cette dispense vienne du pape; mais si l'on a été dispensé pour recevoir les ordres nécessaires afin de posséder ces Bénéfices, on l'a été tacitement pour en devenir titulaire. La dispense est pareillement requise dans les monastères pour posséder un Bénéfice régulier.

Il y a des cas où indépendamment de la légitimité il faut encore une dispense du pape; c'est lorsqu'un fils veut obtenir un Bénéfice dont son père étoit pourvu; dipense qui ne seroit pourtant pas nécessaire s'il y avoit eu un possesseur intermédiaire. Il suffit pour obtenir cette dispense, que le fils déclare dans sa supplique au pape, que son père tenoit le Bénéfice immédiatement avant lui; dès qu'ensuite le pape confère ce Bénéfice, il est censé avoir accordé la dispense, quoiqu'elle ne soit pas nommément exprimée dans les clauses qui accompagnent la signature.

Comme les loix pénales ne doivent pas s'étendre au-delà des cas pour lesquels elles ont été portées, on tolère que le père puisse être pourvu du Bénéfice que possédoit son fils, & le petit-fils de celui dont son aieul étoit pourvu, parce que ces cas qui sont contre l'ordre des successions sont trop rares pour que l'église puisse beaucoup en souffrir. Mais pour ce qui est d'un fils illégitime, il ne peut tenir médiatement ni immédiatement le Bénéfice que possédoit son père: il ne peut même pas en obtenir dans l'église où son père en a ou en avoit un autre, & cela pour empêcher que la présence du fils ne rappelle trop souvent l'idée de l'incontinence du père. C'est un point de discipline établie par le concile de Trente, & l'on regarde comme nulle & subreptice toute dispense obtenue contre le décret rendu à ce sujet.

Lorsqu'un clerc a été marié deux fois, il lui faut une dispense pour tenir des Bénéfices; mais l'évêque, suivant l'opinion de quelques auteurs & la doctrine de saint Thomas, peut accorder cette dispense pour les Bénéfices simples.

L'irrégularité physique & morale est un autre obstacle à l'obtention des Bénéfices: du côté du phisique, il faut être propre aux fonctions attachées au Bénéfice; du côté du moral, il faut être en état d'édifier par ses bonnes mœurs & par toutes les qualités de l'esprit & du cœur requises dans un ecclésiastique & surtout dans un bénéficier. Le pape peut dispenser au sujet de quelques unes de ces irrégularités telles que celles qui sont occasionnées par quelque défaut du côté de la vue, de l'ouie, par une mutilation, &c. Il le peut de même au sujet des qualités de l'âme, lorsqu'on a exercé une profession qui indique peu de douceur dans le caractère de celui qui l'a embrassée.

Si l'on étoit tombé dans l'irrégularité pour avoir commis quelque délit, il y auroit cette distinction à faire entre un délit public & un délit caché, que le pape seul pourroit dispenser pour un délit public, & que l'évêque ne pourroit le faire que pour un délit secret; & encore en faudroit-il excepter l'homicide volontaire pour lequel il faudroit s'adresser au pape, parce que ce délit, quoique caché, est trop grave pour obtenir légerement une dispense.

On a agité la question de savoir si le port des

armes n'entraînoit point d'irrégularité qui fît obſtacle à l'obtention d'un Bénéfice. On a prétendu que l'état militaire ſuppoſoit un défaut de douceur dans le caractère de celui qui l'embraſſoit, & que dès-lors il falloit au moins une diſpenſe. On a répondu que cette diſpenſe n'étoit néceſſaire qu'autant qu'on s'étoit trouvé dans une mêlée, & que dès qu'on n'avoit ni tué ni mutilé il n'en falloit pas; qu'au ſurplus par rapport au défaut de douceur de caractère, on ne pouvoit point en objecter dans un militaire qui prenoit les armes pour le ſervice du prince & la défenſe de la patrie, attendu que l'uſage qu'il en faiſoit étoit moins le pur effet de la volonté que celui de la néceſſité. C'eſt ſur ce fondement qu'il fut jugé au parlement de Provence le 11 mars 1675, qu'un officier qui ſervoit en qualité de lieutenant dans un régiment, demeureroit pourvu d'une prébende qu'il avoit obtenue dans l'égliſe cathédrale de Nîmes.

Le premier collateur de tous les Bénéfices d'un diocèſe, c'eſt l'évêque: maxime de droit commun qui n'empêche pas que la plupart des abbés ne confèrent auſſi de plein droit les Bénéfices ſimples qui dépendent de leurs abbayes. Cette collation ſemble auſſi naturellement leur appartenir, puiſque les Bénéfices qu'ils confèrent peuvent être regardés comme faiſant partie des biens du monaſtère dont ils avoient anciennement la ſouveraine adminiſtration.

Les chapitres ont auſſi pour la plupart, la collation des Bénéfices qui dépendent de leur égliſe; mais dans les chapitres ſéculiers c'eſt quelquefois avec l'évêque qu'elle ſe fait, & quelquefois auſſi avec l'abbé dans les chapitres réguliers. Cette manière de conférer conjointement est différente suivant les chapitres & les monastères. Dans les uns le chef séculier ou régulier n'a que sa voix ; dans les autres son suffrage vaut celui de tous les capitulans ensemble ; dans d'autres enfin il n'est obligé que de consulter le chapitre sans être astreint à suivre la pluralité des voix. C'est ce qui fait ou que les provisions sont intitulées du nom du supérieur & de celui du chapitre conjointement, ou qu'elles ne le sont que de celui du supérieur sur l'avis du chapitre. Quand ces règles sont établies par l'usage ou par les statuts, on doit s'y conformer, autrement il y a lieu à la peine de nullité des provisions.

Il y a des chapitres où les chanoines pour avoir plus d'avantage & de facilité dans la collation des Bénéfices qui dépendent de leur église, ont partagé entr'eux ce droit de collation en s'assignant à chacun un certain temps de l'année pendant lequel le Bénéfice qui vient à vaquer est à la disposition de celui qui a en sa faveur le temps où la vacance arrive. On tolère cet usage lorsqu'il se trouve ancien & qu'on a lieu de présumer qu'il s'est introduit dans de bonnes vues ; mais lorsqu'il est question d'innover à ce sujet contre l'ancien état de l'église, on ne peut le faire sans une information de nécessité, sans le consentement du supérieur ecclésiastique, & sans celui du patron lorsqu'il y en a un. Le chapitre du Mans en 1236 avoit fait un partage semblable sans avoir fait approuver ce changement par le roi qui est le patron & le fondateur de cette église. On se pourvut au parlement de Paris, & quoique le statut qui établissoit cette innovation fut fort ancien, & qu'il eût même été confirmé par un acte capitulaire de 1617, l'arrêt qui intervint le 17 août 1625 & qu'on trouve au journal des audiences ne laissa pas de le déclarer abusif. Les chanoines de la cathédrale de Clermont en Auvergne pour en avoir agi de la sorte sans l'agrément de la reine Catherine de Médicis, qui en sa qualité de comtesse de Clermont représentoit les anciens comtes d'Auvergne fondateurs de l'église, avoient déja essuyé le même sort en 1561. sur un appel comme d'abus interjeté par le procureur général de cette princesse.

Observez que dans les chapitres ou chaque chanoine a droit de nommer en certain temps au Bénéfice vacant, s'il est dit qu'il fera cette nomination dans son mois, ou qu'autrement elle appartiendra à celui qui viendra à son tour le mois suivant, le statut doit être exécuté à la lettre : c'est ce qu'a jugé le parlement de Paris le 13 août 1691 ; mais s'il n'y a pas nommément d'obligation de conférer dans le mois, le droit de présentation du chanoine dure six mois comme celui des autres patrons ecclésiastiques, à moins qu'un ancien usage bien avéré ne prive de son droit celui qui a négligé d'en user dans le mois.

Il y a des chapitres tels que celui de Troyes où pour être admis à conférer les Bénéfices à son tour, il faut auparavant avoir fait son stage & être inscrit au tableau des chanoines. Lorsque les statuts s'expliquent clairement à ce sujet, on a jugé au parlement de Paris le 25 juin 1685 qu'on devoit les suivre.

Ce que nous disons des chanoines pour la

nomination aux Bénéfices ne s'applique qu'à ceux qui sont constitués dans les ordres sacrés : car les autres qui sont dans les ordres inférieurs ne peuvent pas nommer, puisqu'ils n'ont point de voix au chapitre depuis que la chose a été ainsi réglée par le concile de Vienne de l'an 311. Les statuts contraires à ce réglement sont déclarés abusifs, & l'on trouve au journal du palais un arrêt du parlement de Normandie du 21 juin 1673 qui dans une occasion s'est entiérement conformé aux dispositions de ce concile. Il faut pourtant considérer que si la présentation à un Bénéfice étoit un droit particuliérement attaché à la prébende d'un chanoine, cet ecclésiastique quoique non constitué dans les ordres sacrés n'en seroit pas moins habile à faire usage de son droit, parce qu'alors il ne seroit plus question d'appliquer à ce cas la décision du concile de Vienne.

Les Bénéfices en France ne sont pas seulement à la collation des évêques, des abbés, des abbesses, des chapitres, &c. Plusieurs seigneurs laïques en confèrent aussi beaucoup même à charge d'âmes. L'église n'improuve ni ne sauroit improuver cet usage, parce qu'il est tout naturel que ceux qui ont fondé des Bénéfices aient la liberté d'en disposer ; cependant comme les laïques n'ont pas de juridiction ecclésiastique pour autoriser dans les fonctions spirituelles ceux qu'ils nomment à des Bénéfices à charge d'âmes, les ecclésiastiqes nommés sont obligés de prendre de l'évêque un pouvoir qu'on appelle *mission canonique* ou *institution autorisable :* le roi a même soumis à cetre loi ceux qu'il pourvoit de Bénéfices vacans en régale lorsque ces Bénéfices sont à charge d'ames : on peut voir à ce sujet l'édit du mois de janvier 1682. Lorsqu'il s'agit de Bénéfices consistoriaux, le roi n'en a que la nomination ; mais sur cette nomination, le pape suivant le concordat est obligé de les conférer.

Comme l'abbé commendataire a tous les droits honorifiques attachés à son abbaye, il est fondé par cette raison à nommer à tous les Bénéfices qui en dépendent ; il ne peut même pas au préjudice de ses successeurs se dépouiller de ce droit en faveur du monastère, à moins qu'on n'observe en ce cas les formalités prescrites pour l'aliénation des biens d'église.

Une collation faite par celui qui étoit en possession de conférer ou par un titulaire qui avoit en sa faveur la récréance du Bénéfice duquel dépendoit cette collation doit subsister, quand même on jugeroit dans la suite ou qu'il n'avoit pas le droit de nommer ou que la pleine maintenue du Bénéfice dont on lui avoit adjugé la récréance ne doit pas avoir lieu. Ainsi en cas d'éviction celui qui a été présenté par l'ecclésiastique qui étoit en possession, doit l'emporter sur celui qui a été présenté par son contendant quoique celui-ci ait gagné la maintenue définitive du Bénéfice qui donnoit le droit de présenter. La raison en est que la collation & la présentation qui dépendent de certains Bénéfices sont regardées comme faisant partie des fruits attachés à ces mêmes Bénéfices, & que ces fruits appartiennennent à ceux qu'on a autorisés d'en prendre possession. On trouve là dessus au journal du palais un arrêt du parlement de Paris du 11 août 1678. Cependant si le Bénéfice duquel dérive le droit de présenter

étoit

étoit mis en séquestre, comme ni l'un ni l'autre des contendans ne pourroient en exercer les droits, le collateur qui auroit conféré le Bénéfice principal seroit fondé en attendant un jugement, à conférer les autres Bénéfices qui en dépendroient. Le cas est arrivé à Poitiers : le sieur Gauthier fut pourvu d'une prébende qui lui donnoit le droit de nommer à des Bénéfices dépendans de cette prébende. Elle fut mise en séquestre : pendant ce temps-là il vint à vaquer un Bénéfice attaché à cette prébende : le sieur Gauthier y présenta le sieur Bilhoir ; le chapitre de son côté y nomma un autre ecclésiastique : ceci donna lieu à un procès que jugea le parlement de Paris le 8 août 1687 en faveur de celui qui avoit la nomination du chapitre.

Si sur le refus que feroit le pape ou l'ordinaire d'accorder des provisions à celui qui auroit été nommé à un Bénéfice, celui-ci en prenoit la possession civile en vertu d'un arrêt, il n'auroit pas moins le droit de conférer les Bénéfices dépendans du sien que s'il avoit obtenu ses provisions ; & cela comme nous l'avons dit, par la raison que la collation & la nomination des Bénéfices font partie des fruits des autres Bénéfices dont elles dépendent.

L'archevêque de Bordeaux étoit convenu d'une permutation de l'abbaye de Cadagne avec celle de sainte Croix de Bordeaux ; le roi y avoit donné son approbation ; il ne falloit plus que des bulles du pape & il les refusa. L'archevêque se pourvut au grand conseil où il obtint un arrêt qui lui permit de prendre possession de l'abbaye de sainte Croix : il prit cette possession & conféra ensuite un prieuré qui vint à vaquer

& qui en dépendoit. L'ancien titulaire de cette abbaye se croyant toujours dans son premier droit, parce que le pape avoit refusé les bulles, nomma de son côté un autre sujet au même Bénéfice. Ceci donna lieu à une contestation, par l'événement de laquelle la nomination faite par l'archevêque fut jugée régulière & valable au parlement de Paris le 12 mars 1646. Cet arrêt qui se trouve au journal des audiences fut rendu conformément aux conclusions du célèbre avocat général Talon. On trouve aussi dans le cinquième volume du même journal un arrêt dans la même espèce en faveur d'un Bénéficier nommé par l'abbé de saint Crepin-le-Grand de Soissons, auquel Bénéficier on avoit refusé des bulles en cour de Rome dans le temps des contestations qui s'étoient élevées entre le pape Innocent XI & le clergé de France.

Lorsqu'il s'agit de conférer un Bénéfice on doit avoir une attention particulière à ne le faire passer qu'à un sujet capable de le posséder. Comme le collateur ecclésiastique ne peut point varier, s'il avoit fait un mauvais choix en le conférant à une personne indigne ou incapable, il perdroit pour cette fois son droit de collation, lequel seroit dévolu au supérieur qui pourroit en disposer. Il est dès-lors intéressant de savoir outre les qualités générales quelles sont celles qui peuvent être particuliérement requises dans celui qu'on veut pourvoir; c'est ce qu'on peut reconnoître par les statuts de chaque église & par les titres de fondation. On peut consulter sur cette matière le concile de Latran de l'an 1179 & des lettres-patentes du mois d'août 1638. Ce même concile défend de conférer les Bénéfices qui ne ſont point vacans & même de les promettre. On ne peut pas non plus en les conférant les ſubſtituer à d'autres perſonnes, de crainte de donner par-là occaſion de ſouhaiter la mort des titulaires.

Si le ſujet auquel on a conféré un Bénéfice refuſoit de l'accepter, le droit d'une nouvelle collation retourneroit au collateur, ſans qu'on pût lui objećter d'avoir fait un mauvais choix, parce que ce n'eſt pas en refuſant des Bénéfices qu'on eſt préſumé indigne de les poſſéder. Mais une maxime certaine, c'eſt qu'un collateur ne peut ni ſe conférer ni ſe faire conférer par autrui un Bénéfice qui eſt à ſa propre collation. Il y a plus; c'eſt que ſi l'on devient titulaire du principal Bénéfice d'où dépend celui dont on ſe trouvoit déja pourvu, on ne peut dès-lors conſerver en même temps l'un & l'autre ſans commettre une eſpèce d'inceſte ſpirituel.

Il n'eſt pas néceſſaire pour conférer un Bénéfice que le collateur ſoit au temps de la collation dans le lieu de la ſituation de ce Bénéfice. Auſſi voyons-nous tous les jours des évêques & d'autres collateurs expédier des proviſions dans les lieux où ils ſe trouvent. Les évêques ont même le droit de confirmer des élećtions & de donner des *viſa*, quoiqu'ils ſoient hors de leur diocèſe, parce que tout ce qui n'eſt que juridićtion volontaire peut s'exercer librement par-tout où l'on eſt.

C'eſt auſſi par une ſuite de cette liberté qu'ont les collateurs en cette matière que l'article 64 de l'ordonnance de Blois défend aux juges ſéculiers de contraindre les évêques & les autres collateurs eccléſiaſtiques à donner des proviſions des Bénéfices dépendans de leur collation: tout ce qu'ils peuvent faire en pareil cas, c'eſt de renvoyer au ſupérieur du collateur, quiconque s'adreſſe à eux avec des prétentions à un Bénéfice. Si enſuite ce ſupérieur refuſe ſans motif raiſonnable les proviſions qu'on lui demande ou que le collateur n'ait point de ſupérieur en France, ſur l'expoſé que le demandeur fait alors aux juges & de ſon droit au Bénéfice & du réfus qu'il éprouve, il obtient un arrêt qui lui permet de prendre une poſſeſſion civile du Bénéfice & d'en percevoir les fruits.

Les collateurs ne ſont pas obligés de conférer par eux-mêmes, ils peuvent donner à d'autres le pouvoir de le faire pour eux. Mais quand ils donnent des lettres de vicariat à quelqu'un il faut que ce pouvoir y ſoit expreſſément marqué. Une procuration générale ne ſuffit pas: la collation des Bénéfices eſt un droit de trop grande conſéquence pour l'y préſumer compris quand il n'en eſt point parlé. Les vicaires des collateurs eccléſiaſtiques doivent être au moins du nombre des clercs (*). On ne peut employer à leur place des perſonnes laïques pour diſpoſer des Bénéfices qui ont trait à des choſes ſpirituelles; cependant on avoue qu'il n'y a aucun inconvénient à ce que le droit d'un collateur

(*) L'article 35 de l'ordonnance de Blois exige que les grands-vicaires des évêques ſoient prêtres & gradués, mais elle n'exige cette qualité qu'à raiſon des fonctions importantes qui ſont attachées à leur miniſtère; car pour nommer ſimplement aux Bénéfices, l'évêque pourroit confier cette commiſſion particulière à d'autres eccléſiaſtiques qu'à des prêtres & à des gradués.

laïque s'exerce en vertu d'une procuration par une autre personne laïque.

Les pouvoirs que le collateur donne à un grand vicaire pour nommer aux Bénéfices de sa collation peuvent se limiter pour le temps, pour le lieu, pour la nature & le genre de la vacance des Bénéfices. On peut même les borner au premier Bénéfice d'une certaine espèce qui viendra à vaquer; mais il seroit contraire à l'esprit des canons de désigner nommément au grand vicaire la collation d'un Bénéfice en particulier : le desir de le conférer pourroit être une occasion de souhaiter la mort du titulaire actuel.

La simple qualité de coadjuteur d'un évêché ou d'une abbaye ne suffit pas pour être en droit de conférer les Bénéfices qui en dépendent, il faut de plus un pouvoir spécial de celui à qui ce coadjuteur a été donné. Il n'y auroit que des cas extraordinaires qui pussent autoriser ce même coadjuteur à disposer des Bénéfices, tels que ceux de la démence, de la folie ou de l'imbécillité du vrai collateur.

Ce n'est pas seulement à un seul vicaire ou à une seule personne, mais à plusieurs en même temps qu'on peut donner le pouvoir de conférer des Bénéfices; chacun de ces fondés de pouvoir peut exercer ce droit séparément; mais il est toujours vrai de dire que celui qui en a fait usage le premier est celui qui a valablement conféré, en observant toutefois que les lettres de vicariat ou les procurations données à cet effet ne sont valables qu'autant qu'elles ont été insinuées au greffe du diocèse où est assis le chef-lieu des prélatures des chapitres & des dignités dont dépendent les Bénéfices. L'insinuation des actes qui tendent à révoquer ces lettres ou ces procurations est également nécessaire suivant l'article 91 de l'édit de décembre 1691 concernant les insinuations ecclésiastiques ; sans quoi ce qui seroit fait par ceux à qui l'on auroit donné des pouvoirs antérieurs subsisteroit jusqu'à ce qu'on eût rempli cette formalité (*).

Si le collateur & son vicaire avoient tous les deux le même jour conféré le même Bénéfice, de façon qu'on ne pût savoir laquelle des deux provisions auroit été expédiée la première, celle du collateur auroit la préférence ; parce qu'il est tout naturel de préférer celui qui a par lui-même le droit de conférer.

Comme celui auquel on a accordé des pouvoirs ne peut pas avoir plus de droit que celui de qui il les a reçus, il s'ensuit que si un vicaire avoit conferé à un indigne ou à un incapable, il ne pourroit plus, comme nous l'avons dit du collateur, conférer de nouveau le Bénéfice dont il auroit disposé contre les règles. Mais le collateur pourroit-il en ce cas réparer la faute de son vicaire ? Nombre d'auteurs prétendent qu'il le peut ; Catelan rapporte même un arrêt du parlement de Toulouse du 24 mars 1679 conforme à leur avis ; mais cette décision ne détruit pas le principe que le collateur étant représenté par son vicaire, la collation faite à un indigne ou à un incapable par celui-

(*) Une révocation signifiée ne laisseroit pas de lier les mains au fondé de procuration quoiqu'elle ne fût pas encore insinuée, parce qu'il y auroit alors une mauvaise foi marquée de la part de ce procureur de conférer contre le gré à lui connu du collateur : l'insinuation de la révocation auroit sans doute un effet retroactif au jour de la révocation.

ci, eſt cenſée faite par le collateur lui-même. Si ce dernier n'eſt pas repréhenſible attendu qu'il n'a pas lui-même conféré, il l'eſt toujours pour avoir fait un mauvais choix dans la perſonne de ſon vicaire. Au reſte ſi cette obſervation n'eſt pas exacte, il eſt toujours vrai de dire que la queſtion eſt délicate & difficile à réſoudre. Mais ce qui a été décidé par Innocent IV, c'eſt que ſi le collateur après avoir donné ſes pouvoirs à un vicaire tomboit lui-même dans une incapacité de conférer pour être devenu ſuſpens, excommunié, &c. cette incapacité détruiroit en même temps les pouvoirs de ſon vicaire, & cela par la raiſon que celui-ci ne peut pas avoir plus de pouvoir que n'en a celui au nom duquel il agit.

Lorſqu'un évêché vient à vaquer, comme on ne ſuit pas en France la diſpoſition du droit canonique, ſuivant lequel il eſt réſervé au futur évêque de remplir la collation des Bénéfices dépendans de l'évêché, le ſouverain les confère en vertu de ſon droit de régale, excepté ceux qui ſont à charge d'ames auxquels il eſt réſervé au chapitre de la cathédrale de pourvoir juſqu'à la priſe de poſſeſſion du nouveau prélat. Ceci conduit à obſerver que les pouvoirs des vicaires ceſſent par la mort de celui de qui ils les ont reçus.

A l'égard des abbayes vacantes on diſtingue : ſi les Bénéfices qui en dépendent étoient à la collation de l'abbé & des religieux conjointement, la communauté ſeule y pourvoit juſqu'à la priſe de poſſeſſion du nouvel abbé (*) ; ſi au con-

(*) Obſervez que lorſque l'abbé n'eſt obligé pour la

traire la collation étoit alternative entre le chef & les religieux, l'évêque diocésain représente l'abbé pendant la vacance pour nommer aux Bénéfices qui tombent dans le tour de l'abbé. Si enfin celui-ci seul les conféroit tous, le même droit est dévolu à l'évêque. Mais s'il y a des Bénéfices vacans en même temps que l'abbaye dont ils dépendent, ces Bénéfices tombent en régale lorsqu'ils ne sont point chargés de la conduite des ames.

Nous croyons devoir observer ici qu'avant la déclaration du 30 août 1735, on pensoit que les provisions que donnoit l'évêque pouvoient être annullées lorsque le nouvel abbé conféroit dans les six mois de la vacance du Bénéfice : mais il ne peut plus y avoir de difficulté là dessus depuis cette déclaration par laquelle le roi a voulu que les collations faites en ce cas par les évêques eussent leur effet, quoiqu'il y eût des abbés ou des prieurs en état de conférer avant que les six mois de la vacance fussent accomplis.

Quant aux *offices claustraux*, comme ils regardent le gouvernement intérieur du monastère, c'est à la communauté d'y pourvoir pendant la vacance de l'abbaye ; la déclaration que nous venons de citer le porte expressément.

Lorsqu'on réunit une abbaye à quelque communauté séculière ou régulière, cette communauté devroit, ce semble, représenter l'abbé &

---

collation des Bénéfices, que de prendre l'avis de son chapitre, les religieux ne peuvent les conférer pendant la vacance du siège abbatial.

nommer aux Bénéfices ; mais pour l'ordinaire on en dispose autrement par les bulles d'union ; l'usage est de réserver au roi les Bénéfices simples pour lui tenir lieu du droit qu'il avoit à la nommination de l'abbaye, & de laisser les Bénéfices-cures à la collation de l'évêque ou à la présentation des religieux : c'est ainsi qu'on en a usé lors de la réunion de la mense abbatiale de saint Denis à la communauté de saint Cyr ; & de celle de Neuil à l'église cathédrale de la Rochelle en 1715.

Comme l'intérêt de l'église exige que les Bénéfices ne restent pas vacans un temps considérable, il est enjoint par le concile de latran à tous les collateurs ordinaires de les conférer dans les six mois du jour que la vacance en est connue ; & cette vacance est censée connue du jour que le décès du titulaire est devenu public, sans que le collateur puisse se retrancher sur son ignorance particulière à cet égard, parce que c'étoit à lui de s'instruire ou de préposer des personnes pour l'avertir. Lorsque les six mois sont expirés, son droit passe à son supérieur immédiat. Ce supérieur est l'évêque à l'égard d'un chapitre ou d'un abbé, & c'est le métropolitain à l'égard de l'évêque lui-même.

Mais si après les six mois le supérieur n'avoit pas conféré, le collateur ordinaire pourroit-il encore faire usage de son droit ? cette question ne se décide pas au grand conseil comme au parlement de Paris. La jurisprudence du grand conseil est de regarder comme nulles les provisions données par les collateurs ordinaires après les six mois. Au contraire au parlement on les regarde comme valables dès que le supérieur n'a point fait usage de son droit : cette jurisprudence consacrée par un arrêt solemnel de la grand-chambre du 18 mars 1745, à l'occasion d'une collation faite par l'abbé de Moissac plus de quinze mois après la vacance du Bénéfice avant une collation faite ensuite par l'archevêque d'Albi son métropolitain, nous paroît la plus sage, parce qu'enfin le droit du supérieur après les six mois n'est toujours qu'un droit de prévention, qui n'est plus pour lui lorsque le collateur ordinaire l'a lui-même prévenu.

Il a été réglé par le concordat passé entre le pape Nicolas V & l'empereur Frédéric III pour la nation Germanique, que le pape auroit la collation de tous les Bénéfices dont les titulaires décéderoient en cour de rome, & de tous ceux qui vaqueroient dans les mois de janvier, mars, mai, juillet, septembre & novembre; qu'il nommeroit d'ailleurs aux premières dignités des cathédrales après l'évêque, & aux principales dignités des églises collégiales dans quelque mois qu'elles vinssent à vaquer. Les collateurs ordinaires ne doivent selon la même loi disposer que des autres Bénéfices qui viennent à vaquer dans les six mois de l'année non réservés au pape. Il fut question de la part de Louis XIV après la réunion faite à la couronne de France par le traité de Munster, des évêchés de Metz, Toul & Verdun qui étoient gouvernés par le concordat Germanique, de prendre des arrangemens avec le saint siège pour la nomination aux Bénéfices de ces contrées. En conséquence le pape Clément IX, en ajoutant à l'indult accordé par Alexandre VII, permit au roi de lui présenter des personnes capables pour les

Bénéfices des lieux réunis à la couronne de France qui dépendent de ces évêchés. En conséquence le roi présente au pape pour les premières dignités après l'évêque dans les cathédrales, & pour les premières dignités dans les collégiales de ces trois diocèses, dans quel que mois qu'elles viennent à vaquer, & quel que soit le genre de la vacance, excepté le cas où le titulaire décéde en cour de Rome (*). Pour ce qui est des autres Bénéfices, le roi y présente dans les mois de janvier, mars, mai, juillet, septembre & novembre, pourvu encore que le décès du titulaire n'arrive pas à la cour de Rome : sa majesté n'a aucune disposition concernant les offices claustraux & les Bénéfices-cures.

Un chanoine de la cathédrale de Verdun, qui étoit en tour de nommer, avoit conféré un canonicat vacant dans cette église par le décès du titulaire : ce décès étoit arrivé dans un mois affecté au roi : sa majesté y nomma, & sa nomination fut jugée valable par un arrêt du grand conseil du 22 mars 1684, rapporté au second volume du journal du Palais.

Un article concernant les trois évêchés, & qu'il ne faut pas perdre de vue, c'est que le roi doit présenter dans les six mois de la vacance des Bénéfices, sans quoi le pape peut en disposer librement, tout comme il le peut encore si ceux qui ont été présentés ne prennent pas dans les

(*) Remarquez que le pape s'est réservé ce genre de vacance, quand même le bénéficier seroit décédé à quelque distance de cette cour, pourvu que ce ne soit pas au-delà de deux journées du séjour du pape.

ſix mois de leur nomination des proviſions en cour de Rome, & ne payent pas les droits de la chambre apoſtolique. Cependant malgré cette faculté, il n'eſt pas ordinaire que le pape uſe de ſon droit à la rigueur.

Obſervez encore à l'égard des Bénéfices réguliers dans ces trois évêchés que le Roi peut y nommer des ſéculiers & même des réguliers d'une autre congrégation, à la charge par ceux qui ſont nommés de prendre l'habit du monaſtère dont le Bénéfice dépend, & d'y faire les vœux ſolemnels accoutumés.

Telles ſont les diſpoſitions de l'indult de Clément IX. Cet indult eſt du 23 mars 1668 enregiſtré au grand-conſeil le 25 janvier 1670 (*). Auparavant les cathédrales & les collégiales des trois évêchés recevoient les démiſſions pures & ſimples dans tous les mois de l'année, comme le pape recevoit auſſi les réſignations dans les mois réſervés aux chapitres, mais depuis l'indult cette eſpèce de compenſation n'a plus lieu au préjudice du roi : c'eſt ce qui réſulte des lettres patentes du 14 août 1671.

Clément XII a accordé à Louis XV, relativement aux Bénéfices des duchés de Lorraine & de Bar, un indult pareil à celui que Clément IX avoit accordé à Louis XIV pour les Bénéfices des trois évêchés. Le roi Staniſlas a joui pendant

(*) Le roi a attribué au grand-conſeil toutes les conteſtations qui peuvent naître au ſujet des Bénéfices conférés en vertu de l'indult dont il s'agit, ſuivant les lettres d'attache qui y ont été annexées & enregiſtrées dans ce tribunal. La connoiſſance de ces conteſtations eſt interdite à tout autre juge.

ſa vie du privilége accordé par l'indult de Clément XII.

Il convient d'obſerver ſur la collation des Béneſices, que le droit des collateurs eſt ſujet à la preſcription de 40 ans; deſorte que ſi quelqu'autre que le vrai collateur a conféré pluſieurs fois dans ces 40 ans, & que les proviſions par lui données aient eu leur exécution, il n'en faut pas davantage pour que le droit de conférer lui ſoit acquis irrévocablement.

Anciennement on étoit aſſez dans l'uſage de ne pas attendre que les Bénéfices fuſſent vacans pour en diſpoſer. On avoit imaginé un moyen qui ſembloit reſpecter les canons en même-tems qu'il en contrarioit les diſpoſitions; c'étoit de donner des co-adjuteurs aux Bénéficiers avec eſpérance de future ſucceſſion. Le pape en diſpoſoit ainſi ſur les raiſons d'utilité ou de néceſſité qu'on lui alléguoit; mais aujourd'hui depuis le concile de Trente dont les décrets à cet égard ont été confirmés par l'article 3 de l'ordonnance de 1629, le pape ne peut plus donner ſans abus de ces coadjutoreries, ſi ce n'eſt pour des évêchés & des abbayes.

Il fut queſtion en 1641 de donner un coadjuteur à l'aumônerie de l'égliſe cathédrale de Metz; ceci occaſionna un procès au parlement de Paris où il fut jugé le 25 février de la même année ſur les concluſions du célèbre Talon avocat-général, qu'une coadjutorerie ſemblable ne pouvoit avoir lieu.

Il y a plus: un chefcier de l'égliſe collégiale de Nantes s'étoit choiſi un coadjuteur avec future ſucceſſion à raiſon de ſon grand âge & de ſes infirmités. Ce choix avoit été approuvé par le chapitre ; les bulles expédiées en cour de Rome étoient fulminées par les commissaires ; l'évêque de Nantes y avoit donné son attache ; il y avoit sur tout cela des lettres-patentes enregistrées au parlement de Bretagne ; tout sembloit annoncer la plus grande régularité : cepenpendant quelques chanoines jugèrent à propos de former opposition à l'arrêt d'enregistrement des lettres-patentes & d'interjeter appel comme d'abus de tout ce qui s'étoit fait : ceci donna lieu à une contestation au parlement de Rennes ; l'avocat-général, M. de Francheville, fit voir que rien n'étoit plus contraire à la discipline ecclésiastique, que des coadjutoreries semblables qui tendoient à rendre les Bénéfices héréditaires & à faire desirer la mort des titulaires ; que d'ailleurs elles étoient inutiles dans des chapitres où les fonctions d'un chanoine infirme pouvoient être suppléées par ses confrères, & sur ces considérations les bulles & tout ce qui s'en étoit suivi fut déclaré abusif par un arrêt du 3 octobre 1701 (*). Le coadjuteur nommé se pourvut bien en cassation, mais sa requête fut rejetée. Le parlement de Rouen paroît attaché aux mêmes principes ; car les nouveaux mémoires du clergé nous apprennent qu'il y a eu deux coadjutoreries de cures rejetées dans ce tribunal par deux arrêts, dont le dernier, qui est du 9 juin 1618, est rendu en forme de réglement.

Outre la mort naturelle qui donne ouverture

(*) Le même parlement avoit déjà par un arrêt du 28 mai 1692 déclaré abusive une pareille coadjutorerie pour le doyenné de saint Maur.

au genre de vacance le plus ordinaire, il y a encore la mort civile qui produit le même effet. Cette mort civile s'opère par la condamnation à un banniſſement perpétuel du royaume ou aux galères à perpétuité. Une condamnation pareille retranche le Bénéficier de la ſociété & le dépouille de tous les Bénéfices dont il étoit pourvu : on décide même qu'il ſuffit d'un banniſſement perpétuel du lieu où le Bénéfice doit être deſſervi, pour que ce Bénéfice ſoit vacant s'il exigeoit réſidence, & ſur-tout s'il étoit chargé de la conduite des ames.

Lorſque le banniſſement n'eſt que pour un temps, & que le crime pour lequel cette peine a été prononcée n'emporte point la vacance de plein droit, comme il n'y a point alors de mort civile, le Bénéfice n'eſt point vacant. Cependant lorſqu'il s'agit d'un Bénéfice à charge d'ames, il ſuffit que le titulaire ait été condamné au banniſſement ou aux galères pour trois ans, & même qu'il ait fait une amende honorable, pour qu'il doive permuter avec un Bénéfice ſimple ou réſigner à la charge d'une penſion. La raiſon en eſt qu'étant noté d'infamie, il ne peut plus faire de fruits dans ſa paroiſſe & édifier le public dans l'adminiſtration des ſacremens ou dans la célébration des ſaints myſtères.

L'émiſſion des vœux ſolemnels dans un ordre religieux opère auſſi la mort civile & fait vaquer de plein droit les Bénéfices, du jour de la profeſſion. La ſimple priſe d'habit pour le noviciat ne ſuffit pas : l'évêque pendant ce temps de probation commet un deſſervant au Bénéfice lorſque ce Bénéfice eſt à charge d'ames. Si celui qui entre en religion étoit pourvu en commende de quelque Bénéfice régulier, ce Bénéfice vaqueroit pareillement de plein droit, parce que le titre fondé sur la commende ne s'accorderoit plus avec la régularité ; mais on pourroit lui donner de nouvelles provisions pour le conserver. Si ensuite il venoit à faire déclarer nulle sa profession, il rentreroit dans le Bénéfice dont il a été dépouillé, quand même, suivant quelques canonistes, celui qui le possède auroit pour lui le temps d'une possession paisible, par la raison que n'ayant pu agir que du jour de la nullité de sa profession prononcée, on ne pourroit point lui opposer de négligence. Mais pour ce qui est des Bénéfices réguliers qu'il auroit obtenus dans le temps qu'on le croyoit religieux, il est tout simple qu'il ne seroit point autorisé à les conserver.

La démission est un autre moyen de faire vaquer un Bénéfice lorsqu'elle a été faite volontairement par une personne ayant l'usage de sa raison entre les mains du collateur ordinaire, du pape ou du légat & qu'elle a été acceptée. Il suffit que celles qu'on fait entre les mains de l'évêque soient reçues par ses secrétaires : on regarde ces secrétaires comme des officiers publics pour les actes qu'ils sont en possession de recevoir. C'est ce qu'a jugé le parlement de Paris au mois d'avril 1710, à l'occasion de la cure de Meulan dans le Vexin françois, diocèse de Rouen.

Le mariage fait aussi vaquer de plein droit un Bénéfice, parce que c'est alors de la part du titulaire qui n'est point engagé dans les ordres sacrés, un renoncement tacite à l'état ecclésiastique. Ce qu'on appelle simplement *concubinage*

ne

ne produit pas le même effet ; mais le juge eccléſiaſtique peut punir un déſordre ſemblable par la privation du Bénéfice.

Comme le mariage que contracteroit un clerc conſtitué dans les ordres ſacrés ſeroit déclaré non-valablement contracté, on demande s'il ſeroit alors privé de ſes Bénéfices de plein droit? pluſieurs canoniſtes adoptent la négative ; mais nous préférons l'opinion contraire, parce qu'un mariage contracté contre les règles de l'égliſe ne doit pas avoir plus de faveur qu'un mariage légitime qui fait vaquer toutes ſortes de Bénéfices.

Le ſacre d'un évêque opérant une eſpèce de mariage ſpirituel avec ſon égliſe, tous les Bénéfices qu'il poſſède pour lors deviennent vacans. Il y a plus : c'eſt que ſi dans les trois mois qu'il a obtenu ſes bulles pour l'épiſcopat, il avoit négligé de ſe faire ſacrer, cette vacance auroit lieu également. Telles ſont les diſpoſitions du concile de Latran de l'année 1179 & de l'ordonnance de Blois. Mais après ſa conſécration, il peut être pourvu d'un Bénéfice ſimple. Augeard dans ſes arrêts notables, rapporte qu'il a été jugé au grand conſeil le 5 février 1698, qu'il y avoit abus dans le refus fait à Rome de donner des proviſions en commende pour un prieuré qui avoit été réſigné à M. l'évêque du Belley, auparavant religieux de Cluni. Cependant lorſque le prélat deſire de conſerver les Bénéfices ſimples qu'on a la faculté de poſſéder avec un évêché, il peut demander en cour de Rome une diſpenſe pour les retenir ; diſpenſe qui n'eſt pas néceſſaire pour ceux dont on l'a pourvu depuis ſa promotion à l'épiſcopat.

L'incompatibilité donne pareillement ouverture à la vacance des Bénéfices : de ſorte que ſi un titulaire étoit pourvu en même temps de deux cures, de deux canonicats, &c. il ſeroit obligé de ſe démettre d'un de ces Bénéfices dans l'année de la poſſeſſion paiſible de celui dont il auroit été pourvu en dernier lieu ; & s'il ne s'en étoit pas démis, le premier Bénéfice vaqueroit de plein droit. C'eſt ce qui réſulte des diſpoſitions du concile de Trente & des déclarations des 7 janvier 1681 & 13 janvier 1742. Et encore obſervez que pendant l'année que dure ſon option, il ne peut gagner les fruits que du Bénéfice où il fait le ſervice en perſonne. Les fruits de l'autre Bénéfice ſont au profit de l'égliſe dont il dépend ; c'eſt ce que porte la déclaration du 7 janvier 1681. Lorſqu'il y a procès, on n'eſt obligé d'opter qu'après qu'il eſt terminé.

Ce ſeroit en vain qu'on obtiendroit une diſpenſe de la cour de Rome pour poſſéder une cure avec un canonicat : on a vu tenter cette voie dans quelques chapitres, mais les cours de parlement n'ont point égard à ces ſortes de diſpenſes qui ſont toujours regardées comme abuſives. Cependant lorſqu'une dignité dans un chapitre eſt chargée de temps immémorial ou par ſa fondation, de la cure des ames, celui qui eſt pourvu de cette dignité peut être en même temps chanoine, tout comme un ſimple chanoine peut être également curé lorſque la cure eſt unie à ſon canonicat. L'uſage en France, eſt que les cures qui ſont attachées à des chapitres ſoient deſſervies par un membre de ce même chapitre. On voit par un arrêt du parlement de Paris du premier août 1673, rapporté au premier volume du journal du palais, que la chose a été ainsi jugée en faveur d'un chanoine de la collégiale de Saint-Paul de Lyon, à l'occasion d'une cure qui est unie dans ce chapitre à la place de sacristain. Mais pour ce qui est de la possession de deux canonicats à la fois, elle ne peut avoir lieu. Il y a à ce sujet divers arrêts de réglement des 16 février 1611, 15 mars 1663 & 10 février 1667.

Comme les dispenses pour les Bénéfices incompatibles ne sont ouvertement abusives que quand elles sont accordées pour plusieurs évêchés ou pour plusieurs cures, on a jugé au parlement de Paris le 22 juillet 1688 en faveur de M. l'évêque de Rieux, qu'il n'y avoit point d'abus dans celle qu'il avoit obtenue du pape pour posséder avec son évêché, la première dignité après l'épiscopat dans son église cathédrale.

A l'égard des abbés qui sont pourvus en commende, comme ces abbés ne sont point chargés de la conduite du monastère, on tient qu'ils peuvent posséder avec leur abbaye des cures ou des canonicats.

Quoiqu'on ne puisse point être titulaire de deux Bénéfices dans la même église, suivant la défense qui en est portée par l'article 73 des libertés de l'église gallicane, on ne laisse pas de tolérer dans un grand nombre d'églises cathédrales qu'on puisse posséder en même temps une prébende & une dignité, lorsque l'usage (*) à

(*) Cet usage n'a pas été adopté lors de l'érection du chapitre de l'église cathédrale de la Rochelle : les lettres-patentes du 20 mai 1664, concernant cette érection, dé-

cet égard eſt fort ancien. Il y a même pluſieurs de ces égliſes où l'on ne peut poſſéder une dignité ſi l'on n'eſt pas déja chanoine.

Quoiqu'il n'y ait point ordinairement d'incompatibilité pour poſſéder pluſieurs Bénéfices ſimples de la nature de ceux qui n'exigent aucune réſidence, un religieux ne peut néanmoins ſans une diſpenſe du pape, en poſſéder pluſieurs de cette qualité. C'eſt ce qui fait que lorſque cette diſpenſe lui eſt refuſée, on inſère dans la ſignature des proviſions du nouveau Bénéfice qu'il obtient, la clauſe de ſe démettre de l'ancien. Mais dans l'uſage cette démiſſion n'a lieu que lorſqu'il eſt paiſible poſſeſſeur du dernier, parce qu'on ſuppoſe que le pape qui a voulu gratifier un religieux, n'a pas eu deſſein de l'expoſer à n'avoir aucun Bénéfice. Augeard dans ſon recueil d'arrêts notables, nous apprend que la choſe a été ainſi jugée au grand conſeil le 22 ſeptembre 1706, & que pareille déciſion a eu lieu au parlement de Paris en faveur d'un religieux appelé Dom-Melchior Simon.

Lorſque ceux qui ſont pourvus ne ſe conforment pas à ce qu'exige la nature de leurs Bénéfices, ces mêmes Bénéfices peuvent être déclarés vacans. Un évêque, comme nous l'avons obſervé, eſt obligé de ſe faire ſacrer dans les trois mois de l'obtention de ſes bulles; & trois mois après, ſi ſa négligence continue, il peut par un jugement être privé de ſon évêché ſans

---

clarent les dignités de cette égliſe incompatibles avec les canonicats, & elles portent que ſi un chanoine eſt pouvu d'une dignité, le canonicat vaque de plein droit.

aucune ſommation préliminaire ; mais cette privation n'a pas lieu de plein droit. Telles ſont les diſpoſitions de l'article 8 de l'ordonnance de Blois.

Il en eſt de même des autres Bénéfices pour leſquels on eſt obligé de ſe faire promouvoir à la prêtriſe dans l'année d'une paiſible poſſeſſion ; la négligence n'emporte point la privation de plein droit, mais elle peut avoir lieu par un jugement après des monitions canoniques.

Pour ce qui eſt des Bénéſices-cures, comme depuis la déclaration du 15 janvier 1742, on ne peut. plus être pourvu de Bénéfice à charge d'âmes qu'on ne ſoit prêtre & âgé de 25 ans lors des proviſions, ſi l'on en obtenoit avant cet âge ou qu'on ne fût pas encore prêtre, elles ſeroient nulles, & la cure vaqueroit de plein droit.

Quand les abbés & les prieurs conventuels ont atteint l'âge déterminé par les canons pour recevoir la prêtriſe, ils ſont obligés de s'y faire promouvoir un an après leurs proviſions obtenues ; & ſi après deux années ils négligent de ſe faire promouvoir aux ordres ſacrés, leurs Bénéfices ſont déclarés vacans & impétrables ; c'eſt ce qu'annonce l'article 9 de l'ordonnance de Blois. Mais pour prévenir cette vacance, ils obtiennent en cour de Rome une diſpenſe qu'on y appelle *de non promovendo*, & cette diſpenſe s'accorde pour un temps déterminé ou pour toujours. On a même jugé au parlement de Paris le 12 août 1685, en faveur d'un clerc pourvu en commende d'un prieuré conventuel, qu'une diſpenſe ſemblable peut ſe renouveler ſans que le Bénéfice soit vacant & impétrable : l'arrêt est au quatrième volume du journal des audiences.

Lorsque le Bénéfice exige résidence, comme une cure, un canonicat, &c. l'absence du titulaire peut le rendre vacant, mais il faut qu'auparavant ce titulaire ait été averti de la part du supérieur ecclésiastique de reprendre le soin de son Bénéfice ; parce que suivant le style de la cour de Rome, on insère dans les provisions accordées sur cette espèce de vacance, *ex eo quòd, spretis ordinarii loci monitionibus, ab anno & ultrà residere negligit.*

Si le Bénéficier a disparu sans qu'on sache ce qu'il est devenu, celui qui est pourvu de son Bénéfice après l'année, comme vacant par désertion, doit être préféré à celui qui l'a obtenu comme vacant par mort, parce que ce dernier genre de vacance n'est pas aussi certain que le premier, attendu que l'homme est naturellement présumé vivre cent ans. C'est ce qui a été jugé au parlement de Paris le 14 juillet 1699.

Observez qu'il ne faut pas de sommation au sujet de la désertion : un fait pareil vaut une espèce de délaissement du Bénéfice. Cependant comme le retour du titulaire est toujours favorable, on l'admet à reprendre son Bénéfice lorsqu'il reparoît.

L'engagement dans la profession des armes peut bien donner lieu à des monitions, mais il il ne fait point vaquer les Bénéfices de plein droit quand même on auroit tué ou mutilé dans l'exercice de cette profession. Cependant après trois monitions, les Bénéfices sont impétrables. C'est ce qu'a jugé le parlement de Paris le 22 juin 1672, par un arrêt qui se trouve au premier volume du journal des audiences.

Les crimes & les délits peuvent encore faire vaquer les Bénéfices. Mais parmi les différens genres de crime dont on peut se rendre coupable, il n'y en a que quelques-uns qui opèrent cette vacance de plein droit : les autres ne font vaquer qu'après un jugement de condamnation aux peines qui emportent la privation d'un Bénéfice.

On met au nombre des crimes qui font vaquer un Bénéfice, 1°. la falsification des expéditions de cour de Rome, des provisious de l'ordinaire ou d'autres titres concernant les Bénéfices. Ceux qui s'en rendent coupables sont privés par le seul fait, suivant l'article 16 de l'édit du mois de juin 1550, de tout le droit qu'ils pouvoient avoir sur le Bénéfice.

2°. L'assassinat, quand même il n'auroit pas été suivi de la mort de celui qui a été attaqué ; il suffit d'une entreprise extérieure suivant que s'en explique un canon du concile célébré à Lyon sous innocent IV. La privation de plein droit est encore en ce cas pour ceux qui ont commandé ou conseillé l'assassinat, & même pour ceux qui recelent ou qui défendent les assassins.

3°. La privation des Bénéfices a pareillement lieu de plein droit contre ceux qui ont frappé un évêque d'une manière injurieuse, qui l'ont banni ou fait bannir de sa ville épiscopale ; contre ceux qui par violence se sont fait faire à eux-mêmes, ou qui ont fait faire à d'autres personnes des résignations de Bénéfices ; contre ceux qui se sont rendus coupables ou complices du crime de lèze-majesté ; contre les confesseurs qui ont abusé de leurs pénitentes ; contre ceux encore qui sont convaincus de sodomie ou de bestialité : il est vrai que la vacance par le seul fait de ces deux dernières espèces de crimes, n'est prononcée que par une bulle de Pie V qui n'a point été homologuée en France ; mais elle y seroit sans doute suivie si le cas se présentoit, à cause de l'atrocité du crime.

A l'égard de l'adultère, on ne le met pas au nombre des crimes qui font vaquer un Bénéfice de plein droit : c'est ce qu'a jugé le parlement de Rennes à l'occasion d'un curé convaincu de ce fait & condamné aux galères par un arrêt du 8 mai 1621, rapporté par Frain au chapitre 76 de son recueil. Sur quoi nous avons observé qu'Hevin dans son annotation sur ce chapitre, rapporte un autre arrêt rendu au même parlement, qui juge que le fratricide n'emporte point de privation de plein droit ; mais il y a apparence que ce crime avoit été commis dans une dispute ou autrement que par la voie de l'assassinat.

Dès que la privation a lieu de plein droit, il semble que le coupable ne devroit plus avoir la faculté de résigner : cependant il y a des arrêts qui autorisent les résignations en pareil cas lorsqu'elles sont faites avant que le dévolutaire ait fait donner son assignation, & cela est fondé sur ce qu'il suffit pour l'église d'être délivrée d'un possesseur indigne, & sur ce que le résignataire ne tient point son droit du résignant, mais du collateur : c'est ainsi qu'on pense au parlement de

Paris ſuivant un arrêt du 17 juillet 1694, rapporté au cinquième volume du journal des audiences. Mais au parlement de Toulouſe on juge au contraire que le droit eſt acquis au dévolutaire du jour de ſes proviſions, & qu'on ne peut plus réſigner à ſon préjudice : c'eſt ce que fait remarquer Catelan par trois arrêts qu'il rapporte.

Obſervez qu'à l'égard des autres crimes pour leſquels la vacance de plein droit n'eſt point établie, on ne doit point donner d'extenſion à cette peine, parce que les lois pénales ne s'appliquent point d'un cas à un autre. De ſorte que ſi le crime dont un eccléſiaſtique eſt prévenu n'emporte pas de plein droit la vacance de ſon Bénéfice, il peut le réſigner, même pendant que dure l'appel de la ſentence qui l'en déclare privé, & la réſignation demeure valable dans le cas même où la ſentence qui a dépouillé le titulaire vient à être confirmée.

Lorſqu'un Bénéfice eſt vacant par l'un des genres de vacance que nous venons d'expliquer, le collateur ordinaire eſt alors en droit d'en diſpoſer. On peut même s'adreſſer au Pape, & en exprimant le genre de vacance, obtenir des proviſions en cour de Rome. Quand la vacance a duré ſi long-temps, que le droit de conferer a paſſé du collateur ordinaire à ſes ſupérieurs, & même au pape ſuivant les degrés de la dévolution, on peut l'expoſer dans la ſupplique; & dès-lors ſur cette eſpèce de vacance, qu'on appelle *certo modo*, on inſère dans les ſignatures la clauſe que le Bénéfice a vaqué ſi long-temps, que la diſpoſition en eſt peut-être dévolue au ſaint-ſiège. Cette clauſe a fait donner le nom de dévolut, non-seulement aux provisions émanées de la cour de Rome, soit que la dévolution fût acquise ou non ; mais encore à celles qui sont données par l'ordinaire sur ce genre de vacance.

Voyez *l'histoire ecclésiastique de Fleury ; le Bœuf, histoire de la ville & du diocèse de Paris ; l'histoire des conciles ; les lois ecclésiastiques de France ; les lettres-patentes du mois d'octobre 1686 ; le journal des audiences ; la pragmatique sanction ; l'édit du mois de décembre 1606 ; la déclaration du 6 décembre 1736 ; le journal du palais ; l'édit du mois de mars 1431 ; la déclaration du 7 janvier 1681 ; les libertés de l'église Gallicane ; l'ordonnance de Charles VII de l'an 1443 ; la déclararion du 25 janvier 1718 ; la discipline ecclésiastique du père Thomassin ; les mémoires du clergé ; les lettres-patentes du mois d'août 1638 ; l'ordonnance de Blois de l'an 1579 ; l'édit du mois de décembre 1691 ; les arrêts de Catelan ; la déclaration du 30 août 1735 ; Piales, traité de la dévolution ; les lettres-patentes du 14 août 1671 ; l'ordonnance de 1629 ; l'indult de Clément IX avec les lettres d'attache du mois de novembre 1669 ; le traité des Bénéfices par Gohard ; les déclarations des 18 décembre 1740, & 13 janvier 1742 ; le dictionnaire de droit canonique ; l'édit du mois de juin 1550 ; le recueil de jurisprudence canonique ; Duaren, de rebus eccles. & minist. Loiseau, traité des offices ; Févret, traité de l'abus ; les ordonnances du Louvre, &c.* Voyez aussi les articles ÂGE, ALIÉNATION, USURPATION, UNION DE BÉNÉFICES, AMORTISSEMENT, VACANCE, TONSURE, TITRE CLÉRICAL, BANQUIER-EXPÉDITIONAIRE, BIENS D'ÉGLISE, BIGAMIE, SUSPENSE, SUP-

PRESSION, SUPPLIQUE, SIMONIE, CENSURES, BRÉVETAIRE, CANONICAT, CHANOINE, CLERC, CLERGÉ, ARCHEVÊQUE, EVÊQUE, PRIMAT, PAPE, CARDINAL, PRÊTRE, CURÉ, ARCHIDIACRE, VICAIRE, DIACRE, COLLATEUR, COLLATION, CONFIDENCE, SERMENT DE FIDÉLITE, RÉSIGNATION, RELIGIEUX, COMMENDE, REGRÈS, RÈGLES DE LA CHANCELLERIE ROMAINE, RÉGALE, CRIME, DEGRES, DÉMISSION, GRADUÉ, DIGNITÉ, ABBAYE, ABBÉ, ABBESSE, ELECTION, ECONOMAT, DÉVOLUT, DIVISION, DÎME, AUBAINE, FONDATION, CONSISTOIRE, PATRON, HONNEURS ECCLÉSIASTIQUES, COMPLAINTE, INDULT, HÔPITAUX, CHAPELLE, ARME, JOYEUX AVÈNEMENT, ALTERNATIVE, IRRÉGULARITÉ, EXCOMMUNICATION, CONCOURS, INCOMPATIBILITÉ, AUMÔNIER, HOMICIDE, INFAMIE, MORT CIVILE, NOMINATION DU ROI, PROCURATION, MANDAT, RÉSERVES APOSTOLIQUES, PERSONNAT, PERMUTATION, PENSION, POSSESSION, OFFICIAL, DATE, PRÉVENTION, CAPACITÉ, PÉNITENCERIE, &c.

BÉNÉFICE D'ÂGE. On appelle *lettres de Bénéfice d'âge*, des lettres par lesquelles un mineur obtient l'administration de ses biens, & est réputé majeur en ce qui ne concerne pas l'aliénation de ses immeubles.

L'édit du mois de mars 1704 & celui du mois de janvier 1706 défendent d'admettre aucun particulier au Bénéfice d'âge sans lettres de la grande chancellerie, ou des chancelleries établies près des parlemens.

Le droit d'insinuation est fixé par l'article 14 du tarif ne 1722, suivant la qualité du père des impétrans; & il est dû autant de droits qu'il y a d'impétrans. Un frère & une sœur ayant prétendu ne devoir les droits dont il s'agit que sur leur qualité personnelle, le conseil a décidé par arrêt du 26 août 1641 qu'ils devoient payer ces droits suivant la qualité de leur père.

L'édit du mois d'octobre 1705 ordonne que les lettres de Bénéfice d'âge seront insinuées & les droits payés avant de pouvoir être enregistrées, à peine de nullité des enregistremens & entérinemens, ainsi que des procédures faites pour y parvenir & de 300 livres d'amende.

Un arrêt du 25 janvier 1707, a défendu aux juges de recevoir au Bénéfice d'âge & d'émanciper d'autres personnes que celles qui sont comprises dans les lettres qu'on leur présente, à peine de nullité & de 300 livres d'amende pour chaque contravention.

Un autre arrêt du conseil du 18 août 1716 a prononcé l'amende de 300 livres contre deux particuliers qui avoient demandé l'entérinement de lettres de Bénéfice d'âge avant qu'elles fussent insinuées, & les a condamnés au payement des droits d'insinuation, tant des lettres que du jugement portant émancipation du mineur & nomination de curateur.

Un autre arrêt du 13 mai 1711 a déclaré nulles des lettres de Bénéfice d'âge non insinuées, ainsi que l'ordonnance du lieutenant général de Tours qui les avoit entérinées, & a condamné la partie, le procureur & le greffier à 300 livres d'amende chacun, & la partie au payement du droit d'insinuation.

Un autre arrêt du 5 avril 1723 a cassé une ordonnnance du lieutenant général de Beaugency en ce qu'elle n'avoit point prononcé d'amende ; & en conséquence a condamné Jean Metais curateur nommé à Antoine Metais à 300 livres d'amende, pour n'avoir pas fait insinuer les lettres de Bénéfice d'âge avant l'entérinement.

Un autre arrêt du 22 juillet 1727 a déclaré nulles des lettres de Bénéfice d'âge obtenues en 1708 non insinuées, entérinées par sentence de la même année & confirmées au parlement de Bordeaux : en conséquence la sentence & l'arrêt du parlement, ainsi que tout ce qui s'étoit ensuivi ont été cassés, & les greffiers, ainsi que les procureurs & la partie condamnés chacun à une amende de 300 livres, outre le payement du droit : de plus, il a été fait d'itératives défenses sous les peines portées par les reglemens à toutes les cours & juges d'entériner des lettres sujettes à l'insinuation, avant qu'elles aient été préalablement insinuées.

Un autre arrêt du conseil du 7 mai 1746 a cassé deux sentences du juge de Tinchebray, & condamné les demoiselles Hardouin & le sieur Pitot greffier, à 300 livres d'amende chacun, & les mêmes demoiselles au payement des droits d'insinuation des lettres de Bénéfice d'âge par elles obtenues, ainsi que de la sentence d'entérinement portant nomination du curateur. Il a en outre été défendu à ce juge & à tous autres d'entériner des lettres sujettes à l'insinuation avant qu'elles aient été préalablement insinuées.

La sentence qui entérine des lettres de Bénéfice d'âge, & qui nomme des curateurs aux mineurs, est également sujette à l'insinuation dont le droit est réglé par l'article 15 du tarif du 29 septembre 1722.

Il n'eſt dû pour la ſentence qu'un droit d'inſinuation par chaque impétrant, ſans avoir égard au nombre des ſucceſſions qui ſont échues; parce que l'émancipation eſt perſonnelle à l'émancipé qu'elle rend capable de jouir de tous ſes biens échus & à écheoir.

Voyez *les édits de décembre 1703, mars 1704, janvier 1706; la déclaration du 19 juillet 1704; le tarif du 29 ſeptembre 1722; la déclaration du 3 avril 1708; l'édit du mois d'octobre 1705; les arrêts du conſeil des 25 janvier 1707, 18 août 1716, 22 juillet 1727 & 7 mai 1746; le dictionnaire raiſonné des domaines, &c.* Voyez auſſi les articles MINEUR, EMANCIPATION, CURATEUR, INSINUATION, &c.

BÉNÉFICE D'INVENTAIRE. C'eſt un privilège que les loix accordent à un héritier & qui conſiſte à l'admettre à la ſucceſſion du défunt, ſans l'obliger aux charges au delà de la valeur des biens dont cette ſucceſſion eſt compoſée, pourvu qu'il en ait fait l'inventaire dans le temps déterminé par la loi.

Le Bénéfice d'inventaire fut d'abord introduit par l'empereur Gordien, en faveur des ſoldats qui ſe trouvoient engagés dans une hérédité onéreuſe, auxquels il accorda le privilège que leurs propres biens ne ſeroient pas ſujets aux charges de l'hérédité.

Ce privilège fut enſuite étendu à tous les héritiers teſtamentaires *ab inteſtat* par l'empereur Juſtinien en la loi *ſcimus*, au code *de jure deliberandi.* Pour en jouir, il faut que l'héritier faſſe bon & fidèle inventaire, qu'il faſſe vendre les meubles, qu'il obtienne en chancellerie des lettres de Bénéfice d'inventaire, & qu'il les faſſe entériner par le juge du lieu où la succession est ouverte.

Dans le pays de droit écrit il n'est pas besoin d'obtenir des lettres du prince pour jouir du Bénéfice d'inventaire.

Quelques édits bursaux ont pourtant ordonné que l'on prendroit aussi des lettres pour se porter héritier bénéficiaire. En pays de droit écrit, ces édits n'ont pas eu leur pleine exécution; mais par d'autres réglemens rendus pour ces pays, on oblige de faire insinuer les inventaires par extrait, ensemble les actes d'acceptation & les jugemens qui permettent de se porter héritier bénéficiaire, & l'on fait payer pour cette insinuation le même droit que pour les lettres de Bénéfice d'inventaire.

Il y a aussi des coutumes où l'on est dispensé de prendre des lettres de Bénéfice d'inventaire: telles sont les coutumes de Bourgogne, de Berry, de Lorraine, &c. Il suffit dans ces provinces de faire faire bon & loyal inventaire des biens de la succession, & de déclarer à la fin qu'on accepte la succession par Bénéfice d'inventaire.

En Bretagne, suivant l'article 593 de la coutume, il ne falloit pas non plus de lettres pour jouir du Bénéfice d'inventaire; mais par un arrêt du conseil du 15 juin 1705, cette province a été assujettie à la formalité des lettres. C'est ce qu'attestent trois actes de notoriété rapportés par Devolant à la suite de ses arrêts. Rassicod fait aussi mention de ce changement dans ses notes sur le traité des fiefs de Dumoulin.

Suivant l'article 16 de l'édit du mois de décembre 1703, les lettres de Bénéfice d'inventaire doivent être insinuées dans le lieu où les biens sont situés ; & suivant l'article 7 de la déclaration du 19 juillet 1704, c'est au domicile des impétrans ; il est certain qu'elles ne sont sujettes qu'à une insinuation qui doit réguliérement être faite au bureau établi près de la justice où le Bénéfice d'inventaire doit être suivi.

Dans les provinces où le Bénéfice d'inventaire a lieu sans qu'il faille des lettres, l'article 2 de la déclaration qu'on vient de citer exige que les héritiers fassent insinuer l'acte d'acceptation ou le jugement qui leur permet de prendre la qualité d'héritiers bénéficiaires & qu'ils payent pour cette insinuation un droit pareil à celui qu'on paye ailleurs pour les lettres. Et suivant l'article 3 les héritiers bénéficiaires ne peuvent se mettre en possession, faire des baux & disposer des biens & revenus avant l'insinuation, à peine de 300 livres d'amende, & de la perte & application au profit du roi de tous les fruits perçus.

Suivant l'édit du mois d'octobre 1705 les lettres de Bénéfice d'inventaire doivent être insinuées & les droits payés avant l'enregistrement, à peine de 300 livres d'amende & de nullité, tant de cet enregistrement, que des procédures faites pour y parvenir.

Un arrêt du conseil du 25 janvier 1707 a condamné un tuteur qui avoit obtenu des lettres en son nom pour ses mineurs sans les nommer, à payer autant de droits d'insinuation, que sous sa tutele il y avoit de mineurs qui devoient jouir du Bénéfice de ces lettres. Le même arrêt a fait défense à tout juge de recevoir au Bénéfice d'inventaire d'autres personnes que celles qui se trouvent nommées & comprises dans les lettres

tres qu'on lui présente, à peine de nullité des procédures & de 300 livres d'amende pour chaque contravention.

L'article 9 de la déclaration du 20 mars 1708, en interprêtant l'article 2 de la déclaration de 1704, veut que dans les pays où le Bénéfice d'inventaire a lieu, sans qu'il soit besoin de lettres de chancellerie, les inventaires soient insinués par extrait, & le droit payé comme pour les lettres.

Suivant la déclaration du 3 avril 1728, tous ceux qui obtiennent des lettres de Bénéfice d'inventaire doivent chacun les droits d'insinuation de ces lettres.

L'arrêt du conseil du 30 août 1712 a assujetti les notaires de Toulouse sous les peines portées par les édits & déclarations, a faire insinuer tous les inventaires qu'ils reçoivent, à l'exception de ceux que les créanciers leur font faire des effets de leurs débiteurs vivans, & de ceux qu'ils font à la requête des curateurs aux successions vacantes : ces notaires sont d'ailleurs tenus de payer les droits d'insinuation des mêmes inventaires au moment où ils les font contrôler : au surplus il ne doit être perçu aucun droit d'insinuation pour les lettres de Bénéfice d'inventaire obtenues en conséquence de ces inventaires ; ces lettres doivent être insinuées gratis & sans droit, lorsque l'inventaire a été insinué. Il est néanmoins ordonné par le même arrêt que si les successions se trouvent avoir été acceptées purement & simplement, ou que les héritiers y aient renoncé, le fermier ou ses commis seront tenus de restituer aux notaires les droits d'insinuation payés pour l'inventaire, à la charge que ces notaires justifieront par acte en bonne forme de la renonciation ou de l'acceptation pure & simple des successions dans six mois du jour de la clôture des inventaires, passé lequel délai de six mois sans avoir justifié par le notaire de la renonciation ou de l'acceptation pure & simple, les droits d'insinuation qui auront été payés seront & demeureront définitivement acquis au fermier.

Par arrêt du 30 septembre 1721, le conseil a déclaré nulle une procédure faite au châtelet de Paris pour parvenir à l'entérinement de lettres de Bénéfice d'inventaire obtenues par le sieur Moreau, ainsi que la sentence qui en a prononcé l'entérinement avant l'insinuation, & ce qui s'est ensuivi, & la partie, le procureur & le greffier qui a expédié la sentence ont été condamnés à 300 livres d'amende chacun, & au payement des droits d'insinuation des mêmes lettres.

L'article 14 du tarif du 29 septembre 1722 porte que, pour toutes lettres de Bénéfice d'inventaire, ou pour l'inventaire dans les pays où le Bénéfice d'inventaire a lieu sans qu'il soit besoin d'obtenir des lettres, il sera payé pour chaque impétrant le droit d'insinuation réglé par l'article cité relativement à la qualité de la personne de la succession de laquelle il s'agit.

Il n'est pas douteux qu'il ne soit dû autant de droits qu'il y a d'impétrans : c'est la disposition formelle du tarif, conforme à cet égard à l'arrêt du 25 janvier 1707 & à la déclaration du 3 avril 1708. C'est ce qui a encore été décidé le 24 décembre 1736 contre Louis Degand & autres impétrans de lettres pour la succession de leur tante, au sujet de laquelle ils demandoient à ne payer que trois droits : le conseil a jugé qu'il en étoit dû un pour chaque impétrant ; en quelque nombre qu'ils fussent.

Un autre arrêt du conseil du 13 février 1731 a jugé la même chose relativement à des lettres obtenues par des enfans, à l'effet d'accepter, sous Bénéfice d'inventaire, la succession de leur mère.

La question est de savoir s'il est également dû autant de droits qu'il y a de successions exprimées dans les lettres de Bénéfice d'inventaire ? Il semble que cela devroit être, parce que non-seulement les lettres sont personnelles aux impétrans qui les obtiennent ; mais encore parce qu'elles ont précisément pour objet les successions qui y sont exprimées, dont l'une peut être acceptée purement & simplement, & l'autre sous Bénéfice d'inventaire. Néanmoins sur la demande de Marie-Anne Bilhaut, qui avoit obtenu des lettres pour se porter héritière de son père & de sa mère par Bénéfice d'inventaire, le conseil a décidé le 23 novembre 1752, qu'il ne seroit perçu qu'un droit d'insinuation.

Si l'héritier ne satisfait pas aux règles prescrites pour être admis au Bénéfice d'inventaire, il est réputé héritier pur & simple.

Ceux qui sans être héritiers désignés par la loi, succèdent à titre universel, tels que des légataires universels, des héritiers institués, des seigneurs à qui une succession est dévolue par droit de deshérence ou de confiscation, ne sont pas obligés de prendre des lettres de Bénéfice d'inventaire pour être dispensés de payer les dettes qui peuvent excéder la valeur de cette succession; il suffit qu'ils fassent faire bon & loyal inventaire & qu'ils rendent compte aux parties intéressées. Cette doctrine est fondée sur ce qu'ils succèdent moins à la personne qu'aux biens.

Observez toutefois que si l'on venoit à prouver contre de tels successeurs qu'ils ont soustrait des effets de la succession, on les obligeroit à payer indistinctement toutes les dettes du défunt, comme s'ils en étoient les héritiers purs & simples.

La loi *scimus* veut que l'inventaire soit commencé dans les trente jours après le décès de celui de la succession duquel il s'agit, & parachevé soixante jours après.

Suivant l'article 1 du titre 7 de l'ordonnance de 1667, l'héritier doit avoir trois mois depuis l'ouverture de la succession pour faire inventaire & quarante jours pour délibérer. Et s'il justifie que l'inventaire n'a pu être fait dans les trois mois, soit parce qu'il a ignoré la mort du défunt, soit à cause des oppositions ou contestations qui sont survenues ou autrement, le juge doit lui accorder un délai convenable pour faire l'inventaire & quarante jours pour délibérer. Ce délai doit être accordé à l'audience, & sans que la cause puisse être appointée. Telles sont les dispositions de l'article 4 du même titre.

Au parlement de Provence, l'héritier après avoir été admis au Bénéfice d'inventaire, a trente ans pour faire inventaire quand il n'a pas fait acte d'héritier, à moins qu'il n'y ait un jugement de déchéance. C'est ce qui résulte de l'acte de notoriété du parquet du parlement d'Aix du 14 février 1705, & d'un arrêt du conseil du 9 septembre 1669.

Au parlement de Bordeaux un héritier est

reçu à renoncer à la succession pendant trente ans, en rapportant un inventaire régulièrement fait & fidèle, & en se purgeant par serment qu'il n'a rien détourné, sauf aux créanciers à coter les erreurs & les recelés s'ils prétendent qu'il y en a. Cela a été ainsi jugé par arrêt du parlement de Bordeaux du 19 février 1672, rapporté par la Peirère.

La loi veut que ceux qui ont intérêt à l'inventaire, tels que les créanciers, les légataires, les fidéi-commissaires y soient appelés.

Ces formalités sont exactement observées dans la plupart des pays de droit écrit : on appelle les créanciers & les légataires connus à leur domicile, & les autres par affiches publiques.

M. Catelan fait mention d'un arrêt du parlement de Toulouse du mois de janvier 1667, qui a jugé qu'un inventaire étoit nul, parce qu'on n'y avoit point appelé les légataires : mais il dit qu'il n'est pas nécessaire d'appeler les créanciers.

Le jurisprudence du parlement de Grenoble, est que les créanciers soient appelés. Chorier sur Guypape rapporte à ce sujet un arrêt de règlement du 22 août 1676.

Le parlement de Paris se dispense de ces formalités, même dans les provinces de son ressort où l'on suit le droit écrit. Cependant ces formalités sont très sages : trois grands magistrats les ont même jugées nécessaires ; savoir, M. Lizet premier président au parlement de Paris, qui en a inséré un article exprès dans la coutume de Berry, au chapitre des successions *ab intestat* ; M. de Marillac garde des sceaux, dans l'ordonnance de 1629 ; & M. le premier président de Lamoignon dans ses arrêtés, au titre des successions.

Par un arrêt de règlement du 8 juin 1693, il fut défendu de lever le scellé & de commencer l'inventaire avant qu'il ne se fût écoulé 24 heures depuis l'enterrement du défunt ; présentement il faut qu'il y ait au moins trois jours d'intervalle suivant un arrêt de règlement du 18 juillet 1733.

Pour être admis au Bénéfice d'inventaire dans la coutume de Paris, l'héritier est obligé de donner une caution : au surplus il suffit, selon l'usage du châtelet, que cette caution soit en état de répondre du mobilier de la succession ; la raison en est que l'héritier bénéficiaire ne pouvant empêcher l'effet des hypothèques sur les immeubles de la succession, les intérêts des créanciers ne sauroient être compromis, lorsqu'ils ont une caution solvable pour faire représenter la valeur du mobilier.

Le privilège du Bénéfice d'inventaire ne peut avoir lieu contre le roi, si ce n'est en faveur des mineurs. C'est ce qui résulte de l'article 16 de l'ordonnance de Roussillon donnée par Charles IX au mois de janvier 1563. En conséquence il a été jugé par arrêt de la cour des aides de Paris du 16 mars 1735, que la demoiselle Renault ne pouvoit profiter des lettres de Bénéfice d'inventaire par elle obtenues pour la succession de son frère, receveur des fermes au pont de Joigny ; & que si dans quinzaine elle ne renonçoit à la succession, elle seroit contrainte au payement du débet du compte de ce frère, comme héritière pure & simple.

A compter du jour de l'obtention des lettres de Bénéfice d'inventaire, les créanciers de la succession ont hypothèque sur les biens de l'héritier bénéficiaire pour la gestion dont il est comptable envers eux & par conséquent pour obtenir l'indemnité du préjudice que cette gestion à pu leur faire.

Justinien dans la loi *scimus*, permet à l'héritier bénéficiaire de payer les créanciers du défunt à mesure qu'ils se présentent, sans être obligé d'examiner s'ils sont les plus anciens, & sans que les créanciers antérieurs puissent avoir aucune action contre lui, sauf leur recours contre les créanciers postérieurs qui ont touché, pour raison de quoi Justinien accorde une action aux créanciers plus anciens ou privilégiés

La disposition de cette loi est suivie dans les pays de droit écrit, excepté dans ceux du ressort du parlement de Paris. Dans ceux-ci, l'héritier bénéficiaire n'a pas la liberté de payer les créanciers postérieurs avant les antérieurs; il doit attendre que l'ordre soit fait, suivant un arrêt prononcé le 2 avril 1577, & rapporté par Charondas dans ses réponses. C'est aussi la doctrine de d'Argentré sur la coutume de Bretagne, & de Lebrun dans son traité des successions.

Au parlement de Paris & dans les autres pays où les meubles n'ont point suite par hypothèque, les créanciers postérieurs qui ont touché de l'héritier bénéficiaire leur payement sur le prix des meubles, ne peuvent être contraints de rapporter au profit des créanciers antérieurs.

Il n'en eſt pas de même au parlement de Toulouſe ; on y oblige en ce cas le créancier poſtérieur à rapporter, ſoit qu'il ait reçu ſon payement ſur le prix des immeubles ou ſur celui des meubles.

Mais combien de temps doit durer l'action accordée aux anciens créanciers pour faire rapporter les autres ? Les auteurs ſont partagés à cet égard. Catelan la limite à dix ans : mais Duperrier & Vedel la portent à trente ans. Bretonnier approuve cette dernière opinion.

Un tuteur qui rend compte du Bénéfice d'inventaire pour ſes mineurs, ne peut pas y employer les alimens qu'il leur a fournis ; parce que la ſucceſſion béneficiaire appartient aux créanciers plutôt qu'aux héritiers. Cela fut ainſi jugé au parlement de Bretagne en la ſéance d'août 1612, comme le rapporte Frain.

Cependant au parlement de Provence, le contraire fut jugé par arrêt du dernier juin 1615, rapporté à la ſuite de Boniface, & cela par le motif de la bonne foi de l'héritier. L'uſage du parlement de Bretagne paroît plus juſte, par la raiſon qui a été dite ci-deſſus.

Au parlement de Paris, tous les frais légitimes que fait l'héritier bénéficiaire doivent être ſupportés par la ſucceſſion. Mais s'il entreprenoit des procès qui paruſſent évidemment mal fondés, les frais en pourroient être mis à ſa charge par les juges. Il faut toutefois que cela ſoit ainſi ordonné pour qu'il ne puiſſe pas employer ſes frais dans ſon compte.

Quelques auteurs, tels que Lange & Bacquet, ont à la vérité, prétendu qu'il ſuffiſoit qu'un héritier bénéficiaire succombât dans une contestation, pour être tenu personnellement des dépens, mais cette opinion n'est pas admise a Paris : elle a même été rejetée par un arrêt du parlement du 11 avril 1709 qui a jugé qu'un héritier bénéficiaire qui agit en cette qualité, ne doit les dépens qu'en cette même qualité.

Au parlement de Toulouse, l'héritier bénéficiaire est tenu des dépens en son nom, comme l'attestent Catelan & la Roche Flavin. Il en est de même au parlement de Bordeaux, suivant le témoignage de Lapeirère.

C'est aussi ce qui se pratique au parlement de Bretagne, comme le prouve l'acte de notoriété des avocats de ce parlement, du 12 juillet 1717, rapporté à la suite des arrêts de Devolant.

On suit encore la même jurisprudence au parlement de Normandie. Berault, sur l'article 98 de la coutume de Normandie, dit que l'héritier bénéficiaire est toujours tenu en son nom des dépens auxquels il est condamné, soit en demandant ou en défendant ; mais Basnage sur le même article, distingue s'il n'a fait que suivre le procès commencé par le défunt, ou s'il l'a commencé de son chef. Au premier cas il estime que l'héritier n'est pas tenu des dépens en son nom ; au second cas il dit qu'il en est tenu.

Au parlement de Grenoble, on distingue : si l'héritier bénéficiaire a intenté de son chef le procès, il est tenu des dépens en son nom ; mais il n'en est pas tenu lorsque le procès a été intenté d'après l'avis des créanciers. Cette jurisprudence concilie tous les intérêts & elle devroit avoir lieu partout.

Autrefois la jurisprudence du châtelet étoit telle que l'héritier bénéficiaire pouvoit en tout état de cause & quand il le vouloit renoncer à la succession, en rendant compte aux créanciers de ce qu'il pouvoit avoir en sa qualité : mais l'ordonnance de janvier 1629 a introduit une nouvelle pratique à cet égard. C'est pourquoi par arrêt du 2 septembre 1755, la cour en infirmant une sentence des requêtes du palais, a jugé qu'un héritier par Bénéfice d'inventaire qui renonce à la succession, peut par la suite prendre la succession en qualité d'héritier pur & simple, sur ce principe que *celui qui est une fois héritier ne peut plus cesser de l'être*, & que la qualité d'héritier soit bénéficiaire, soit pur & simple, est une qualité indélébile.

Dans cette affaire, les conseils de la demoiselle de Boufflers mineure, lui avoient fait prendre des lettres de rescision contre sa renonciation ; mais le parlement l'a admise à recueillir la succession sans qu'il fût besoin de lettres de rescision : ainsi il a jugé que la renonciation au Bénéfice d'inventaire est inutile & qu'on ne peut abdiquer une succession bénéficiaire quand une fois elle a été acceptée par quelqu'un qui a pris la qualité d'héritier par Bénéfice d'inventaire.

Ces principes ont été confirmés par un autre arrêt du 23 juillet 1756 : dans la contestation dont il s'agissoit, l'héritier bénéficiaire auquel on opposoit l'arrêt du 2 septembre 1755 qu'on vient de citer, disoit qu'on ne pouvoit pas lui opposer le préjugé résultant de cet arrêt; qu'il étoit dans un cas différent, parce qu'il ne s'étoit jamais immiscé dans la succession; qu'il avoit obtenu des lettres qu'il avoit fait entheriner; mais que cela s'étoit passé avant la levée des scellés, & qu'au moment de l'inventaire il avoit renoncé; au moyen de quoi sa qualité étoit demeurée sans effet. Malgé ces raisons le parlement le condamna à payer en qualité d'héritier par Bénéfice d'inventaire.

Un troisième arrêt rendu le 6 mars 1762 d'après les mêmes principes, a déclaré nulles des renonciations au Bénéfice d'inventaire faites par des héritiers bénéficiaires, ainsi que la nomination du curateur au Bénéfice d'inventaire qui avoit eu lieu sur leur requête.

Ces espèces sont rapportées dans la collection de jurisprudence.

Il en est différemment dans les pays de droit écrit: on y juge que la renonciation de l'héritier bénéficiaire détruit entièrement la qualité d'héritier.

En Normandie, l'héritier bénéficiaire peut renoncer pour s'en tenir au tiers coutumier.

L'héritier par bénéfice d'inventaire doit rendre compte aux créanciers lorsqu'il en est requis. Il y a en Bretagne un usage singulier à cet égard. Les héritiers bénéficiaires y sont tenus solidairement & par corps de délivrer aux créanciers le reliquat de leur compte; parce qu'on les y regarde comme des économes, des sequestres & dépositaires de justice, ainsi que l'observe M. de Perchambault sur la coutume de cette province; au-lieu qu'à Paris, & presque par-tout ailleurs, ils sont regardés comme de vrais héritiers & ne sont tenus chacun que de leur part personnelle & par les voies ordinaires.

Il est aussi d'usage en Bretagne, suivant un règlement de 1683, que si l'héritier bénéficiaire ne procure pas dans trois ans le payement des créanciers ou ne rend pas compte, le créancier le plus diligent peut obtenir la subrogation.

Suivant l'ordonnance du mois de janvier 1629, l'héritier bénéciaire devoit rendre compte de l'hérédité, dans le cours de dix années, à compter du jour qu'il avoit obtenu des lettres de Bénéfice d'inventaire, sinon il devoit être réputé héritier pur & simple & en cette qualité répondre des dettes de la succession; mais cette disposition est tombée en désuétude.

Ce seroit envain que des hérétiers majeurs renonceroient en ligne directe au Bénéfice d'inventaire pour être dispensés de rapporter au partage de la succession ce qu'ils auroient reçu du défunt en avancement d'hoirie. Une telle renonciation ne produiroit aucun effet en leur faveur (*) : c'est ce qu'ont décidé deux arrêts fameux rendus au parlement de Paris le 20 avril 1682 & le 23 février 1702. Voici l'espèce du premier.

M. de Chovayne conseiller d'état père & tu-

(*) Observez toutefois que l'héritier bénéficiaire ne peut être assujetti au rapport dont il s'agit qu'envers ses cohéritiers & non envers les créanciers de la succession. C'est ce qu'on remarque particulièrement dans les motifs de l'arrêt de 1682 qui sont rapportés dans la note suivante.

teur de trois filles, en maria deux & leur donna des dots considérables. L'une épousa M. de Neuville, conseiller au parlement, & l'autre M. du Laurens, conseiller aux requêtes du Palais.

La troisième épousa M. de Pajot : mais elle ne se maria qu'après le décès de son père, & elle n'avoit reçu de lui aucun don.

Ces trois filles acceptèrent la succession de M. de Chovayne sous Bénéfice d'inventaire. Depuis cette acceptation, la dame du Laurens vint à mourir après avoir fait la dame de Neuville sa sœur sa légataire universelle.

La dame de Neuville voulant se débarasser des suites d'une succession bénéficiaire, y renonça, quoiqu'elle pût être avantageuse, & s'en tint à la dot que son père lui avoit constituée.

La dame de Pajot soutint que nonobstant cette renonciation, la dame de Neuville étoit obligée de rapporter sa dot à la masse des biens de la succession commune, tant de son chef comme héritière, que du chef de la dame du Laurens qu'elle représentoit comme sa légataire universelle.

La cour prononça en faveur de la dame de Pajot & la dame de Neuville fut condamnée au rapport (*).

(*) *Les motifs sur lesquels cet arrêt est fondé, ont été redigés par M. Mérault de Poinville, rapporteur, & par M. Bigot de Monville l'un des juges. Comme ils peuvent répandre beaucoup de lumière sur la matière dont il s'agit nous allons les rapporter d'après les rédacteurs du journal du palais.*

Le second arrêt cité est intervenu dans l'espèce suivante :

L'héritier par bénéfice d'inventaire est véritablement héritier. Les preuves qui en ont été rapportées par la dame de Pajot sont véritables, convaincantes & démonstratives & c'est une pure subtilité de dire, qu'il n'est héritier que jusques au temps qu'il a renoncé, parce qu'il ne seroit pas véritablement héritier s'il pouvoit se dépouiller de cette qualité. Ce qui a fait croire qu'il s'en pouvoit dépouiller, est qu'on a introduit depuis cent ans l'usage de renoncer par l'héritier bénéficiaire, quand il le juge à propos. Mais cet usage n'a été introduit que par les praticiens sans aucune nécessité, puisque pour exécuter l'intention de la loi *scimus* la renonciation est absolument inutile. Il suffit que l'héritier bénéficiaire rende compte des biens de la succession, & que les créanciers ne puissent l'obliger à les payer au-delà des forces de la même succession.

En effet, quoique l'héritier par Bénéfice d'inventaire ait rendu compte à quelques-uns des créanciers & qu'il ait renoncé, il est toujours obligé de rendre compte en la même qualité à tous les autres créanciers. Preuve certaine qu'il ne peut s'en dépouiller, & qu'il ne peut leur objecter autre chose, sinon qu'il n'est obligé à leur égard que jusques à concurrence des biens de la succession.

Cet usage de renoncer à la succession bénéficiaire introduit par les praticiens, est attesté par Bacquet dans son traité des droits de justice, & les juges l'ont autorisé à l'égard des créanciers seulement, comme on peut le voir par l'arrêt de Lomel rapporté par M. Louet.

Il faut encore faire réflexion que le Bénéfice d'inventaire n'a point d'autre effet que de remettre les choses dans l'état naturel où elles doivent être considérées entre les héritiers d'un défunt & ses créanciers.

Car naturellement nous ne devons payer les dettes d'un défunt qu'à proportion du profit que nous faisons dans sa succession, & c'est une injustice de nous obliger d'en payer davantage. Ce n'est que la mauvaise foi dans laquelle on vit qui a fait que pour éviter la fraude qui se pourroit

Le marquis de Marigneux laissa en mourant

commettre, on oblige un héritier à payer toutes les dettes indistinctement, afin qu'on ne soit pas obligé d'essuyer les chicanes d'un héritier qui voudroit toujours paroître n'avoir aucun bien provenant de la personne à laquelle il a succédé.

Ainsi le bénéfice d'inventaire n'est qu'une précaution qu'on a prise contre ce qui avoit été établi à l'égard des créanciers à cause de la mauvaise foi, & de la fraude de l'héritier. Ce qui n'a rien de commun avec le rapport qui se fait entre cohéritiers.

Le motif du rapport, est l'esprit d'union & d'égalité qui doit être entre les enfans.

Dans l'ancien droit, quand les enfans étoient appelés à la succession de leur pere par son testament, ils ne rapportoient pas, parce qu'ils recueilloient pour lors l'hérédité comme auroient fait des étrangers : mais lorsqu'ils la recueilloient en qualité d'enfans, ce qu'ils avoient eu de la libéralité de leur pere de son vivant devenoit une portion de la succession.

Le pere étoit censé avoir réglé sa libéralité suivant la loi naturelle, qui souffre avec peine l'inégalité entre les freres.

Les enfans émancipés n'étoient pas autrefois de la famille de leur pere, & ne succédoient pas avec les enfans qu'ils nommoient siens. Le préteur les appela, *ad bonorum possessionem contra tabulas* : mais à condition de partager actuellement les biens qu'ils avoient pris du vivant du pere, ou de donner caution de les rapporter ; parce que, dit la loi *1. ff. de collat. consequens est ut sua quoque bona in medium conferant, qui appetunt paterna.* La loi ne dit pas, *qui dividunt*, *qui capiunt*, mais *qui appetunt*, pour montrer qu'il n'est point nécessaire de s'immiscer, & qu'il suffit de se présenter pour partager.

Les loix n'ont jamais diminué la faveur des rapports, au contraire on en a toujours augmenté l'usage. Autrefois les enfans qui venoient à la succession de leur pere en vertu de son testament, n'étoient point obligés au rapport,

deux filles dont l'une avoit épousé le marquis

comme il a été remarqué. Justinien par sa novelle 18 les y a obligés. Preuve qu'il a toujours eu le dessein d'augmenter le rapport qui fait l'union entre les enfans & met la paix dans les familles. Il ne s'en est relâché qu'en faveur de l'autorité paternelle, comme il paroît par l'authentique, *ex testamento cod. de collat.* Afin d'exciter les enfans à une plus grande complaisance pour leurs pères.

Dans la coutume de Paris, les loix du rapport sont observées, comme en pays de droit écrit. L'authentique *ex testamento*, n'a point lieu.

Le rapport ne se fait qu'entre frères. Il n'y en a point entre les ascendans ni les collatéraux. C'est un droit & un privilège attaché à la fraternité, *jus quoddam fraternitatis.* Il ne faut donc point s'étonner qu'on veuile le conserver à l'égard des cohéritiers, quoiqu'il soit prohibé à l'égard des créanciers.

Quand Justinien a fait la loi *scimus*, il n'est pas possible qu'il ait eu dans l'esprit d'abolir le rapport entre freres, puisque par sa novelle qui est postérieure à la loi *scimus*, il a donné plus d'étendue à ce droit qu'il n'en avoit auparavant. S'il avoit eu dessein d'y donner quelque atteinte dans la loi *scimus*, il en auroit fait mention dans la novelle & ne l'auroit pas augmenté comme il a fait.

Ainsi il est certain que Justinien n'a point eu d'autre intention, quand il a introduit le bénéfice d'inventaire, que de joindre tous les héritiers d'une succession, pour les défendre des attaques de leur ennemi commun, qui est le créancier. Mais il ne leur a pas fourni des armes pour se détruire entr'eux, ni pour leur ôter les droits qu'ils pouvoient avoir les uns envers les autres. Qu'importe si, *discedere ab hereditate*, veut dire que la qualité d'héritier soit muable ou immuable ? Il faut que l'héritier satisfasse à l'intention de la loi *scimus*, & il faut qu'il satisfasse aux autres loix qui ne sont point détruites par la loi *scimus*, entre lesquelles est la loi du rapport.

Car il n'est parlé du rapport dans la loi *scimus*, ni de

de Fresnoy & l'autre le marquis de Thurin. Les

---

rectement ni indirectement ; l'héritier n'y est marqué que contre les créanciers légataires & fidéi-commissaires.

Quand la loi dit, *adeant hereditatem sine periculo, & nihil penitus ex sua substantia amittant*, la glose ajoute, *sine periculo creditorum ultra vim.* Elle ne dit pas, *sine periculo collationis, & nihil ex substantia sua penitus amittant.*

La loi fait distinction de deux sortes de substances : la première est celle qu'elle appelle *substantia devoluta* ; celle-là appartient aux créanciers. La deuxième, c'est *propriæ substantiæ*, qui se doit rapporter au cohéritier, & qui ne se rapportoit pas au créancier, quoiqu'on ait jugé le contraire en quelque sorte par l'arrêt de Lomel dans la coutume de Paris, & peut être contre l'esprit & l'intention de la coutume, comme il sera remarqué.

C'est un mauvais argument dans la bouche de l'héritier de dire qu'il perdroit de sa propre substance s'il étoit obligé de rapporter, car il s'ensuivroit par cet argument qu'il pourroit aussi se dispenser de rapporter la légitime.

Mais comme la légitime est un droit particulier que le frère doit à son frère ; de même le rapport est un droit particulier que le frère héritier doit à son frère qui est son cohéritier.

Ce n'est point une dette de la succession, & la loi ne parle que des dettes de la succession, quand elle dit, *si onerosam invenerit hereditatem*, & quand elle parle de la délibération, qui ne regarde aussi que les créanciers.

Les arrêts de la Saint Yon & de Lomel, prouvent la différence qu'on a fait entre l'héritier à l'égard du créancier, & l'héritier à l'égard du cohéritier. Il ne faut que les lire pour en être persuadé, & il suffit pour cela de faire réflexion sur les motifs de cet arrêt de Lomel, rapportés par M. Louet, dans l'arrêt de la Saint-Yon. Parce que la Saint-Yon avoit pour partie un cohéritier, on dit qu'elle prendra la qualité d'héritière pure & simple, si mieux elle n'aime rapporter comme héritière par Bénéfice d'inventaire. On conserve par cet arrêt les droits de la Saint-Yon, à l'égard des créanciers, en lui conservant la qualité d'héri-

deux sœurs acceptèrent par Bénéfice d'inven-

---

tière par Bénéfice d'inventaire, & l'on conserve les droits de son cohéritier en l'obligeant au rapport. Il n'y a qu'à lire le plaidoyé de M. Marion inséré dans l'arrêt, pour voir quel en a été le motif.

Dans l'arrêt de Lomel qui a été rendu six semaines après celui de la Saint-Yon, on ordonne que Lomel rapportera, si mieux il n'aime s'en tenir à son don en renonçant. Ces deux arrêts font voir la différence qu'on a faite sur la renonciation à la succession bénéficiaire de l'héritier à l'égard des créanciers, & de l'héritier à l'égard du cohéritier.

Quatre différences essentielles entre le cohéritier & le créancier. Pour faire voir encore plus clairement qu'il n'y a pas de raison de dire qu'il n'y a aucune différence à faire à l'égard des rapports entre l'héritier par Bénéfice d'inventaire, à l'égard du créancier, & le même héritier à l'égard de son cohéritier, il faut examiner plus particulièrement les différences qui se rencontrent entre l'un & l'autre, lesquelles résultent pour la plus grande partie de ce qu'on a déjà remarqué ; parce que si on fait voir qu'il y a des différences essentielles entre les cohéritiers & les créanciers, il faut aussi que l'on demeure d'accord qu'elles doivent produire des effets différens, & que la loi *scimus*, qui ne parle que des créanciers, ne doit pas être étendue aux cohéritiers.

La première différence consiste en ce que le créancier n'a qu'un simple droit d'hypothéque sur les choses sujettes au rapport, la propriété demeurant toujours à l'héritier par Bénéfice d'inventaire, *jus ad rem* ; au lieu que le cohéritier y a un droit de propriété, *jus in re*.

Le seconde se tire de ce que le Bénéfice d'inventaire ne peut jamais avoir été introduit que pour garantir l'héritier contre les dettes du défunt, & non pour le dégager des obligations auxquelles l'héritier s'engage lui-même de son chef, & pour d'autres causes & envers d'autres personnes, que celles auxquelles le défunt étoit obligé.

La troisième résulte de ce que non-seulement l'héritier s'oblige de son chef au rapport, à l'égard de ses cohéritiers, mais que les héritiers & les cohéritiers contractent

taire la succession de leur père, & en jouirent

---

une obligation réciproque entr'eux. Ce qui ne se rencontre point entre le créancier & l'héritier.

La quatrième dérive de la troisième; car l'obligation réciproque fait que les cohéritiers, par cela même qu'ils sont cohéritiers, doivent partager la perte & le profit qui leur peut revenir de la succession. Il n'en est pas de même à l'égard du créancier : il ne peut jamais prétendre autre chose, que d'être payé sur le bien du défunt, & il ne peut se plaindre par conséquent de ce qu'on se sert contre lui du Bénéfice d'inventaire.

Première différence. La proposition seule de la première différence fait d'abord assez connoître qu'elle doit produire des effets différens, puisqu'un droit de propriété doit avoir plus de force qu'un simple droit d'hypothéque. Mais comme la dame de Pajot s'est contentée de dire que le cohéritier a un droit acquis sur les choses sujettes au rapport qu'on ne lui peut ôter sans son fait, nous pouvons allez plus loin, en faisant voir,

1°. Que le droit du cohéritier est un droit de propriété qui lui est acquis de plein droit par l'acceptation que l'héritier fait de la succession, quoiqu'il ne l'accepte que par Bénéfice d'inventaire.

2°. Que ce droit ne peut être révoqué par la renonciation à la succession par Bénéfice d'inventaire.

On ne peut pas douter que la propriété des choses sujettes au rapport ne soit acquise de plein droit au cohéritier, & que c'est un principe du droit coutumier.

Car il est certain qu'aux termes de l'article 303 de la coutume de Paris, *les pères & les mères ne peuvent avantager leurs enfans venans à leur succession, l'un plus que l'autre.*

Donc dès-lors que les enfans viennent à la succession de leur père, leur qualité de donataires s'éteint & s'évanouit. Les choses données deviennent un effet de la succession.

De-là vient que la coutume de Meaux, article 12, porte, *si celui qui a reçu ledit avancement veut venir à la succession de ses peres & mères, avant qu'il y puisse venir ou succéder, il doit rapporter ce qui lui a été avantagé.*

par indivis pendant dix ans. Après ce temps, la

Alias, *il ne succedera point, & en rapportant, succédera.*

Dans la coutume de Paris, article 304, les *enfans venans à la succession, doivent rapporter ou moins prendre.*

Venans, donc dès qu'ils y viennent, c'est une condition sans laquelle ils n'y peuvent être reçus.

Ou moins prendre, donc les enfans donataires retenant ce qui leur a été donné, se trouvent saisis de leur part héréditaire. Si cela leur suffit, sans qu'il soit besoin de faire aucun partage, leurs cohéritiers qui y avoient un droit de propriété lequel leur appartenoit par indivis, se trouvent aussi partagés, au moyen du surplus de la succession qui leur est laissé.

Par l'article 307, les donataires se peuvent tenir à leur don, en s'abstenant de l'hérédité.

Mais quand ils ne s'abstiennent pas, les choses qui leur ont été données deviennent des effets de la succession.

Ceci est encore fondé sur ce que suivant l'article 278, *les meubles & immeubles donnés par le père ou la mère à leurs enfans, sont réputés donnés en avancement d'hoirie.* D'où il s'ensuit, que lorsque ces enfans ne s'abstiennent pas, ce qui leur a été donné fait partie de la succession, & leurs coheritiers y ont par conséquent un droit acquis du jour du décès & de l'ouverture de la succession, puisqu'il est encore constant dans notre droit coutumier, que *le mort saisit le vif.*

Mais il ne suffit pas de faire voir que le cohéritier est saisi de plein droit de la part qui lui appartient dans les choses sujettes au rapport. Car on peut dire que le droit d'hypothéque est acquis de la même manière au créancier. Ainsi il faut voir si ce droit de propriété peut être révoqué dans la suite.

1°. On peut dire avec tout le respect qui est dû aux arrêts, que la jurisprudence établie par l'arrêt de Lomel, suivant laquelle l'héritier donataire remet dans la masse de la succession les choses qui lui ont été données, tant qu'il conserve la qualité d'héritier bénéficiaire, est en quelque sorte contraire à l'esprit & à l'intention de la coutume de Paris, comme il a déjà été remarqué, puisque le rapport ordonné

marquise de Thurin prit des lettres de rescision

---

par les articles 303, & 304, n'a été établi qu'en faveur des enfans ; & ainsi ce qu'on a introduit en quelque sorte contre les principes, ne doit pas être tiré à conséquence pour les détruire, en établissant une jurisprudence absolument contraire à l'esprit de la coutume & du droit, qui ont voulu confirmer l'égalité entre les enfans.

2°. Il n'y a personne qui ne convienne qu'un droit d'hypothèque peut être acquis sous condition beaucoup plus facilement qu'un droit de propriété ; & que le droit de propriété ne s'entend que de ce qui nous est propre, & qui ne peut être révocable, ni nous être ôté, sans notre fait, quand la loi & la nature nous le donnent.

Pour faire voir plus clairement que le droit de propriété qui est acquis dans notre espèce au cohéritier, ne peut être révoqué, posons l'espèce d'un créancier de la succession qui seroit payé par l'héritier bénéficiaire, ou que cet héritier auroit fait propriétaire des choses qu'il auroit rapportées à la masse de la succession ; & en ce cas-là, examinons si l'héritier bénéficiaire renonçant à la succession, pourroit révoquer le payement ou la propriété acquise au créancier ?

Pour cela, il faut supposer que l'héritier bénéficiaire a été avantagé en héritages ou en argent, & qu'il paye purement & simplement le créancier des deniers qu'il rapporte à la succession, ou qu'il lui donne en payement des héritages dont il a été avantagé, pour demeurer quitte de ce qui lui est dû. Peut-on dire que le créancier ayant été payé ou ayant acquis l'héritage, quoique des mains d'un héritier par Bénéfice d'inventaire, si l'héritier vient ensuite à renoncer, & qu'il veuille revoquer ce qu'il a fait, le créancier ne soit pas en droit de lui dire avec raison, qu'il n'y est pas recevable.

Ce qui se peut faire en deux temps, & par deux actes différens à l'égard du créancier, se fait de plein droit à l'égard du cohéritier.

Au moment que l'héritier bénéficiaire accepte la succession, son cohéritier devient propriétaire par indivis des choses sujettes au rapport. Et le même droit appartient à l'héritier par Bénéfice d'inventaire dans les autres biens de la succession. Il se fait une confusion réciproque, & une espèce de transfusion.

Le partage qui se fait ensuite ne donne point un droit nouveau aux cohéritiers, il se fait seulement lors du partage une espèce de permutation & d'échange des parts qui étoient auparavant possédées par indivis.

L'effet en est à la vérité plus sensible après le partage, mais dans l'un & dans l'autre cas, le cohéritier auquel le droit de propriété est acquis dans les choses données, peut dire, *meum recepi*, *meum possideo*.

Si par le partage un héritier bénéficiaire souffre que les choses qu'il a rapportées soient mises dans le lot de son cohéritier, sera-t-il reçu à les reprendre, lorsqu'il voudra renoncer ? Le cohéritier n'en sera-t-il jamais propriétaire incommutable ? & ne pourra-t-il jamais disposer avec sûreté de ce qui lui a été donné pour la part qu'il a dans la succession ?

Il ne faut point dire, comme il a déja été remarqué, qu'il y ait aucune différence à faire entre le droit de propriété acquis aux cohéritiers avant ou après le partage. Le droit est acquis également en l'un & en l'autre cas.

L'héritier par Bénéfice d'inventaire, en rapportant à son cohéritier, ou en s'obligeant si l'on veut au rapport, par l'acceptation de la succession, se dépouille & perd la propriété de la portion qui est acquise à son cohéritier. Comment la peut-il reprendre, après l'avoir perdue ? *A privatione ad actum, non datur regressus.*

Quel droit lui reste-t-il sur les choses dont il n'est plus propriétaire, & ou il n'a plus rien ?

C'est ici où l'on doit appliquer ce qui a été dit par l'avocat de la dame Pajot, touchant l'option que la coutume donne aux enfans de se tenir à leur don ou de prendre la qualité d'héritier.

Le choix fait par un des enfans à l'égard de ses freres, les met en état de n'en plus faire. Le choix lui est déféré par la nature & par la loi. Après qu'il est consommé il n'y a plus de choix, on le feroit renaître après qu'il n'est

de sa mère : la marquise de Fresnoy la soutint

plus. On donneroit un droit éteint, & on ôteroit celui qui est acquis.

Celui des enfans qui consomme son option, qui consomme son droit, en fait naître un autre qui est celui du rapport. Droit si réel que les choses données retombent dès ce même temsps-là dans la masse de la succession.

Ne peut-on pas dire que la loi ne donne qu'un choix aux enfans d'être héritiers ou donataires ? qu'ils auroient deux choix à faire ; savoir d'être héritiers ou donataires & d'être héritiers purs & simples ou par bénéfice d'inventaire, au lieu qu'ils n'ont qu'une option à faire à l'égard du créancier : savoir s'ils veulent être héritiers purs & simples ou par bénéfice d'inventaire : *duæ causæ lucrativæ non possunt concurrere.*

Ainsi il semble qu'il est inutile d'agiter la question, *si semel hæres desinit esse hæres*, & si l'héritier bénéficiaire qui est reçu à renoncer par notre usage est toujours héritier; puisqu'au moment qu'il est héritier, le droit de rapport ou plutôt d'une des choses rapportables est acquis au co-héritier, & que ce droit par sa nature est irrévocable, étant fondé sur l'égalité qui doit être entre les enfans & que le bénéfice d'inventaire ne peut détruire.

En cet endroit il est facile de répondre aux objections qu'on peut faire sur ce qu'il y a des cas auxquels la propriété est révocable, comme celui d'un acquéreur qui est évincé par les créanciers du vendeur ; comme celui de la vente avec faculté de *remeré* & autres semblables aliénations.

Dans le premier cas le vendeur qui avoit des créanciers anciens, n'a pu transmettre la propriété qui ne lui appartient pas en quelque sorte mais à ses créanciers.

Dans le deuxième celui qui est évincé en vertu de la faculté de *remeré*, l'est par son propre fait, il en est ainsi convenu.

Seconde différence. La seconde différence entre le créancier & le co-héritier à l'égard de l'héritier par bénéfice d'inventaire, est fondée sur ce que le bénéfice d'inventaire ne peut avoir été introduit que pour se précautionner

mal fondée à cet égard. Cependant l'affaire

---

contre les dettes & les obligations du défunt, & ne peut s'appliquer en aucune manière aux obligations auxquelles l'héritier s'engage de son chef & pour d'autres causes & envers d'autres personnes que celles auxquelles le défunt étoit obligé.

La proposition semble assez claire & assez évidente d'elle-même; l'application en est juste dans notre espèce. L'obligation de partager les choses données que l'héritier contracte en acceptant la succession, ne vient point du fait du défunt, elle vient du fait de l'héritier.

On peut soutenir qu'entre les enfans encore plus qu'entre les autres héritiers, l'action qui résulte de cette obligation est personnelle: & cela ne se peut dire de l'action que les créanciers ont pour obliger l'héritier bénéficiaire à rapporter les choses qui lui ont été données.

L'héritier bénéficiaire n'est point tenu personnellement au rapport envers les créanciers; mais seulement à raison & jusqu'à concurrence des biens qui lui ont été donnés, ce qui ne peut produire qu'une action réelle.

Les créanciers, comme il a été observé, n'ont qu'un droit d'hypotéque sur les choses données, le co-héritier y a un droit de propriété. A quoi il faut ajouter pour expliquer la deuxième différence que le droit d'hypotéque vient du fait du défunt. La propriété acquise au co-héritier vient du fait de l'héritier, quoiqu'il ne soit héritier que par bénéfice d'inventaire.

On peut soutenir encore que le droit de rapport vient d'une cause tout-à fait différente de celle qui oblige l'héritier à payer les dettes du défunt.

C'est la nature qui donne ce droit aux enfans, & quand les enfans qui sont donataires viennent à la succession de leur père, c'est la nature aussi-bien que la loi qui veut que ce qu'on leur a donné soit réputé donne en avancement d'hoirie; mais il n'y a que la loi qui les oblige envers les créanciers à l'égard desquels ils sont toujours fondés dans un contrat qui est le titre de leur donation. Ainsi ils sont héritiers naturels à l'égard des autres enfans, & contractuels à l'égard des créanciers pour ce qui leur a été donné en avancement

ayant été plaidée au châtelet de Paris, les let-

---

d'hoirie. Les droits qu'ils avoient en vertu de ce contrat sont confondus dans ceux de la nature. Quand il s'agit de partager la succession avec leurs co-héritiers les choses sont remises dans l'état naturel où elles doivent être.

Quant aux créanciers, les droits qui appartiennent aux enfans en vertu d'un contrat ne se doivent pas confondre lorsqu'ils sont héritiers par bénéfice d'inventaire.

Les enfans ont deux qualités d'héritier, qui n'en font qu'une en leur personne. L'une de la nature, l'autre de la loi. Ce sont deux causes différentes qui doivent produire des effets différens.

Si la loi (comme on l'a jugé par l'arrêt de Lomel) les oblige au rapport pendant qu'ils conservent la qualité d'héritiers bénéficiaires, elle peut les garantir des attaques des créanciers en leur opposant cette qualité; mais elle ne peut détruire les droits de la nature: *Civilis ratio, naturalia jura tollere non potest*; & il ne faut pas induire de l'arrêt de Lomel que les créanciers & les co-héritiers sont égaux en toutes choses.

On peut aussi dire qu'il y a deux qualités dans l'héritier bénéficiaire: l'une naturelle, c'est celle *d'héritier*; l'autre accidentelle c'est celle de *bénéficiaire*: la naturelle est le droit du sang. A l'égard de l'accidentelle comme on peut être héritier sans accident elle est un pur Bénéfice de la loi.

Ainsi il y a une très-grande différence entre les causes qui obligent l'héritier bénéficiaire au rapport en faveur de ses co-héretiers & celles qui l'obligent au payement des dettes & même au rapport à l'égard des créanciers de la succession; & l'on a eu raison d'avancer que s'il est obligé envers les créanciers par le fait du défunt, il est engagé au rapport envers ses co héritiers par son propre fait & pour des causes qui n'ont rien de commun avec le fait de celui dont il est héritier.

Troisième différence. La troisième différence se tire en quelque sorte de la seconde.

Car si l'action que l'héritier bénéficiaire peut exercer contre son co-héritier n'est autre que l'action *familiæ ercis-*

tres de rescision y furent enthérinées; mais la marquise de Fresnoy ayant interjeté appel de la sentence d'enthérinement, le parlement infirma cette sentence, & ordonna qu'il seroit procédé au partage entre les deux sœurs. Ainsi la cour jugea qu'un héritier bénéficiaire qui a

---

cundæ, il s'ensuit que cette action par sa nature produit une obligation réciproque que les co-héritiers contractent entr'eux; ce qui ne se rencontre pas entre le créancier & l'héritier à l'égard duquel le créancier ne s'oblige en aucune manière.

Or on ne peut pas douter que les obligations réciproques aussi bien que les contrats synallagmatiques n'obligent également & irrévocablement.

Par l'adition d'hérédité & en vertu de l'action *familiæ erciscundæ*, il se fait une espèce de société entre les co-héritiers, laquelle les engage réciproquement : c'est la loi des sociétés. L'action *familiæ erciscundæ*, n'a pas moins de force que celle qu'on appelle *communi dividendo.*

Peut-on dire que l'une & l'autre ne produisent pas une action réciproque & personnelle ?

On peut encore appliquer ici ce qui est dit des options qui ont été consommées; seroit-il juste qu'elles ne fussent pas consommées également de part & d'autre, & que l'une des deux parties s'en pût dégager au préjudice de l'autre ?

Quatrième différence. La quatrième différence est aussi fondée sur la troisième & sur la loi des sociétés & de l'obligation réciproque. Les co-héritiers suivant cette loi doivent partager le profit & la perte comme les associés. Mais pour ce qui concerne l'héritier & le créancier il ne s'agit point de partager entr'eux le profit & la perte; le créancier ne prétend pas participer au profit que l'héritier peut faire, mais seulement qu'on le paye de sa dette sur les biens du défunt. Ainsi il ne peut se plaindre de ce qu'on se serve contre lui du bénéfice d'inventaire. Quant à l'héritier bénéficiaire son co-héritier lui peut dire que puisqu'il s'est mis en état de profiter il doit aussi partager la perte.

pris cette qualité étant majeur, ne peut plus par la suite renoncer à la succession, relativement à ses cohéritiers, pour s'en tenir au douaire.

Il fut en même-temps ordonné que l'arrêt seroit lû & publié au châtelet pour servir de règlement à l'avenir en pareil cas.

Les coutumes de Paris & d'Orléans veulent que celui qui en ligne collatérale, prend la qualité d'héritier pur & simple, donne l'exclusion à ceux qui ne se rendent héritiers que par Bénéfice d'inventaire, quand même ils seroient parens plus proches que lui (*); mais il en est autrement dans les pays de droit écrit, & même en Bretagne où la coutume a une disposition contraire à celle des coutumes de Paris & d'Orléans. Au surplus celui qui veut comme héritier pur & simple exclure le bénéficiaire, doit se déclarer dans l'année de l'obtention ou pré-

---

(*) Remarquez que cette règle ne s'applique point à la ligne directe.

Elle ne s'observe pas non plus en ligne collatérale lorsque c'est un mineur qui se rend héritier pur & simple : il n'exclut pas l'héritier bénéficiaire qui se trouve parent plus proche que lui : c'est ce que porte l'article 347 de la coutume de Paris, & cela a été ainsi jugé par arrêt du 26 novembre 1565. La jurisprudence des arrêts a même étendu ce principe aux parens qui sont au même degré que le mineur. La raison de décider est fondée sur ce que les mineurs se font restituer sans difficulté contre l'acceptation d'une succession.

Cependant si le mineur donnoit caution de ne pas se faire restituer, il pourroit exclure les héritiers bénéficiaires quoique plus proches que lui en degré. C'est du moins l'opinion de Charondas, de Tronçon, de Bacquet & de plusieurs autres. Cette doctrine est fondée sur ce que la caution assureroit aux créanciers le payement de leur du.

ſentation des lettres de Bénéfice d'inventaire.

La coutume de Normandie n'admet l'héritier collatéral à ſe rendre héritier par Bénéfice d'inventaire que quand il a fait des perquiſitions par la voie des criées ou publications pour ſavoir s'il n'y a pas quelqu'autre parent collatéral qui veuille ſe rendre héritier abſolu, c'eſt-à-dire, pur & ſimple.

Il y a auſſi en Bretagne des formalités preſcrites par la coutume à ceux qui veulent être héritiers par Bénéfice d'inventaire : ils doivent ſurtout faire appoſer le ſcellé ſur les effets de la ſucceſſion & appeler les créanciers.

Les docteurs ont été partagés ſur la queſtion de ſavoir ſi le teſtateur peut défendre à ſon héritier d'accepter ſa ſucceſſion par Bénéfice d'inventaire ? mais dans tous les tribunaux du royaume on juge que la prohibition n'eſt pas valable ; cependant il y a un tour pour la rendre valable, en ordonnant par le teſtateur à ſon héritier *d'accepter ſa ſucceſſion purement & ſimplement, ſinon & à faute de ce faire, inſtituer une autre perſonne ;* une ſemblable diſpoſition a été confirmée par un arrêt du parlement de Paris du 18 août 1693, entre les Jouards du pays de Forez.

Au parlement de Toulouſe on diſtingue entre les légataires & les créanciers ; la prohibition eſt valable à l'égard des premiers & non à l'égard des ſeconds.

L'uſage du parlement de Toulouſe eſt que les créanciers puiſſent demander un inventaire en la forme ordinaire, nonobſtant celui qui auroit été fait par le teſtateur & la prohibition qu'il auroit faite à ſon héritier d'en faire une autre. Mais l'uſage de ce même parlement eſt aussi dans ce cas, que l'héritier est toujours reçu à répudier l'hérédité sous le Bénéfice de l'inventaire fait par le testateur ; c'est aux créanciers à s'imputer de n'en avoir pas requis un autre.

Dans les autres parlemens & notamment dans celui de Paris, l'héritier ne peut jouir du Bénéfice d'inventaire qu'il n'ait fait un inventaire par justice, quand même il y en auroit eu un fait par le défunt.

L'héritier par Bénéfice d'inventaire est véritablement héritier incommutable & ne diffère de l'héritier pur & simple, qu'en ce qu'il n'est pas tenu au-delà des biens qui composent la succession & qu'il ne fait point de confusion des droits & actions qu'il peut avoir contre la succession du défunt ; ces deux cas exceptés, il est considéré comme l'héritier pur & simple.

Ainsi l'héritier bénéficiaire en ligne collatérale, est tenu de payer le centième denier des immeubles de la succession dans le délai fixé & sous les peines prescrites à l'égard des héritiers purs & simples. C'est ce qui résulte de la déclaration du 20 mars 1708. C'est aussi ce qu'ont décidé deux arrêts du conseil, l'un du 2 octobre 1714 rendu contre l'évêque de Metz héritier bénéficiaire du duc de Coaslin son frère, & l'autre du 5 avril 1732 rendu contre le bailli de Maroles.

Un autre arrêt du 27 septembre 1736 a condamné une veuve à payer comme usufruitière, le centième denier des biens de la succession bénéficiaire de son mari, sauf son recours contre l'abbé de Jugny héritier par Bénéfice d'inventaire.

Si l'héritier bénéficiaire se fait adjuger les biens en payement de ses créances, ils ne sont point acquêts en sa personne & ils conservent leur nature de propres, comme l'a jugé le parlement de Paris par arrêt du 4 septembre 1708 ; ainsi il n'en peut être dû aucun droit de lods & ventes. Il a de même été jugé au parlement de Paris par arrêt du 2 août 1730 que si l'on saisit sur l'héritier bénéficiaire en ligne collatérale, & qu'il se rende adjudicataire, il n'est point dû de lods & ventes, parce que le décret a confirmé & continué la propriété de cet héritier. Mais la jurisprudence est contraire en Bretagne, où il est de maxime que les lods & ventes sont dûs par l'héritier bénéficiaire quand il demeure adjudicataire des héritages de la succession, ou quand il exerce le retrait de préférence dans la quinzaine.

Voyez *la loi* scimus *au code* de jure deliberandi; *l'ordonnance de Louis XIII de 1629; les édits de décembre 1697, mars 1704 & janvier 1706; les déclarations des 19 juillet 1704 & 20 mars 1708; le tarif du 29 septembre 1722; l'édit du mois de décembre 1703 & celui du mois d'octobre 1705; la déclaration du 3 avril 1708; l'ordonnance du mois d'avril 1667; les maximes journalières; la coutume de Berry; les arrêtés de Lamoignon; l'ordonnance de Roussillon du mois de janvier 1563; Charondas, en ses réponses; d'Argentré, sur la coutume de Bretagne; Le Brun, traité des successions; Fromental, en ses décisions; les arrêts de Catelan; Vedel, en ses observations; les arrêts de Devolant; Basnage, sur la coutume de Normandie; les arrêts d'Augeard; Perchambault, sur la coutume de Bretagne; Peleus, en ses questions illustres; Brodeau sur Louet; la collection de jurisprudence; le dictionnaire raisonné des domaines; les questions alphabétiques de Bretonnier; le recueil des arrêts de notoriété du châtelet de Paris; les arrêts de Maynard; Chorier, sur Guy-Pape; Poullain, sur la coutume de Bretagne; les arrêts de Leprêtre; Guyot, traité des fiefs, &c.* Voyez aussi les articles SUCCESSION, HÉRITIER, LODS ET VENTES, CENTIÈME DENIER, RAPPORT, DETTES, RENONCIATION, &c.

BENJOIN. Substance résineuse du commerce des épiciers.

Le Benjoin doit à l'entrée des cinq grosses fermes six livres par cent pesant, conformément au tarif de 1664. *Voyez ce tarif*, & les articles ENTRÉE, SORTIE, MARCHANDISES, SOU POUR LIVRE, &c.

BERGER. Celui qui garde des moutons.

Suivant l'article 10 du réglement général des chasses de la capitainerie de Vincennes du 23 septembre 1762, il est défendu aux Bergers & à tous autres gardant des bestiaux, notamment à ceux qui gardent les moutons ou autres bestiaux des bouchers de Paris, de laisser entrer ces bestiaux dans les terres emblavées ou couvertes de moissons, d'herbages, de légumes ou d'arbustes, depuis le 15 mars jusqu'à ce que les dernières récoltes soient faites, à peine contre les contrevenans de 300 livres d'amende & de confiscation des bestiaux.

Le parlement de Paris avoit établi la même police par arrêt du 4 avril 1669.

Par l'article 11 du règlement cité, il est defendu aux Bergers & à tous autres de laisser entrer en aucun temps de l'année, des bestiaux dans les bois, buissons & remises, même dans les vignes, sous les peines portées par l'article 10 du dernier titre de l'ordonnance de 1669.

Suivant l'article 12, les Bergers & autres gardiens ne doivent laisser paître leurs bestiaux dans les lieux permis, qu'après le lever & jusqu'au coucher du soleil.

On a voulu par là prévenir les délits de nuit.

Suivant l'article 13, les chiens des Bergers ne peuvent être lâchés qu'au moment où il en est besoin pour la conduite des troupeaux (*).

Il est libre à tout particulier ayant droit d'avoir un troupeau de bêtes à laine, de se servir de tel Berger qu'il juge à propos pour la garde de son troupeau (**). C'est ce qui résulte de l'article

(*) L'article VII de l'ordonnance de 1607 enjoint aux Bergers à peine du fouet, de tenir perpétuellement leurs chiens en laisse, à moins qu'il ne soit nécessaire de les lâcher pour la conservation de leurs troupeaux.

(**) *Comme les Bergers sont une espèce d'hommes fort indociles, on a quelquefois été obligé de recourir à des moyens extraordinaire pour les contenir. C'est ce que prouve l'arrêt du conseil d'état du 14 septembre 1751 dont on va voir les motifs & les dispositions.*

Le roi s'étant fait représenter en son conseil l'arrêt rendu en icelui le 21 mars 1747, par lequel sa majesté auroit ordonné dans la généralité de Soissons l'exécution de l'arrêt du 25 mars 1724, rendu contre les fermiers & détempteurs des terres dans la généralité d'Amiens, qui jouissent sans baux, cèdent, partagent & disposent desdites terres, & prononcé plusieurs peines contre lesdits fermiers & détempteurs; comme aussi contre leurs moissonneurs, batteurs en grange, Bergers & autres gens nécessaires à l'exploitation des terres, lorsque ceux qui les auront remplacés seront troublés dans leurs jouissances ou fonctions : Et sa ma-

l'article 5 de la déclaration du roi du 20 juil-

---

jesté étant informée que les dispositions de ces arrêts & les peines qui y sont portées ne sont pas assez étendues pour réprimer tous les abus, crimes & autres désordres que commettent les Bergers de la généralité de Soissons, & principalement ceux des élections de Laon & Guise, lesquels depuis long temps se sont portés à des menaces, voies de fait, vols & assassinats tant envers les fermiers ou laboureurs, qu'envers les nouveaux Bergers pris pour la garde de leurs troupeaux, qui n'étoient pas de race de Bergers pour raison desquels crimes & excès, le procès a été fait à plusieurs Bergers desdites élections par le sieur Meliand, intendant & commissaire départi en la généralité de Soissons; & par les jugemens rendus par ledit sieur commissaire départi, avec les officiers du présidial de Laon, plusieurs Bergers ont été condamnés aux peines qu'ils avoient méritées; mais que tous ceux qui ont commis des crimes & vols à l'occasion de la garde des troupeaux n'ont pu être découverts & punis: que dans l'instruction de la procédure il a été reconnu que les Bergers desdites élections sont parvenus par l'union qui règne entr'eux, & par les menaces, voies de fait & meurtres à empêcher les fermiers de renvoyer les Bergers dont ils ne sont pas contens, & de prendre à leur service ceux qui ne sont pas de race de Bergers ou qui ne sont pas d'accord avec ceux du pays; que lesdits Bergers, sous le prétexte du droit qu'ils prétendent avoir de joindre au troupeau de leurs maîtres un nombre de bêtes à eux appartenantes, ce qu'ils appellent leur monture, vendent, troquent & échangent entr'eux les meilleures bêtes des troupeaux de leurs maîtres, & par toutes sortes de voies illicites sacrifient le soin & bon état des troupeaux dont ils ont la garde, à celui de leurs montures; que bien loin de se conformer aux ordonnances rendues par les sieurs commissaires départis en ladite généralité, pour fixer le nombre des bêtes auquel ce prétendu droit de monture devoit être restraint, ces Bergers trouvent le secret par voies de fait & mauvaises pratiques d'augmenter successivement le nombre de leurs bêtes jusqu'à pouvoir former un troupeau; que pour lors devenus Bergers de leur pro-

cipal la tacite reconduction dans les généralités de Soissons, Amiens & Châlons, les dispositions de l'article 5 ne doivent pas moins s'étendre aux autres généralités.

Voyez *le code des chasses ; le règlement du 23 septembre 1762 ; l'ordonnance des eaux & forêts ; le traité de la police ; l'ordonnance de 1607 ; le règlement du 20 avril 1671 ; la collection de jurisprudence ; le traité du gouvernement des biens des communautés ; la déclaration du 20 juillet 1764, &c.* Voyez aussi les articles TROUPEAUX, PATURAGE, BESTIAUX, &c.

BERNARDINS (*). C'est le nom qu'on donne communément aux religieux de l'ordre de Cîteaux, qu'il ne faut pas confondre avec d'autres *Bernardins* dont il sera question à la fin de cet article.

Anciennement les bénédictins dont nous avons parlé & les Bernardins d'aujourd'hui ne faisoient qu'un même ordre de religieux sous la règle de

---

de tel présidial, ou gradués qu'il voudra choisir, au nombre requis par l'ordonnance ; lui attribuant à cet effet & auxdits officiers ou gradués, toute cour, juridiction & connoissance ; & icelle interdisant à toutes ses cours & juges, auxquelles sa majesté fait défenses d'en connoître, à peine de nullité. Permet en outre sa majesté audit sieur commissaire départi de subdéléguer pour faire l'instruction, & commettre pour procureur du roi, tels officiers ou gradués ; & pour greffier de la commission, telle personne qu'il jugera à propos, lequel officier commis pour l'instruction pourra rendre les jugemens préparatoires concernant ladite instruction.

Fait au conseil d'état du roi, &c.

(*) Cet article est rédigé en partie sur des mémoires fournis par dom *Denise*, titulaire du prieuré de Leule, ordre de Cîteaux.

saint Benoît. Dans la suite le corps se divisa en deux branches : il fut question d'une réforme que les uns embrassèrent & que les autres ne voulurent point adopter. Mais pour ne point user de redites sur la filiation de l'ordre de saint Benoît, voyez ce que nous avons dit à l'article *BÉNÉDICTINS*.

L'ordre de Cîteaux dont il s'agit ici a pris naissance dans l'abbaye de ce nom située en Bourgogne diocèse de Châlons, & fondée en 1098 par les ducs de Bourgogne. Saint Robert sorti de l'abbaye de Molême avec quelques religieux dans le dessein de former un nouvel établissement fut le premier abbé de Cîteaux.

A saint Robert succéda en 1100 saint Albéric; sous cet abbé les religieux de Cîteaux arrêtèrent qu'il ne seroit fondé aucune abbaye de leur institut qu'après que l'évêque diocésain se seroit désisté de toute prétention d'autorité & de juridiction sur les monastères à fonder.

Saint Albéric eut pour successeur saint Etienne en 1107, & c'est ce troisième abbé que l'ordre reconnoît pour son vrai fondateur. C'est sous son administration que furent arrêtés avec les religieux, les règlemens & les statuts qui devoient régler à perpétuité les monastères pour lors existans, & ceux qu'on se proposoit de fonder. Ces règlemens & ces statuts portent le nom de *carte de charité* : Calixte y donna son approbation en 1119.

Cette carte de *charité* établit deux sortes de juridictions, l'une qui est particulière, & l'autre générale. En vertu de sa juridiction particulière, l'abbé qui a fondé des maisons, exerce sur ces maisons l'autorité d'un supérieur majeur, avec pourvoir de les visiter & d'y faire les règlemens qu'il eroit convenables : mais sa jurisdiction ne s'étend pas aux autres maisons qui peuvent dériver de ces fondations, & ce sont ces maisons que dans l'ordre on nomme *arrière-filles*. Celui au contraire qui n'a point fait de pareilles fondations n'a de juridiction que dans son monastère qu'il gouverne pour le spirituel comme pour le temporel.

La juridiction générale est celle qui renferme le pouvoir suprême, & cette souveraine autorité n'est confiée par la carte de charité à aucun supérieur particulier. Elle réside dans l'assemblée générale de tous les abbés, &c.

Après la rédaction de ces statuts saint Etienne fonda en 1113 l'abbaye de la Ferté, diocèse de Châlons en Bourgogne. Il y établit pour premier abbé un de ses religieux nommé Bertrand. Cette abbaye est regardée comme la premier fille de Cîtaux.

L'année d'après saint Etienne fonda l'abbaye de Pontigni au diocèse d'Auxerre, & il y mit pour premier abbé un religieux dont on ne se rappelle point le nom. Cette abbaye est la deuxième fille de Cîteaux.

Le même saint fonda ensuite en 1115 l'abbaye de Clairvaux, troisième fille de Cîteaux. Il y constitua pour premier abbé l'illustre saint Bernard (*) si connu par les persécutions qu'il fit

---

(*) Comme ce saint s'étoit fait une grande réputation par ses talens & ses vertus, on appella du nom de *Bernardins* tous ceux qui étoient ainsi que saint Bernard de l'ordre de Cîteaux.

essuyer, dit-on, à Abailard, & par ses prédications de la seconde Croisade.

Saint Etienne fonda la même année l'abbaye de Morimond, quatrième fille de Cîteaux, & il y établit Arnauld pour premier abbé.

C'est à raison de ces quatre premières abbayes instituées depuis la carte de charité, que les abbés de ces mêmes abbayes sont dénommés les quatre premiers *Pères* de l'ordre de Cîteaux.

Comme l'abbaye de Cîteaux est l'abbaye *mère* de toutes celles qui ont été fondées depuis, l'abbé de Cîteaux est reconnu chef supérieur général de l'ordre tant pour la France que pour les autres pays étrangers. Cet abbé est électif, il ne peut être pris que parmi un des religieux de l'ordre, mais il ne peut être élu que par les religieux profès de la maison de Cîteaux. L'élection est collative, c'est-à-dire, qu'elle confère de plein droit à l'abbé élu toute administration tant pour le spirituel que pour le temporel, sans attendre aucune confirmation du saint Siège.

L'abbé de Cîteaux est conseiller né au parlement de Dijon (*); il a droit d'être appellé aux états généraux du royaume & aux états particuliers de la province de Bourgogne. Dans les conciles, il siége immédiatement après les évêques avec les mêmes honneurs & les mêmes prérogatives : il est regardé comme le premier des abbés.

Gouvernement de l'ordre de Cîteaux. La maison

(*) Il y a à ce sujet des lettres-patentes du 11 janvier 1578.

de Cîteaux représentée par l'abbé général a une inspection sur toutes les autres maisons de l'ordre ; & les abbés particuliers de ces autres maisons qui en ont fondé à leur tour, ont comme il est dit par la carte de charité, une juridiction sur ces maisons de leur filiation ; mais cette juridiction demeure toujours soumise à l'autorité générale de l'abbé chef de l'ordre. Les abbés de Clairvaux, de la Ferté, de Pontigni & de Morimond avoient bien disputé cette prééminence à l'abbé général ; ils avoient prétendu que celui-ci n'étoit que leur égal, & seulement le premier d'entr'eux, & qu'ils avoient avec lui une autorité conjointe. Ils lui disputoient le droit de visiter les monastères de leur filiation ; ils se croyoient fondés tout comme lui a bénir les abbés & les abbesses de l'ordre, mais toutes ces prétentions furent rejettées par un arrêt du conseil d'état du 19 septembre 1681 rendu en faveur de l'abbé général.

Voici comment s'est gouverné l'ordre depuis cet arrêt ; l'administration & la juridiction *intérieure* des maisons n'appartiennent qu'aux supérieurs de ces mêmes maisons. L'administration *temporelle* appartient à l'abbé dont elle dépend conjointement avec les autres religieux qu'on appelle les *sénieurs* de la maison.

Dans les délibérations, les choses se règlent à la pluralité des suffrages, & l'abbé n'a point en chapitre de voix prépondérante. A l'égard des novices, l'abbé comme ayant seul juridiction intérieure dans les monastères de sa filiation, a droit de les bénir & de recevoir l'émission de leurs vœux. Il n'appartient qu'à l'abbé de les admettre à la profession ; cependant il est obligé de consulter le monastère. L'évêque diocésain est néanmoins en droit de les examiner nonobstant tous les privilèges de l'ordre.

Si l'abbé étoit commendataire le sort des novices dépendroit des prieurs claustraux & des autres religieux du monastère : exception sagement établie, car sans cela il seroit fort indifférent à un abbé commendataire que les novices convinssent ou non à la maison où il se feroient affilier.

Il y a des noviciats communs pour toutes les maisons de l'ordre, quoique ceux qui doivent faire profession soient spécialement destinés à une maison particulière. Les candidats entrés dans les maisons communes de noviciat doivent être éprouvés dans les maisons pour lesquelles ils se destinent ; & avant d'être admis à la vêture, ils doivent être examinés par le vicaire général de la province & par le maître des novices. Après leur année de probation s'ils sont admis à la profession, il faut qu'ils la fassent entre les mains du vicaire général de la province, ou en son absence entre celles du supérieur de la maison du noviciat, avec cette observation que les pensions de noviciat se payent par les maisons respectives, à moins qu'il n'y ait compensation de religieux.

Les profès au sortir de leur noviciat doivent être envoyés dans les maisons communes d'étude établies dans chaque province de l'ordre pour y demeurer jusqu'à ce qu'ils soient en état d'être renvoyés dans les maisons pour lesquelles ils ont fait vœu de stabilité.

Tout religieux de Cîteaux prononce le vœu de stabilité pour un monastère particulier. Ce vœu forme un lien, un contrat réciproque entre le monaſtère qui le reçoit & le religieux qui a promis cette ſtabilité. Par ce contrat le monaſtère acquiert des droits ſur ſon religieux comme celui-ci en acquiert ſur ſon monaſtère. Les ſeuls religieux profès pour une maiſon en compoſent la communauté ; les autres religieux ſont regardés comme externes : *monachi hoſpites*. Ces religieux externes ſont ceux qu'on a été obligé d'envoyer dans une autre maiſon que celle où ils ont leur réſidence fixe, ſoit afin qu'ils y expient ſans ſcandale les fautes dont ils ſe ſont rendus coupables ; ſoit pour d'autres raiſons telles qu'une maladie, ou pour ſoulager les maiſons qui ont éprouvé des déſaſtres, des ruines, des incendies. Mais, ces circonſtances à part, un religieux ne peut être transféré ſans la permiſſion de l'abbé général ; & en ce cas la maiſon de profeſſion doit payer la penſion des religieux transférés excepté de ceux qui l'ont été pour cauſe de ruine, d'incendie, &c. Obſervez encore que les pères immédiats ne peuvent transférer aucun religieux de leur filiation que dans le cours de leurs viſites régulières pour fait de réformation ; il faut même là-deſſus le conſentement des *ſénieurs* de la communauté. A l'égard des maiſons communes de noviciat & d'études, les vicaires généraux peuvent en faire ſortir les religieux dyſcoles, ou ceux avec leſquels il eſt difficile de vivre.

Les prieurs clauſtraux des abbayes tenues en commende ne ſont point ſous la tutelle des abbés commendataires : ils ne peuvent être inſtitués ni deſtitués que par les pères immédiats ; après que ceux-ci ont conſulté le vicaire général de la province. Mais l'abbé général visitant soit par lui soit par ses commissaires les maisons de l'ordre, peut destituer ces prieurs & en instituer d'autres à leur place, sans préjudice néanmoins de l'autorité du père immédiat pour *autre cause*. Le vicaire général a aussi le pouvoir de les destituer pour *démérites*.

Les prieurs claustraux doivent être pris parmi les religieux profès de la maison, à moins qu'il ne s'en trouve pas de capables pour cet emploi, ce que le père immédiat doit exprimer dans ses lettres d'institution.

Les celleriers, les syndics, les procureurs & les autres officiers nommés à l'administration du temporel doivent être institués, savoir, dans les abbayes régulières par l'abbé du consentement du couvent; & dans celles qui sont tenues en commende par le prieur & les religieux: les officiers doivent être absolument pris parmi les religieux profès de la maison, à moins qu'il ne s'en trouve point de capables, & ceux qui sont nommés doivent prêter serment entre les mains de l'abbé & des religieux du monastère.

L'autorité dans l'administration & dans le commandement n'appartient qu'à la supériorité locale. L'autorité de l'abbé général, des pères immédiats & des vicaires généraux est restreinte à une juridiction de manutention, de correction & de réformation; encore ne peuvent-ils l'exercer que dans le cours d'une visite régulière, parce qu'il n'y a que la visite régulière qui suspende l'autorité de la supériorité locale.

L'administration de chaque monastère est commune & conjointe entre l'abbé & ses religieux, car dans tous les points où le monaſtère eſt intéreſſé, ſon conſentement doit intervenir aux actes qui le concernent.

Il ne peut être fait aucun emprunt, aucune aliénation, aucun échange, aucune coupe de bois de haute-futaie, pas même de bail emphitéotique ni aucun autre acte important d'adminiſtration, qu'il n'en ait été délibéré par la communauté à la pluralité des ſuffrages; il faut même avoir obtenu le conſentement du vicaire général & du pere immédiat : il faut de plus la permiſſion & l'approbation de l'abbé de Cîteaux & du chapitre général.

Les procureurs & les vicaires généraux ſont inſtitués ou deſtitués par le chapitre général, & dans les intervales par l'abbé de Cîteaux, de l'avis & du conſentement des quatre premiers pères de l'ordre.

C'eſt à l'abbé chef qu'appartient la convocation & l'indiction du chapitre général. Il doit ſe célébrer tous les trois ans; l'abbé général le préſide à titre d'autorité & de ſupériorité. Tous les autres abbés & les prieurs titulaires ſont membres eſſentiels de ce chapitre. C'eſt dans cette aſſemblée que réſide le pouvoir légiſlatif de l'ordre avec faculté de règler de nouveaux ſtatuts ou d'interprêter les anciens. Le pouvoir exécutif de ce qui eſt décerné par ce chapitre appartient à l'abbé général; il eſt en droit & en poſſeſſion de décerner toutes les ordonnnances néceſſaires pour le maintien de la diſcipline régulière, pour le bien du régime & pour l'obſervation des lois & des ſtatuts de l'ordre.

C'eſt dans ce chapitre que ſe jugent en dernier reſſort (en matière purement régulière) tous les différens qui s'élèvent entre les membres de l'ordre. S'il arrive que dans ce cas il y ait partage d'opinions, de manière que la majeure partie effective des suffrages ne se trouve pas d'un côté, l'affaire est renvoyée au définitoire pour départager le chapitre. Le définitoire est encore juge des causes que le chapitre lui renvoie à décider, quand il ne veut ou ne peut pas s'en occuper.

Le définitoire est une espèce de tribunal que l'abbé de Cîteaux crée à chaque chapitre général. Ce tribunal ne juge que sous l'autorité & au nom de l'abbé général duquel tous les membres reçoivent leur institution. Voici comment se compose ce tribunal. L'abbé en sa qualité de père général nomme quatre abbés de sa filiation qu'il institue définiteurs. Il institue tels en même temps les quatre premiers abbés de l'ordre. Chacun de ces quatre abbés présente à celui de Cîteaux cinq abbés de sa filiation parmi lesquels l'abbé de Cîteaux en prend quatre & les institue définiteurs, s'il les trouve capables de cette fonction; & si dans le définitoire il y avoit partage d'opinions, ce seroit à l'abbé géneral de le lever par sa voix qui deviendroit alors prépondérante: sur quoi il est bon d'observer que dans les causes qui intéressent la personne des abbés, le général est leur juge de droit; ces sortes de causes ne peuvent être renvoyées au définitoire que quand il y a partage dans le chapitre. Observez aussi que le chapitre général peut déposer son chef dans le cas marqué par la carte de charité.

Dans les affaires de discipline susceptibles d'appel, les appellations se portent par degrés du vicaire général au père immédiat, de celui-ci à l'abbé général, & de l'abbé général au chapitre général.

Les religieux ne peuvent en matière purement régulière, appeller hors de l'ordre que dans les cas d'une injure manifeste ou lorsqu'il y a déni de justice; ils peuvent cependant user de cette voie dans les autres cas où les ordonnances les y autorisent.

Les livres liturgiques servant à l'usage de l'ordre, ne peuvent être imprimés que par l'autorité du chapitre général ou de ses députes; mais hors du temps de la tenue des chapitres, l'abbé de Cîteaux est en droit & en possession de donner des mandemens & des privilèges pour l'impression de ces sortes de livres. Observez qu'aucun religieux de l'ordre ne peut publier l'ouvrage dont il est auteur, sans la permission du chapitre ou de l'abbé général.

Cet abbé, les pères immédiats & les vicaires généraux ont droit d'exiger une conventualité dans chaque maison suivant ses revenus, & cette conventualité ne peut être diminuée sans la permission du chapitre général ou de l'abbé de Cîteaux.

Lorsqu'il vient à vaquer une abbaye régulière, l'administration tant au spirituel qu'au temporel, en appartient au monastère vacant. Ce monastère a même pendant ce temps la juridiction (pour le spirituel seulement) sur les autres abbayes qui en dependent.

L'abbé pere immédiat préside aux élections des abbayes de sa filiation. C'est lui qui indique le jour de l'élection; le prieur de la maison vacante convoque les religieux profès du monastère vacant, seuls en droit de donner leurs suffrages pour l'élection. Si le pere immédiat ne pouvoit point présider en personne, il ne pourroit députer des commissaires qu'autant que le vicaire général seroit absent ou justement suspecté, parce que c'est à celui-ci de présider en l'absence du père immédiat. Mais quoiqu'il appartienne au père immédiat de présider, rien n'empêche que l'abbé général ne puisse le faire aussi, conjointement & concurremment avec les autres abbés pour toutes les maisons de l'ordre.

Lorsque l'abbé est élu, son élection se confirme par le père immédiat: l'abbé général y donne ensuite son approbation. C'est à cet abbé général ou à ses délégués qu'il appartient de bénir les abbés & les abbesses de l'ordre. Ces abbés & ces abbesses pendant la cérémonie de la bénédiction sont tenus de promettre obéissance à l'abbé général & à leur père immédiat.

L'abbé de Cîteaux en sa qualité de chef & de supérieur général, est en droit & en possession de visiter tant par lui que par ses commissaires toutes les maisons de l'ordre, & pendant le cours de ses visites d'y exercer toutes sortes d'actes de juridiction.

Les autres abbés que nous appellons les *pères immédiats*, ont la visite des maisons de leur filiation; mais il faut qu'ils remplissent cette visite en personne, ils ne peuvent députer des commissaires que quand le vicaire général de la province est absent ou légitimement suspecté. Ce vicaire général visite en personne chaque année toutes les maisons de son vicariat.

Les vicaires généraux ne sont soumis qu'à

l'abbé de Cîteaux & au chapitre général, quoiqu'ils ſoient ſubordonnés aux pères immédiats en ce qui touche les degrés d'appel.

Les collèges généraux de l'ordre ſont adminiſtrés par l'autorité du chapitre général; & dans les intervalles, par l'autorité de l'abbé de Cîteaux: c'eſt à cet abbé ou au chapitre qu'il appartient d'inſtituer ou de deſtituer les proviſeurs, les régens & les autres officiers.

Aucun religieux ne peut prendre de degrés dans une univerſité ſans en avoir obtenu la permiſſion du chapitre ou de l'abbé général; & cette permiſſion ne s'accorde que ſur les atteſtations des proviſeurs & des régens des collèges. Lorſqu'un religieux deſire d'être envoyé dans les collèges, il lui faut un conſentement de ſa maiſon de profeſſion, & cette maiſon eſt tenue de payer la penſion de ce religieux dans le collège où il eſt envoyé.

Comme il arrivoit ſouvent qu'il ſe préſentoit des affaires importantes qui ne pouvoient être renvoyées au chapitre général, & que ces affaires demandoient une prompte expédition, il fut dit par le bref de réformation que donna en 1666 Alexandre VII, & qui a été revêtu de lettres patentes enregiſtrées au grand conſeil, que dans l'intervalle d'un chapitre général à l'autre, il ſeroit tenu une aſſemblée intermédiaire au jour & au lieu qui ſeroient indiqués par l'abbé de Cîteaux. On doit convoquer à cette aſſemblée les quatre premiers abbés, les autres abbés viſiteurs des provinces, les préſidens des congrégations & les procureurs généraux de l'ordre. Tous ces abbés y ont voix délibérative & déciſive pour y régler proviſoivement tout ce qui peut intéresser essentiellement le régime de l'ordre, sauf au chapitre général à réformer définitivement la délibération.

Privilèges de l'ordre de Cîteaux. Cet ordre a ses causes commises au grand conseil, de sorte que ceux qui peuvent avoir des affaires avec les religieux de cet ordre, soit en demandant ou en défendant, sont obligés de les voir porter dans ce tribunal. Les justiciables du parlement de Douai & de celui de Besançon sont les seuls qui aient cherché à résister à ce privilège, & par des lettres patentes du 30 mars 1726, ceux du parlement de Flandre ont été maintenus dans le privilège de ne pouvoir être distraits de la juridiction de leurs juges naturels suivant que le fait remarquer Denisart : à quoi il est bon d'ajouter que depuis l'edit du mois de juillet 1775 qui fixe la compétence du grand conseil, ces religieux ne peuvent user de leur privilège qu'à l'égard de leurs fermiers ou régisseurs & de leurs héritiers ou de ceux qui les représentent ; quoiqu'on puisse bien traduire ces religieux eux-mêmes à ce tribunal sans qu'ils puissent demander leur renvoi.

L'exemption des dîmes est encore un des privilèges de l'ordre. Cette immunité ne portoit d'abord que sur les fruits des fonds qu'il possédoit en propriété & qu'il faisoit valoir par ses mains, mais par une bulle de Martin V donnée en 1423, cette exemption s'est étendue aux fonds que les fermiers de l'ordre cultivent ou qu'ils font cultiver à prix d'argent. Il ne faut pas toutefois que les baux excèdent neuf années. Nos rois depuis François premier jusqu'à Louis XV inclusivement, ont cimenté ces privilèges par plusieurs lettres patentes enregistrées au grand conseil. Ce tribunal conservateur des mêmes privilèges, a jugé le premier mars 1740, que l'exemption de dîme pouvoit être réclamée nonobstant une possession contraire de près de trois siècles : l'arrêt cité dans la collection de jurisprudence a été rendu en faveur de l'abbaye de Mortemer contre le curé de Lions. Mais on prétend que depuis il a été jugé au même tribunal par un arrêt du 28 mars 1743, qu'on pouvoit prescrire contre cette exemption par une possession de quarante ans. Les religieuses de Bellefond & le curé de Tourni étoient dans une possession non interrompue depuis plus de quarante ans de percevoir des dîmes sur des terres de l'abbaye de Beaubec : les religieux voulurent anéantir cette possession en réclamant leurs privilèges, mais on crut qu'ils n'étoient pas à l'abri de la prescription : jugement qui nous paroît assez conforme aux principes sur cette matière. Il faudroit même conclure de ce préjugé que lorsque ces religieux rentrent dans des domaines aliénés, ils ne peuvent plus revenir à l'exemption dont ces domaines jouissoient auparavant, comme on croyoit avant l'arrêt de 1743 qu'ils y pouvoient revenir, & qu'on assure qu'ils y étoient revenus suivant deux autres arrêts du grand conseil rendus l'un le 13 décembre 1707 en faveur des religieux de Rivour, & l'autre le 10 juin 1712, en faveur des religieux de Vauxde-Cernay.

Sur ces préjugés on peut encore observer que l'exemption de dîme n'étant uniquement que pour les religieux, il s'ensuit que s'il se fait une aliénation des fonds sur lesquels porte cette exemption, l'acquéreur ne jouit point du bénéfice de l'immunité : il est alors obligé de payer la dîme à celui à qui elle revient naturellement. C'est ce qui a été jugé par un arrêt du 8 septembre 1616 qu'on trouve dans le code des curés, en faveur de celui de Fontperon contre les religieux de l'abbaye de Châteliers. Cet arrêt décide en même-temps que les religieux ne peuvent pas convertir l'exemption du droit de dîme qu'ils avoient, en quelqu'autre droit utile, ni se réserver eux-mêmes la dîme.

Quand il s'agit de dîmes inféodées possédées même par des corps ecclésiastiques, l'exemption n'a plus lieu en faveur de l'ordre & il est obligé de les payer. C'est ce que fait encore remarquer l'auteur de la collection de jurisprudence d'après un arrêt du grand conseil du 3 mars 1741, qui, l'a ainsi formellement jugé en faveur du chapitre de saint Quiriace de Provins, contre l'abbaye de Vauluisant. Le fermier de cette abbaye a été en même-temps condamné par cet arrêt, est-il dit, à payer au curé de Chenestron les dîmes de lainage & de charnage que l'abbaye soutenoit ne pouvoir être exigées de ce fermier.

Anciennement tous les particuliers laïques qui étoient attachés au monastères de l'ordre, tels que les domestiques, les fermiers, les emphytéotes ou tenanciers de l'abbaye, étoient sous la juridiction spirituelle des supérieurs de cette abbaye. Ces religieux leur conféroient même jusqu'aux sacremens de baptême & de mariage. Cette espèce de privilège leur avoit été confirmé par une bulle de 1257, laquelle depuis avoit été autorisée par des lettres patentes de 1711 & de 1719. Mais le clergé de France ayant réclamé contre l'enregistrement de ces lettres patentes annoncées comme obreptices & subreptices, il intervint un arrêt du conseil d'état le 19 mai 1747, par lequel il fut dit que ces mêmes lettres seroient rapportées; & qu'en attendant que la matière fût plus particulièrement examinée, la bulle de 1257 n'auroit d'effet qu'à l'égard des personnes demeurant dans l'enclos des monastères de l'ordre, sans qu'on pût néammoins leur administrer les sacremens de baptême & de mariage.

Il y a pourtant des lieux où les religieux de Cîteaux sont en possession d'exercer les fonctions de curés, & ces lieux sont regardés comme des paroisses en titre de bénéfice. Le sieur de Roquête s'imagina pouvoir posséder un de ces bénéfices: il se fit pourvoir d'une cure attachée à l'abbaye de la Bussière, sous prétexte qu'il n'y avoit point de titulaire: l'ordre de Cîteaux réclama contre cette démarche, & par arrêt du grand conseil du 14 septembre 1722, il fut dit que la cure continueroit d'être desservie par un des religieux de l'abbaye quoiqu'il ne fût point titulaire. Denizart observe qu'il y a deux autres jugemens dans la même espèce rendus les 9 mars 1714 & 19 mars 1736, l'un en faveur de l'abbaye de Charlieu contre le curé de Bequelai, & l'autre pour les religieux de Mortemer contre le curé de Lions.

On a vu à l'article *Bénédictin* que ces religieux ne pouvoient point posséder de bénéfices de l'ordre de Cîteaux, quoique la règle de saint-Benoît soit la base de l'un & de l'autre institut. Par la même raison les Bernardins n'en peuvent point posséder de l'ordre de Cluni ou de la congrégation de saint-Maur, qu'il n'y ait auparavant une translation expresse du religieux d'un ordre à l'autre. C'est qui a été formellement jugé par un arrêt du 7 février 1735, pour un cluniste contre un religieux de Cîteaux à l'occasion du prieuré de Longpont.

Voyez *les lois ecclésiastiques ; la jurisprudence canonique ; l'histoire des ordres religieux ; la collection de jurisprudence*, &c. Voyez aussi l'article BÉNÉDICTINS. (*Article de M. DAREAU, avocat au parlement*, &c.)

BERNARDINS. Ce sont d'autres religieux différens de ceux de l'ordre de Cîteaux dont nous venons de parler. Leur congrégation est connue sous le nom d'un saint Bernard qui n'est pas le même que celui qui a illustré l'Abbaye de Clairvaux. Ce fut Martin Vasga, moine à la vérité de l'ordre de Cîteaux, qui forma en 1425 cette congrégation au mont Sion proche de Tolede en Espagne; mais quoique cette congrégation ait embrassé le premier esprit de la règle de Cîteaux, les religieux de cet ordre n'ont rien de commun avec les autres.

Voyez *le Dictionnaire canonique*. (*Article de M. DAREAU, avocat*, &c.)

BERNARDINES. Ce sont des religieuses instituées par des moines de l'ordre de Cîteaux. Leur chef-lieu est l'abbaye du Tard de la ville de Dijon. Leur régime est à-peu-près le même que celui de l'ordre auquel elles sont afiliées. Anciennement elles tenoient des chapitres généraux comme les tiennent encore les religieux de Cîteaux ; mais plusieurs inconvéniens ont fait cesser ces chapitres. L'Abbesse du Tard étoit à l'égard des autres religieuses de l'ordre, ce qu'est l'abbé de Cîteaux à l'égard des religieux qui dépendent de lui.

Ces religieuses sont sous la juridiction spirituelle & temporelle des moines de Cîteaux. Un arrêt du grand conseil du 14 août 1750, fait défense aux abbesses & supérieures de cet ordre, de faire aucun emprunt sans délibération préalable de la communauté capitulairement assemblée, & sans l'autorisation des supérieurs majeurs. Elles ont pour confesseurs des religieux de Cîteaux, lesquels n'ont pas besoin de l'approbation de l'évêque diocésain pour remplir cette commission. Mais pour l'examen des religieuses novices, c'est à l'évêque qu'il appartient : les prélats ont été maintenus dans ce droit, malgré tous les privilèges de l'ordre de Cîteaux.

Les abbesses de cet ordre sont sous l'autorité de l'abbé général de Cîteaux ; il a droit de les bénir ou de commette un autre abbé pour cette bénédiction, lors de laquelle chaque abbesse promet particulièrement l'obéissance à l'abbé chef. Les abbesses ont une autorité particulière dans leur monastère. Un arrêt du grand conseil du 10 juillet 1702, a jugé qu'elles ont droit d'instituer & de destituer les officières de l'abbaye ; & cet arrêt déclare en même-tems abusive une élection faite de ces officières par les religieuses de la communauté. Le même tribunal a jugé par cet arrêt, que lorsqu'il y auroit des demandes concernant la clôture & l'exécution des autres clauses d'un bref d'Alexandre VII rendu pour les religieuses de cet ordre, ces demandes seroient portées devant l'abbé général de Cîteaux.

Les Bernardines jouissent des mêmes privilèges & des mêmes exemptions que les religieux de Cîreaux. Elles ont leurs causes commises au grand conseil; elles ne payent point de dîmes. Un arrêt de ce tribunal a jugé le 29 mars 1742, que les religieuses de l'abbaye de Clavas ne devoient pas la dîme du quart qu'elles prenoient dans la recolte de leurs terres cultivées par des colons partiaires dans la paroisse de Riotort : cet arrêt a été rendu contre les ci-devant jésuites de Tournon & du Puy.

Voyez *Henrys & la collection de jurisprudence.* Voyez aussi l'article BERNARDINS. (*Article de M. DAREAU, avocat, &c.*)

BESTIALITÉ. C'est le crime d'une personne qui a commerce avec une bête.

Les loix de l'exode & du lévitique veulent qu'on fasse mourir le coupable avec l'animal.

Parmi nous, on condamne les criminels de ce genre à être brûlés vifs : on brûle en même-temps l'animal & le procès.

Il y a dans le recueil de la Rocheflavin un arrêt du 24 août 1525, par lequel le parlement de Toulouse condamna une femme à être brûlée, ainsi qu'un chien avec lequel elle avoit commis le crime de Bestialité.

On lit dans les notes de Ranchin sur Guy-Pape, qu'en 1565 on brûla pour un pareil crime un homme & une mule, à laquelle on coupa auparavant les quatre jambes parce qu'elle étoit extrêmement mauvaise.

Bouchel fait aussi mention d'un arrêt du 22 décembre 1575, par lequel le nommé le Gagneux fut condamné pour crime de Bestialité avec une ânesse, à être pendu, l'ânesse préalablement assommée par l'exécuteur de la haute-justice en présence de l'accusé, & la cour ordonna que leurs corps seroient brûlés & mis en cendres avec le procès.

Par un autre arrêt plus récent, du 12 octobre 1741, le parlement de Paris a confirmé une sentence du sénéchal de Poitiers qui avoit condamné un jeune homme à être brulé vif pour un pareil crime commis avec une vache, & ordonné que la vache seroit tuée & enterrée.

On punit même dans cette espèce de crime, le seul attentat, quoique le crime n'ait pas été consommé. C'est ainsi que par arrêt du 23 novembre 1528, le parlement de Bordeaux a condamné au feu un particulier, & a ordonné que l'animal seroit brûlé avec le coupable pour crime de Bestialité, quoique non accompli.

Voyez *le chapitre 22 de l'exode, & le chapitre 20 du lévitique ; le traité des matieres criminelles ; Prosper Farinacius, praxis & theoria criminalis ; la Rocheflavin, en ses arrêts ; Automne, en sa conférence ; les arrêts de Papon ; Ranchin, en ses notes sur Guy-Pape ; la bibliothèque de Bouchel ; les arrêts de Boniface, &c.* Voyez aussi les articles PEINE, DÉLIT, CRIME, &c.

BESTIAUX. Terme collectif qui s'emploie pour désigner des animaux domestiques tels que des bœufs, des vaches, des brebis, des chèvres, &c.

On dit dans la même acception *bétail*, au singulier ; & *bêtes*, au plurier.

Suivant l'article 9 du titre 33 de l'ordonnance de 1667, les gardiens des Bestiaux saisis ne peuvent les employer pour leur usage particulier ni les donner à louage, sous peine d'être privés de leurs frais de garde & de nourriture, & d'être condamnés aux dommages & intérêts des parties. Et suivant l'article 10, si les Bestiaux saisis produisent d'eux-mêmes quelque profit ou revenu, le gardien doit en tenir compte à la partie sur laquelle ils ont été saisis ou aux créanciers saisissans.

Ces deux articles ont remédié à un fort grand abus qui avoit lieu auparavant. On voyoit alors communément les gardiens louer les chevaux saisis dont la garde leur étoit commise, prendre les veaux & les agneaux & en appliquer le produit a leur profit sans même aucune imputation de ce profit illicite sur leurs frais de garde. C'est à quoi l'ordonnance a voulu pourvoir. Les gardiens en leur qualité de dépositaires sont comptables à la justice, non-seulement de la chose, mais encore des fruits que cette chose peut produire. C'est pourquoi ou les choses saisies produisent par elles-mêmes quelque profit ou revenu, ou elles n'en produisent point. Dans le premier cas, comme s'il s'agit de brebis ou de vaches qui rendent journellement du lait, qui produisent des veaux ou des agneaux, le gardien doit en tenir compte soit aux créanciers saisissans soit à la partie saisie. Si les choses saisies ne produisent par elles-mêmes aucun profit, si ce n'est en les louant ou en en faisant usage, comme si ce sont des chevaux ou des bœufs ou autres bêtes de somme, on ne peut sans danger & sans de grands inconvéniens permettre aux gardiens ou de les louer ou de s'en servir même en tenant compte du profit. Aussi l'ordonnance a pris le sage parti de faire sur cela les plus expresses défenses aux gardiens; & en cas de contravention, ils doivent non-seulement être privés de leurs frais de garde, mais encore condamnés aux dépens, ainsi qu'aux dommages & intérêts des parties.

Quoiqu'en général un créancier qui a un titre exécutoire puisse faire saisir tous les effets de son débiteur pour se procurer son payement, il y a néanmoins quelques exceptions à cette règle: l'une inspirée par l'humanité même, consiste en ce que l'ordonnance veut qu'on laisse au débiteur une vache, trois brebis ou deux chèvres pour aider à soutenir sa vie, & un lit ainsi que l'habit dont il se trouve couvert lors de la saisie exécution. Cependant si la saisie se trouvoit faite par un créancier pour raison du prix de la vente de ces mêmes Bestiaux, ou pour argent prêté à l'effet de les acheter, en ce cas l'exception de la loi céderoit au privilège incontestable du créancier sur ces Bestiaux, & l'on ne pourroit s'empêcher de les saisir & de les faire vendre pour payer le créancier.

Il y a une autre exception qui dérive de l'intérêt public. La culture des terres étant ce qui contribue le plus à faire fleurir un état, il est intéressant qu'elle ne soit point négligée. Or rien ne seroit plus propre à la faire languir que de permettre la saisie & la vente des bêtes & des instrumens qui servent au labourage. C'est pourquoi Charles VIII & les rois ses successeurs ont défendu de saisir ces sortes d'animaux & d'effets; ce qui reçoit toutefois quelques modifications; car ils peuvent être saisis, 1°. pour les deniers royaux, suivant une déclaration postérieure à l'ordonnance de 1667 à laquelle il a été dérogé sur ce point; 2°. pour le payement des sommes dues soit au vendeur de ces Bestiaux ou ustensiles, soit à celui qui a prêté l'argent pour les acquérir; 3°. enfin pour le payement des fermages dus, si le débiteur saisi n'est que fermier, attendu que tout ce qui garnit la ferme est le gage du propriétaire & lui répond spécialement du payement de ses fermages.

Quoiqu'en général les Bestiaux soient meubles, il y a quelques provinces où ceux qui sont destinés à l'exploitation & à la culture des terres & des fermes, sont fictivement réputés immeubles, ensorte que dans le cas d'une saisie réelle, on les comprend & on les vend avec les héritages. Il seroit à desirer qu'il en fût de même partout. Voyez ce que nous avons dit à ce sujet à l'article ANIMAUX.

Lorsqu'on substitue une terre ou une ferme, on peut aussi substituer les animaux & ustensiles qui servent à la faire valoir : c'est ce qui résulte de l'article 6, du titre premier de l'ordonnance des substitutions du mois d'août 1747. Par la même loi, le grevé de substitution est dispensé de faire vendre les bestiaux & ustensiles substitués, & d'en faire emploi; mais il doit les faire estimer pour en rendre d'autres de pareille valeur après l'extinction du fidéi-commis (*).

(*) *Voici ce que porte l'article dont il s'agit.* N'entendons comprendre dans la disposition des deux articles précédens les bestiaux & ustensiles servant à faire valoir les terres, lesquels seront censés compris dans les substitutions desdites terres, sans distinction entre les dispositions universelles & particulières, & le grevé de substitution ne sera point tenu de les vendre & d'en faire emploi, mais il sera obligé de les faire priser & estimer, ainsi qu'il sera réglé par le titre II pour en rendre d'une égale valeur, lors de la restitution du fidei commis, à peine de tous dépens, dommages & intérêts.

Suivant l'article 13 du titre 19 de l'ordonnance des eaux & forêts, il est expressément défendu aux habitans des paroisses & à tous autres ayant droit dans les forêts du roi ou dans celles des ecclésiastiques, communautés ou particuliers, d'y envoyer des chèvres ni des bêtes à laine, même dans les landes, bruyères & places vaines près de ces forêts, à peine de confiscation des bêtes & de trois livres d'amende pour chacune, de 10 livres d'amende contre les pâtres, pour la première fois, du fouet & du bannissement du ressort de la maîtrise pour la seconde, & contre les propriétaires ou pères de famille, de répondre des amendes prononcées contre ces pâtres.

Les bêtes qu'on trouve pâturant en délit dans les forêts du roi, doivent être confisquées au profit de sa majesté. Si elles ne peuvent être saisies, les propriétaires doivent être condamnés à vingt livres d'amende pour chaque cheval, bœuf ou vache ; à cent sous pour chaque veau, & à trois livres pour chaque mouton ou brebis. Dans le cas de récidive, l'amende doit être du double, & pour la troisième fois du quadruple, outre que les pâtres doivent être condamnés au bannissement. Telles sont les dispositions de l'article 10 du titre 32 de l'ordonnance des eaux & forêts. (*).

Observez que ces mots, *si elles ne peuvent être saisies*, ne doivent point s'entendre des cas où des particuliers se seroient opposés à force ou-

---

(*) Voyez à l'article AMENDE la note concernant les restrictions qui ont été apportées à ces dispositions de l'ordonnance de 1669.

verte à la saisie de leurs bestiaux ; car alors ils n'en seroient pas quittes pour une simple amende, l'usage étant établi dans toutes les maîtrises, même au conseil, de les traiter comme rebelles au roi & à la justice.

Les Bestiaux saisis doivent être vendus au premier jour de marché, au plus offrant & dernier enchérisseur, pourvu que ce soit à leur juste valeur ; & s'il arrivoit que par le fait des propriétaires il ne se trouvât point d'enchérisseurs, les procureurs du roi doivent en faire rapporter procès-verbal & faire conduire les Bestiaux aux marchés des villes où ils jugeront à propos pour le plus grand avantage de sa majesté. Telles sont les dispositions de l'article 11 du titre 32 de l'ordonnance des eaux & forêts.

Suivant une ordonnance de la voirie du 23 août 1743, les pâtres doivent veiller à ce que les Bestiaux ne broutent point les arbres, à peine de trente livres d'amende dont les propriétaires des Bestiaux sont responsables.

Conformément aux arrêts du parlement de Paris des 8 mars 1653, & 4 juin 1658, les marchands bouchers peuvent envoyer pâturer leurs Bestiaux dans les terres jachères après la moisson jusqu'au commencement d'avril. Il leur est pareillement permis de faire paître leur bétail dans les prés fauchés depuis le mois de juillet jusqu'à la mi-mars, ainsi que dans les grands chemins & terres vagues.

Lorsque les Bestiaux sont attaqués de quelque maladie contagieuse, le gouvernement prend des mesures pour arrêter les progrès du mal. Voici sur cette matière un arrêt du conseil d'état du 18 décembre 1774.

« Le roi s'étant fait rendre compte de l'état & » des progrès de la maladie contagieuse qui s'est » répandue depuis plus de huit mois sur les bêtes » à cornes dans les généralités de Bayonne, » d'Auch & de Bordeaux, & qui commence à se » communiquer dans celles de Montauban & de » Montpellier; informé par les commandans & » intendans desdites provinces, que la maladie » se répand de plus en plus par la communica- » tion des Bestiaux, qu'elle n'a épargné qu'un » très-petit nombre d'animaux dans les villages » où elle a pénétré; que tous les remèdes qui » ont été tentés pour en arrêter le progrès, soit » par les médecins du pays, soit par les élèves » des écoles vétérinaires que sa majesté a fait » passer dans lesdites provinces pour les sécou- » rir, n'ont eu jusqu'à présent que peu de suc- » cès, & qu'ils laissent peu d'espérance de pou- » voir guérir les animaux infectés de cette con- » tagion qui s'annonce avec les caractéres d'une » maladie putride, inflammatoire & pestilentiel- » le; qu'il est important & pressant de recourir » aux moyens les plus efficaces pour empêcher » que ce fléau en continuant de s'étendre de » proche en proche, ne se répande en peu de » tems dans d'autres provinces du royaume; » que dans les états étrangers limitrophes qui » ont été infectés de la même maladie pendant » les années précédentes, on n'est parvenu à » conserver la plus grande partie du bétail, » qu'en sacrifiant un petit nombre d'animaux » malades, dès qu'ils ont eu les premiers symp- » tômes de cette maladie; que ce parti, tout » rigoureux qu'il est, est cependant le seul qui » reste à prendre pour prévenir les progrès d'une

» contagion ruineuse pour les propriétaires des » Bestiaux, & destructive de l'agriculture dans » les provinces exposées à ses ravages. Dans » ces circonstances, oui le rapport du sieur » Turgot, conseiller ordinaire au conseil royal, » controleur général des finances; le roi étant » en son conseil, en renouvelant les ordres » les plus précis pour faire exécuter exactement » dans toutes les provinces infectées & dans » celles qui sont limitrophes, l'arrêt du conseil » du 31 janvier 1771, a ordonné & ordonne ce » qui suit :

» Article I. Toutes les villes, bourgs & villa- » ges voisins de ceux où la contagion est présen- » tement établie, seront visités par les artistes » vétérinaires, les maréchaux ou autres experts » qui auront été pour ce commis par les inten- » dans desdites provinces, à l'effet de reconnoî- » tre & de contaster l'état de santé ou de maladie » de toutes les bêtes à cornes dans lesdits villages » & bourgs.

» Article II. Dans le cas où quelques animaux » se trouveroient attaqués de la maladie conta- » gieuse annoncée par des symptômes non équi- » voques, il en sera dressé procès-verbal par » lesdits artistes, maréchaux ou experts, en » présence du syndic de la communauté dans » lesdits villages & en celle des officiers muni- » cipaux dans les villes ou dans leurs fauxbourgs; » & il sera constaté en même-temps par ledit » procès-verbal ou par un acte de notoriété y » joint, qu'aucun animal dans ladite ville, bourg » ou village n'est mort précédemment de la » contagion.

» Article III. Aussitôt après la confection des-

» dits procès-verbaux, lesdites bêtes malades » seront tuées & enterrées avec leurs cuirs, » jusqu'à concurrence des dix premières seule» ment, à la diligence desdits syndics & offi» ciers municipaux, dans chaque ville, bourg ou » village où ladite contagion commencera à se » déclarer.

» Article IV. Les sieurs intendans & commis» saires départis dans les provinces, feront payer » à chaque propriétaire le tiers de la valeur » qu'auroient eue les propriétaires des animaux » qui auront été sacrifiés, s'ils eussent été sains; » & ce sur l'estimation qui en sera faite par les» dits artistes, maréchaux & experts, à la suite » de leursdits procès-verbaux, laquelle indem» nité sera imputée sur les fonds à ce destinés » par sa majesté.

» Article V. Lesdits sieurs intendans enver» ront à la fin de chaque mois au sieur contrô» leur général des finances, l'état des villes, » bourgs & villages où la maladie aura pénétré; » ensemble l'état du nombre & qualité des bêtes » malades qui auront été tuées dans lesdits lieux » de leur généralité, & des sommes qui leur » auront été payées en indemnité à raison du » tiers de la valeur de chaque animal, ainsi que » des autres dépenses nécessaires pour l'exécu» tion du présent arrêt.

» Article VI. Fait sa majesté très-expresses » inhibitions & défenses à tous propriétaires de » Bestiaux, de cacher ou receler aucune bête » saine ou malade, lors des visites qui seront » faites en exécution du présent arrêt, à peine » de cinq cens livres d'amende payable par » corps & sans pouvoir être modérée.

» Article

» Article VII. Enjoint sa majesté aux Lieute-» nans & officiers de police dans les villes, aux » sieurs intendans & commissaires départis, de » tenir la main à l'exécution du présent arrêt, » qui sera publié & affiché partout où besoin » sera, & de rendre à cet effet toutes les or-» donnances nécessaires, lesquelles seront exé-» cutées nonobstant oppositions ou appellations » quelconques, sa majesté se réservant d'en » connoître en son conseil; & seront tenus les » officiers & cavaliers de la maréchaussée d'exé-» cuter les ordres qui leur seront adressés par » lesdits sieurs intendans pour assurer l'exécu-» tion du présent arrêt. Fait au conseil d'état du » roi, sa majesté y étant, tenu à Versailles le » 18 décembre 1774 ». *Signé* BERTIN.

Par un autre arrêt du 30 janvier suivant, le roi a confimé les dispositions du précédent : & en les étendant & interprétant en tant que de besoin, il a été ordonné que tous les animaux reconnus attaqués de la maladie contagieuse, seroient tués sur le champ & enterrés en suivant les précautions & les formalités prescrites par l'arrêt du 18 décembre 1774.

Il a pareillement été ordonné que les animaux attaqués de la maladie dont il s'agit & qu'elle auroit fait périr ou qu'on auroit tués, seroient tailladés de maniere qu'on ne pût plus en faire usage. Il a en même-temps été défendu de conserver sous quelque prétexte que ce fût, aucun cuir provenant de ces animaux, non plus que leurs fumiers, rateliers ou autres choses capables de porter la contagion, à peine de cinq cens livres d'amende contre chacun des contrevenans.

La contagion ayant malgré toutes ces précautions continué ses ravages, il a été rendu sur cette matière le premier novembre 1775, un nouvel arrêt du conseil dont voici les dispositions :

« Sur le compte qui a été rendu au roi étant » en son conseil, des ravages que la maladie » épizootique continue de faire dans les pro- » vinces méridionales & des progrès qu'elle a » continué de faire par la négligence des pro- » priétaires de Bestiaux à se conformer aux pré- » cautions ordonnées ; sa majesté a jugé à pro- » pos de prendre de nouvelles mesures pour » prévenir les suites funestes de cette négligen- » ce & préserver ces provinces & tout son » royaume des malheurs que cette contagion » peut y occasionner. Rien ne lui a paru plus » pressant que de faire connoître ses intentions » sur l'autorité qui doit procéder à l'exécution » de ses ordres ; & comme les circonstances » présentes sont hors de l'ordre commun, & » que sa majesté espère que les mesures qu'elle » prend les feront cesser dans peu de tems, elle » a pensé qu'elle devoit, tant que ces circons- » tances subsisteront, confier exclusivement » l'exécution de ces mesures aux commandans » & officiers de ses troupes, & aux intendans » & commissaires départis dans ses provinces. » Quel que soit le zèle & l'activité tant de ses » cours de parlement que de ses juges ordinaires » pour le bien de ses sujets, sa majesté a cru que » le concours de plusieurs autorités sur un mê- » me objet pourroit porter du trouble & de la » confusion dans le service, & servir de prétexte » à ceux qui voudroient se soustraire à ses ordres ;

» ſa majeſté a auſſi jugé à propos de faire con-
» noître de nouveau ſes intentions ſur l'exécu-
» tion des arrêts de ſon conſeil précédemment
» rendus, & de preſcrire d'une manière préciſe
» les précautions qu'elle veut qui ſoient priſes à
» l'avenir. A quoi voulant pourvoir : oui le rap-
» port du ſieur Turgot, conſeiller ordinaire au
» conſeil royal, contrôleur général des finances ;
» le roi étant en ſon conſeil, a ordonné & ordonne
» ce qui ſuit :

» Article I. Les commandans en chef chargés
» des ordres du roi pour l'extinction de l'épi-
» zootie, & les intendans & commiſſaires dé-
» partis dans les provinces, ou ceux qui en ſe-
» ront chargés par eux, donneront ſeuls les or-
» dres relatifs à cette opération importante ;
» veut en conſéquence ſa majeſté, que ſans s'ar-
» rêter aux diſpoſitions de l'arrêt de ſa cour de
» parlement de Toulouſe du 27 ſeptembre der-
» nier, ni à tous autres pareils qui auroient été
» rendus ou pourroient l'être à l'avenir, les
» officiers municipaux ou ſyndics de paroiſſes
» ne puiſſent aſſembler leurs communautés au-
» autrement que par les ordres deſdits comman-
» dans en chef ou intendans : leur fait pareille-
» ment ſa majeſté très-expreſſes inhibitions &
» défenſes de reconnoître pour ledit ſervice au-
» cune autre autorité.

» Article II. Les arrêts du conſeil d'état du roi
» des 18 décembre 1774 & 30 janvier dernier,
» ſeront exécutés ſelon leur forme & teneur,
» concernant l'aſſommement des Beſtiaux dans
» les lieux où il ſera ordonné, conformément
» aux inſtructions qui ſeront adreſſées par le roi

» auxdits commandans & intendans, & aux ordres
» qu'ils donneront en conséquence.

Article III. Dans tous les lieux dans lesquels » l'assommement des animaux malades aura été » ordonné en vertu de ladite autorité, seront » tenus tous propriétaires de Bestiaux, de dé- » noncer ceux qui seront tombés malades dans » les vingt-quatre heures du moment où les » premiers symptômes se seront manifestés, sous » peine de cinq cens livres d'amende, & il sera » fait par les troupes des visites & perquisitions » dans toutes les étables, écuries, granges & » autres bâtimens, à l'effet de découvrir les con- » traventions.

» Article IV. Les animaux qui auront été dé- » noncés seront visités par experts ; & dans le cas » où ils auroient été reconnus attaqués de la » maladie épizootique, ils seront sur le champ » assommés & enterrés, conformément aux ar- » rêts du conseil rendus & aux instructions impri- » mées & publiées sur cet objet, sans que les » propriétaires puissent les conserver sous le pré- » texte de les faire traiter par des méthodes » dont l'expérience a démontré l'illusion, sans » s'arrêter aux dispositions de l'arrêt du 2 sep- » tembre 1775, rendu par sa cour de parlement » de Toulouse, qui paroît autoriser ledit traite- » ment, ni à tous autres arrêts rendus ou à ren- » dre, dont les dispositions seroient contraires à » celles du présent arrêt.

» Article V. Il sera payé par les ordres de » l'Intendant & Commissaire départi, à ceux » dont les Bestiaux auront été assommés, le » tiers du prix desdits Bestiaux sur l'estimation » qui en sera faite conformément aux dispositions

» des arrêts du conseil d'état du roi, des 18 » décembre 1774 & 30 janvier 1775, dans le » cas seulement où la déclaration en aura été » faite par le propriétaire dans le temps prescrit » par l'article précédent : dans le cas où ladite » dénonciation n'auroit pas été faite, lesdits » propriétaires, outre l'amende à laquelle ils » seront condamnés, seront privés de cette in- » demnité.

» Article VI. Dans le cas où la nécessité de » conserver les provinces saines obligeroit de » faire passer les Bestiaux sains ou malades d'un » lieu dans un autre, il y sera procédé par les » ordres du commandant en chef ou de l'inten- » dant & commissaire départi ; & il sera pris » par ledit intendant les mesures nécessaires pour » en assurer le prix aux propriétaires dans le » cas où lesdits animaux résisteroient à la con- » tagion.

» Article VII. Fait sa majesté très-expresses » inhibitions & défenses à tous propriétaires de » Bestiaux, de quelque qualité & condition qu'ils » soient, de faire refus d'exécuter ou de laisser » exécuter les ordres du roi qui leur seront no- » tifiés par les officiers ou soldats, à peine de » cinq cens livres d'amende ; & dans le cas de » rebellion, à peine d'être poursuivis extraor- » dinairement selon la rigueur des ordonnances.

» Article VIII. Il est pareillement fait défenses » à tous propriétaires de Bestiaux ou autres, » de conduire d'un lieu à un autre ou de trans- » porter des peaux ou des cuirs ou autres ma- » tières capables de répandre la contagion » qu'ils ne soient porteurs de permission par » écrit des officiers qui commanderont dans le

» lieu, ni de contrevenir à aucune des ordon-
» nances qui seront données & publiées par les
» commandans ou intendans, sous peine de cinq
» cens livres d'amende, ou telle autre peine
» portée par lesdites ordonnances.

» Article IX. Sa majesté attribue toute cour
» & juridiction en dernier ressort aux intendans
» & commissaires départis pour prononcer les
» amendes qui seront encourues, même pour
» procéder extraordinairement contre ceux qui
» auront fait rebellion; les autorisant sa majesté
» pour les affaires criminelles, à prendre avec
» eux le nombre de gradués requis par les or-
» donnances, & de nommer telles personnes
» capables & qu'ils jugeront à propos pour
» remplir les fonctions de procureur du roi &
» de greffier: les autorisant pareillement à sub-
» déléguer pour rendre tous jugemens d'instruc-
» tion, même de règlement à l'extraordinaire
» & autres, en se conformant par eux aux ré-
» gles & ordonnances du royaume, sur la matière
» criminelle, & notamment à celle de 1670: &
» sa majesté interdit à toutes ses cours & autres
» juges la connoissance desdits cas, ainsi que de
» tous ceux relatifs aux précautions ordonnées
» pour arrêter les progrès de la contagion. En-
» joint sa majesté aux commandans dans les pro-
» vinces, commandans & officiers de ses trou-
» pes, aux intendans & commissaires départis,
» aux officiers & cavaliers de maréchaussée, de
» tenir la main chacun en droit soi, à l'exécution
» du présent arrêt qui sera imprimé, lu, publié
» & affiché partout où besoin sera. Fait au con-
» seil d'état du roi, sa majesté y étant, tenu à
» Fontainebleau le premier jour de novembre
» 1775 «. *Signé* DE LAMOIGNON.

Voyez *l'ordonnance du mois d'avril 1667 ; l'esprit des ordonnance de Louis XIV ; l'ordonnance des substitutions du mois d'août 1747 ; la collection de jurisprudence ; l'ordonnance de eaux & forêts du mois d'août 1669, le code des chasses ; le dictionnaire raisonné de eaux & forêts, &c.* Voyez aussi les articles AMENDE, ANIMAUX, BERGER, PATURAGE, DOMMAGE, BOUCHER, CHEPTEL, &c.

BEURRE. Crême épaissie à force d'être battue dans la baratte.

Suivant le tarif de 1664, les Beurres de toute espèce doivent par cent pesant, douze sous à l'entrée des cinq grosses fermes.

Remarquez que les Beurres d'Angleterre, d'Ecosse & d'Irlande n'étant point au rang des marchandises permises sont censés prohibés aux termes de la décision du conseil du 22 décembre 1742 : mais par arrêt du 27 novembre suivant, il a été permis de les introduire dans le royaume pendant une année, en payant seulement une livre du cent pesant : cette permission a ensuite été prorogée d'année en année par différens arrêts, & indéfiniment par celui du 20 juin 1751.

Les Beurres étrangers devoient payer avant ce dernier arrêt, six livres du cent pesant, conformément aux arrêts des 4 mai 1688, 28 octobre 1692, & 21 juin 1695.

Cette modération de six livres à une livre a été étendue à tous les autres Beurres étrangers, par les ordres qui ont été successivement donnés pour l'exécution des arrêts rendus en faveur des Beurres d'Angleterre, d'Ecosse & d'Irlande : cela a suspendu l'exécution des arrêts de 1688,

ment du mois de février 1723 : en voici les termes.

» Tous libraires, graveurs & autres personnes qui obtiendront des priviléges ou permissions du grand sceau pour l'impression, réimpression ou gravure des livres, feuilles, estampes, seront tenus avant de les pouvoir afficher & exposer en vente, de remettre sans frais entre les mains des syndic & adjoints cinq exemplaires brochés de chacun des livres, feuilles & estampes qu'ils auront imprimés ou fait imprimer en vertu desdites lettres de privilège ou de permission : desquels cinq exemplaires lesdits syndic & adjoints seront tenus de se charger sur un registre particulier & d'en donner un reçu, pour être par eux lesdits exemplaires remis huitaine après, savoir deux au garde de la Bibliotheque publique de sa majesté ; un au garde du cabinet du château du Louvre, un en la Bibliothéque de M. le garde des sceaux de France, & un à celui qui aura été choisi pour l'examen desdits livres, feuilles ou estampes ; comme aussi lesdits imprimeurs, libraires, graveurs ou autres remettront sans frais entre les mains desdits syndic & adjoints des libraires & imprimeurs de Paris, trois exemplaires brochés (*) de toutes les impressions & réimpressions des livres, feuilles & estampes, desquels exemplaires lesdits syndic & adjoints se chargeront pour être employés aux affaires & besoins de ladite communauté ; le tout à peine de nullité des lettres de privilège ou permission, de confiscation des exem-

(*) Présentement c'est en feuille qu'il faut les fournir.

» plaires & de quinze cens livres d'amende. » Enjoint auxdits ſyndic & adjoints d'y tenir la » main, & de ſaiſir tous les exemplaires des li- » vres, feuilles & eſtampes qui ſeront mis en » vente & affichés avant qu'il ait été ſatisfait à » ce qui eſt ordonné par le préſent article; ce » qui ſera pareillement obſervé pour les livres & » autres écrits imprimés avec permiſſion des ju- » ges de police. »

Par l'article 113 du même règlement il avoit été défendu aux huiſſiers priſeurs de s'immiſcer dans aucune priſée & deſcription de livres, & il avoit été ordonné que ces opérations ſeroient faites par deux libraires lorſqu'ils en ſeroient requis par les parties intéreſſées, & que l'inventaire fait par les libraires ſeroit annexé par les notaires à l'inventaire du mobilier de toute autre eſpèce; mais par un arrêt du conſeil d'état privé du roi du 14 juillet 1727, il a été dérogé à cet article, & il a été ordonné que toutes les fois qu'il ſeroit fait par autorité de juſtice, un inventaire de quelques Bibliothéques ou cabinets de livres, la priſée en ſeroit faite par des huiſſiers-priſeurs ſeuls, en préſence & de l'avis d'un ou de deux libraires appelés par les parties intéreſſées, & que les notaires continueroient d'inventorier & de décrire les livres comme les autres meubles & effets ſujets à priſée.

L'article 115 du même règlement défend à tout particulier de faire publiquement par affiches & en détail aucune vente volontaire de Bibliothéques ou cabinets de livres, ſous quelque prétexte que ce ſoit. Il faut qu'avant qu'il en puiſſe diſpoſer il y ait eu une viſite faite des livres par le ſyndic & les adjoints des libraires, & une permiſſion du lieutenant civil & du lieutenant de police pour les ventes contentieuſes, & ſimplement du lieutenant de police pour les ventes volontaires; c'eſt ce qui réſulte d'une déclaration du 5 ſeptembre 1711.

Lorſqu'il s'agit de la vente de la Bibliothéque d'une perſonne décédée, le ſyndic & les adjoints de la librairie doivent être appelés aux termes de l'article 116 du même règlement, pour en faire la viſite; après cette viſite, ces officiers donnent leur certificat ſur lequel intervient une permiſſion du lieutenant-général de police pour faire la vente (*); ſi lors de la viſite le ſyndic & les adjoints trouvoient des livres défendus ou imprimés ſans permiſſion, ils ſeroient obligés d'en faire un état particulier pour le faire paſſer au lieutenant-général de police, & delà à M. le garde des ſceaux. Cependant les livres demeureroient toujours entre les mains des parties intéreſſées en les en chargeant par un double de l'état qui en ſeroit dreſſé. Il eſt défendu à tout libraire de faire l'achat de ces Bibliothéques s'il ne lui eſt juſtifié du certificat de viſite, à peine de cinq cens livres d'amende & d'interdiction pour ſix mois. L'exécution de cet article doit avoir lieu même dans les endroits privilégiés de Paris, dans la ville, dans les fauxbourgs & dans le reſſort des juſtices particulières &

(*) La formalité de la viſite n'eſt pas néceſſaire pour les Bibliothéques ni pour les livres qui ſont légués ou donnés, à moins que la libéralité ne ſoit faite, à la charge d'une vente; c'eſt ce qui eſt expliqué dans l'article même dont il s'agit ici.

ſeigneuriales, ſans que ſous aucun prétexte il puiſſe être fait de vente de livres par la permiſſion d'autres juges que du lieutenant-général de police.

Un arrêt du conſeil d'état du 24 Novembre 1742 a renouvelé les diſpoſitions de l'article 116 du règlement dont nous venons de parler; l'article 117 ajoute que la viſite dont il s'agit ſera faite par deux des ſyndic & adjoints, & que pour cette opération il ſera payé ſix livres à chacun d'eux.

L'article 118 porte que lorſque des libraires auront acheté en compagnie une Bibliothéque (après toutefois la viſite ordonnée) ils la feront tranſporter tout de ſuite dans la chambre de la communauté (*) pour faire entr'eux & en préſence du ſyndic & des adjoints le partage des livres, & que le temps de ce partage ne pourra excéder l'eſpace de huit jours quelque nombreuſe que ſoit la Bibliothéque, avec défenſe d'en vendre aucun livre pendant ce temps-là ſous quelque prétexte que ce ſoit. Et après le partage fait les libraires ne peuvent vendre ailleurs que dans leurs maiſons les livres achetés, à peine de confiſcation & de quinze cens livres d'amende. Cette dernière diſpoſition eſt tirée de l'article 119 du même règlement.

Voici en fait de Bibliothéque une anecdote

(*) Ils ne peuvent la faire tranſporter dans aucune maiſon religieuſe, dans aucun college ni dans aucun endroit privilegié. Mais ſi cette Bibliothéque avoit été achetée par un libraire ſeul, il pouvoit alors la faire tranſporter dans ſa maiſon. C'eſt ce qui réſulte des articles 119 & 120 du règlement de 1723.

qui peut trouver place ici. Un religieux de l'abbaye de saint Nicolas avoit acquis par ses épargnes une Bibliothèque qui ne laissoit pas d'être considérable. Ce religieux bien persuadé qu'il étoit le maître d'en disposer, jugea à propos d'en faire un legs par testament à un de ses amis. Lorsqu'il fut question de la délivrance, la communauté où étoit mort ce religieux ne manqua pas de s'y opposer, sous prétexte que tout ce qui étoit le fruit du pecule d'un homme qui avoit fait des vœux en religion revenoit nécessairement à la communauté dont il avoit été membre. Ceci donna lieu à une contestation sérieuse au parlement de Paris; mais par arrêt du 15 mai 1587 il y fut décidé que le légataire obtiendroit la délivrance de la Bibliothèque. Ce genre de pécule fut considéré comme méritant une attention particulière, & l'on jugea par-là que les ouvrages d'esprit n'avoient rien de commun avec les autres biens temporels.

Lorsqu'un père décède, sa Bibliothéque appartient à l'aîné de ses enfans mâles s'il veut payer aux autres enfans ce qui peut leur en revenir pour leur part suivant une estimation. Entre collatéraux elle se licite si l'on ne peut la partager sans lui faire perdre de son prix.

Une question est de savoir si l'on peut faire saisir pour dette la Bibliothéque d'un homme public tel qu'un magistrat, un jurisconsulte, un médecin. La négative sembleroit ne devoir souffrir aucune difficulté; mais il y a apparence que cette question fut agitée lors de la rédaction de l'ordonnance de 1667, & comme dans ce temps là on ne fit d'exception que pour les ecclésiastiques en faveur desquels il fut dit par l'article 15 du du titre 33 de cette ordonnance qu'on laisseroit des livres à ceux qui seroient constitués dans les ordres sacrés pour la somme de cent cinquante livres, il résulte que le législateur n'ayant point parlé des magistrats, des jurisconsultes & des médecins qui étoient connus dans ces temps-là comme aujourd'hui, ils ne sont point exceptés de la règle générale (*).

Pour ce qui est des manuscrits des auteurs, de ces manuscrits qui n'ont point encore été publiés, on ne doit pas les saisir. Ils appartiennent même dans une succession au plus ancien des héritiers mâles du nom du défunt. On ne regarde pas des manuscrits comme un bien qui doive suivre la loi ordinaire des successions : ils participent de la nature des droits honorifiques qui se déferent à celui des héritiers auquel ils sont jugés le plus naturellement convenir

Le 24 mars 1775, il a été rendu au conseil d'état du roi un arrêt portant réglement pour la Bibliothéque du collége de la Fleche. Comme cette loi peut servir à régler d'autres établissemens semblables, nous allons en rapporter les dispositions :

« Le roi par l'article 63 de l'arrêt de son con» seil d'état du 8 août 1767 portant réglement

(*) Il y a en Lorraine une jurisprudence différente fondée sur l'article 15 du titre 17 de l'ordonnance civile du duc Léopold du mois de novembre 1707. Voici ce que porte cet article :

« Les livres des hommes de lettres actuellement employés » à l'exercice d'icelles ; & les armes & équipages militaires » d'un homme de guerre étant dans notre service actuel, ne » pourront être saisis pour quelque cause que ce soit ».

» pour le collége de la Flèche, a ordonné que » la Bibliothéque de ce collége seroit confiée à » l'un des professeurs ou régens qui seroit choisi » par le bureau d'administration. Cette disposi- » tion ne pouvant se concilier ni avec les fonc- » tions des professeurs qui tiennent leurs classes » aux heures où la Bibliothéque doit être ou- » verte, ni avec les études particulières qu'ils » sont obligés de faire pour préparer leurs le- » çons, on a essayé d'y suppléer en établissant » un sous-bibliothécaire qui est chargé en même » temps des détails de la sacristie ; mais ce der- » nier ne pouvant pas se trouver à la fois à la » Bibliothéque & à la sacristie, aux heures où » son devoir l'appelle à l'une & à l'autre, ce » n'est qu'un inconvénient de plus qu'on a ajouté » à un autre : à quoi voulant pourvoir : ouï le » rapport ; sa majesté étant en son conseil, a or- » donné & ordonne ce qui suit :

» ARTICLE I. L'article 63 de l'arrêt du conseil » d'état du roi du 6 août 1767, portant régle- » ment pour le collége de la Fléche, sera exé- » cuté selon sa forme & teneur, en tout ce qui » n'y sera pas dérogé par le présent arrêt.

» Article II. La place de bibliothécaire du col- » lége sera dorénavant incompatible avec celles » de sous-principal, de professeurs, de régens » ou toute autre place ayant des fonctions dans » le collége ; & s'il arrivoit que quelqu'un de » ceux qui remplissent ces places, fût nommé à » celle de bibliothécaire, il seroit obligé d'opter » entre les deux.

» Article III. Le bureau d'administration, » immédiatement après la réception du présent » arrêt, fera choix pour remplir la place de

» bibliothécaire, d'un homme de lettres, ecclé-
» ſiaſtique autant que faire ſe pourra, & égale-
» ment recommandable par ſes talens & par la
» régularité de ſes mœurs & de ſa conduite; &
» il en informera le ſecrétaire d'état de la guerre
» pour obtenir ſon approbation.

» Article IV. Le bibliothécaire ſera logé dans
» le collége à portée de la Bibliothéque, avec
» laquelle ſon logement aura une communication
» facile : il mangera à la table des profeſſeurs;
» il ſera meublé, chauffé & éclairé comme eux,
» & ſes appointemens ſeront employés dans les
» états du collége, ſur le pied de mille livres
» par an.

» Article V. Il ſera fait un catalogue par ordre
» de matières, des livres qui ſeront remis à
» ſa garde; ce catalogue ſera inſcrit ſur un re-
» giſtre qui demeurera dépoſé à la Bibliothéque
» & qui ſera diſtribué de manière qu'on puiſſe
» ajouter à l'article de chaque matière les livres
» dont la Bibliothéque ſera augmentée par la
» ſuite.

» Article VI. Un double de ce regiſtre ſera
» dépoſé aux archives du collége, & l'on y inſ-
» crira les livres qui ſeront ajoutés à la Biblio-
» théque, à meſure qu'ils y auront été reçus &
» marqués de la marque du collége; ils ſeront
» d'ailleurs numérotés, comme cela ſe pratique
» dans toutes les Bibliothéques.

» Article VII. Il ſera fait tous les ans en pré-
» ſence de l'un des membres du bureau, un ré-
» colement des livres de la Bibliothéque; & le
» bureau informera le ſecrétaire d'état de la
» guerre du réſultat de cette opération.

» Article VIII. Il ne ſera déplacé aucun livre

» de la Bibliothéque pour quelque raiſon que ce » puiſſe être, & le bibliothécaire ſera garant des » livres qui pourroient y manquer, à moins » qu'ils n'en ſoient enlevés ou qu'ils n'y périſſent » par quelqu'événement de force majeure dont » il ne puiſſe pas répondre; auquel cas il en ſera » dreſſé procès-verbal par le bureau d'adminiſ» tration, ou par qui il appartiendra.

» Article IX. Pour faciliter le travail des per» ſonnes qui ſeront admiſes à la Bibliothéque, » on y entretiendra des tables couvertes de tapis, » de l'encre, des plumes & des pupitres.

» Article X. La Bibliothéque ſera ouverte » toute l'année le matin & l'après-dîner, à l'ex» ception des dimanches & des fêtes; ſavoir, le » matin depuis neuf heures juſqu'à douze dans » toutes les ſaiſons; & le ſoir, du premier de » novembre juſqu'au premier d'avril depuis deux » heures juſqu'à cinq; & depuis le premier » d'avril juſqu'au premier de novembre, de » deux heures & demie à ſix heures & demie, » ſans cependant que le bibliothécaire puiſſe » être gêné dans les facilités qu'il lui conviendra » de donner aux profeſſeurs & aux autres per» ſonnes de la maiſon ſeulement qui pourroient » avoir quelques recherches preſſantes à faire » dans la Bibliothéque.

» Article XI. La Bibliothéque ſera à l'uſage » de tous les membres du bureau d'adminiſtra» tion, des profeſſeurs, des régens, des ſous» maîtres & des autres perſonnes de la maiſon. » Aucun écolier n'y ſera admis, à l'exception » de ceux des hautes claſſes, avec la permiſſion » du principal. A l'égard des eccléſiaſtiques tant » ſéculiers que réguliers, des magiſtrats, des

» jurisconsultes & des autres personnes de la » ville qui desireroient d'y être admis, le bu- » reau en remettra un état au bibliothécaire sans » perdre de vue que la Bibliothéque du collége » n'a pour objet principal que l'utilité du col- » lége même.

» Article XII. Tous les livres d'une Biblio- » théque ne convenant pas également à toutes » sortes de personnes, le bureau remettra au » bibliothécaire l'état de ceux qu'il ne pourra » pas communiquer indifféremment aux jeunes » gens qui auront par état ou autrement la per- » mission d'entrer dans la Bibliothéque : il se » conduira d'ailleurs à cet égard avec la pru- » dence que les personnes & les circonstances » pourront exiger de sa part.

» Article XIII. Il fera observer le silence dans » la Bibliothéque aux heures du travail ; & s'il » avoit à se plaindre de quelqu'un, il en feroit » son rapport au bureau.

» Article XIV. Le bibliothécaire sera chargé » du dépôt & de la distribution des livres clas- » siques ; ce dépôt sera fait dans un lieu parti- » culier, pour qu'il ne soit jamais confondu avec » la Bibliothéque.

» Article XV. Il fera l'achat des livres classi- » ques sur les états que le principal lui en remet- » tra & qui seront signés de lui : il communi- » quera ces états à l'inspecteur chargé de la » comptabilité du collége, & ce dernier les » visera après les avoir fait enregistrer. A l'égard » du prix de ces livres, les libraires en fourni- » ront leurs soumissions qui seront discutées & » enfin réglées par l'inspecteur, le principal & » le bibliothécaire conjointement.

» Article XVI. A mesure que les libraires lui » fourniront les livres compris dans ces états, il » leur en délivrera ses reçus, & il enregistrera » sur un registre qu'il tiendra à cet effet, les li- » vraisons qui lui seront faites par les libraires » ou par d'autres.

» Article XVII. Les mémoires de ces livrai- » sons seront remis tous les trois mois à l'inspec- » teur avec les reçus du bibliothécaire, & son » certificat au pied, par les libraires qui les au- » ront faites, & le payement n'en sera ordonné » qu'autant qu'elles se trouveront conformes » aux états signés du principal, visés de l'inspec- » teur, & aux prix convenus.

» Article XVIII. Il en sera usé de même par » rapport aux livres destinés aux distributions » de prix & aux livres de chapelle, tels que les » heures, catéchismes, &c.

» Article XIX. Le bibliothécaire ne remettra » aucun livre classique à un élève, qu'autant qu'il » en aura un reçu du sous-maître de l'étude de » l'élève, & que ce reçu ne soit visé du princi- » pal, ou à son défaut du sous-principal, pour » empêcher autant que faire se pourra, les dé- » prédations auxquelles les enfans se livrent par » légéreté quand on ne veille pas sur eux.

» Article XX. Il enregistrera ces refus sur un » registre différent de celui des livraisons, de » manière que l'un représente les recettes des » livres à l'usage des élèves, & l'autre les dé- » penses.

» Article XXI. Le principal lui donnera des » reçus des livres qu'il distribuera en prix & qui » seront destinés aux lectures des réfectoires,

» pour que tout ce qui entrera dans le dépôt » des élèves & qui en sortira, puisse toujours » être renseigné avec exactitude. Quand les li- » vres prêtés pour les réfectoires rentreront à » la Bibliothéque, le bibliothécaire en déchar- » gera son registre & rendra les reçus.

» Article XXII. Les livres gâtés, mutilés, » seront rapportés à la Bibliothéque quand on » en demandera d'autres, & le bibliothécaire » aura soin de faire connoître au principal les » élèves qui feront une plus grande consomma- » tion de livres que les autres. Les sous-maîtres » d'ailleurs partageront cette attention avec le » bibliothécaire.

» Article XXIII. Tous les livres à l'usage des » élèves seront marqués de la marque du collége; » à l'effet de quoi les estampilles demeureront » déposées à la Bibliothéque.

» Article XXIV. Lorsque les élèves en chan- » geant de classe changeront aussi de livres, le » principal fera porter à la Bibliothéque les li- » vres qui leur deviendront inutiles, pour qu'on » puisse distribuer à d'autres ceux qui seront en- » core en état de servir. Le bibliothécaire en » usera par rapport à l'entrée & à la sortie de » ces livres vieux, de même que par rapport » aux livres neufs.

» Article XXV. A la fin de chaque année » scholastique, il sera fait un triage des livres en » état de servir & de ceux dont on ne pourra » plus faire usage : ce triage sera fait en présence » de l'inspecteur qui fera vendre au profit du » collége les livres qui seront hors de service. » On constatera d'ailleurs la quantité & l'espéce » des livres qui pourront servir.

» Article XXVI. Le principal réglant chaque » année, de concert avec les professeurs, les » livres dont on fera usage dans les classes, le » bibliothécaire lui remettra un état de ceux qui » existeront à la Bibliothéque, pour qu'elle ne » demeure pas chargée d'une trop grande quan- » tité de certains livres qu'on auroit demandés » dans un temps, & dont on ne voudroit plus » faire usage dans un autre.

» Article XXVII. Pour qu'on ne soit pas » obligé d'avoir recours à trop de personnes » différentes pour les choses qui regardent l'ins- » truction des élèves, le bibliothécaire sera » chargé de la distribution du papier, des plu- » mes, des cartons, des écritoires & de tout » ce qui sera à leur usage dans ce genre.

» Article XXVIII. Toutes ces fournitures » seront placées dans le dépôt des livres classi- » ques, & l'on observera par rapport à l'achat » & au payement qui en seront faits, le même » ordre qui a été prescrit ci-dessus pour l'achat » & le payement des livres classiques. Le biblio- » thécaire en tiendra d'ailleurs un registre parti- » culier.

» Article XXIX. La distribution de ces mêmes » fournitures ne sera jamais faite aux élèves di- » rectement, mais aux sous-maîtres de chacune » des salles d'étude entre lesquelles tous les élè- » ves sont partagés. Ces sous-maîtres en donne- » ront des reçus visés du principal, & à son » défaut d'un sous-principal, & ils en suivront » l'emploi avec l'attention & l'esprit d'économie » qui leur sont recommandés dans le réglement » qui concerne le pensionnat.

» Article XXX. Le bibliothécaire enregiſtrera » les reçus des ſous-maîtres, & il aura ſoin de » remettre au principal des notes de ces diſtribu- » tions, pour qu'il ſoit en état de veiller à l'abus » qu'on en pourroit faite.

» Article XXXI. On attachera au ſervice de » la Bibliothéque & du dépôt des livres claſſi- » ques & des autres fournitures, un domeſtique » intelligent & qui ſache écrire, pour aider le » bibliothécaire dans les détails de ſon emploi & » pour tenir la Bibliothéque & le logement du » bibliothécaire dans une propreté convenable; » on lui donnera des gages proportionnés à ſon » travail, & il ſera habillé aux dépens du collége » comme les autres domeſtiques.

» Article XXXII. Le bibliothécaire ne pourra » pas s'abſenter ſans l'agrément du bureau, & » les permiſſions que le bureau lui accordera » ſeront toujours meſurées ſur le beſoin plus ou » moins néceſſaire que le bibliothécaire en aura, » & ſur la nature de ſes fonctions qui ne peuvent » pas ſouffrir de longues interruptions : il ſera » ſuppléé pendant ſes abſences par la perſonne » qu'il préſentera lui-même au bureau & dont il » répondra; & en cas de maladie, par celle que » nommera le bureau.

» Article XXXIII. Le ſous-bibliothécaire ſera » ſupprimé; & s'il peut être de quelque utilité » au collége de le conſerver en qualité de ſacriſ- » tain, il en ſera rendu compte par le bureau au » ſecrétaire d'état ayant le département de la » guerre, qui prendra les ordres de ſa majeſté.

» Article XXXIV. Le bibliothécaire après » vingt années de ſervice non interrompu, jouira

» de la pension d'émérite réglée à la somme de » cinq cens livres pour les professeurs & régens, » par l'article 12 des lettres-patentes du 7 avril » 1764; & dans le cas où un sous-principal, un » professeur ou autre pouvant prétendre à la » pension d'émérite quitteroit sa place pour » remplir celle de bibliothécaire, le temps qu'il » aura passé dans sa première place lui sera utile » pour la seconde par rapport à la pension d'émé- » rite. Fait au conseil d'état du roi, sa majesté » y étant : tenu à Versailles le 25 mars 1775. » *Signé* DU MUY ».

Voyez *l'ordonnance de 1667; le dictionnaire des arrêts; le réglement de 1723 pour la librairie; le traité de la communauté par Pothier*, &c. Voyez aussi les articles LIBRAIRIE, LIVRE ET RAPPORT. (*Article de M. DAREAU, avocat*, &c.)

BIEF. Ce mot est employé pour signifier le canal qui sert à recevoir & à conduire l'eau nécessaire pour faire mouvoir un moulin.

Le propriétaire du moulin est censé propriétaire du canal qui y conduit l'eau : quand même dans la vente du moulin il ne feroit point parlé nommément de ce canal, l'acquisition de l'un emporteroit celle de l'autre comme d'une dépendance nécessaire. Cependant pour avoir un droit de propriété attaché à ce canal, il faut qu'il soit fait de main d'homme; car si ce canal n'est qu'un ruisseau formé naturellement par le cours de l'eau, le propriétaire du moulin n'a que l'usage ordinaire de ce ruisseau sans pouvoir y rien innover au préjudice d'autrui. Il y a encore cette différence entre un canal naturel & un canal fait de main d'homme, que lorsque le canal eſt naturel, rien n'empêche que les riverains n'y puiſſent faire de légères ouvertures pour arroſer leurs héritages, pourvu qu'il reſte ſuffiſamment d'eau pour les moulins & pour les autres héritages inférieurs ; car un particulier ne peut pas diſpoſer de l'eau d'un ruiſſeau comme il diſpoſeroit de celle d'une ſource qui ſeroit dans ſon fond ; il n'a que l'uſage de ce ruiſſeau concurremment avec les autres voiſins. Quand le canal eſt fait de main d'homme, il indique une propriété particulière, & les riverains dès-lors n'y peuvent prendre d'eau ſans un titre exprès : la ſimple poſſeſſion de prendre de l'eau ne ſuffit point en pareil cas. C'eſt ce qui a été jugé, ſuivant que le fait remarquer Henrys, par deux arrêts, l'un du 13 décembre 1608, & l'autre du 15 juillet 1656.

Si le canal étoit pratiqué de main d'homme dans l'héritage d'autrui, le propriétaire de cet héritage pourroit-il regarder cet aqueduc comme une ſervitude & demander l'exhibition d'un titre ? La négative ne doit pas ſouffrir difficulté : le maître du canal ſeroit cenſé propriétaire du terrein même où il auroit été conſtruit ; & comme toute propriété peut s'acquérir par preſcription, il ſuffiroit au maître de ce canal d'avoir en ſa faveur une poſſeſſion telle qu'elle eſt requiſe pour preſcrire, pour que cette poſſeſſion lui valût le titre le plus formel. Obſervez cependant que nous entendons parler d'un canal découvert, apparent & d'une certaine étendue ; en un mot d'un canal tel qu'il ſoit plus naturel de l'attribuer à un droit de propriété qu'à une ſimple tolérance.

Voyez les articles EAU, MOULIN, SERVITUDE, &c. (*Article de M. DAREAU, avocat*, &c.)

Fin du Tome cinquième.

ADDITIONS ET CORRECTIONS.

TOME I.

Page 20, ligne 12, dans lesquelles ont peut rentrer; lisez & qu'on peut rentrer dans la jouissance de ces biens.

Page 159, ligne 23, est aussi à la charge de la communauté, soit qu'elle accepte ou qu'elle renonce; lisez, à la charge des héritiers du mari soit qu'il y ait communauté ou qu'il n'y en ait pas & soit que la veuve l'ait acceptée ou qu'elle y ait renoncé.

Page 247, ligne 8, l'héritier présomptif; lisez l'héritier paternel.

TOME IV.

Page 244, ligne 4, ne sont plus; lisez ne sont pas plus.

Page 303, ligne 15, laquel; lisez lequel.

Page 329, ligne 32, locateur; lisez bailleur.

Page 343, ligne 27, soit que ce soit lui-même ait fait le bail, soit que ce soit le vassal; lisez soit qu'il ait fait le bail lui-même ou qu'il ait été fait par le vassal.

Page 360, ligne 25, dans le lequel droit, lisez dans lequel le droit.

A l'article BAIL, page 427 & suivantes, nous avons rapporté l'arrêt du conseil du 2 septembre 1760 concernant les formalités relatives aux baux des bénéficiers & autres gens de main-morte, lequel a eu pour objet de régler toutes les difficultés qui pourroient s'élever entre les fermiers des droits de contrôle & les redevables des mêmes droits: mais depuis l'impression & la publication de l'article dont il s'agit, il a été rendu un autre arrêt du conseil le 24 novembre 1775, par lequel il été dérogé à quelques dispositions

tions de celui du 2 septembre 1760 ; c'est pourquoi il convient que nous rapportions ici le nouvel arrêt, & le voici :

« Sur ce qui a été représenté au roi, étant en son conseil, par « les cardinaux, archevêques, évêques & autres ecclésiastiques, « composant l'assemblée générale du clergé de France : qu'aux termes « de l'arrêt du conseil du 2 septembre 1760, les bénéficiers & autres » gens de main-morte, qui font valoir & exploiter par eux-mê- » mes, leurs domestiques ou gens de journée, les dîmes & autres » biens dépendans de leurs bénéfices, sont tenus relativement aux » dîmes d'en faire faire la publication au plus tard un mois avant » la récolte de chaque année, à l'issue de la messe paroissiale ; d'en » remettre dans le mois suivant, une copie certifiée d'eux, au bu- » reau du contrôle dans l'arrondissement duquel les dîmes sont » situées, & d'en tirer reconnoissance du commis, le tout sans » frais & sur papier non timbré : & par rapport aux biens, autres » que les dîmes, d'en faire faire encore la publication avec les » mêmes formalités, mais tous les neuf ans seulement, dans les » trois premiers mois de l'année de leur exploitation ; à peine de » payer dans l'un & l'autre cas le double des droits de contrôle » pour autant d'années que les publications n'auront pas été faites : » que ces dispositions, gênantes par elles-mêmes, & souvent igno- » rées des nouveaux titulaires des bénéfices, sont devenues infini- » ment onéreuses par la maniere dont les droits sont perçus : que » les préposés de l'adjudicataire des fermes laissent ordinairement » écouler plusieurs années sans agir contre les bénéficiers qui ne se » sont point mis en règle ; & qu'ensuite ils répètent des droits qui » étant accumulés deviennent accablant pour les curés & autres » ecclésiastiques : qu'il seroit facile d'obvier à cet inconvénient, » sans nuire cependant aux droits légitimes de l'adjudicataire des » fermes, en l'assujettissant à répéter dans l'année de la contra- » vention, le double droit qui lui seroit dû : que cette manière » de concilier tous les intérêts, sembleroit d'autant plus naturelle, » que les publications seroient faites plus exactement, ce qui ces- » seroit d'occasionner contre l'intention connue du roi des recher- » ches ruineuses pour les ecclésiastiques : que la justice de ces vues » déterminera sans doute sa majesté à les adopter pour l'avenir, & » à remettre même aux bénéficiers qui sont actuellement poursuivis » pour avoir négligé de se conformer à l'arrêt du 2 septembre 1760, » les droits cumulés, dont la demande leur a été formée : qu'en » donnant cette marque de protection au clergé de son royaume, » il seroit également digne de la bonté du roi, d'affranchir les bé- » néficiers & autres gens de main-morte, de l'obligation qu'on » veut leur imposer de fournir les certificats des publications, & » d'en recevoir les reconnoissances sur papier timbré. A quoi sa ma- » jesté désirant pourvoir : oui le rapport du sieur Turgot, con- » seiller ordinaire au conseil royal, contrôleur général des finan- » ces ; le roi étant en son conseil, a ordonné & ordonne que les « doubles droits de contrôle, dûs par les bénéficiers & autres gens « de main-morte, qui n'auront pas fait faire les publications pres- « crites par l'arrêt du conseil du 2 septembre 1760, demeureront « réduits par grace aux doubles droits résultans de l'omission de « declaration dans la dernière année, sans que l'adjudicataire des » fermes, ses commis & préposés puissent faire aucunes recherches

« pour toutes les années antérieures, ni que les gens de main-morte
« & les bénéficiers puissent eux-mêmes répéter aucunes des sommes
« qu'ils auront payées jusqu'ici. Ordonne que les doubles droits
« qui pourront être dûs à l'avenir, ne seront exigibles que pour
« la dernière année seulement, & dans le cours de celle où les
« contraventions auront été commises. Fait sa majesté défenses à
» l'adjudicataire des fermes & à ses préposés de rien demander ni
« percevoir pour les années précédentes ; dérogeant quant à ce,
« à l'arrêt du 2 septembre 1760, lequel au surplus sera exécuté
« selon sa forme & teneur ; & notamment en ce qui concerne les
« formalités relatives aux publications dont les certificats & les
« reconnoissances continueront d'être fournies sans frais & sur papier
« non timbré. Fait au conseil d'état du roi, sa majesté y étant,
« tenu à Versailles le vingt-quatre novembre mil sept cent soi-
« xante-quinze. *Signé* DE LAMOIGNON.

L'article BAILLI étoit composé lorsqu'on a publié l'édit du mois de novembre 1771 concernant le rétablissement des offices municipaux supprimés par l'édit du mois d'août 1764. Comme il étoit naturel de réserver l'analyse de cet édit de 1771 pour les articles où il seroit question des offices y énoncé, on n'a pas fait attention qu'à l'article BAILLI on avoit inseré quelques dispositions de lois antérieures auxquelles cet édit déroge : c'est pourquoi il importe de rectifier la doctrine que nous avons publiée à ce sujet.

Supprimez donc à la page 472 du tome 4, depuis la douzième ligne commençant par ces mots, 5°. *Les comptes des deniers*, &c. jusqu'au nombre 7°. inclusivement par où commence la quatrième ligne de la page 477 & lisez à la place ce qui suit :

L'édit de Crémieu & plusieurs règlemens postérieurs avoient attribué aux baillis ou sénéchaux & à leurs lieutenans le droit de présider à l'audition, examen & cloture des comptes des deniers patrimoniaux des villes.

Le même édit avoit attribué à ces officiers le droit de présider aux assemblées de ville qui avoient lieu tant au sujet des élections des maires & échevins que pour d'autres objets. Mais Louis XIV ayant par ses édits du mois d'août 1692, & du mois de décembre 1706, créé des offices de maires perpétuels dans les hôtels des villes & communautés du royaume, les droits de présidence attribués aux baillis & à leurs lieutenans par l'édit de Crémieu furent révoqués. L'article 13 de l'édit de décembre 1706 porte que les maires en exercice, ou en leur absence, leurs lieutenans présideront avec voix délibérative à toutes les assemblées qui se tiendront dans les hôtels de ville ou dans leurs maisons au défaut d'hôtel de ville, & qu'ils y feront toutes les propositions qu'ils jugeront convenables, soit pour le service du roi, ou pour l'intérêt des communautés.

L'exécution de ces règlemens a depuis été ordonnée par l'édit du mois de novembre 1733.

Louis XV ayant ensuite par ses édits du mois d'août 1764 & du mois de mai 1765 rendu les officiers municipaux électifs, & donné des règlemens pour une nouvelle administration des villes & bourgs du royaume, les édits d'août 1692, décembre 1706, & novembre 1733, n'ont plus dû s'exécuter comme auparavant, & au contraire, les dispositions de l'édit de Crémieu relativement à la présidence des baillis ou de leurs lieutenans dans les assemblées des hôtels de ville, ont été implicitement renouvelées avec des modifications par l'article 30 de l'édit de mai 1765 : voici ce que porte cet article :

« Pour que le bon ordre & la police puissent être maintenus dans « les assemblées dont il s'agit, voulons que le premier officier de « nos sièges établi dans les villes & bourgs, & s'il n'y en a pas, « celui de la justice du seigneur, préside auxdites assemblées, « recueille les suffrages, reçoive le scrutin, en fasse lecture à » l'assemblée sans déplacer, & dresse procès-verbal du tout; &c.

Mais ce qu'on vient de lire a été révoqué par l'édit du mois de novembre 1771 qui a rétabli dans chacune des villes & communautés du royaume où il y a corps municipal, les offices de maire, lieutenant de maire, &c. Ainsi les baillis ni leurs lieutenans ne président plus aux assemblées des hôtels de ville : ils n'ont droit de s'y trouver que comme principaux habitans sans pouvoir y faire aucune fonction directement ni indirectement. C'est ce qu'a règle l'édit du mois de décembre 1706, dont l'exécution est particulièrement ordonnée par l'article 7 de l'édit du mois de novembre 1771 qui forme le dernier état de la jurisprudence à cet égard.

5°. Tout ce qui regarde, &c.

www.ingramcontent.com/pod-product-compliance
Lightning Source LLC
Chambersburg PA
CBHW031348210326
41599CB00019B/2692